刘裕国 何 竞 著

向往

幸福罗江·百姓故事

邵华泽题

天地出版社 | TIANDI PRESS

图书在版编目（CIP）数据

向往 / 刘裕国，何竞著 . ——成都：天地出版社，
2018.7（2018.10 重印）
ISBN 978-7-5455-3861-8

Ⅰ . ①向… Ⅱ . ①刘… ②何… Ⅲ . ①纪实文学－中
国－当代 Ⅳ . ① I25

中国版本图书馆 CIP 数据核字（2018）第 091872 号

XIANGWANG
向 往

出品人 杨 政
策　划 太阳井文化
责任编辑 陆 翌
装帧设计 圣立文化
责任印制 刘 元

出版发行 天地出版社
（成都市槐树街 2 号　邮政编码：610031）
网　址 http://www.tiandiph.com
http://www. 天地出版社 .com
电子邮箱 tiandicbs@vip.163.com
经　销 新华文轩出版传媒股份有限公司

印　刷 北京画中画印刷有限公司
版　次 2018 年 7 月第一版
印　次 2018 年 10 月第三次印刷
成品尺寸 168mm × 240mm　1/16
印　张 28.25
字　数 470 千
定　价 56.00 元
书　号 ISBN 978-7-5455-3861-8

咨询电话：（028）87734639（总编室）
购书热线：（028）87734601 87734602　（010）67693207（市场部）

CONTENTS

目录

第三章　家门口的金光道

第四章　历史文化扮靓山山水水

第五章　谁不说咱家乡美

下篇

第一章 我的事情我做主

第二章 近邻友善赛远亲

第三章 推动“移风易俗”的历史车轮

第四章　乐民之土

第五章　家园磁吸

序 章　涌动的心潮

严力蛟记得很清楚，那是2009年7月的一个周末，正是杭州最难熬的酷暑时节，从他所在的浙大生命科学学院的办公室里望出去，空旷的校园里铺满明晃晃的阳光，道路上热气蒸腾。他正在主持一个会议，助手悄悄地走过来，告诉他，有电话找他。严力蛟拿起电话，接到了一个陌生人从陌生地点打来的电话。

打电话的人自称是四川罗江县委的工作人员，他的语气非常诚恳："我们从一份内部刊物上看到了严教授帮助策划浙江安吉'中国美丽乡村'建设的情况，很受启发。我们想请严教授到罗江来看一看，看能不能做一个类似的整体规划。"严力蛟感觉很突然，回答说："我考虑一下，再答复你。"

放下电话，严力蛟做的第一件事就是让助手找一份全国地图，他想先看看这个罗江到底在哪儿。他先找到四川省的位置，前不久的5·12大地震让四川牵动了无数人的心，德阳、绵阳都属于这次地震的极重灾区。他发现，罗江地处于德阳、绵阳之间。"地处两个地震极重灾区之间的罗江，在地震中会有怎样的磨炼与涅槃？他们想规划建设美丽乡村的基础在哪里？为什么会具有这样的底气？"

一连串的疑问，迅速勾起了严力蛟对罗江的好奇。他内心一动，立即吩咐助手订机票，然后回了罗江县委那位同志的电话，说他明天就赶到。

严力蛟教授是浙江大学生态规划与景观设计研究所所长、浙江大学旅游与地产规划设计研究中心主任，兼任杭州创工规划设计研究院院长、总规划师，中国生态学会常务理事，中国生态学会旅游生态专业委员会副主任，农业部休闲与旅游农业专家组成员，全国休闲农业与乡村旅游星级示范创建行动专家组专家，国家水利风景区评审专家委员会专家，主要从事生态旅游、乡村旅游、休闲观光农业、生态农业、生态城市、生态工程、生态园区、农业园区、生态环境规划、新农村建设规划、旅游地产、景观设计、生态系统模拟、绿色农产品开发等方面的教学、科研和社会服务工作。

罗江县委那位同志提及的“中国美丽乡村”浙江安吉，正是严力蛟担纲打造的得意之作。但浙江属于经济发达地区，安吉具备了建设“中国美丽乡村”的地缘条件。“罗江这个地处地震重灾区的地方，是否具备一些先行条件？它会在一个什么样的基础上蹚出一条什么样的路？”飞机上，这些问题一直萦绕在严力蛟教授的脑海，他有一种莫名的冲动和迫不及待的感觉。

在成都双流国际机场下了飞机，严力蛟一行坐上汽车往北走，走的是成都到绵阳的高速公路，经过德阳，再往东北走，二十分钟后，往右拐下了高速公路，这就进入罗江县境了。县城距离高速公路入口不远，走近县城的时候，严力蛟发现，路边，正对着县城的山头上，有一个红色的雕塑在夕阳下闪闪发光，十分显眼。陪同的同志介绍说，这是一只火凤凰，取的是凤凰涅槃的意思。严力蛟微微点头：雕塑做得怎么样，且不去评说，罗江县一班人倒是很有点想法呢！

和县四大班子的头头们见了面，一交谈，严力蛟很有点震惊地发现，罗江县领导的想法很是超前呢：他们想把罗江县打造成中国幸福家园！对，没错，不是德阳市级的，不是四川省级的，而是带国字头的，中国幸福家园。有那么一个瞬间，严力蛟很想仰天长啸，一吐遇到知己的快意。

别看严力蛟现在是浙江大学的博士、教授，各种各样的头衔一大堆，掰着手指头都数不过来，但是，他却是地地道道农民的儿子，他家祖祖辈辈以务农为生。他1959年3月出生在浙江上虞的道墟镇，父亲不仅是农民，而且还是双目失明的重度残疾人。他高中毕业之后，在家务农，照顾父母，整整四年时间。这个四年，让他对什么是中国农村、什么是中国农业、什么是中国农民有了痛彻心扉的感受和认识。只是，那时他还不知道怎样去改变这一切。1979年，国家恢复高考，他选择并考上了绍兴农业学校，毕业之后，在浙江农业大学当教辅人员，1988年考上浙江农业大学农业生态学硕士研究生，2002年获得南京农业大学博士学位，几十年一直围绕“农”字做文章做学问。当初，他想的只是跳出农门，让自己，也让父母过上好日子，随着眼界的开阔，他想的是怎样尽一己之力，一点一点地改变农村的面貌。

走进罗江，严力蛟感觉到了一种久违的冲动：如果说，美丽乡村为农民找到了致富的道路，那么，罗江打造的幸福家园，将会给农民带来什么呢?

幸福，什么是幸福？怎样追求幸福？无数人有无数的答案。然而，随着社会的发展，幸福指数的制定成为可能。打造幸福家园，使幸福最大化就不是一个空洞的口号了。这是人类的终极目标，也是人类最高层次的诉求，更是中国共产党从成立之初就树立的目标，一代又一代共产党人和中国的仁人志士，为此前赴后继，奋斗不息。

严力蛟久久地打量着面前的罗江县委领导人，从他们的面容上，从他们的言辞里，他感到既陌生又熟悉，不知为什么，他突然想起了曾经目睹过的八月钱塘江大潮和描写这个大潮的“钱塘一望浪波连，顷刻狂澜横眼前。看似平常江水里，蕴藏能量可惊天”，他有一种感觉，在这间小小的会议室里，涌动的心潮必将改变罗江的面貌。

从第二天，也就是这一年的8月1日开始，严力蛟带领他的团队，历时近半年，跑遍了罗江109个行政村，进行深入调研，初步形成了一个罗江中国幸福家园建设总体规划，交给罗江。然后，是一连三天的激烈碰撞，最终，他们把“幸福家园”的具体内涵从24个字浓缩为“出如画、入有余、大和谐、同快乐”这12个字。

一年之后，党的十八大胜利召开。中国共产党新任总书记在记者会上说了一句话，让坐在电视机前的严力蛟怦然心动：人民群众对幸福生活的向往，就是我们的奋斗目标！这句话道出了中国共产党人的初心，道出了中国共产党人始终不渝的追求与奋斗。正是在这奋斗的过程中，罗江，以及许许多多和罗江一样的中国农村，正在发生巨大而深刻的变化。

2018年初，罗江已完成撤县设区。党的十九大提出的乡村振兴战略正在罗江广袤的农村掀起幸福的波澜，“出如画、入有余、大和谐、同快乐”所勾画出的美好愿景，因为罗江县委几届领导班子始终如一的初心和坚守，伴随着中央一号文件的出台正在变为现实。现在，这12个字，连同“中国幸福家园”一起，被镌刻在了罗江一个又一个的幸福美丽新村。

向往的路上昂扬奋进，伴随着乡村振兴，幸福家园的美丽画卷正在徐徐展开。

上 篇

第一章　把饭碗牢牢端在自己手中

2017年3月，全国“两会”别样精彩，习近平总书记在四川代表团参加审议时特别强调：脱贫攻坚全过程都要精准，有的需要下一番“绣花”功夫。

其实不光是对待脱贫攻坚战役，在罗江这个历史悠久的传统农业县，“绣花”功夫一直是人民群众真诚对待土地的方式。在这片希望的大地上，农民对农业生产具有莫大热情与由衷自豪，精耕细作，把控细节。

2017年10月，习近平总书记在十九大报告中指出：农业农村农民问题是关系国计民生的根本性问题，必须始终把解决好“三农”问题作为全党工作重中之重。要坚持农业农村优先发展，按照产业兴旺、生态宜居、乡风文明、治理有效、生活富裕的总要求，建立健全城乡融合发展体制机制和政策体系，加快推进农业农村现代化。巩固和完善农村基本经营制度，深化农村土地制度改革，完善承包地“三权”分置制度。保持土地承包关系稳定并长久不变，第二轮土地承包到期后再延长三十年。深化农村集体产权制度改革，保障农民财产权益，壮大集体经济。确保国家粮食安全，把中国人的饭碗牢牢端在自己手中。

说得多好啊，中国人的“饭碗”就该牢牢端在自己手中！以农为“魂”，大力发展当代农业，一片“粮”心，日月可鉴。

听那一首首激动人心的劳动号子歌，看那一幅幅天人和谐的田园牧歌图。罗江人民，正以自己严谨细致的耐心、高超精湛的技艺、精益求精的精神，在罗江热土上挥汗耕作，描绣栩栩花朵，织就大地锦缎。

粮食满仓垒“金山”

当很多农村人不再热爱种植粮食，以离开故土，到城里工作为奋斗目标时，罗江金山镇骑龙村的罗中海，却将粮食越种越多。目前，他种植的1500亩（一市亩=666.67平方米）农田，涉及金山镇6个村26个组，是远近闻名的种粮大户。

罗中海是从2003年开始承包土地种粮食的。随着农民远离故乡，各个村的撂荒土地越来越多，村干部纷纷找到罗中海，而他简直是“有求必应”，来者不拒地承包下来，如今已经发展壮大成罗江县甚至德阳市第一种粮大户。

出生于1965年2月的罗中海，为何如此痴迷种地呢？也许对他而言，土地系着他一辈子最深切的爱和牵念，唯有在土地中播下希望，才能让“金山之梦”成真，幸福触手可及。

土地情结

罗中海坦言，自己是有土地情结的那类人。说起脚下这片土地的渊源，罗中海顿时眉飞色舞，黝黑的面容上满是煦暖的笑容。

先说德阳。德阳是福地，属古蜀文化的发源地之一，亦是农村改革的发源地之一，素有“天府粮仓”之称，是典型的“天府之国”的缩影。而罗江呢，属于浅丘地貌，岗丘相连，丘间地带开阔平缓，土质肥沃湿润，土壤熟化较好，养分较高，保肥力强，耕作较为容易。年轻时，罗中海就常常因为自己是罗江人，能在这么好的土地上耕种而暗自感到骄傲。

1996年，罗中海当上了村文书，那时村里已经陆续有些年轻人外出务工了，每次看到村里多一块撂荒地，他心里就很不好受，绕着土地背着手转圈子，嘴里牙疼般发出“啧啧”的声响。回到家，罗中海和妻子念叨，你说农民咋能不种地呢？你也不种地，我也不种地，以后中国咋养活十几亿人口？

这么多人不吃粮食咋行？妻子看他着急上火的，赶紧劝他宽宽心，说你一个小小的文书就算将心操碎了也没用啊。乡亲们去外面打工更能赚钱，死守着家里这么几亩地，只能混个肚儿圆，人家也要送娃儿读书，给老人看病，没办法呀。

罗中海承认妻子说得有道理，但他还是感到心头空落落的，撂荒地多一块，心中的空洞也大上一分。2003年，一个朋友无意间对罗中海说起，御营镇六村有一片土地，有40多亩，想找人承包。听到有土地可以种，不知怎么的，罗中海当即内心就有点小激动，他很想自己拿过来耕种，或许，心中的土地情结一直都潜伏在那儿，从未消失。

朋友原本只是随口一说，看罗中海认真的样子，遂也上了心，拍着胸口打包票，说老罗，既然你有这份心，我怎么都会帮你承包过来的。朋友还是蛮有能耐，几方一言说，将价格讲到了每亩地130元，于是，罗中海高高兴兴承包了这40多亩土地。他沿用当地的种植模式，搞水稻制种，收完水稻，就种上小麦，让土地不再闲置，真正有了“用武之地”。一年下来，虽然他累得掉了几公斤肉，但算算细账，竟然有四五万元的收入。最重要的，是罗中海在耕种这40多亩土地时获得到了莫大的成就感，他非常喜欢在土地上挥汗如雨的自己，觉得这时的自己是充满了力量的，内心也愉快不已。于是，罗中海一连承包了五年土地，五年下来，总收入达到了27万元左右。

转眼间，到了2007年，罗中海高票当选村支书，村里事务实在太多太庞杂了，再加上次年又遇到了5·12大地震，他整天带着村民忙于抗震救灾，实在是分身乏术，只好忍痛割爱，退掉了御营镇的40亩土地。

土地虽已退掉，但罗中海就像一个掌握了绝妙剑术的剑客，即使拿走了他的宝剑，他也是“手中无剑心中有剑”的。罗中海这几年忙于村中诸多事宜，没有一心扑在土地上耕耘理想，但并不代表他对土地就不牵念、不痴迷、不向往。他心中始终有个耕种梦，果真，老天很快又叫他梦想成真了。

2013年，又有人找他承包土地，这次的土地面积是曾经在御营镇承包面积的十倍，整整有400亩，是县经开区在工业园区租用的土地，荒了三年都还没利用，按照国家的相关规定，三年没利用的土地就得还耕。“还耕”两个字说来轻松，可要找到肯承包这么大面积土地的种粮户绝非易事。他们连找了好几个人，人家思考一番都摇摇头。找到罗中海时，对方不过抱着“死马当活马医”、试一试的心态问他有没有兴趣。

罗中海内心一喜，说真的，这几年他这个“无剑的剑客”，想要亲近自己多情的领域，可真是想得脖子都长了，但紧接着他心里又一沉，怕这么大面积，自己若种不出来，就要大大亏本了，这地可不是仨瓜俩枣的，一亏可就是“巨无霸”，不是小数目，一年下来要二三十万呀！

左思右想，最终，内心对土地的热爱还是战胜了一切，罗中海自信地想到，说别的自己可能不如人家，但种庄稼还是很在行的，之前自己还曾是罗江县一家农业有限公司的技术员，懂得技术管理，如果自己都不去承包这片土地，应该找不到比自己更适合的人了。做人要有使命感，他硬着头皮签下协议，以每亩400元的价格，将土地流转了下来。

“托拉斯”式种粮

罗中海将这400亩地承包过来后，依旧种植传统农产品：小麦和水稻。由于种植全靠人工，人工的费用颇高，生产所需的农资成本也高，种了三年，几乎不亏不赚，三年之后，这片土地又被回收回去，继续开发利用了。

这样说起来，罗中海是用三年的时间画了一个“零”吗？当然不是，即使没有赚到钱，但他觉得自己赚到了更宝贵的东西，三年来的大面积种粮，催使他添置了不少农具，也积累了不少大面积种粮的管理经验。以前常常听人说“托拉斯商业帝国”，通过自己的种粮实践，罗中海慢慢懂得了：其实有时“大”，大到“统一管理、规范管理”，如同“托拉斯”，反而能享受“大”带来的安全与利益。

大面积种粮，不再令罗中海望而却步，恰恰相反，现在他是跃跃欲试，像一个敏感的猎手，随时关注“丛林中的响动”。所以，当金山工业园区建成，当地大量人工都到了厂里务工，土桥、红玉、金山、幸福等村有大面积土地无人耕种时，他满怀信心，找上门去毛遂自荐，又承包了两三百亩土地。一年下来，一亩田刨除所有投入，能净赚300元钱。区区几百元，对当今社会的许多人来说的确是太微不足道了，这也是如今许多农民都不愿种田的根本原因，若留在家乡，只侍弄自己那薄薄几亩地，只能混个温饱，何时才能得到更好发展呢？所以，他们宁愿将这“看不上眼”的300元钱从一开始就舍弃了，另寻出路。

这是许多农民弃地撂荒的初衷，却成为罗中海深入思索的起始点，他发现一个有趣的规律：种粮面积越大，越“托拉斯”，积少成多，也就越划算。想通了这点，罗中海摩拳擦掌，内心涌动起了骄傲的热流，双眼迸出了闪闪的火花，于是，此后再有找他承包土地的，只要道路通达，他都承包下来，不知不觉，就发展到了现在1500亩的种植面积。每年到了“大春”季节，这1500亩土地上，除了260亩是水稻制种，其余的都种植常规水稻。在种植季，雇佣数百农人在田地干活，热火朝天的景象，让大家工作得很有劲头，竟加深了对土地的眷恋，如同罗中海的土地情结，与日俱增，从未冷却。

罗中海成了首屈一指的种粮大户后，用工量也惊人，每季要做5000个人工，一年下来，人工费要花费100多万元。当然，粮食收入也海量，若堆积一处，真能成“山景奇观”：小麦有60万公斤左右，水稻70万公斤，还有制种10万公斤。如此大规模的种植、收割，罗中海自己当然也添置了不少农耕机械：旋耕机就有4台、插秧机2台、施药机1台。机械耕种为规模种植提供了可能，进而实现规模效益。对此，罗中海极有心得，他说像之前那样“拼豆腐块儿”似的种“小田”已经跟不上时代发展了，要让土地连成片，新农机、新农技才用得上，亩产也才上得去。

种植面积大，管理方面就尤为重要，罗中海自己懂技术，便随时观测田间作物病情，进行及时防治，还聘请了一个以前跟着自己搞水稻制种的技术员，协助自己一起管理。科学化的管理手段，是为传统农业保驾护航的“坚臂”，罗中海极力让种粮的风险降到最低。

但即便如此，种粮大户面临的风险也是相当大的。

2013年，罗中海将刚收下的小麦晾晒到工业园区的干道上，哪晓得遇到一场突如其来的暴雨，工人根本抢救不及，眼睁睁看着雨水冲走了10多吨粮食；还有被雨水浸泡、霉烂变质了20多吨粮食，这年罗中海可亏了老本。说起这场暴雨，罗中海眉头都拧到了一起，牙缝里嗞嗞吸冷气。他苦笑着说种粮就是特别害怕恶劣天气，尤其是到了收割时节，如果遇到阴雨连绵，麦子就会在穗上发芽，要是没有使用风干设备，小麦很快就会霉烂变质。种粮难，种粮大户更难啊。所以，现在罗中海最为期待的，是自己能建一座风干房和晒场，不过种粮大户的临时建设用地没有指标，建粮库也没有指标，要实现梦想，可能还需要等待机遇。罗中海急切盼望政府在政策和资金上能对种粮大户给予一定扶持。

由于种粮本身效益低，为了节约开支，罗中海设想中的小型风干房，每天能风干60吨粮食即可，占地面积大约10亩，投资150万元。这样，他的投入几年就可回收，成本也就大大降低，在各地都在发展其他经济林木产业的当今，他种粮也才会越种越有信心。

现在金山镇的种粮大户很多，100亩以上的就有10多家，有六七户成立了家庭农场。他们的心愿和担心都与罗中海一样，有了风干房，不担心粮食霉烂；有了自己的粮仓，可以避免收获季节的低价出售。

粮食，是我们每个人每天不可或缺的生命补给品，意义重大，但传统的农业生产本身就面临着各种各样的风险，如资金风险、生产风险、市场风险等，种植大户又要承担高数倍的风险。可是，以罗中海为代表的种粮大户们，他们为何肯如此勤苦辛劳，一边将汗珠洒进热土，一边还默默承受压力与风险呢？溯其根源，只因他们对土地爱得太过真挚而深沉！因为这情深意切的土地情结，令他们放下顾虑，不计劳苦，为了梦想而奋力拼搏，在土地里播撒种子，收获沉甸甸的梦想果实！

逼上“粮山”

一个1985年出生的小伙子回乡当农民？听起来仿佛很稀奇，要知道，现在还在乡村干农活的，主要是50后、60后，连70后都少见了，刘孝东是妥妥的80后，这个30岁出头的年轻小伙，他到底是怎么想着要在“土里刨食”呢？这故事，还得从他家老爹说起。

烂摊子，也能成宝盆子

2015年4月，原本在渤海湾油田打井务工的刘孝东回老家休假，看到父亲第一眼便大吃一惊：父亲肤色原本就黑，现在虽然戴着一顶旧草帽，脸色却比以前更黑了。脚上的解放鞋裹着泥巴、碎草根。父亲急匆匆从田里回来，是为了拿农具的，他看到许久没见的儿子，竟没表现出太大惊喜，只是问刘孝东累不累，不累的话，跟着他先到田里将活干完，然后再坐下来慢慢摆谈。刘孝东就这样糊里糊涂地被父亲“抓了壮丁”，放下孝敬父亲的水果、糕点，就挽起裤腿跟着下了田。

劳动了半天，刘孝东才搞清楚，原来父亲流转了不少土地啊！父亲像个志得意满的大将军，将刘孝东带到一个缓坡上，手指头指指戳戳，大有“指点江山定乾坤”之潇洒，对儿子说：“看到没？这里，还有那里，是咱们调元镇双堰村7组、8组的土地嘛，村民都觉得种地赚不到钱，纷纷丢下土地到城里打工，这两队的队长找到我，让我来承包，我想了想，也就答应了。”

刘孝东吓了一跳，因为粗粗一估算，父亲在本村7组、8组流转的土地达到了200多亩，怪不得老人家看上去又黑又瘦，种这么多粮食，不累才怪！父亲听到儿子的担心，像个调皮的小男孩，眨了眨眼睛，神神秘秘地开了口：“还不止这些地呢……”

刘孝东啊了一声，渐渐捋清了。原来，2014年，玉泉镇金泉村有200多亩土地流转给了一个老板，专门来种植中药材，但老板种药材亏了本，灰了心，就不愿意再承包了，闹着要早点离开。这个老板和刘孝东的父亲是好朋友，两人在一张桌子上喝酒，老板喝着喝着，大了舌头差点哭出来，说以为土地能养个金娃娃，现在却留个烂摊子！父亲看到朋友这么难过，自己心里也不好受，他一时冲动，就接管了老板朋友的烂摊子，自己来种粮食。

刘孝东的父亲小时候是挨过饿的人，一辈子最喜欢看到的就是金灿灿的粮食，他对土地有种近乎虔诚的热爱，看到肥沃的田地，恨不能跪下来捏把土，细细揉搓，在温热的细粒泥土中，感知它的生机与活力。父亲热爱种地，也认认真真经管好了“烂摊子”。收获之后，当年一算账，竟有六七万的盈利，父亲信心大增。当本村队长来找父亲时，几乎没费多少口舌，父亲便爽快地答应了承包土地。

刘孝东听得一愣一愣的，父亲说得倒豪迈，但他晓得父亲到底是上了年纪的人了，这样劳累，为了种地而废寝忘食，他实在担心老人身体吃不消。刘孝东将自己的顾虑坦率说出来，父亲还真淡定，当即笑眯眯地回答他：“是啊，种地是挺累，要不你回来帮我一起种吧？儿子。”

父亲这话，可真是将了刘孝东一军。要知道，刘孝东2004年高中毕业之后，就没想过留在家乡种地，他选择了外出打工，先后去了湖南、福建等地的工厂。2008年因为发生了举世皆惊的5·12大地震，他返回家乡陪伴亲人，经人介绍，认识了一个温婉、善良的女孩。2009年，刘孝东结婚之后，与妻子到相邻的安县玉泉镇上开了一家育婴店，主要经营孕妇、婴儿用品。眼看小店开了四年，孩子也两岁了。刘孝东晓得孩子越长大，花钱的地方越多，便将孩子和小店托付给妻子，自己咬咬牙到河北唐山打工，在油田打井，一个月能领到5000多元的工资，不过工作强度很大，极为累人。

父亲提议刘孝东放弃月薪5000多元的工资，回乡来种地？刘孝东表示，他要想想再说。

在刘孝东“想想”的同时，父亲没有将久别归家的儿子当客人，今天带着他下地除草，明天爷俩一道施肥，虽然每天活路安排得满满的，人也疲累，但刘孝东发现在地里干活很有乐趣。父亲说不出啥大道理，但父亲对他讲过土地是活的，他就一直记在心里，越想越觉得正确。土地是活的，田地里生长着无数生机勃勃的生命，庄稼是活的，飞过头顶的小鸟是活的，就连掠过汗湿面颊的风都是活的。刘孝东在田地的劳动中，享受到了一种崭新的，关于生命的欢喜。他看到要靠父亲一个人，的确是忙不过来，于是下决心辞去了油田的工作，回家当起农民。

有儿子的加盟，父亲如虎添翼，信心更足。这时，双堰村1组、9组的队长也找到刘孝东父亲，说有200亩土地闲置着，问他们要不要流转过来一起耕种。父子俩头碰头商量了大约一根烟的工夫，都觉得多也是种，少也是种，再来200亩又何妨？于是，又将这片土地流转了过来。

沙场秋点兵，少一人

刘孝东和父亲两人并肩作战，结成了“种地父子兵”小组，他感到很心安，因为有着多年农事经验的父亲，就像一本沉甸甸的《农业大全》，有父亲指导引路，刘孝东这只“小鹰”在“老鹰”的翅膀庇护下，其实是乐得思想偷懒的，他只需出力就好。

但哪里想到天有不测风云，人有旦夕祸福。2016年4月，原本强健如牛的父亲，竟会突然病逝了！这个打击对刘孝东来说，实在太大了！因为他不仅仅是痛失慈父，还同时失去了并肩作战的“战友”和“搭档”！回想起他刚从唐山回来看望父亲时，父亲带他去缓坡上“挥斥方遒”的画面，历历在目，犹如昨天，可那个满脸放光，将庄稼都当作自己“麾下奇兵”的统帅老父亲，已与他阴阳两隔了！原本，刘孝东只以“种粮大户的儿子”的身份自居，可到了此刻，他不得不直面现实了，莫大压力如玉山坍塌，飞沙走石向这个年轻小伙袭来。

种地，手里这好几百亩地，现在怎么去完成啊？要说刘孝东是个农民，他和土地最亲近的这一年，都是跟在父亲身后行事的，父亲是个运筹帷幄的总指挥，有父亲在，他甘愿当冲锋陷阵的小兵。父亲让他开旋耕机就开旋耕机，让他防治虫害他就赶紧去喷药；到了收割季节，父亲说你该去联系收割机啦，他就忙不迭地安排收割机。打虎亲兄弟，上阵父子兵，可这父子兵的组合中，刘孝东早就晓得父亲才是灵魂，是支柱，自己只不过是帮手，说得再直白一点，若父亲是“大脑”，当儿子的不过是“双手”，双手看起来也忙得热火朝天，但归根结底，受的还是大脑的指挥。

父亲的骤然离世，令刘孝东乱了阵脚，他连传统农业最基本的“守天时”都搞不清，要背二十四节气，扳着指头数了半天，也不过数得出谷雨、小寒、惊蛰那么寥寥几个，更不要说由他自己来做决定，看啥时节下种，啥时节育苗，啥时节防治哪种虫害了。父亲去世不久就到了农忙季节，刘孝东的心，快要被焦躁烈火烧成一片焦土，嘴唇都爆出了白皮。他心中惶然，甚至想过临阵逃脱，想他一个年纪轻轻又受过高中教育的小伙子，何必非要在田地上钉死自己呢？他大可以像之前那样，潇潇洒洒地背起行囊就到外地打工啊，那时他就不必操这么多心，要为这么多亩土地殚精竭虑地负责任了……

刘孝东脑子乱成了一锅粥，到底是走还是留？他想了很多，一个人在田埂上坐了很久。刘孝东想起了几个月前，也是在这个地方，他和父亲两人忙完了一天的活路，用那片刻的清闲，父子俩肩并肩地坐下来，他从兜里掏出两支烟，给父亲敬上一支，自己也点燃，美美吸了一口。父亲抽着儿子孝敬的烟，老脸都笑成了一朵花。那时，刘孝东和父亲谈过种粮大户的下一步发展，必须要全面实施农耕机械。

还记得那时刘孝东面对父亲，毫无保留地说出了自己心头顾虑，他说现在种庄稼，请劳力是个伤脑筋的事情，农忙时节，他们要请30个人左右，可请来请去，几乎都是50岁以上的农民。现在农村的具体情况就是这样，没有年轻人愿意干农活，再说村里也找不到几个年轻人，都外出打工了。如果再过十年、二十年呢，那些50后、60后农民的年龄也渐渐大了，做不动农活了，到时怎么办？所以，他要让种粮变得更加机械化，今后才会有更好的发展。父亲听了儿子的话，表情欣慰而惬意，虽没多说什么，但父亲生着硬硬老茧的手拍在刘孝东肩膀的温度，让他至今想起，温暖犹在，眼眶潮湿。父亲当时心情有多愉快多满足啊，年轻的儿子能继承他种粮的“衣钵”，并且加入现代化创新思维，让种粮发展成一桩事业，父亲满意了。

回想和父亲并肩作战的一年光阴里，父亲其实是十分尊重儿子“全面机械化”的创新思维的，家里添置了大型农耕机械两台、新型施药机一台。购买这施药机，价钱并不便宜，当时父子俩还是做了一番思想斗争的。要知道，之前家中已经有六台机动喷雾器了，不过是需要人工来操作。2015年，防治二化螟施药，因为天气炎热，施药人的防护措施没做足，药物透过人的皮肤进入体内，造成三个人中毒，其中一位60多岁的老人病情最为严重，送到安县人民医院输了三天液才“解毒”出院。这次事故引起了父子俩的高度重视，刘孝东通过一位农机专业合作社的朋友，联系到了一家植保公司，该公司有喷药专用飞机，派了喷药专用飞机专程来刘家父子的农田进行试验性喷洒，喷了10多亩地，但经过一段时间的观察，发现治虫效果并不太好。后来，刘孝东就和父亲建议，还是咬咬牙购买高压施药机，虽然价钱贵，但效果特别好，人也安全。父亲点点头，让儿子拿主意就好——他完全信得过年轻人的新思维。

往事历历在目，父亲对自己的支持是那么真实那么温暖，现在他人已经不在了，如果自己就此撂担子，一走了之，将父亲之前的心血付之一炬，自己还算是父亲的好儿子吗？刘孝东紧紧咬着牙，牙床咬得发了酸，滚烫的泪花蜇痛了他的眼，他原本游移不定的心，忽然注满了勇气。

刘孝东决定了，留下来！这些田地凝聚着父亲一生的情和爱，自己绝不能将父亲的辛苦功业付诸东流！他决定了，不但要留下来，还要向有经验的老农好好学习，向书本学习，将父亲留下来的田地种好！

刘孝东心中涌动着豪迈与激情，他在短时间内购买了大量相关农业书籍来学习，又向老农们拜师学艺，将传统与科技相结合，“二十四节气”和“全面机械化”碰撞出了闪亮的火花，这条孤独行走的路，虽没有父亲在旁帮扶，但父亲留给他的精神却是永远不朽的！

刘孝东咬牙走过了这段孤身奋战的崎岖路，2016年底，他算了账，惊喜地发现当年盈利20多万元，对于他这个80后的“新农民”已经是莫大的慰藉了。

曾经彷徨，曾经畏惧，曾想逃避，但最终却将种粮视作自己的事业，刘孝东用一个年轻人的执着与坚持，为明天的灼灼梦想，为父子相传的信念，洒热汗，绘锦绣，在罗江大地上苦苦耕耘。逼上“粮山”的一颗心，终于在田地之上，妥善安放。

“豪门”女婿

2月14日，是西方的情人节，易大勇也赶了一趟“洋盘”，将自己的婚期定在了2011年的这天。任谁都坚信，这是小伙子易大勇幸福生活的开始，随着他与刘小宇正式结为夫妻，入住刘家，那未来的日子还不是蜜里调油啊？和他一道长大的同村伙伴们，争着要给新郎官敬酒，你一杯、我一杯，喝得脸上红霞飞，他们亲热地捶打着新郎肩窝，将酒杯凑到易大勇鼻子下面，扑哧一口吹灭刘小宇手中打火机的火苗，哈哈笑着看点喜烟的新娘嘟嘴无奈，婚礼掀起了一个又一个小高潮，伙伴们对易大勇的羡慕之情也一波接一波地越掀越高。

为何大家会如此羡慕新郎呢？因为易大勇过往27年的人生阅历，实在是顺风又顺水。

好运女婿

出生于1984年的易大勇，是金山镇谭家坝村9组人。他从小就有军人梦，2002年入伍时很幸运地到了北海舰队，那时就成为伙伴们羡慕的对象。易大勇在部队表现很不错，求上进，2007年复员之后，就读于大连海事学院天津分院。2010年毕业回到老家，父母很高兴看到儿子学成归来，和他说起人生大事来：“大家不都讲究个‘成家立业’嘛，成家放在前头，你的婚姻大事才是当前的首要任务啊。”易大勇嘻嘻一笑，这一笑，泄露了他的小秘密：原来人家早有意中人了，压根用不着父母费心。

易大勇的心上人，是知根知底的同村女孩刘小宇。说起刘小宇，算得上是谭家坝村的“千金小姐”。她父亲刘武义是当地最大的养鱼户，彭家坝水库、石庙子水库、江油战斗水库、御营镇兴隆水库，都是刘武义承包过来的养鱼水域，2000余亩，够大的了，平常都长期请有20多个员工管理照护，刘武义是人们公认的“能干鱼王”。有这样的家底和父亲，刘小宇在村人眼中自然也如同公主一般。所以，当易大勇父母得知自己儿子和刘小宇谈上了恋爱，他们别提多高兴了。

两个年轻人情投意合，转眼间，就到了洞房花烛夜，易大勇和刘小宇特意挑选了西方情人节这么一个吉利的日子来办喜事。到了月朗星稀，宾客纷纷散去时，娇羞的刘小宇轻声问新郎："大勇，今后不管遇到什么事，你都会爱我，不离开我吗？""当然！"易大勇回答得斩钉截铁。他是军人出身，身上既有军人的硬朗，也有铁汉的豪情，刘小宇感到非常幸福，未来的日子能有他相依相伴，夫复何求呢？

易大勇和刘小宇结婚，便正式住在女家，有些爱嚼舌根的人背地说易大勇是上门女婿、倒插门，他一点都不在乎，因为在他心中，岳父刘武义是个十分值得敬重的男人，易大勇对这个"新爸爸"，甚至是崇敬高于感情，他愿意跟随岳父多多学习，不计较闲人的无聊看法。

刘武义到底有啥特长，能让女婿这么死心塌地地崇拜他呢？论起来，岳父不过是苦孩子出身。刘武义小时候家境贫寒，家中孩子又多，九兄妹就是九张嗷嗷待哺的嘴巴，在他的印象中，很少有吃饱的时候。到了寒冬腊月，九个孩子都赤裸着双脚，行走在铺满白霜的田埂上，冻得清鼻涕哗哗淌，还要手脚麻利地捡柴、割草、拾粪。但就是这般勤快，家里还是喂不饱这么多张小嘴巴。终于，在刘武义14岁时，他光着脚板被父母赶出了家门，父亲砰地关上门，母亲压抑的哭声从薄薄的门板后面像厉风一样刮过来，刘武义也哭了，但他忍着没有折回身撒泼耍赖地打门，而是抽噎着往村外走。他始终记得母亲的话："做人手脚勤快，总能找到一口吃的，勤快的猫啊狗啊都饿不死呢。"

刘武义流浪到了谭家坝火车站，小馆子的老板看他可怜，允诺留他在店里洗盘子，没有工钱，但管口饭吃。少年工作很卖力，因为他的勤快和灵醒，谭家坝食品站一个杀猪匠认为刘武义人不错，有心帮他一把，便将他喊到食品站帮忙，安排了一间破旧房子栖身，虽然也只管吃、管住、没有工资，但杀猪匠给了他一样宝贵的东西——猪血，每天杀了猪的猪血，都归刘武义。少年心眼活，他下班后将猪血用开水一烫，摆到十字路口去售卖，因为价格公道，猪血又新鲜，很快就有了回头客，他也成为谭家坝有名的"刘旺子"。

但卖猪血不能卖一辈子啊，正当刘武义踌躇着将来如何谋生时，1988年，他碰到一个偶然的机会，经人介绍，他壮着胆子承包了石庙子水库来养鱼。尽管刚开始时刘武义对养鱼一窍不通，但他运气不错，水库水质好，鱼儿也争气，一年下来，居然意外地发了笔小财。刘武义心动了，感到养鱼是条发家致富的好路子。后来他的胆子越来越大，水域也越包越多，到女儿结婚这年，他已承包了2000多亩水域养鱼。

易大勇视刘武义为传奇人物，岳父的奋斗史是小辈学习和奋斗的方向，哪知道刘武义还没来得及教给女婿什么，天有不测风云，易大勇结婚仅月余，在2011年的3月26日，刘武义竟因病辞世，撒手人寰！这不仅对刘家人，就是对所有认识刘武义的人来说，都是晴天霹雳，因为他正逢44岁的黄金年龄呀！

刘武义的骤逝，犹如多米诺骨牌的倒塌，许多现实问题一下子逼近眼前。

负债女婿

之前，易大勇的朋友们都羡慕他，说他算是“入赘豪门”，将来要跟着岳父吃香的、喝辣的挣大钱了，可刘武义丧事还没办完，债务已催到门口，易大勇细细一盘点，心跳得乱了节拍：刘武义虽在当地大名鼎鼎，但他并未给女儿、女婿留下什么钱财。除了现有2000亩水域里还未长大的鱼苗，还有330万元的贷款。这笔巨额贷款，对于年轻的小两口来说，简直是“压力山大”。

先不说易大勇面对2000亩水域的渔场心里直发怵，压根不知如何管理维护，他对饲料加工、苗种养殖、成鱼养殖、销售等知识也一概不懂，问之一脸茫然。尤其是330万元的贷款，每月的利息都要付给银行2.4万元，还有渔场每天要开销2万多元……易大勇头皮发麻，痛苦地蹲下身去。

此刻，又有闲人来“关心”了，设身处地为他出主意：“还以为大勇你进了福窝窝，哪晓得要背这些烂账，趁着年轻没孩子，你干脆和刘小宇分了算了，那是她爸爸欠下的债，和你没关系。”

易大勇惊讶地抬头看着闲人，随即，他拧起眉头，神情像生吞一只苍蝇般恶心，语气很冲地说道：“我从来没想过离婚！”

家中惨遭变故，风雨飘摇，易大勇想到的，只有他曾作为一名共和国军人的铁血担当，还有他新婚夜对妻子起的誓——男儿一诺千金，岂能出尔反尔？易大勇暗自下了决心：渔场是岳父半生的心血，我要接过重担，好好管理，争取早日偿还债务。

真正有了方向，易大勇心里轻快不少，他将渔场管理的担子，正式挑到了肩上。可他对于养鱼是彻头彻尾的门外汉，空有一腔决心。“受命于危难之际”，他对养鱼、鱼病防治等知识却一窍不通，公司聘请的技术员也欺生，对工作不再尽心尽力，竟导致了石庙子水库大面积的鱼苗生病。从4月1日起，一直到国庆节，陆续半年时间里，水库平均每天都有50多公斤鱼儿死去。尤其在三伏天，气温高，是死鱼的高峰期。最多的一天，一下子有750公斤鱼儿“集体阵亡”。这都是钱啊！来不及心疼，一旦水中有死鱼，易大勇得马上安排员工打捞、深埋，预防更多的鱼受到感染，若对死鱼置之不理，不到一天，臭气就会熏得人发晕，无法在水库周边待上五分钟。

这年总共死了15万公斤鱼。一尾接一尾的鱼在易大勇面前死去，他心里难受极了，想喊，喉咙沙哑喊不出一个字；想哭，男儿有泪不轻弹。夜深人静时，他辗转难眠，和刘小宇相拥哭泣，小夫妻都深感命运的无常与捉弄，为什么父亲轻轻松松打理得井井有条的渔场，到了易大勇手里就变成了“不可完成的任务”呢？刘小宇泪流满面，她对丈夫更多一分愧疚，如果不是父亲当初雄心勃勃地贷款几百万元，他们如今压力也不会这么大！但每每刘小宇说到“我连累你了”，易大勇都会用手温柔而坚定地堵住妻子的嘴巴，他的眼神，她懂。他用眼神告诉她：我一定会把咱们家这片天撑起来的，你相信我！

从春到秋，死鱼事故接连不断。面对惨重损失，易大勇心痛却又束手无策，他深深感受到技术、知识的重要。回想当时，易大勇就像一只无头苍蝇，他围着水库发疯一般疾走。水面浮起的“白肚皮”，白花花如同冬天土路上的“脏雪”。他喉咙发涩、嘴巴发苦，喝下的水像全部进了无底洞，怎么也解不了渴。易大勇感觉自己就像一尾被扔到岸上的鱼，快要缺水窒息了。

不，不能这样活！不能对命运投降！不能让深爱我的家人对我失望！易大勇心里发了狠，求知的欲望，从“脏雪”的惨烈景象中冉冉升起。

好学女婿

易大勇开始了人生第二次刻苦学习。这一次，他比之前在大学读书更加刻苦，买回大量关于养鱼的书籍、光碟，从鱼病的防治到育苗的培育繁殖，到养成成鱼，然后是饲料的配方、加工，鱼的销售等等，一点一滴从头学，一步一步掌握知识。卧薪尝胆，扎根学海，易大勇用了整整三年时间，让自己从一个养鱼的“技术小白”，变成胸有成竹的“理论高手”。

三年后，虽然没有参加任何考试检查，但易大勇知道自己合格了，养鱼的全套技术都懂了，什么时候防病，什么时候增氧，什么时候设备要检修，心中都有了一本账。

易大勇将养鱼经验总结了四点，他希望分享给广大养鱼户。他认为：从鱼种到成鱼，把饲料加工、鱼病防治、设备维护、成鱼销售这四点做好，不仅可以降低养鱼成本，也保证了鱼的稳产稳收。

首先，要有自己的饲料厂，可以节约成本，原材料自己配实在，养什么鱼，配什么样的营养比例，灵活掌控。

定期对鱼病进行防治。随季节变化，要对水质进行调节。通过光和细菌的作用，把水调活，给鱼一个良好的生活环境。为了鱼不得病，还要定期对水进行杀虫、消毒，可避免灾难性大面积死鱼。

每年初必须对增氧机、投饵机、饲料加工机械、厂区线路等进行维修保养，降低设备添置成本。

自产自销，可减少中间商的压价谋利，提高销售价格。

由于他做到了这四点，近三四年来，易大勇2000亩水域养殖，没出现过一次大面积死鱼现象，收入稳步上升。

通过自身的努力和产业的不断壮大，2017年，易大勇被选为罗江县水产协会理事长、罗江县政协委员。为了与大家共享最新养鱼信息和技术，水产协会特地建立一个微信群，大家在群里可以发布销售、运输、鱼病防治的养鱼经验、天气变化需不需要增氧的及时提醒等等，各种养鱼技术都可以在群里交流分享。

岳父刘武义留下的事业，终于后继有人，易大勇用了好几年时间，这才觉得自己是告慰了岳父的在天之灵，他总算没有将岳父半生心血付诸东流。公司也由原来的金山水产养殖场发展成罗江县小鱼当家食品有限公司，直至发展成为德阳市御丰园农业有限公司，一步步壮大着规模。现在公司以水产养殖为主导产业，每年能出鱼100万公斤，主要销往成都，公司长期挂钩的销售渠道直通省城，自家的供氧鱼车固定运送，创出了新的繁荣盛景。

现在的易大勇，已是两个孩子的父亲。他和刘小宇感情甚笃，当初家中的剧变没有拆散他们，反而令他们感情升温，坚固如钢，携手走过了那段坎坷路，他们更是珍惜今天的平顺幸福。现在，刘小宇管理公司财务，易大勇主管全面事务，岳父留下的贷款，已经偿还了200多万元，易大勇坦言剩下的贷款，对他已经构不成多大的压力，公司已走上正轨，最多两年就能还清。但他永远也忘不了被人追债上门的过往，忘不了自己在面对鱼病时的茫然无策，忘不了他是怎样将岳父留下的压力，一丁点一丁点转变化解成了人生的动力。

做一个有担当的勇敢男人，负起重担，挑起大梁，真的很疲累很辛苦，但是，却也真的很自豪很幸福。

幸福老农

如果金山镇幸福村的黄远裕不告诉我们，他今年已经68岁，我们是想不到的，并不是说他头上没有白发，额头也并非不覆皱纹，而是他整个人的精气神儿，说话时中气十足，眉眼间跳跃的欢喜与兴奋神色，如同少年。

一个68岁还能有少年神情的男子，多么稀罕，难能可贵。

挨过饿，方知“民以食为天”

黄远裕一生莫大的遗憾，便是他记不得亲娘的样子。不是没梦见过娘，但梦里，娘要么是逆着光来给儿子掖掖被子，要么是低着头给他补褂子，他看不清娘的脸，还不敢开口唤一声“娘”，怕美梦会骤然破碎，娘也不见踪影。娘去世的时候，黄远裕才三个月大，一个吃奶娃娃咋能记得住娘的音容笑貌呢？

没有娘的孩子，更加早熟。他从小就勤快，大人在地里干活，他提一个小篮子去捡捡麦穗、割割猪草，生怕家人嫌他偷懒，认为他多余。他人小，好多农活还干不动，但他是个有心人，就算现在“力有不逮”，至少将干活的步骤一步一步都牢牢记在心里。等到他再长高一点点，他随大人一道下田，人家都惊叹，说莫看远裕是个半大娃子，干起活来可真是有模有样，样样提得起放得下，一点都不输给他爹！

爹自然是以有这样的儿子为荣的。黄远裕也十分孝顺爹，他连带着把对娘的那份孝顺也送给爹了。他心想自己长大后，一定好好干活，让地里长出更多粮食，爹就不用整天愁眉苦脸，为没米下锅而苦恼了。

20世纪60年代初，10多岁的少年黄远裕和全国人民一起经历了刻骨铭心的“大饥荒”。这场饥饿留下的记忆，烙进他的心里，不管过去多少年，他都久久无法忘却当年的惨景。

地里能吃的东西，都被人们一扫而空，实在没吃的了，嫂子就从红苕藤藤上抹下一大把红苕叶子来，放在锅里煮一煮，舀出一碗给黄远裕，催他吃了赶紧上学去。即使这一碗红苕叶子，吃起来也是有讲究的，不能吃得太快，吃太快了，“哄了嘴巴，脑子清醒”，就算刚刚才往肚里倒进一碗汤汤水水，大脑还是反馈一个“我很饿”的信号；也不能吃太慢，吃太慢，那红苕叶子粗拉拉地割舌头，不像在吃菜，倒像骆驼吃纸，会越嚼越不是味。

爹心疼从小就没娘的儿子，可爹又有什么办法，他恨自己变不出粮食，让正在长身体的儿子吃顿饱饭。爹表达疼爱的方式，顶多是看到远裕碗里空了，他将自己碗中的红苕叶子，又悄悄挑几片给他，让他至少混个“嘴有嚼头”。

有一天，黄远裕放学回来，看到爹有气无力地坐在门槛上，脸定定地朝着一个方向。远裕也朝爹看的地方望过去，他没看到啥“西洋镜”，只听那方向传来若有若无的哭声，哭声比猫叫还细。爹耷拉着脑袋告诉他：“今天，咱们这个生产队，那家子一下子就饿死了两个人，剩下的人连抬尸体的劲都没有了。”

黄远裕震惊极了，爹的表情却很凝重，他用力撑着门框，颤颤巍巍站起来，伸手在儿子头上摸了一把，苦苦一笑，转身往屋里的黑暗走去。他也饿得眼冒金星了，连走去邻居家吊丧的力气都没有了，他要到床上躺一躺。爹在儿子眼中，身影原本是高大挺拔的，现在却只剩下一个佝偻苍老的背影。

远裕15岁时，他爹饥病交加，离他而去。从此，他便是天地间一个孤儿了。初中毕业，他匆匆进粮站工作，后来又去了政府上班，人生几十年哪，说来漫长，其实回头望望，不就是弹指一挥间？转眼间，2006年，黄远裕勤勤恳恳干了一辈子革命工作，从政府光荣退休了。

我要当农民

黄远裕在上班时，是单位有名的“药罐子”，他隔三岔五就要去医院。有时一场流感袭来，和他同时中招的同事自己去药店买药，吃上两回药立马就生龙活虎了。他却不行，动不动就得输液，有次输液输得两只手背都像发面馒头一样肿起来，医生扎针都不好扎了。黄远裕身子虚，自己心里也着急，怪自己不争气。2006年，他刚退休，儿子就打来电话说“恭喜”，感叹老爸这下可以睡觉睡到自然醒，好好调养身体，安享幸福晚年了。黄远裕一句话却把他儿子哽得话都说不出来：“就是，现在退休总算有时间了，我要去包土地来种！”

儿子觉得父亲这念头很危险，赶紧一溜烟跑回来，和母亲一起召开家庭会议，意在让父亲打消“不切实际的念头”，儿子将话说得很直白：“种地？您看您这三天一小病、五天一大病的，北风稍微强一点都能刮倒您，您还能去当农民种地？还是省省吧。”

可黄远裕起这个念头，并非一时兴起。他之前在政府工作，在财政、保险、会计等等岗位都干过，那时他当驻村干部，一共驻过八个村，一直和农村打交道，农民也没将他当成“官家人”，他更是早早将自己当成农民兄弟的一分子，现在退休一身轻，正好能让他实现梦想大展拳脚。

于是，家庭会议压根没有奏效，黄远裕在2006年包了30多亩地，自己开始种水稻。儿子很担忧，又为父亲的倔强发了一通脾气，说以后你累出病来，可能卖稻米的钱都不够医！黄远裕没理儿子，他开始兴冲冲地一头扎进了农事之中，和土地亲近，耕种收割，闻稻花清香，让他觉得心旷神怡。说来也怪，之前他是个将中药装在保温杯中当水喝的人，现在一个人侍弄几十亩田地，反而精神抖擞，连感冒都没再得过一次。

第一年种植，黄远裕还是摸着石头过河，虽然他和农村熟悉，但要亲力亲为来操持农事，还是缺乏实际经验，但就算这样，他在2007年卖完稻子算了个账，自己也净赚了几千元。儿子听了简直要哈哈大笑，因为儿子在企业当领导，年薪几十万元，哪里会将父亲辛苦劳作一年挣的这区区几千元看在眼里，不过看父亲自己玩得那么高兴，也只好由他去折腾吧。

2008年，黄远裕侍弄的稻田产量好，一下子就赚了1万多元，他乐得合不拢嘴。2009年，正想接下来大展拳脚，土地却被新建的工业园区给占了，他像个失地农民一样傻了眼。这时，一家专门经营农业产品的绿能公司向他伸出了橄榄枝，晓得他曾经是“官家人”，现在又迷恋种地，请这样的老将出马做管理，是万中挑一的好人选。

于是，黄远裕开始在农业公司上班，他在这个过程中的确积累了不少知识，也深刻地认识到一个道理：要想真的发展现代农业，就不能小打小闹，一定得规模化经营，才能将成本降下去，同时也便于管理。

几年之后，绿能公司的老板出了问题，随之引发公司经营状况雪崩式的倒塌，黄远裕离开绿能公司，开始将自己的构想一点点变成现实。

种粮大户织锦绣

2015年，黄远裕信心十足地包了200多亩山地、70亩田地。田地还是种植水稻、小麦、油菜等传统农作物，山地呢，黄远裕开出荒山，开始种植香桂。这种香桂树浑身都是宝，枝丫、叶子都能送去工业熬油，市场价是十多万元一吨，种植前景非常好。

黄远裕为何要辛辛苦苦包田地，种植现在很多农民外出打工都撂荒不理的地？他觉得从大的方面说，和罗江的种植文化历史有关，因为罗江地处成都平原北部边缘，自然优势和区位优势明显，一直也在重点发展优质粮油的农业生产，2013年，罗江还被认定为首批国家级杂交水稻制种基地县。大环境、大氛围上佳，让黄远裕对种植传统农作物这事满怀信心。

再从个人的情感出发，黄远裕是从小挨过饿的苦孩子，他平生最怕看到的，一是有人浪费粮食，二是有人浪费良田。他看到哪里土地撂荒，心里就一阵阵发慌、难过，不住地念叨：好可惜啊好可惜，多好的地！民以食为天，人可以不穿绸缎锦衣，不吃山珍海味，但你要让人长时间不吃主食试试？恐怕坚持不了多久，就算饿不死，身体机能也会出现各种各样的毛病。粮食，不管对于一个人，还是对于一个大国来说，都太重要太重要了。

黄远裕对种地的热爱，持续升温，2016年，他流转的土地达到了700多亩，到了2017年，总共管理土地700多亩，加上山地200多亩，他成了“千亩大户”。他成立了罗江县绿裕农家庭农场有限公司，可他从来不觉得自己是什么老总，他包的地越来越多，管理的事务越来越杂，反而越来越觉得自己是个农民。

黄远裕带着大伙儿一道努力，将荒山变成绿林，那些曾经撂荒、长满芭茅草的土地，重新焕发生机，小麦如同调皮健旺的孩子，每天早上黄远裕要去巡视农事时，看到它们和昨天又有不同，长高了一点点，长壮了一点点，他心里都会甜滋滋的，油然而生一种父亲般的自豪感。

看哪，他包的土地跨越几个村、十几个生产队，每天凌晨5点半起床，黄远裕骑上自行车去看望“孩子们”。派活儿给工人时，他浑身上下都充满了力量，自己也像是这地里生长的一株植物，生机勃勃，茁壮健康。

他不是光说不练的老板，现在，他干起农活来，手底下的工人都赞叹：“我们老板才‘凶火’哦，他一个快70岁的人，一上午就要上十三四亩地的肥。中午坐下来还不会呻唤，抱怨自己腰酸背疼。”

黄远裕干活干得很高兴，哪怕亏钱他也认栽，觉得这不过是积累了宝贵的经验。他算过一笔细账，现在如果粮食种得好，一亩田差不多能赚300元，他有700多亩田，那就有20多万元收益。不过2016年，小春霜冻，霜寒将油菜、小麦都冻死了。祸不单行，小麦又遇到了病虫害，一亩小麦才收到四五百斤。算下来，他在2016年亏损了7万多元。但他完全不当回事，他说这个霜冻有天时的原因，而小麦遇虫害，正好给他提了醒——今后要更加关注庄稼除虫，管理方面还要更细致、精细，才能应付各种情况。这并不是坏事啊，再说了，只要土地还在那儿，去年赔了，今年赚回来就是。说到这里，黄远裕非常开心地笑了，举起他晒得黝黑的胳膊，因为长期做农活，他的指甲缝是黑黑的，咋洗都洗不净这泥土本色了。他翘起一根带着泥土芳香的手指，眉飞色舞地告诉我："今年我们小麦种得好，一亩能收千把斤，肯定卖个好价钱！”

赚多少，亏多少，对于黄远裕的意义，远远没有他看到荒山变“金山”，大地织锦绣更重要。现在，他的家庭农场能解决附近近百个劳动力的就业问题，每年发给工人的工资都高达八九十万元，带动周边群众一起富起来；而他带领大家种植的粮食能供两三千人食用，不也是对社会做出的一点贡献吗？将之前零散的小家小户的农业生产变成规模种植，不但购买种子、农药、化肥等能拿到批发价，机械使用也更便宜，算下来降低了成本，而他聘请当地民众来地里干活，让大家不离乡土就能打工，也增加了家庭收入。这真是一笔怎么算怎么让黄远裕快乐的账！2017年过春节，儿子再次以父亲“年事已高”作为突破口，想要将父亲接到德阳自己家里，每天就接送一下孙子上下学，他甘心情愿花几千元“聘请”父亲。黄远裕很干脆地拒绝了儿子，他说：“现在不行，除非我做到做不动的那天再谈这些。”黄远裕觉得自己很幸福，作为罗江幸福村一个普通老农，他时刻都告诉自己：人在世上活着，一定要对社会有贡献，因为人世走一遭，吃多少、用多少都有个定数的，唯有贡献，能让人生变得有价值、有意义。

他一直都在践行这样的真理。

深爱成惧

刘复东瘦高个儿，采访当天穿一件略大的外套，更衬得他身材很“竹竿”。因为比一般川人长得高，他习惯了说话时身体稍稍往前倾，在聊天时便显得有点驼背，但当结束采访，他麻溜儿腾地站起，两条长腿在地上一蹬，动作爽利干脆，腰背伸得很直，目光炯炯有神。谁能看出这个瘦瘦的高个男人身体里蕴藏着多么强大坚韧的力量，又拥有着一颗多么鲜亮真诚的红心呢？

漫漫学艺路

刘复东的果树情结很有些年头了，早在1985年，他眼看自己的隔房哥很会种果树，卖脐橙能卖出4元多一公斤的“天价”，对于20世纪80年代的农民来说，这个价格简直是令人眼红了，刘复东很羡慕隔房哥，他也想成为果树专家，于是拿出了虚心学艺的劲头。那时刘复东并不富裕，但为了让“准师傅”高兴，他隔三岔五就在家宰鸡、杀鸭，弄得巴巴适适的，恭请隔房哥来吃饭、喝酒。哪里晓得这位隔房哥精明得很，肉照吃、酒照喝，老话都说“酒后吐真言”，但他就是有本事喝得晕乎乎也不吐一个字，反而生气地责备刘复东：“你一天到晚技术、技术的，到底烦不烦！”隔房哥打死也不传授技术，刘复东一口气憋在心里，委屈得想哭，偏偏老婆还踩他几脚，说他生来就没有当果树专家的命，瞎折腾个啥！刘复东气鼓鼓地跟自己发誓：将来有机会，我一定好好学习，一定将种果树这门技术学精、学透，早晚也吃上隔房哥这碗饭！

转眼，时间到了1998年，刘复东做出了一个重要决定，他拿一分好田去换一分地，执意要将种果大业进行到底。顶着巨大的压力，刘复东开始了艰难的学习之路。他拜了当地一个姓刘的土专家学习技术，师傅看他是真心实意想要种果子，倒教得很认真，但师傅毕竟是“土”专家，很多“洋盘”的书本上的知识并不精通，很多时候是靠经验来行事。刘复东不满足于此，他开始奔波，四处参加培训会，将老师讲课的内容统统记下来，有时半夜想到什么了，他会开了电灯，披衣起床看记录、翻找书籍。刘复东从不打牌，他把村里别的男人打牌娱乐的时间都花在学习上了。通过多年摸索，在理论上不断完善自己，在实践中解决新问题，刘复东终于学到了一身真本事。

刘复东的4亩果园，在他的悉心照顾下，带来了颇为喜人的收益，他谦虚地笑："差不多就当种了20亩谷子吧。"当然，他又补充道，"种果树和种粮食是两个概念，技术方面如果跟不上，种果树非但不赚钱，还会亏本亏得裤儿都不见！"他种果树种到2005年，基本上就不去外面"吆喝"了，都是在家守着，坐等商贩上门来，他待在自家果园卖水果就好，一公斤红柑卖10元，商贩还"埋怨"他供应的量不够多。他凭的是啥？不是能说会道，嘴巴一张两面皮，他凭的是这些年来在果园里勤勤恳恳洒落的汗珠子，半夜还在灯下苦苦钻研技术的固执劲儿，才得到的这些招人喜爱的果儿！

刘复东种果树"发达"了，四邻八舍投来了羡慕目光，大家注视他，犹如当年他崇拜隔房哥，但他做出了和隔房哥截然不同的选择：他要将自己的一身真本事无偿教给大家，让大家都"发达"！

多管闲事像个贼

刘复东同村三队有个刘绍珍，70多岁了，长得矮胖矮胖的，可怜她命不好。她老伴已经80多岁，年龄大了，做活路很吃力。那男人年轻时是上门女婿，极爱面子，爱护集体利益，生怕人家说他家落后，每次交农业税都很积极。刘绍珍家种了一片果树，她老伴虽然心气强，年岁却不饶人。她自己呢，身体又不好，肾上有毛病，常年兜着尿不湿，隔三米远都能闻见小便失禁的尿味道。这对夫妻倒是有个儿子，但那儿子不成器，吃喝嫖赌样样来，还到处欠下烂债让父母去帮他"擦屁股"。刘复东钦佩这家两个老人的坚韧品性，又同情他们的不幸遭遇，于是主动上门去帮助他们，帮着写低保申请，又帮着刘绍珍保养果树。之前刘绍珍根本不懂啥叫科学管理，现在有刘复东帮着打虫、打药、修枝，到了秋季，果树头一回结出这么多这么甜的果子，喜得刘绍珍一脸泪花，直夸刘复东心肠比菩萨还好。

刘复东有点难为情，硬说他像啥，他嘿嘿笑着给出了一个比喻：像贼！

这可太雷人了，不过他接下来一解释，倒真有点像贼。刘复东所在的星光村种果树扬了名，得了益，鼓了村民的腰包，黑虎村、天台村看在眼里，羡慕在心里，于是这两个村的村民也琢磨着要跟“刘师傅”学习种果树。大家都学当果农，增加收入，这是好事，刘复东很高兴，他比“学生”的积极性更高，没事了就骑着车跑到人家村子转悠。六七月份太阳多烈啊，蝉在树枝间叫唤得声嘶力竭，骑不了十分钟车，人的后背都会被汗浸出一个大大的湿印子，又恰逢正午，家家户户都关门闭户，在床上扯起响亮的鼾声，只有刘复东一个人，晒得黢黑，穿梭骑行在路上。

他两只眼睛放光，左瞅瞅右瞧瞧，自己都感觉自己像贼一样，偷偷摸摸地看人家天台村的果树。这一看，果真看出问题来：仔细观察，果树叶子和树干上贴满了白蛾。不好！刘复东心里咯噔一下，赶紧打电话给该队的队长，说现在不打药的话，到时直接影响挂果。队长可能还睡意蒙眬，迷迷糊糊说“管不了那么多”，刘复东嘴快地说：“那我先去公司找点药，帮你们打上再说。”

虽然2000年星光村就成立了水果专业合作社，刘复东任理事长，但刘理事长清楚公司是没有药品库存的，他能怎么办？只能回家去“偷”！

是的，是去“偷”家里的药过来无偿喷洒。他还没当上这个理事长时，就爱到处给人家讲技术，有了个身份，更是随传随到，一分钱不要，人家一个电话，骑着火三轮屁颠屁颠就去了，气得老婆在他身后追着骂：“一天爱当官，连一双草鞋钱都没挣到，背时瓜娃儿！”

刘复东天不怕地不怕，不怕吃苦学技术，不怕果树生虫害，就怕家里的“河东狮”找他发飙怒吼，他是出了名的怕老婆。但他这人也怪，一边怕，一边总要悄悄和老婆“作对”，这不，这下又将家里的农药顺利“偷”走，像兔子一样飞快跑出家门，跨上车，又骑回了天台村。刘复东免费除虫打药，还是挺有原则的，他先给岁数大的老人打，接着给男同志打，要轮到给年轻女同志打了，他会表现得很忸怩，恨不能让那些刚学会技术的男同志代劳，他做示范指导指导就好。不能怪刘复东为人“封建”，只能说老婆太爱吃醋，为了维护家里的“醋坛子”，他这个果树专家，常常被人笑话是“如果有得选，宁愿不传女只传男”。

2013年，黑虎村一个队的果树都受了感染，遭到了红、黄蜘蛛病虫害，果树要是得了这种病，叶子会落，元气大伤，接下来两三年都不会再挂果，这将给果农带来严重的经济损失。刘复东得知了这个情况，他赶紧联系村干部和队长，买了药，到现场兑水打药。用村支书的话说，刘复东有绝活，能让得“癌症”的果树都绝处逢生。

刘复东觉得凭一个人的能力，就算到处去当“贼”，四下骑车巡查别人的果园，累得半死，也不能完全解决问题。要将果子种好，归根结底，还是要主人家给力，要种果子的人真正懂技术，会管理。但问题在于，有些村民文化程度不高，他们就算有刘复东那样的毅力，也没有他那种学习能力和钻研精神，能真正将书本知识变成自己的种果经验。怎么办呢？怎么才能让所有人的果子都种得像自己一般好？怎么才能让大家都能轻松掌握科学种果的知识？

刘复东想啊想啊，想得实在烦闷了，他去找同村的文化人龙敦仁聊天、诉苦，抒发心中块垒。龙敦仁一拍大腿：“老刘，你年轻的时候不是喜欢说快板吗？还在村上演出过，要不你试试把种果知识写进快板词？这样普通老百姓也能懂得起，学得会了。”

刘复东太兴奋了，他重重拍了一下自己脑门，开心地道谢：“龙老表，还是你书读得多，硬是聪明，帮我想出了好办法！”

为了快板挨巴掌

刘复东爱说快板，还不是从年轻时开始，确切地说，他从小就喜欢。小时候，刘复东觉得自己妈妈很神奇，一个大字不识的农家妇女，竟能把《三字经》背得滚瓜烂熟，后来他长大了，年轻小伙当上了村里的团支部书记，就特别喜欢自己编写快板节目，一群姑娘小伙来热热闹闹地演出。那时，为了写快板词，刘复东简直是“不疯魔不成活”，他白天满脑门都是快板词，家里活路多，他只敢在脑子里默默地念，结果越不敢念出声，越是投入得可以，笔直直地走路，连转弯都不会，像根长竹竿似的，一头撞到树上，额头鼓个青包，还不敢跟老婆说，怕又惹来一阵骂。

老婆本来就骂刘复东不务正业，他有时忙到晚上两三点才能静下心编快板词，不敢拉亮灯惹着老婆，他只能在被子里打着手电筒写字，将自己捂得严严实实像个乌龟。那是五四青年节前夕了，捂着一床厚棉被，密不透风，不一会儿就汗流满面，简直要窒息，但一想到自己手下哗哗流淌的快板词，刘复东就精神了，既不觉得闷热，又不害怕老婆生气。

现在，刘复东“重操旧业”，开始将自己的种果经验都写进快板词，不但在培训会上印成资料发给大家，还将春夏秋冬不同季节的注意事项在广播中播出，让大家能分季节学习到新知识。有些大字不识的农民，就是靠听刘复东的快板书掌握到“科学种果法”，他们竖起大拇指，说硬是要得，就像说顺口溜一样，好听、好懂、好记，不费啥力气，就把技术学到了！这些简单朴实的大白话，什么“树干涂白的配方，石灰加盐和豆浆，浸泡搅拌成汤汤”，老百姓听得津津有味，意犹未尽，有些见到刘复东，还拉着他手问：“好久又编新词嘛？以前那些，我都可以倒起来背了！”

2014年，罗江县委组织部成立了“十大名师工作室”，名师刘复东还带了两个大学生徒弟。一开始，徒弟被这些顺口溜逗得哈哈大笑，但细细一品其中内容，徒弟立马就肃然起敬，对师傅佩服得五体投地，因为师傅是采取了最接地气的方法，最大限度地将自己肚里的“货”无私传授给大家。可即便这样，还是有刁钻的人，他们硬是不相信会有这么大公无私的果树专家，偏说人家还有所保留，藏着一手。刘复东急得眼珠子鼓鼓，两手拍着瘦骨嶙峋的肋巴骨说：“你看看我这里挖出来的，到底是人心还是狗心？我良心是红的啊，怎么会藏一手？”

刘复东将自己的多年技术总结，写成了快板词，可他这个“快板王”在外面备受赞誉时，却还因为说快板一事，当众挨过两个憋屈的大巴掌。

那是在2014年，星光村一个队的农民要兴兴头头搞“农民春晚”，队上的人既是观众，又是演员，大家兴高采烈，各自准备拿出压箱底的绝活儿。眼看第二天要正式表演了，头天晚上彩排，刘复东率领的快板队，又有女同志闹了幺蛾子：有些女同志心眼小，又爱争点小虚荣，不服气自己为啥站后面，偏要排前面！排前面的自然不让，彼此僵在那儿，后排女同志一气之下，索性不来彩排了！这可把刘复东急得团团转，他左等人不齐，右等人不来，咬咬牙，只能迈开大长腿，跑到女同志家里去喊人。刘复东在人家家里长声吆吆地喊人，他老婆气势汹汹地跟来，问他钻到一个女同志家喊人是什么意思，还要不要脸了，是不是当人家屋里的老公不存在。刘复东解释的话语还未出口，老婆已经抡起胳膊，啪啪给了他两巴掌，清脆的声响过后，脸颊火辣辣地痛。

刘复东那个委屈啊！但他想到明天就要演出了，不但有自己的节目，老婆还要登台，可不能在这个时候闹了别扭，影响了大局。于是，他只能忍气吞声，眼眶包着泪花，将这个委屈活生生忍了下来。第二天，“农民春晚”大获成功，他给老婆的节目送上了热烈的巴巴掌，将手掌都拍红了，由衷赞叹老婆“文化比我高，记性好，嗓子亮，她来说快板，比我更出彩”。

直到今天，他还是那个惧内的土专家，为了不让老婆吃醋，他甚至给自己定下了奇怪的规矩，凡是女性领导干部请他去给果树做技术指导，他就算“拉壮丁”，也要拉一个大老爷们同行，有次实在拉不到人，临时还去抓了自己女婿的“壮丁”。怕老婆怕到这种程度，也许让人好笑，但细想想，这就是刘复东啊，他对河东狮这种深切的“怕”背后，莫不就是他对老婆一生一世的尊重和疼爱。就像他对种果树的痴迷与热情，同样是“深爱成惧”，生怕没有掌握到新技术，养不好果树；生怕自己没有及时将新技术传给更多人，造成知识滞后。

他怕得真切，爱得更是刻骨铭心。

爬坡上坎

爬上一道坡，再翻一道梁，到了！举目四望，绿油油的青花椒树苗，如士兵在风中排成了一列列，一行行。也许，它们还不够茁壮繁密，尚处于“少年时代”，不见挂果风采，但它们以一种坚韧的少年姿态，预示着往后岁月的丰茂景象。将这昔日荒坡变成青花椒园的男人，他叫武法勇。

武法勇49岁，个头不高，手脚粗大，脑袋光光的，虽是生意人，身上却找不到生意人的精明气和浮夸气，坐在一旁只憨憨地笑，不怎么爱主动说话。当他走动起来，步子稍快一点，别人就能发现被长裤精心掩饰的腿到底是“不太对头”的，在地面拖一拖、点一点，再往前拐一拐、刮一刮。吹风下雨，伤腿能提前当好“天气预报”，腿里面的钢钉，至今还在令他隐隐作痛。

一个残疾人，他怀着怎样的执着信念，在罗江万安镇石龙村大手一挥，包下几百亩土地，开创自己的青花椒王国呢？而这个爱折腾的男人，他在青花椒产业之路上，又经历了怎样的坎坷和崎岖呢？如今说来，大可谈笑风生；深味下去，却刻骨铭心。

树苗死，钱变纸

酒桌上，有“豪放客”劝酒时喜欢对人家说：“酒嘛水嘛，喝嘛！钱嘛纸嘛，用嘛！”

说这话的，大多并没经历过啥叫“钱变纸”，如果眼睁睁看着自己辛辛苦苦攒的钱，最后变成一叠纸，一堆灰烬，恐怕他们再也唱不出这样的高调了吧？

爱折腾的武法勇，40多岁时，腿有伤残，威势不倒，人称“武老板”。他多年打拼，薄有积蓄，但那每张钞票都是浸染着血和汗，岂知在2014年到2015年，他竟一口气损失了20万元，让千辛万苦攒的20万元变成废纸和飞灰！

2014年，当武法勇决定要在万安镇石龙村流转400亩土地种青花椒时，妻子小邓就先给他泼了冷水，说："你一个残疾人，血压又高，这么多年没在农村生活，没摸过农活了，干啥要去搞农业发展啊？你晓不晓得种青花椒有几多累几多辛苦？你是不是不要自己的命了！"

武法勇和小邓感情相当好，平时啥都听老婆的，但这次，他是团鱼吃秤砣——铁了心。他叫上了一个好朋友，朋友跟他谈得千好万好，说好了大家一起发展农业，哪晓得临到头，朋友放了他鸽子，眼看搭档都"明知山有虎"，畏惧三分，武法勇却偏偏要当那个"偏向虎山行"的斗士，他硬着头皮上了。但他没想到，刚开始清杂草、赔偿山地上老百姓的树苗，他就花钱如流水般地用去了7万多元！

武法勇咬咬牙，心想这是打基础，这钱不能省，等到青花椒种下去就好了，到时长出漫山遍野的花椒果来，卖花椒都会卖得哈哈笑！

理想很丰满，现实好骨感。武法勇2014年9月栽下一批青花椒苗，他心情很激动，恨不得一天看九次，看这些宝贝小苗赶紧生根安家，茁壮成长，来年就挂果，后年就大丰收！

咦，怎么不对啊？武法勇越瞧越不对，拉住一个家里种过青花椒的老乡来帮他看，两人蹲在蔫头奔脑的小苗苗前，左看右看瞧不出端倪。老乡咬咬牙齿，伸手一拔，将脚下这株花椒苗连根拔起。这一拔，才发现问题所在——原来武法勇没经验，他买的是裸根青花椒苗，也就是说，苗苗外面并没有裹泥土。小苗在运输过程中，风一吹，就将裸露在外的毛根给吹干了，栽下土后，给苗苗灌饱了水，小苗看上去"回光返照"，枝叶都鲜鲜活活、伸伸展展地活了过来，哪里晓得藏在泥土里的根早就沤烂了，伤在了"元气"上，真是华佗再世也无能为力。于是，武法勇眼看买回的4万多株青花椒苗，在自己面前默默枯萎，结伴死亡。

那一刻，武法勇欲哭无泪。他独自坐在山坡，任风掀起衣襟，脸上那凉凉的泪，他无心去擦拭。如果这一切是场梦该有多好！如果眼睛一闭，再睁开，那些倒地死亡的小苗苗又都精精神神地活转过来该多好！如果他再多一点点种树经验，选择买"泥巴苗"而不是"裸根苗"该有多好！

满脑子呼啸而来的，不是痛悔自己"不该来蹚农业这浑水"，而是希望老天能出现奇迹，他固执地等着，从黄昏开始，默默坐在山坡上，一直坐到星月满天。

"你还不回去吃饭，想要坐到什么时候呢？"武法勇没有回头。他不敢回头，害怕触见小邓此刻的目光，他不知道妻子将会因为他的鲁莽，背负起怎样的绝望。他对不起妻子，粗粗一算，连带人工成本，他这次亏了20万元，20万元啊！如果那么多人民币掉进水里，至少也会冒个水花吧？现在却连个响声都听不到，就这样变成了一堆堆死苗苗！

武法勇没回头，妻子的手按在了他肩头，那是他多么熟悉的手，那双手，从年轻时起，就陪伴他吃苦操劳，上面布满老茧，皱纹横生，像男人一般粗糙有力。但这双手，又是多么温暖，将他此刻落进冰窖的心，轻轻打捞起来了。妻子缓缓说了一句话，就那么一句话，让武法勇忍了好久的泪，崩溃如夏日雷雨，轰然落下。

小邓说："苗苗死了没关系，我们再种上就是了。"

这是简简单单的"再种上就是"吗？为了种第二次苗，他们掏光了全部家底。后来买肥料时，到处借钱都借不到，小邓咬咬牙，将夫妻俩刚刚买的社保给退掉了，那原本是她为两人将来养老做的一点小打算，毕竟都是40多岁奔50岁的人了，"变老"两个字就等在前方呢，之前眼看身边的亲朋、邻居都去买了社保，小邓也追随了大家的步伐。但现在没钱护苗，她顾不得这么多了，将养老的事远远抛在脑后，先将资金拿去照拂小小的青花椒再说！

第二次栽种的苗子，小邓视为心肝宝贝，但有人眼红他们夫妻包下这么大一片地种青花椒，认定他们是"土豪"，便上山去偷幼苗，有些还故意捣乱，将刚刚栽下的幼苗拔起来，故意扔在那儿。

小邓是个坚强的女人，平时生病受苦，她一声不吭，现在却气得泪眼婆娑，为了保护好小苗苗，她和武法勇两人6点多就起床上山，一直忙活到晚上八九点才下来，他们也几乎成了山上的两棵树，守护着自己的梦想。除了种青花椒，武法勇夫妻俩还养了6000多只山地鸡。2016年，在村委的不懈帮助下，一条通往养殖基地的水泥路修通，解决了武法勇的难题。

抚今忆昔，武法勇现在的青花椒园虽已稍成规模，但他丝毫不敢大意，每日勤苦管理，未有半分松懈。偶尔小邓都会唠叨他，让他也要学会顾念身体，面对爱妻关心。他微微一笑，接下来却仍是我行我素。为何如此操劳？因为前半生的路，实在太多坡坎、荆棘，从儿时起，他早已习惯了"爬坡上坎"，习惯了人生不偷懒、少抱怨、莫等闲。

前无路，自己找

武法勇小时候家住调元，是顺河村四组的人。在罗江，说起“李调元”的大名，那是如雷贯耳，黄口小儿都能拉着你讲一讲这位历史名人的若干故事。幼年的武法勇却并不觉得自己身为调元人是多光荣的事，因为他早已被家里的事搞得头昏脑涨，无暇顾及其他了。

武法勇不知该怎么评判爸爸，在他童年的记忆里，父母老是在吵架，吵得狠了，就开始“比赛”着砸东西，家里能摔个响的，都被这对“不歇火”的夫妻摔了个稀烂。有次他们闹得太厉害，彼此都在气头上，一看实在搜罗不出一个粗碗、瓷盘来砸响了，便将筷子筒里的筷子倒出来，你折断一根，我偏要断两根才更英雄，彼此圆瞪眼，谁也不让谁。武法勇三兄弟第二天吃饭用的筷子是去树上现折的枝枝，他们小小年纪，倒已“修炼”出一身处变不惊的本事。

武法勇爸爸搞算命看相的营生，那时国家打击封建迷信，他偏偏还碰到枪口上，被抓去劳改。老婆很生气，矛盾升了级，终于将离婚一事提上了议事日程。再后来，这对吵天吵地的夫妻终于分道扬镳，武家三兄弟被判给了爸爸，妈妈恨恨地改嫁。

名义上，爸爸应该承担三个儿子的抚养义务，但他连自己还养活不好，转头又跑城里去算命打卦了，可怜这三个孩子，身上穿不暖，肚里吃不饱，住的是四面漏风的茅草屋。因为名义上有爹妈，事实上却没有父母照顾，生产队的人都看不起这几个男孩，一些闲汉更是拿他们寻开心，想打就打，想骂就骂。

该怎么活下去？那一年，武法勇才11岁，父母还没离婚时，就算天天吵架，但他至少还能念书，现在别说去学校，家里连一口稀粥都找不到了！走投无路的武家三兄弟，老大擦了擦和村人打架打出来的鼻血，老二将破洞的布鞋左右交换一下再穿上，老三将腰上的破草绳扎得更紧一点——这样会欺骗自己没那么饿。树挪死人挪活，他们决定出去找活路，自己养活自己了。

11岁的武法勇，就这样成了童工，为了混饱肚子，他什么都干过，帮人家挑灰浆、用板板车拉蜂窝煤。他人矮，在前面套着绳拉车，身体绷得紧紧的，吃奶的劲儿都使出来了，几乎与地面平行。那时干的活儿太吃力，身体遭了罪，所以他的个头一直蹿不上去。刚开始“闯世界”时，11岁的武法勇拉煤车拉得一脸黑黢黢、脏兮兮，人家偏要“卡”他一点工钱，可怜那时他连加减乘除都不会，算工钱稍微复杂一点，手指头不够用，他就急得一脑门大汗。他就是这样一点点逼着自己长大的，逼自己去学种种本领，只要能赚多一点点钱，活得更好，他愿意付出千般努力。

就这样一路吃着苦头长大，能从无人照顾的小孩长成一个结结实实的小伙子，武法勇吃下的苦，比大米还多。

既然野百合都有春天，自强不息的小伙子也迎来了自己的爱情。23岁，武法勇爱上了小邓姑娘，那时他一无所有，既拿不出来傲人的彩礼，家里也无片瓦栖身，他仅有的，是一颗真心和一身使不完的力气。这个小伙子嘴笨，说不出甜言蜜语，他到了对象家，就开始默默地找活儿做，砍柴、打水、做饭、喂猪，见到啥活都抢着干，将准丈母娘照顾得巴巴适适的，小邓一颗芳心，最终被打动。武法勇做了上门女婿，住在小邓娘家，结婚后，他更是拿出了百般的努力来干活、挣钱，养家糊口。

那时，武法勇在帮五金公司组装自行车，他虽只读过两年小学，但脑子灵光，手脚特别巧。他帮五金公司组装自行车售卖，看起来收入比镇上普通居民都好，但儿子的呱呱坠地，小人儿要用钱的地方实在太多太多，一下子又打乱了武法勇的生活节奏。

逼出来的武老板

如果当年父母不离婚，自己就不会变成爹不管、妈不爱的孩子，武法勇会去当童工吗？如果不是儿子的诞生，家里开支一下子吃紧，他会被逼着去做生意吗？人生其实经不起假设，也许注定了武法勇今生的不断追求，外因施压，只是小小因素，他骨子里的倔强和不屈，努力和奋进，才是支撑他一直前行的理由。

武法勇开门市时，当作身家性命的全部存款只有400元，他拿这钱买了电钻等工具，又到处求爹爹告奶奶，借了1000多元租门市，做起了雨棚生意。门市刚开张时，武老板可不敢跷脚坐在屋里，等着生意上门，而是自己到处跑推销，到四乡八邻宣传自家雨棚安得好，物美价廉，而且售后服务绝对让大家放心。那时，他白天骑着一辆破车到处去拉生意，晚上还跟着资深师傅学习雨棚、门窗、护栏等结构、材料上的诀窍，硬生生将自己逼成了“土专家”。

生意不是那么好做的，做了会亏，亏了又做，反反复复，赚到一点钱，吃到百般苦。

2002年，对武法勇来说，称得上是一个命运的转折之年。这一年，他生活中出了两件大事。当时，他和妻子带着工人在重庆巫山做生意，一次给变压器接电时，忽遇漏电事故，将武法勇和他兄弟的面部烧黑如包公，手指瞬间能闻见类似猪肉烤煳的味道。当时他心里咯噔一声，以为自己吃苦半生，挨到中年，竟已走到了人生尽头。但他还不甘心啊，自己分明还要行远路做事情，怎么可以半途而废？

幸好救助及时，武法勇并没大碍。他在住院时诚心感谢老天爷又给他一次生命。但没想到，老话说“福无双至祸不单行”，他刚出院，妻子小邓却因煤气中毒而住院。那时为了省钱，他们吃住都在门市，冬天门市房通风不好，妻子做饭后忘记熄掉炭火，结果差点丢掉性命。

在2002年的尾巴上，武法勇和小邓并肩向老天祈祷：希望新的一年不要再发生不好的事了，他们都是勤勤恳恳、本本分分的老实人，只想夫妻同心，相扶相携地好好活下去，没有别的大奢望。

厄运并没就此放过武法勇。2003年，他在湖北拉建材时翻车，断了手脚。当时他眼前一黑，最怕的是从此瘫在床上，成为妻儿的负累，武法勇悲观地想：如果真是这样，我还不如去年被电“打死”呢！

在医院住了半年，幸运的是，医生说他并没有瘫痪的危险；不幸的是，从此他成了三级残疾，身体里钉着钢钉，一遇下雨就痒痛。

也许是在外面漂泊，经历了太多疲惫苦累，2004年，武法勇回到罗江，将门市生意也带回家乡，开始做室内装饰楼梯。2008年5·12大地震后，他接到不少做门窗、护栏的工程，生意不错，渐渐手里攒了一点钱，恢复了元气。

所以，在2014年，武法勇决定种花椒时，小邓怎么也想不通，武法勇为啥好了伤疤就想折腾，难道这辈子就是不折腾不快乐的命吗？可现在，小邓和武法勇相依相伴，他们共同守着荒坡变青山的梦想，像照看孩子一般照看幼苗。小邓的心，早已和武法勇跳动成同一频率，鼓动他们迈向同一个光明方向。

武法勇说自己从没后悔过回家乡开“青之源”公司，养鱼、养跑山鸡、种花椒，他晓得做农业很苦，但从小到大，他啥苦没吃过呢？做人就是要敢想敢冲，不管前方横亘着多少艰难困苦，至少去尝试了，去做了，才不会给人生留下遗憾。

哪怕身有残疾，他依旧咬牙坚持爬坡上坎，攀登更高峰，去征服别人眼中的不可能。

伺椒记

我们见到蟠龙镇宝峰村书记李景华时，他正忙着和村里一个老太太聊困难补助的事。老太太来找李书记反映情况，说完一遍，再从头讲一遍。李书记很耐心，为她反复解释了五六次，最终才将老太太思想工作做通，送她出门。李书记脸部线条坚毅，犹如刀刻斧雕，肤色又偏黝黑，不熟悉他的人，恐怕会因他的“黑脸包公相”，落下一个此人不好相处的初印象。

事实上，他做起老百姓的工作来，却比唐僧更耐心。送走老太太，李书记冲我们抱歉地笑一笑，黑脸上显出真诚的笑容。

“贵妃枣”甜花丛中

蟠龙镇宝峰村，过去人们都说这片土地是风水宝地，但却没有呈现出一点“发家致富”的富贵相，相反，1949年前不少“土豪”都将祖坟葬在宝峰山上，于是，这片山成了著名的“盗墓乐园”，盗墓贼猖狂恣肆，山上的居民叫苦连天。

因为穷，宝峰村在20世纪七八十年代，村里几乎隔几天就有妇女骂街，骂那些偷毛毛菜的“摸儿”，骂那些将半湿褂子都揣怀里“顺走”的“三只手”。贫穷似乎助长了人性中的野蛮之恶，而越当“恶人”越走歧路，仿佛越会深陷贫穷泥潭，无力自拔。

20世纪80年代，年轻的李景华走马上任，当上了村干部，他心里急得火苗吱吱燃，每天光是解决邻里纠纷都累得半死。夜深人静四周寂然，他总是不甘心地想：到底有啥办法，能将宝峰村的经济搞上去？村民只有口袋有钱，真正富裕了，“恶人”才会少。李景华深深晓得“上层建筑建立于经济基础之上”的道理，但挠破头皮，也没想出好点子。

宝峰村处在“罗江制高点”海拔727米的山上，为浅丘地貌，和平地比较土地相对贫瘠，农民只能种些菜籽、红苕。那时村里已经有人在种枣子了，不多，稀稀拉拉几棵树，卖枣子得几个钱，赶紧到山下换大米吃。

穷则思变。从县委到镇党委、村支委，找准问题关键，开始探索走一条“山下饱肚子，山上挣票子”的产业新路，而贵妃枣产业，就这样被推到了时代的风口浪尖。

说起贵妃枣，不得不先说著名的宝峰寺。相传宝峰寺前身是余家庵，大唐天宝年间，唐玄宗为避安史之乱，带着杨贵妃一路逃亡，到了马嵬坡。兵将们逼着唐玄宗赐死杨贵妃，唐玄宗心有不忍，在高力士的帮助下，用一个容貌肖似贵妃的宫女“李代桃僵”，而真正的杨贵妃却秘密逃到了罗江县的余家庵隐居。住在余家庵，贵妃心情不畅，花容失色，宫女呈来贡枣给贵妃食用，吃后贵妃容光焕发，复显美丽。而枣核落地生根发芽，枣果翠绿中现出红晕，犹如贵妃之腮红，所以后人将这种枣取名为“贵妃枣”。此枣皮薄汁甜，在市场上颇受欢迎，现在再有“贵妃加持”——唐天宝年间这段既凄美又扑朔迷离的“贵妃归宿”传说，给贵妃枣增添了无穷魅力。李景华兴奋地预感：一个属于宝峰村的新时代，已经大步走来了！

几年时间，贵妃枣真的发展成了宝峰村一张闪亮的名片，每年初秋，宝峰村都会热热闹闹地拉开“枣子节”的序幕。宝峰村是罗江贵妃枣核心栽植区，现在种枣面积已达6000余亩，以贵妃纪念碑、妃望台、贵妃池、贵妃祠墓、天诺阁、妃憩亭、宝峰寺等景点为核心的贵妃园景区就掩映在枣林和国有林中。贵妃枣成熟的季节，嫣红翠绿的鲜枣挂满枝头，让人赏心悦目，垂涎欲滴，游客在观赏田园风光的同时亦能品尝到美味可口的鲜枣。宝峰村是“罗江县生态贵妃枣暨乡村旅游文化节”的主会场，每年节会都吸引数以万计的游客来品枣购枣、农游观光。

宝峰村种枣的村民们富了，每年种枣、卖枣让他们腰包鼓了起来，腰杆直了起来，脸上笑容多了，说话声音洪亮了。村里现在处处是景，随处有文化痕迹，环境的改变也潜移默化地教化了村民，让大家懂得了讲文明、懂礼貌。他们的好日子像是宝峰寺前的“步步莲花”一般，拾级而上步步高。

大伙儿将日子过得这么热闹红火，李景华却又超前地陷入了冷静思考，他也许生来就比别人想得更多更远，在幸福的当下，仍旧会有着关于未来的忧患担虑。

众人“枣”时我独“椒”

2014年，当李景华包下六七十亩土地来尝试种植青花椒时，许多人不解，觉得他疯了，因为那时宝峰村的贵妃枣种植还处于如火如荼的状态，毫不夸张地说，在枣子成熟季节，那些从外地赶来收枣的车辆，将村道都挤满了。而有些种枣大户，在那繁忙的收获季节，家里一口气请上一二十个帮工，还是累得每天只能见缝插针地睡上三四个钟头瞌睡，而数钱呢……不好意思，那是真正的数钱数到手抽筋啊。所以大家不太能接受李景华放着好好的枣子不种，跑去包土地开荒种花椒！

李景华自有他的一番打算。现在罗江的贵妃枣远近驰名，宝峰村也的确因此枣而获益，鼓了村民腰包，但再好的产业，大伙儿只瞅准这一样，只挖这一座“金矿”，久而久之，多丰富的矿藏也会枯竭。再说，现在贵妃枣是卖得很好很火热，但如果所有人都一窝蜂去种枣子，将来别的地方也花大力气发展咱们罗江的贵妃枣，就可能让市场出现饱和状态，甚至“菜贱伤农”。而贵妃枣存在的最大问题是要“鲜销”，一旦过了销售的黄金期，枣子就会变质变烂。

思虑良久，李景华为宝峰村的未来，规划了三大支柱产业。

第一当然是栽种贵妃枣；第二是乡村旅游，宝峰村现正在花大力气栽种花木、培育中药材、广种玫瑰，将来，蟠龙镇与白马关镇连成一片，共同打造美丽的“罗江后花园”；第三便是栽种青花椒，这对于宝峰村是个新鲜事物，老百姓不敢冒险，不敢轻易尝试，李景华便拿定主意，他这个村支书要去当第一个吃螃蟹的人。

李景华的青花椒很争气，2014年种下去，2015年就收到了六七万元的利润，到了正常挂果的2016年，一下子就得了10万余元的纯利。

围观群众很羡慕，觉得李书记种青花椒都能种出个“金娃娃”，真是让人不佩服都不行，他们是不知道，为了侍弄好这几十亩青花椒，李景华吃了多少苦，受了多少罪，汗水掉地上，别说摔成八瓣儿，早就摔成十六瓣了。

汗水浇灌“椒娃娃”

李景华种青花椒，那绝不是头脑发热，一拍脑门想出来的主意，蟠龙镇的闲置土地到底适合用来干啥，镇党委政府考虑了很久。他们多次组织镇村干部、群众外出考察、学习，又通过多方参观调研，聘请专家反复认证，结合了本地区土壤、气候等客观条件，才决定将青花椒作为村民脱贫致富的优势产业。

真的开始种植，要将一株株幼苗买回来，栽下去，长起来，结果果，那就不仅仅是一腔豪情、一句口号能解决一切难题了，必须要采用最科学的方法，最具高效率的管理，才能成为名副其实的“花椒大王”。

去买花椒幼苗时，李景华就认真听取育苗专家讲述青花椒的种子处理技术。花椒树种子皮壳坚硬，且富含油脂，防水、防腐能力极强，壳内种仁难以吸水萌发，但并不是说找不出对策来解决这个大难题了，平常处理的办法就有如下三种：一是用1%的洗衣粉溶液浸泡4小时，让花椒种子皮壳脱油，清水洗净后，再用草木灰拌种后播种；二是把种子放入加有草木灰的温水中，掺沙搓擦，直到种子皮壳呈灰色、无光泽、脱脂后下种；三是在有耕牛条件下，冬季前就将种子与鲜牛粪拌和堆积在一起腐蚀，来年春天将牛粪打碎，连同牛粪一起下种，这样处理能够出苗多、出苗齐、出苗壮。

李景华听得很认真，还不时掏出纸笔来做笔记，看他这么虚心好学，青花椒专家很高兴，知无不言、言无不尽地对他传授经验：你记得种花椒树，一定要挖好撑灌沟渠，要做到旱能灌、涝能排。如果遇到干旱天气，一定要记得给花椒苗“喝饱水”，而且今后若要移栽花椒树，无论是冬天移栽还是春天移栽，移栽时都必须灌足水，四面土层压实。

李景华觉得自己是农民出身，对干农活得心应手，样样不怵，但种青花椒，毕竟不是干传统农业，他告诫自己一定不要鲁莽行事，不要犯经验主义、教条主义的毛病，要真正做到“科学种植”4个字。于是，村人都笑李景华，说他把花椒种成了孩子。

他可不是拿出了侍弄“椒娃娃”的心来伺候花椒树苗么？花椒树苗的田间管理，从落地开始，到收获摘果，长达大半年时间，没法彻底省心，平时要去除杂草、防病治虫，还要施肥。李景华担任村支书工作，平时事情忙，中午但凡能抽出一小时时间，他都会跑到自家的花椒园去喷喷药、剪剪枝、除除草，有时忙得太投入，下午回村上上班，饿得肚子咕咕叫，他这才恍然大悟自己中午又忘记吃饭的事！于是一边苦笑，一边找出几块饼干来胡乱充饥。到了下班，他还要先去园里劳作个把小时，将当天该干的活都干完。撑起腰站起来，从山坡往下望，他的花椒树如同次第攀爬的士兵，虎虎生威，雄壮有力。晚霞灿烂的金光投在花椒树身上，叶片泛出可喜的油绿光芒，晚来风过，它们都在向李景华点头致意呢，似乎在对他道谢，说感谢他的悉心照顾，所以自己才生长得这么茁壮，在山坡上快快乐乐、舒舒展展，长出了青花椒“真我的风采”。

而劳碌一天的李景华，这才会将农具一样样归置好，再用目光眷恋地看一看令他自豪的“强健兵士”们，驱车往家赶去。他家是难得的四世同堂，家中老父尚在，已经91岁高龄。每天早上5点，李景华都要早早起来，给老父亲熬他爱喝的香稠稀饭。但工作太忙，纵使他每天都想在家逗留久一点，再久一点，还是狠狠心，咬牙转身了。

李景华的青花椒树们，默默望着他黑色的小车远去，它们很安心。这个男人即使人离开了园子，心也是系在这里的，他即使回到家中，也在琢磨照看子民们的种种细致活路。一亩园十亩田，在花椒园里被太阳晒得黢黑的李景华略略有点羞涩地说道：“要想青花椒丰收，赚得到票子，不花点心思咋行，不懂点技术咋整？”他笑了，笑中有苦更有乐，豪情从心底迸发。远处的小树苗们，懂得他的心思，一同附和着，在风中快乐地鼓起了绿色小手掌。

我与“八戒”：不得不说的故事

古人说：“四十不惑。”可向淑先在40岁出头时，却遭遇了人生中极大的一次“惑”，她在42岁绊倒的那道门槛前不断追问自己：我该养猪吗？我适合养猪吗？“八戒”能让农民的生活变得更富裕，还是坠落到深不见底的悬崖呢？

而在这之前，憨直勤劳的向淑先坚信，作为农民，要将家里的小日子过好，就得学会“两条腿走路”，种植业和养殖业，一样都不能少，这是农民能打造更好生活的“金饭碗”。

猪瘟来袭

今年52岁的向淑先，20世纪80年代中期嫁到了罗江御营镇响石村2组的周家，从当上新媳妇那天开始，就十分坚定地选择了养猪这项辛苦的副业。说起当初为啥和“八戒”结缘，向淑先抿着嘴，歪头认真思考了一会儿，她极为朴实地吐出了一句话：“我当了一辈子农民，啥都不会，就会养猪。”这是向淑先的真心话，但也有自谦的成分在里面，因为，从她嫁到周家，到生下女儿，女儿渐渐大了，要上小学、中学、大学……需要的费用越来越高，为了增加家庭收入，向淑先“伺候”的“八戒”也逐年增多。那时，一般农户一家一般只养两三只猪，过年宰一只年猪，再卖一两只贴补家用。就算只照顾这两三只猪，农妇们也累得腰酸背痛，抱怨每天打猪草、煮猪食都是浩大工程，她们奇怪：为啥向淑先家里的猪越养越多，她看上去还精精神神、爽爽利利的，一点都不唉声叹气呢？

因为向淑先是真的热爱养猪，养猪不但挣来了宝贝女儿一路读到大学的学费、生活费，还带给这个普通农妇沉甸甸的成就感。她虽然只有小学三年级的文化，稍微复杂一点的字都需要查字典才能认识，但因为热爱，向淑先认认真真去钻研了关于养猪的书籍，平时在生活中她善于观察和思考，不断总结更好更有效的养猪经验，甚至还训练自己成了半个兽医。若圈里猪儿蔫头夯脑，不思饮食，换了旁人早就心慌了，向淑先却是成竹在胸，稍稍看一看，便晓得该配什么药来医治调养。

同样是因为热爱，向淑先对养猪业有着自己独到的眼光和见解，当身旁人们都在可着劲儿育肥猪时，她早已看准了养母猪育仔猪更赚钱，于是，她敢于舍弃当时村人普遍喂养的肥猪，而在自家几间猪圈里养起了母猪。到了2003年，向淑先的母猪大军已经发展到了有10只之多。事实证明，向淑先的市场预判是准确的，每年她卖仔猪的收入，远远比卖肥猪赚得更多，弃肥育仔，家庭收入稳稳上升，不仅能轻轻松松供养女儿上学读书，家里也积攒了一些存款，修建了新房。

向淑先成为大家羡慕的对象。正当她养母猪养得顺心又舒畅时，一场始料未及的灾祸，披着魔鬼的黑衣，已经悄悄挨近了向淑先的猪群。

2007年的夏天，连续的高温天气，人们走出房屋，甩一把汗抱怨这桑拿天太火爆，回到屋中，又诅咒这闷热太难熬，不知如何自处才好。人都热得头昏眼花，更何况关在圈里，一身肥肉的“八戒”呢？也许是炎热引爆了某种可怕的细菌，死神狞笑着，正式推开了向淑先猪圈的大门。

两天时间，才短短两天啊，向淑先家里，一下子就死掉了98只仔猪！她快要疯了，围裙脏兮兮的，蓬乱着头发，张着两只手，从猪圈这边，茫然地跑到那边，她阻止不了仔猪们的哀号和呻吟，更阻挡不住死神掐在这些幼嫩“八戒”们喉咙上的利爪，死亡，就这么残酷地，在她眼前此起彼伏发生着。

这是最热的三伏天，向淑先连暗暗落泪的“哀悼仪式”都是奢望，失去生命特征的仔猪，一会儿猪尸上就会落下一层密密麻麻的绿头苍蝇，这些与死神有着暗黑勾当的卑劣苍蝇，如同轰炸机般嗡嗡地叫嚣着，从空中俯冲直下。向淑先欲哭无泪，她强打精神，赶紧和老公清理猪圈，将死猪一只接一只地拖到外面去，在后山坡挖深坑埋猪。那是整整98只仔猪呀，大的有10多公斤，小的也有2公斤重，向淑先累得两条胳膊发麻，她像是机械似的和老公抓紧“埋尸”。一上午，两口子都低头干活，谁也不说一句话，汗水将内衣湿透了，很快在后背印一个盐渍印，头发像软耷耷的稻草，贴着向淑先麻木的腮，她脑子里没有任何念头，给深坑填土时，脚步发飘，恍然以为人在噩梦之中。

可惜，这不是一场梦。中午回到家，静了下来，向淑先才觉出心如刀绞的滋味，那被苍蝇追着叮飞的，那刚被她一铲铲埋进泥土里的，可都是钱啊！她是在埋钱！想到一只猪值几百元，就这么埋葬了，向淑先眼窝一湿，随即泪水像是冲开了闸门的洪流，一下子奔涌而出。

可现在还不是流泪的时候，向淑先勉强喝了两口稀饭，强打精神，又和老公去猪圈检查情况，虽然他们奋力清理了一上午，但猪圈的情况仍然不容乐观，猪粪和死猪散发出阵阵恶臭，被炎热的空气一发酵，简直令人发呕。而最令向淑先崩溃的，是她以为身体抵抗力更强的母猪也死了两只，兽医站的专业兽医早来看过了，沮丧地摊摊手说，这是一场药物无法控制的大瘟疫，猪们能不能扛过去，要看运气了。可她向淑先养的猪，运气就这么糟么？向淑先哭不出来了，她的嘴里，涌起了一股如同血腥的味道。

这场劫难，令向淑先的10只母猪，只剩下3只，而其中一只在瘟疫中伤了元气，不怀胎了，只好卖掉，于是家中只剩下两只。原本热闹得打挤的仔猪们，现在只剩下瑟缩着的20余只“难兄难弟”，眼看这凋零景况，向淑先往后一仰，眼前顿时星星乱舞。

哪里跌倒哪里站起

几年前，向淑先就患上了风湿病，但那时她整天忙活个不停，并不觉得这病会给生活造成多大负担。但这次的莫大打击，令她身体迅速颓败，她竟双脚不能行走，瘫倒在床，双手也麻木得不听使唤，四肢无力，连吃喝拉撒都需要老公照顾。

我就这么成了废人么？难道，这次我也要像我的猪一样去见阎王爷么？向淑先躺在床上，眼泪热热地流进耳窝，很快就打湿了枕巾。过了两天，这个坚强而憨直的女人，却自己做通了自己的思想工作：我才42岁，还远远没到咽气的时候呢，我还要留着这条命好好养猪！

对，在最绝望的时刻，向淑先想到了自家猪圈里劫后余生的“八戒”们，她可不能垮，不能置它们于不顾啊！当向淑先瘫在床上时，邻里乡亲都很感慨，认为向淑先家里遭此大难，本钱都快被折腾光了，她伤透心，肯定不会再养猪了。可这只是乡邻的想法，向淑先是个很特别的女人，她偏要在哪里跌倒，就从哪里爬起来。她暗下决心，要依靠仅剩的这两只太湖品种的母猪“东山再起”，而且还要比以前规模更大。

下定了决心的向淑先，经过药物治疗，精神上也不断给自己打气，很快她就能下地行走、干活了，她让老公去镇上兽医站拿回了杜洛克猪种，自己给母猪注射进体内。大病初愈，当她给母猪完成了人工配种，整个人像是从汗水中捞出来的一样，虚脱得差点站不起身。

向淑先的努力和心血没有白费，这两只母猪也真正争气，下半年它们再度当了妈妈，一只母猪生下12只小猪，另一只“英雄母猪”竟一窝产下30只小猪！这可乐坏了向淑先，她就像伺候女人月子一般精心伺候着猪妈妈和初生小猪，白天精心照料，一刻不得放松，就连夜里也要爬起来两次，去观察它们的情况。那时恰逢寒冬腊月，向淑先不怕自己冻出病来，唯恐将宝贝小猪冻死，她自己舍不得用电烤炉，却专门买了两台大功率的，给猪圈升温，让小猪享受爱的温暖。

在向淑先的悉心照料下，这42只小猪都健健康康地养活了，卖猪时，她选了20只仔猪留做母猪，到了2010年，这20只母猪都“勇当母亲”，自家圈舍一下子不够用了，怎么办？情急之下，向淑先想起大伯子的房屋已经空闲多年，他们一家人早已搬到德阳居住了，于是赶紧打电话给哥哥，希望借他的房屋来养猪。哥哥很支持弟弟与弟媳，爽快地答应了。

于是，向淑先将哥哥家的旧屋改成了八间猪圈，将自家的母猪合理分散饲养。提升了居住环境的猪们吃得香睡得好，每天都快乐地长膘。正好这一年，在川农大读畜牧专业的女儿周冬梅毕业回来了，教会母亲骟猪和一些先进的疾病预防知识。有了科学知识的支撑，向淑先将猪们照看得越发细心，每只仔猪都活泼健壮，无病无灾。这一年，向淑先卖了130余只仔猪，又赶上了每公斤猪肉30元的好价钱，一下子收入8万多元，这是向淑先养猪以来，第一次赚到这么多现金，她捧着手里的钞票，笑得眼里溢满了泪花。

养猪母女档

周冬梅毕业之后，白天帮绵阳一家公司跑饲料销售，晚上回罗江家里住，每晚都能见到女儿，向淑先很高兴。这天，女儿从外面风尘仆仆地回来，当妈的忙着端开水、热饭菜，周冬梅拉住她，说妈妈，咱们聊一聊吧。看到周冬梅神色这么严肃，向淑先心里一沉，害怕有啥不好的事发生。

结果是好事。周冬梅说，经过一段时间的考察和思索，她认为市场上生态黑猪的价钱好，干脆她们也来养生态猪吧。向淑先听了女儿的建议，有些心动，但她说自家的圈舍太少，只够繁殖仔猪，如果要养生态黑猪，需要更大的场地。周冬梅大包大揽说："没关系的，只要妈你有了养猪转向的打算，场地都好说。"向淑先抚着女儿的背，心里既愉快又安慰，她想自己养猪养了大半辈子，现在女儿学畜牧专业，是科班出身，这架势是要"接棒跑"呀。有她的经验打底，又有女儿的先进科学知识护航，她相信母女连心，一定会"其利断金"的。

向淑先母女俩都信心满满。2014年春，她们在新盛镇九村租到了一个合适的养殖场地，一次性就投养了700只生态猪。在母女俩的精心照顾下，猪的长势良好，可到了出栏时，受市场时价影响，猪肉价格大幅度跳水，不仅没赚到钱，还搭进去了人工费和场地租金。向淑先像是被打了一闷棍，失了信心，倒是初次创业的周冬梅反过来安慰母亲，说这次的亏损，完全是市场价格下滑所致，她们的大方向并没有错。向淑先在女儿的劝慰下，也渐渐醒过神来，她们及时总结经验，分析养母猪、育仔猪、养生态猪的风险、获利等对比。

关闭了新盛镇九村的养猪场后，向淑先心里一下子空落落的，在家里坐立难安，耳畔似乎还不时传来"八戒"们饥饿时唤她的声音。这时，略坪镇一家大型养猪场听说向淑先养猪很有一套，老板火急火燎地来高薪邀请她去略坪镇帮忙。老板大叹自己不懂养猪技术，请的两个工人也不懂如何预防猪病，结果原有1100多只猪，养来养去活活养死了300多只！向淑先去略坪镇下午病猪一"把脉"，对症下药地开出"处方"，很快，养猪场的猪进食和健康状况都恢复正常。这次时间不长的"打工"生涯，也使向淑先迅速恢复了之前在生态黑猪上失去的信心。

这时，向淑先的女儿已率先积攒起元气，年轻人最是不缺拼劲和锐气，周冬梅在金山镇白土村盘下了一个养猪场，最让向淑先惊异的是，女儿同时还盘下了养猪场前面的一片金花梨果园。不管向淑先是否了解女儿的深意，但"上阵父子兵，养猪母女档"，她义无反顾地去了白土村，和女儿一道经管起养猪场来。

周冬梅这次是"两条腿走路"，她一下子买回了70只母猪和30多只生态黑猪。养母猪，是向淑先最拿手的事，这也是她对女儿建议的"进可攻，退可守"战略——市场有市场的风险，咱们有咱们的应急预案。周冬梅的养猪场头一年经营下来，母女俩细细一算账，几乎没有收益，但也没亏本。第二年就见效益了，仔猪赚了钱，生态猪也赚了钱。尤其是生态猪，一只能卖4000元，能当一头小牛的价钱，这可大大刷新了向淑先的认识。2015年1

月，白马关举办年猪节，组委会点名要用生态猪，找遍罗江县，就只有她们养猪场能提供，于是，组委会一次性就买去了12只生态猪。圈里还剩下的20来只，都是周冬梅在网上销售，每公斤卖70元还供不应求。这样的高价钱，向淑先养了这么多年猪都没想到过，乐得她脸蛋笑开了花。

2016年，周冬梅扩大了养殖规模，存栏1000多只猪，加上原来的70只母猪，养猪场一下子变得热闹非凡。向淑先心里高兴，又有点紧张，害怕就靠他们一家人，就算忙得四脚朝天也无法照看这么庞大的“猪队伍”。可女儿买回了一套自由采食设备，这样一来，大大减少了人工成本，向淑先夫妻俩就足以从容不迫地经营“千猪猪场”。

一分辛苦一分收获。向淑先母女俩的养猪场在2016年总共出栏了肥猪1000余只，出售仔猪300余只，收入比起以往，翻了好几倍。养猪场里，普通肉猪和生态黑猪都在同时饲养。想起最初创业时，周冬梅将“全部鸡蛋都放进一个篮子里”，仅仅将精力集中于生态黑猪上，现在，却是采取了“兼容并包”的模式。向淑先总结道：由于生态黑猪生长慢，饲养期基本上是一年，肉价高，消费人群小，饲养数量也相对减少，目前一年只养30多只，每个月能卖两只，除了网上销售，也有绵阳、德阳等地的消费者开车直接到养猪场购买。而普通肉猪长膘快，出栏快，也为养猪场带来了不错的经济收益。

随着养猪规模的扩大，环保问题提上了议事日程，否则周边老百姓会有意见。这时向淑先才知道，女儿周冬梅为啥要流转过来那20亩金花梨果园，原来，具有专业养殖知识的女儿超前一步，早早就考虑到了生态链，把猪粪作为果树最好的有机肥料，避免了环境污染，养猪场也间接成了果园的“功臣”。

向淑先养了大半辈子猪，没想到女儿毕业回来后，自家养猪会养到如此大的规模。最初，她从养一两只猪起家，为贴补家用多攒几个钱。如今，却学会了借女儿的现代眼光，去观察生态猪的发展前景和巨大潜力，这不仅仅是时代的飞跃，也是向淑先个人质的飞跃。她在年过半百时，总结此前的波折教训、成功经验，攀上了更高的平台来回望母女两代人共同开创的养猪产业，她为自己能赶上如此火热的时代而满足，而骄傲。

“糊里糊涂”成了首富

48岁的刘助国，是蟠龙镇枣子专业合作社副理事长。他虽然只有小学文化，却依托枣子产业，加上自己勤劳苦干，“糊里糊涂”地成为宝峰村的首富。说起自己与枣结缘的故事，憨厚少言的刘助国痛快地打开了话匣子。讲到过往的辛酸处，他粗拉拉的手指装着不经意，飞快地擦了一下眼窝，接下去，他又舒心地笑了，继续说。

糠箩篼跳到草箩篼

宝峰村是罗江“贵妃枣”核心产区，而我所在的一组，是宝峰村的贵妃枣核心产区，我家的枣园，又是1组的贵妃枣核心产区。

村里人都说我是村里首富，我不太认可。只是我们家有30多亩贵妃枣，又有农家乐，规模在村里可能算得上排第一。我们村种枣树的都不穷，靠枣子收入达20万元以上的，至少有七八家，我家只是略微比他们多一点而已，因为农家乐还能年收入10多万元。

其实，我们家在发展枣子产业之前，一直过着穷日子，整个干沟湾（宝峰村的老地名）的人都过着穷日子。

我原来不是这里的人，老家在鄢家镇青峰村（现在的和平村）。家里兄妹多，因为穷，难耍到女朋友，在媒人的介绍下，出来“上门”。本以为会从糠箩篼跳到米箩篼，哪晓得这里比我家还要穷还要苦，简直就是从糠箩篼再跳到生活更艰苦的草箩篼嘛。

我是1989年到宝峰村来当上门女婿的，过来后很难吃到一顿干饭，几乎每顿饭里都要加玉米粉、红苕、南瓜、菜叶子等，出来啥加啥，而且不能任凭肚子装。我那时年轻，偏偏很能吃，每天都有饥饿感。慢慢地，我才发现，妻子家地里的庄稼，不管怎样浇灌、施肥，总是长得像癞子的头发一样，稀稀拉拉的，而且还矮，柴都多收不到一把。后来我才晓得，都是因为地埂上那些枣子树，根根在地里乱窜，吸收了地里仅有的那点点水分和营养，庄稼咋长得好嘛。

我有些愤愤不平地问老婆：“别人家的地埂上咋没得枣子，我们家每块地都有？”

那天我问话的时候在收麦子，岳父也在地里，他听到我的问话，就骂开了（当然不是骂我）：“都是那些奸人，分给他不要，甩到老子头上的。”

从岳父的语气里，我听得出，这样的地，让他心里也窝着一团火，又无可奈何。

岳父原来是1组的组长，包产到户那年分田地，老百姓分到地埂上有枣子树的地，都不要，说：“你是队长，那地你拿去种。”

我岳父虽然是生产队长，但人忠厚老实，别人选剩下的地，不要的地，地埂上都有枣子树，好地都被别人选完了，他只得全部收下。每年辛辛苦苦种下庄稼，收成只能到别人家的一半，只有自己勒紧一点裤腰带了。

小试牛刀，甜枣生“金”

这干沟湾的日子太苦了，生活了半年，我就想逃离，只是老婆怀有小孩，才勉强坚持着。到1993年，女儿有两岁了，我下了狠心，办了迁移手续，把老婆、女儿都带回鄢家青峰村老家。当时，老家青峰村外出打工的人多，撂荒地也多，我就全部捡过来，有20几亩呢，买回种子、化肥，两口子天天起早摸黑下地，全部种上苞谷、小麦。也是我的运气不好，或者是没得庄稼运，这年天老爷不争气，不下雨，种子钱都没收够，老婆又劝我回她娘家。户口都迁回来了，俗话说，好马不吃回头草，我哪有脸回去呀。再说，天旱，那个干沟湾，也不会比我这里好到哪里去。天干干一地人，哪个逃得脱。

一家人要生活，逼得没法，我又没手艺，没文化，只得跑到德阳去租了一辆人力三轮来蹬，靠卖苦力养家糊口。

我岳父人老实，脑壳却不呆板。那年天旱，庄稼没收成，枣子却结得多。有句谚语，就是说“天干结枣子”。看到满树的枣子，他就每天摘一背篼，背到罗江去卖，6到8元一公斤，很好卖。有人说，这枣好吃，拿到德阳去。开始他还顾忌，怕弄到德阳卖不脱咋办，后来想到我们在德阳，就用蛇皮袋装上几袋，赶公交车来到我们住处，摆了个摊，居然每公斤能卖到16元，那年产的枣子居然卖了两万多元。

岳父乐得合不拢嘴，我和老婆也为他高兴。我蹬一年三轮车，也就存1万多元，我心里一下子不再讨厌那些枣树了，我想，我岳父也不恨那些把有枣树的地扔给他种的人了吧。

到1997年，村上发展种植枣树，岳父尝到了枣树带来的甜头，很积极，喊我们也回去帮助栽枣树。看到岳父地埂上的枣树都能卖那么多的钱，我们当然愿意回去栽了，管他好马吃不吃回头草。

岳父的心大，他要把家里那些有老枣树的地全部栽上枣树，他说，反正种庄稼没得收成，枣树不怕干旱也不怕土薄。

枣树不怕天干，不怕土质贫瘠，这是村里人凭观察、凭经验总结出来的。县上请来的农科专家科学测定后，说宝峰村海拔700米左右，山高土薄，非常适宜种枣子，我岳父才大胆地大面积栽种。一个冬季，一家人栽了10多亩地。我每天挖窝、填土、挑水浇灌，累得腰酸背痛。尤其是打窝，一拃深的土，下面全是红色矸石，钢钎、二锤都得用上，有时一棵树窝就得花上半天时间。

栽上那么多枣子树，需要管理，岳父一个人肯定不行，我又把我们三个人的户口从鄢家镇迁回了蟠龙镇。我也隐隐约约看到了我们干沟湾的前景。

回到干沟湾后，我不仅尽心尽力管理新栽下的枣树，还同家人一起，给那100多棵老枣树治虫、修枝、松土、上肥，让它们享受到从没有享受过的待遇。

一分付出，一分收入。我家在发展新枣树的同时，老枣树每年都在给我们带来不错的收入。很快，我们家就成为宝峰村第一家靠枣子产业致富的农户。

忙得四脚朝天，赚得盆满钵满

2007年，我们村成立枣子专业合作社，我被大家推选为副理事长。在这一年，我家买回了第一辆面包车，让许多人眼红。到今年，十年之内，我已经买了5辆车，当然，我开不了那么多，旧的卖了，现在家里有3辆车，我开一辆，女儿开一辆，另一辆是货车，由我专门给客户送枣子用。

每到枣熟季节，我家都要请20到30个人帮忙摘枣，都是本村人，由岳父带队，指导他们先摘哪里，后摘哪里。女儿则带几个女人装箱，我就负责给预定的客户送货，成都、绵阳、广元、德阳、罗江……川内的订户都送货上门，川外的商贩，大多是自己上门来运。近三年来，网购热门，我们又在网络上销售，县城的几家快递公司主动到村上来，帮我们发货，挺便捷，帮我们省了不少事。

我家有10多家固定的老客户，比如四川长虹电子控股集团有限公司这样的大型国企，还有一些是县、市的电力局、邮政局等部门。因为我家的枣子口感好，他们信得过。

每年的8月底枣子节开幕后，是我们全家人最忙碌的时节，既要卖枣子，开的农家乐又要接待游客吃住，每晚几乎都要忙到深更半夜才能睡。

我家的农家乐已经开了十多年了，最初是来买枣子、游玩的客人玩到中午肚子饿了，就在我家随便吃顿农家饭，补一点钱。饭后，觉得转了一上午，有点累，想坐下休息一下，又让我们泡茶。后来，更多的客人提出这样的要求，我便在自己的房子里开了我们村第一家农家乐。2015年，我又把农家乐搬到现在的“万宝路”旁新修的这栋房里营业。上下两层，能够容纳20余桌。从修建到装修，花了20余万元。我们这里已经融入白马关三国文化旅游景区，以前的老房子环境不太好，现在来摘枣的客户和游客多了，吃饭的服务也要跟上。这一年，我女儿结婚了，女婿曾在成都一家宾馆当厨师，女儿2014年从交大毕业，在成都一家广告公司上班，我便把他们喊回来，把农家乐交给他们去打理，我少管一码事，他们也可以帮助家里管理枣树。我岳父年岁越来越大，我的精力也有限。你看嘛，每年2月到3月，施肥；3月到4月，杀菌、消毒；5月到6月，掐芽，防病虫害；7月到8月，再施肥，疏果；9月收枣子后，10月到11月还要施一轮过冬肥。我读书少，这些操作技术和流程，都是经常参加县上的农技培训学到的，也时常向市、县农业局的技术人才请教。

有些城里人眼红我们枣农的收入，我说：“不要只看到枣儿红、枣儿甜，红红枣儿卖大钱，它的背后是一个个老茧、一碗碗汗水，是一夜夜的腰酸背痛。这个苦累，你们肯定受不了。”

不过，忙碌却有收获，也让人心理平衡、踏实幸福。我家的枣园年产量在25吨到30吨，可以收入20多万元；加上农家乐的10多万元，一年有30多万元。村上光靠枣子收入超过20万元的有七八户。

2007年，我们村成立枣子专业合作社，大家都推选我当副理事长，当时我有点激动。你想嘛，我从一个饭都吃不饱的人，从一个蹬三轮车的人，走到今天，来了个人生大转弯，我自己都想不到，村里人也没想到。我靠枣子发财了，肯定不能忘记乡亲们，我不仅把自己懂得的技术传授给大家和罗江周边的种枣户，还多次到绵阳、遂宁、内江、自贡等其他市州的镇村指导枣树种植，他们都喊我老师，我都有点不好意思答应，因为我就只读过小学。

我们村发展枣子产业以来，从没遇到过天灾，去年7月却遇到了。一场突如其来的冰雹，把刚刚长够体型的枣子打落得遍地都是，种枣的农户普遍都减产。我还好，没有亏多少。因为我修了冻库，把枣子贮存起来，错过枣熟高峰期，储藏一段时间，卖得到40元一公斤。

有专业合作社的社员曾问我，我们这里发展这么多枣子，会不会哪一天卖不脱？我也担心过，毕竟我家的枣子种得最多。为这，我专程跑到山西去考察蜜枣加工，想引进枣子深加工技术。没想到，人家一台机器一天就需要5000公斤枣。我才觉得，我们的产量太小了，全部收起来加工蜜枣，也不够机器运转一个月。

现在我一点也不担心产量过剩的问题，有空闲时间，一家人就出去旅游几天。海南三亚、武隆天坑、达古冰川……我们都去过，今年计划走远一点，出国耍一趟。原来考虑去东南亚几个国家，又想他们那里跟我们这儿可能差不多，最后计划去欧洲走一圈。

我有一个梦

2007年，唐清才从金山镇马驰村村支书位子上退下来时，已是62岁的老人。孔子怎么说的呢：五十而知天命，六十而耳顺，七十而从心所欲，不逾矩。六十耳顺，少了年轻时的鲁莽锋芒，能心中平静，辨明是非曲直，这原本是一个极具智慧，有着“人生二次起航”意义的年龄，但很多60岁的老人却将“耳顺”理解成“心如止水，死气沉沉”，从此笼着袖子晒晒太阳，可以安心养老了。而这种“退休”念头，直到十年之后的今天，在唐清才身上也找不到一丝一毫，我们面对这个72岁老人时，感觉那蓬勃热力，仍在不断嗞嗞迸发着。他的故事从哪里讲起呢？就从“枣子梦”讲起吧。

“枣子梦”

在“枣子梦”之前，唐清才带着大家做过“蜜橘梦”“稻子梦”和“桃子梦”，这些咱们接下来会一一讲到，先讲要紧的“枣子梦”，为何呢？因为这件大事贯穿了唐清才退休前后近二十年时光。试问人生有几个二十年呢？人生又有多少次任性做梦的机会？这个内心怀着一团火热信念的老支书，从知天命之年到古稀之年，他将二十年时光慷慨地用到了枣子梦身上，如何令人不感叹？

那是在1998年，一直琢磨着果树转型的马驰村支书唐清才，和村里果技员匡崇荣商量，说村里果园的桃树已快到老化的大限了，接下来，想将桃树都挖掉，重新种枣子，枣子耐寒，适合马驰村栽种。匡崇荣种果树技术过人，是个沉稳之人，他没有立即说好也没有说不好，而是顺着唐清才的思路，去了种枣的白马关的万佛村、蟠龙镇的宝峰村，去干啥？抓一把人家的泥土。通过检验得知，几个地方的土质差不多，也就是说，马驰村种枣是可行的。唐清才听了汇报，重重一拍大腿，说好，咱们也种枣！

接下来是选择枣子品种。唐清才和匡崇荣先后去了中江的黄沟乡考察冬枣，去三台县的转山村考察米枣，又去了万佛村考察贵妃枣，三方对比，还是觉得罗江的贵妃枣品质更高，市场售价高，口感也好，而且那时万佛村、宝峰村的贵妃枣已经闯出了一点名堂，种枣的村民过日子好比是“芝麻开花节节高”，马驰村看在眼里，哪能不心动？

拍板要种贵妃枣，接下来村干部又吵吵嚷嚷，争论了半天，落在根子上：原来谁都想发展贵妃枣产业来赚大钱，但问题是现在村上没“小钱”，贵妃枣苗要卖5元一株，大家都觉得太贵啦！俗话说：三个臭皮匠，顶个诸葛亮。村干部们讨论了半天，竟找到一个好办法。没钱，也能有节约成本的法子啊，既然家生枣树苗昂贵，那么野生的该便宜了吧？于是，唐清才又是重重一拍大腿，定了：去苍溪大山里采买野枣树苗。

去了苍溪，在镇上贴出了收购公告，每株枣树收购价两角钱。别看这两角钱便宜啊，那里漫山遍野都是野枣树，当地山民一看，嗬，平时我们看不上眼当柴火烧的枣树苗，还能卖钱呀！积极性一下子调动起来，仅仅两三天时间，这群热情的山民就抱来了7000多元的苗子。唐清才兴兴头头将枣树苗带回马驰村，别人不敢“吃螃蟹”，自己是老党员，老支书，村民的带头人，有啥好说呢，身先士卒嘛。他将自家的地腾了两亩出来，栽下了枣树苗，每天恨不得过来看八遍，绕着小苗苗迈正步，心里全是“枣子梦”甜蜜蜜的滋味。可谁想到呢？不知是自家不懂照料，还是远到的“客人”水土不服，两亩地的枣子苗，竟死了个精光！7000元呀，就这样打了水漂。

唐清才知道背后有人嘀咕他，说他“想法多”，但他血红着眼，咬了牙，默默承受着质疑和嘲笑声。第二年，再返苍溪，买回枣核自己来育种。这次成本更低，只花了800元，就买了几十万粒枣核。

唐清才将匡崇荣叫到跟前，语重心长说：“你可是咱马驰村派到外面去专门学过果树技术的专业人才，我将育种问题交给你，大家的希望都交到你手里了哟。”匡崇荣重重点头。他终不负期望，试种成功，一下子，好几十万株果树苗成为马驰村村民们激动谈论的话题：咱村将来也要发展枣子产业了！

到了2002年，枣树可以嫁接时，唐清才专程去简阳请来了20多名果技嫁接技师，全部进行了嫁接。2003年，县上给了马驰村500亩退耕还林指标，让他们发展经济林木。现在时机正好，唐清才就把这500亩全栽上了枣树。到2006年，枣树长势也还可以，应该到挂果期了，可是，马驰村的这片枣园，偏偏就是不挂果。

唐清才心慌了，跑去问果技员，果技员也没办法，说不知道问题到底出在哪儿。唐清才的心，像是沉到了谷底，因为之前，他干啥事都是干一样成功一样，可这回……

唐清才细细琢磨，觉得这是管理不到位，还有技术没到家。500亩面积的枣树，如果就这样荒废下去，将会成为他晚年不得安宁的心病。于是，他向组织申请退下来，安心抓枣子产业。

2007年，唐清才62岁时，正式从村支书位子上退了下来。他能将“枣子梦”变为现实么？这里咱们先卖个关子，要了解退下来的唐清才是否能成功，先看看他之前的人生是否算“梦想成真”吧。

圆　梦

说起学历，唐清才只有小学文化，却一辈子没有放松学习这件事。当他还是一个热血青年便积极上进，18岁时入了党，1981年包产到户时，他又当上了村支书。得知自己高票当选，唐清才真是既激动又发愁：马驰村旱地多，水田少，地处偏远，村民贫穷，到底怎样才能带领村里百姓过上既有钱又有粮的好日子呢？经过一番冥思苦想，唐清才在全村社员大会上正式提出了马驰村的发展目标：山下种稻子，山上种果子；种稻子饱肚子，种果子卖票子。

种稻子不用他呼吁，凡是农民，都晓得口粮的重要，谁不怕肚饥呢？而山上种果子，却是开天辟地的创新，以前马驰村的山上可是没有一株果树的。穷人家的孩子早懂事，唐清才几岁时，去村里的曾家斑竹山捡柴火，小孩子嘴馋，最渴望搂柴时能顺便摘到果子，如果山上全是果树该多好啊！童年的瑰丽梦想生了根，在唐清才正式成为村支书这一刻起，透过记忆的深湖，浮出了水面。

曾家斑竹山，山上最厚的土质不到30厘米，既种不出庄稼，更长不了树木，年年上级都在喊绿化，可这座山就像是一道难看的秃疤癞痢头，怎么都绿化不好，头年栽下的树苗，第二年又干枯了。唐清才心里发了誓，一定要让这片秃山绿起来，让它成为名副其实的花果山。

1984年，村团支书向唐清才要活动经费，可村上哪来的钱呢？唐清才再一次将“种果子卖票子”的想法提了出来，现在他面对的对象不是村里各个年龄层都有的村民，而是村里的青年团员，年轻人好处就在于有闯劲，不怕挫败。于是，团支书带着年轻的姑娘小伙们，在山上开垦出了5亩荒坡，唐清才又去鄢家镇星光村买回了蜜橘苗，大家热火朝天地栽种上，因为说好了，到时收获蜜橘售卖得到的钱拿来作为活动经费，所以大家积极性都特别高，专门安排了人去浇水、施肥、勤勤恳恳看顾果树。三年后，蜜橘挂果，村上的团支部就有了自己的活动经费，排练节目搞演出、买道具、五四青年节评奖需要的钱，都靠那片蜜橘园解决了。直到今天，蜜橘都还在为村上的团支部服务。

这只是唐清才的“小试牛刀”，“橘子梦”证实了“荒山有可为”，接下来，他大胆地做起了“桃子梦”。在栽蜜橘的同时，唐清才就组织全村人去成都龙泉驿参观了当地桃园，马驰村村民看到龙泉驿的农民只靠着种果子就能生活得富足，大开眼界。归来之后，唐清才召开大伙儿开会，问大家有没有决心，将曾家斑竹山开垦出来。大伙儿议论纷纷，提出的问题也很现实：那山上没有土，尽是硬岩层，和人家龙泉驿完全不能比啊。唐清才再度拍大腿：咱们就算挖坑背土，也要在山上“做”出树窝来！

大家觉得唐清才是疯了，但之前受过“橘子梦”恩惠的年轻人们还是热情高涨，愿意跟着唐支书去“开天辟地”。唐清才召开了社员大会，因为激动，脖子上青筋毕现，双目犹如含着两个炙热火球：“我是从农业学大寨那个时代走过来的，虽然现在包产到户了，还是希望大家都能拿出当初的‘大寨精神’！”接下来，唐清才号召大家每人集资10元钱，用来购买钢钎、二锤、錾子、雷管等。那时舍不得出10元钱，说怪话的人也不少啊，说唐清才就会瞎折腾，想让荒山长花果，他咋不上天呢？

压力越大，唐清才决心反而越大，他没有被唾沫星子打倒，反而组织了信任自己的青壮年们，每天百余人，连续奋战了三个冬天，硬是在硬岩层上用钢钎、錾子打下了一个个80厘米见方的树窝，背土填坑，真将荒山开垦出来，分给了各家各户，又专程请来龙泉驿的技师，指导大家科学种桃。从1988年到1998年，桃园为村人挣来了不少票子。那儿，祖祖辈辈都只见硬石、荒草，如今却桃花灼灼、鲜桃飘香，成了远近闻名的花果山。

这是唐清才关于山上的“果子梦”，他同时也在描绘山下的“稻子梦”。少年时代，唐清才去绵阳永兴走亲戚，看到永兴在搞水稻制种，老百姓因此而富有，给他留下了深刻印象。当他担任村支书后，就去联系水稻制种公司，请求帮马驰村发展制种水稻。技术人员到村里一勘测，认为此地闭塞，具备制种条件。于是，马驰村红红火火地发展起了制种产业。

有了唐清才的“两条腿走路”，山上、山下都能找到票子，村民的生活简直就像红糖抖蜜——甜上加甜。年过七旬的唐清才说到这里，骄傲地抬高了嗓门："我敢打包票，咱们马驰村是罗江最先富裕起来的村子！也是罗江第一个安通自来水的村子。当初为了安自来水管道，我跑到成都无缝钢管厂，排队等了七天七夜才等到钢管！全村共12个组，有10个组的人都是在1990年前吃上了自来水。"

到了20世纪90年代中期，马驰村的老百姓把床上用品都升级换代了，将祖祖辈辈铺的稻草换成了弹性十足的床垫，还争先恐后修起了小楼房，这让唐清才深深感到了为官一任，造福一方的自豪。所以，像他这样从年轻时就敢于做梦，并且将梦想变成现实的村支书，在花甲之年，眼看"枣子梦"历经几年等待仍是梦，他如何能吃得香、睡得好，如何能咽下这口倔强的气？他发誓要将"枣子梦"做到底了，2007年从支书位子退下来，他便将生命的全部热情，投入到枣园之中。

这片枣园也很固执，从2007年到2009年，不管唐清才如何细心管理，精于照料，枣树仍旧不结枣。不过，这可打击不了唐清才，他抓紧一切机会，在60多岁时重当"小学生"，四处取经去苦学种枣技术。县上每次组织到万佛村开种枣技术培训会，他都头一个报名。有人好心地劝他，说老唐，算了吧，你看你每次拿个笔记本，认认真真做笔记，还撵着"老师"的屁股，虚心取经，你是想当个农科专家，还是想学到技术赚大钱，留着养老慢慢花？

唐清才受到质疑，有点生气，他晓得人家是在讽刺他一大把年龄了还成天跳脚追梦，但他是为了自己多赚钱吗？不是，从20世纪80年代他当上村支书那天起，他的心，他的梦，其实就一直没变过，他说了要带领大家"种果子卖票子"，就要一言九鼎，绝不食言！

唐清才不断学习和总结种枣技术，并将理论变为实践。到了2010年，老天终于开眼，枣树挂满枣子，犹如一颗颗青红的小玛瑙，在风中轻轻摇晃，晃花了唐清才的眼，他拿手背狠狠一擦，人老了，咋泪窝子那么浅呢？三年了，他长长叹出一口气：这是多么漫长的三年啊！

看到折腾了多年的枣树，终于挂果丰收，农户冷却的心又一下子热乎起来，他们再度聚拢在唐清才身边，看到他上肥，他们也上肥；看到他治虫，他们也治虫。唐清才毫无保留地将自己的种枣技术倾囊相授，迅速培养了大家的科学种枣习惯，到了2013年，马驰村的枣子收入，一下子翻了三倍！村里成立了贵妃枣专业合作社，大家一致推举唐清才当理事长，他想到自己快

70岁了，精力实在有限，于是推荐了年轻人来担此重任，他只在专业合作社任了监理职务。

从2015年起，由镇政府搭台，马驰村也开始举办“贵妃枣品果节”，大大推动了马驰村枣子的销售。唐清才自己有10亩枣园，每年收入有8万多元，他觉得枣园就像是爱人一般，每天总想着去看一眼，否则心里就不踏实，没着没落的。

能看到自己当初提出的“山下种稻子，山上种果子；种稻子饱肚子，种果子卖票子”口号从梦中破茧而出，变成现实；能看到现在马驰村果园飘香，稻谷丰收，唐清才觉得这几十年追梦岁月，充实、值得。充实如他，不枉此生。

第二章　提锄放锄总关情

罗江的第一产业——农业，特色十分鲜明，现在罗江着力功能定位和产业优势，正在通过产业互动，全力打造“人和、村美、业兴、家富”的新农村，立足升级传统农业、发展现代农业，在现代畜牧业方面也取得了可喜成绩。罗江的第三产业当属旅游业，这和罗江文化底蕴深厚是分不开的，罗江有可挖掘的文化资源，更有可拓展的市场前景。罗江是成都北部门户，历史上兵家必争之地，有灿烂的三国文化，著名的庞统祠、白马关、落凤坡等三国文化遗迹均坐落在罗江；有深厚的佛教文化，境内有万佛寺、观音岩等佛教圣地；是清代巴蜀才子李调元的故乡，李氏家族“一门四进士，叔侄三翰林”至今传为佳话。

近年来，罗江坚持将旅游作为战略性产业予以重点培育支持，紧紧围绕“同城德绵，协作发展，打造德阳北部新城和绵阳科技城产业协作区，建设美丽幸福新罗江”的发展战略，突出旅游目的地建设，进一步完善旅游基础设施和公共服务，丰富旅游产品、商品、业态，提升旅游管理能力水平，树立罗江旅游品牌形象，全面形成“一城、一核、四带、九大主题”的旅游发展新格局。

拿起锄头搞“一产”，放下锄头搞“三产”。在罗江，村民围绕“农”字调整产业结构，随处可见前院是农田，后院是庄园，就地办起第三产业的农家，发展“亦农亦游”新业态的在罗江这条文化旅游产业带上，农家乐已成为城乡统筹的“桥头堡”，目标就是要建设一个“出如画、入有余、大和谐、同快乐”的中国幸福家园。

农民，不再是一种单一而抽象的身份，今天下地赤足犁田，明天开门笑迎八方宾客。新时代的罗江农民，不离乡土，探索出属于自己的幸福道路。他们孜孜进取，他们屡克艰难，他们与时俱进，用辛勤的汗水和超凡的智慧，赋予了农民这个古老而传统的职业更为丰富、更为现代的崭新意义。

“陈驼背”的春天

去年，“陈驼背”的儿媳妇刚给他诞下了第二个孙儿，采访当天，他是带着小孙女一起来的，一边聊一边照顾孩子。他乐呵呵地说，家里人都忙啊，现在做烧烤生意，每天从眼睛一睁，就要忙到天黑上床，时间快得仿佛踩了风火轮。他说这是他活到一把年纪从来没过上的好日子，每天都有奔头，幸福是实实在在可以摸得到、看得见的，儿子、媳妇和老两口都在一起，就在自家门口做生意，他和老婆不用当空巢老人，孙儿们不用当留守儿童，这日子，真是咋个咂摸都有甜滋味呢。

有女莫嫁落凤坡

陈华顺记不得身上的驼背是啥时候鼓起来的了，他好像是稀里糊涂成驼背的。记得8岁那年，他只念了一年小学，就因家贫，无法继续读书，回家帮父亲打理庄稼。这日子过得，咋一下子就混到20多岁了呢？在当时农村，20岁的男青年还单着，是件很让人头疼的事情。

陈华顺的父亲急得不得了，他心里还藏着隐隐愧疚，觉得自己不该让儿子那么小就跑回来干农活，肩挑背扛的，背上不知怎么就多了一个包，于是乎，“陈驼背”的大名，倒是比“陈华顺”叫得更响亮。陈华顺除了是驼背，人家相貌还是不错，侍弄庄稼又是一把好手。他的父亲气鼓鼓地想：我就不信这些媒婆子还为我家儿子招不来一个好姑娘！

媒婆子并不是不卖力，人家真介绍了几个姑娘来，但相亲的女孩一看，这个凤雏村啊，山路泥泞，又缺水、缺电，这里还有一首传唱度极广的歌谣：有女莫嫁落凤坡，红苕坨坨打烂锅。陈华顺所在的凤雏村缺水，难种大米，一年到头和红苕死磕到底，有些姑娘一听说村庄名字，还没来得及嫌弃陈华顺是个驼背，已经提前将头摇成了拨浪鼓。

就这样，一晃好几年过去了，陈华顺已到了而立之年，总算有位腿有残疾的姑娘，冲着陈华顺干活能干、劳力好，多多少少是个依靠，嫁了进来。

成了家，陈华顺拼命想给妻儿创造更好的生活条件，但环境在那儿摆着，他能犟过天？

他只是想要过上好日子，让家里人都生活得幸福快乐，咋就那么难！他也走过一段弯路，后来他有点认命地想，也许自己这辈子就是吃苦受穷的命了，只是可怜了老婆和娃儿。

转眼之间，陈华顺添了皱纹，长出白发，娶进儿媳，当上了爷爷。他小心翼翼给小孙子换尿布时，年轻时那种不服输的劲儿又冒了出来，他暗暗冲小孙子发誓：爷爷要振作呢，要让你这个小东西能过上好日子！

陈华顺真没想到，盼着，念着，好日子真的朝他大步走过来了。

农户“嵌入”景区

凤雏村有一千多户人家，向来以传统农业为主，虽然相距不远就是白马关，但过去白马关旅游景点并未形成规模，一年到头过来“瞧稀奇”的游客屈指可数，对陈华顺这样的村民来说，挨着白马关庞统祠唯一的便利，大概就是“求雨”了。过去天干，凤雏村又缺水，当地村民想要恳求老天降下甘霖，一不求龙王，二不求土地，他们只求庞统显灵降雨，只要见到点将台起云了，总会下一场雨。这天，陈华顺跪在池边洗着衣服，唠唠叨叨，他心里不顺气，这庞统老爷，眼看秧苗都长得半人高了，咋还不显灵下雨呢？陈华顺忧愁地想：唉，大概是去年雨下得太多的缘故吧，结果今年点将台就咋都不见起云！

陈华顺正在满肚子牢骚地清洗衣服，妻子一瘸一拐走过来了，她老远就吆喝着陈华顺，让他赶紧回去，村上正在开会商议重建房屋的事呢。陈华顺脸色一沉，气呼呼地把衣服往盆中一摔，嘟囔道：“也不晓得你兴奋个啥子，唉！”

不怪陈华顺愁眉不展，这一年多来，他心里可真是苦焦坏了。地震让他家6间住房严重受损，政策上规定，重建户可享受1.6万元至1.9万元的重建补助，可陈华顺在心里反复盘算了几十次：目前儿子刚给他添了宝贝孙子，家里经济紧巴巴的，虽无借款但也无存款。重建说起来好听，但简单修建都要几万元，当前庄稼又不喜人，一家人只能提心吊胆地继续挤在危房里过活。陈华顺夜里常常做噩梦，梦见全家人都被余震压在地底下，连几个月大的孙子也不能幸免。他大汗淋漓地醒来，这事差点压得他喘不过气来。他何尝不想重建新房，让孙子在安全明亮的新家快快乐乐成长呢？

陈华顺去开会，本来是带着抵触情绪去的，没想到去了，收获了满满的兴奋。原来，地震之后，县里对他们这些受灾民众早有部署，专门成立了白马关景区管委会，并请来美国公司对其进行高规格规划。这样一来，3个村、2000户农民都进入了拆迁安置视野。美国公司设计的“嵌入式安置”办法，听来洋盘，其实简单——现有原住居民不离开景区，嵌入景区建设之中。

陈华顺开会归来，老婆问他会上传达了啥新思想，他若有所思地总结道：“就是喊我们搬到景区去住！”老婆又问他是咋想的，他说刚和村里其他人通了一下气，大家都纷纷采取观望态度，还不晓得这个“嵌入式”到底能不能让大家不用“损兵折将”地花钱搬新居，而且还能解决今后怎样找钱，怎样寻求生活来源的问题呢。

2009年底，集中安置点形象出来了，从本地文化中挖掘出的民居风格使安置点更像一个气派的寨子，蓝天映衬下的青砖碧瓦闪闪发亮，高大的马头墙庄严耸立，户户相通的石板路曲径通幽，简直是画中神仙住的地方嘛！村民们心动了，虽然进入安置点后每人住宅占地面积只有35平方米，远远少于原有屋基，但新房有道路、绿化、水、电、气、光纤等配套，更何况建房的钱由政府从土地收益中统筹支付，算算账，可能还会有节余呢！

陈华顺所在的凤雏村有107户农民选择了进入景区居住。陈华顺老房子里连一盆花政府都给他折了钱的，水池、猪圈、菜园、果树等统统折成钱，赔付到手的足足有15万元，他用这笔安置费付了建房款后，还节余了近两万元，这样一来，买家具、电器的钱都有了。

刚搬进新家头几天，陈华顺兴奋得每晚都睡不着，在家里像“夜游神”一般走来走去，东摸摸西看看，过去想都不敢想的自来水、天然气都被管子乖乖“牵”进了家门，昔日烧柴煮饭的历史终结，新房里卫生间整洁干净得闻不到一丝臭味。“夜游神”在自己家转着转着，心里乐开了花，他索性拉开房门，走到石板路上，哟呵，想不到竟能遇到村里好几个夜游的“同道中人”，他们憨笑着彼此打招呼，不用多交谈，大家都懂得——这是太开心了，开心得怀疑这一切都不是真实的，所以要用双脚一次又一次来丈量脚下这片美丽的土地！

新公民

因为搬进白马关景区的人，涉及了原先三个村的村民，村民们彼此不熟悉，刚住在一起，难免发生一些磕磕碰碰。比如有人在家门口随意牵拉晾衣绳，招了别家的恨，两家主妇各不相让，跳起脚先吵上一架，生怕自己落了下风；又有人将用过的拖把乱放，污水横流，路面都遭了殃。原本是住进“仙境”，哪晓得这群“活神仙”这么不省心，吵吵嚷嚷令陈华顺头疼。看到这种事，他总是“身先士卒”地冲上去积极调解，有时还无端挨一场骂：“你个驼背在那儿拱啥拱、瞎起哄？”陈华顺文化程度不高，他只能翻来覆去劝解大家“要和平，不要闹”。

所以，当镇上找来专门的培训机构，进行首期七天的“新公民培训”时，陈华顺将右臂举得高高，头一个报名参加了培训。培训共分为三期进行，通过讲课方式，让农民能顺利转变为“新公民”，懂得为啥要爱护生活环境。村上为此专门制定了“门前三包”的职责，成立保洁队和巡逻队，加强自我管理，教大家懂得，过去随手就丢的垃圾要集中堆放，自行车、摩托车要停进车棚，家禽粪便要及时清除。

陈华顺很兴奋，他参加了巡逻队，义务为大家服务，晚上像“打更匠”一样，穿行在古镇的石板路上，认真巡查每个角落，他说：“平平安安，大家都好过，要不这么多人搬到一起，如果丢了东西什么的，吵嚷起来，怀疑这个、那个，气氛就紧张，邻里关系就不和谐了。”

现在他老了，花白了头发，倒生长出无穷精力。他不太懂得啥叫“做公益”，只知道红光满面地为大家服好务，热心参与古镇管理。这天太阳已升起老高，天气燥热，陈华顺抹了一把额头的汗，嘴巴对着喇叭高声通知道：“古镇居民请不要乱晒衣服，注意门前三包区域，今天有参观团到古镇来，大家伙要注意古镇形象哈。”他白天清扫古镇、夜里巡逻安保，越是劳累，越是精神奕奕，他说现在日子这么好过，要感谢共产党政策好啊！

陈华顺最初犹豫着要不要搬进景区，他和大伙的顾虑是一样的：怕今后离了田地没饭吃。但如今呢？他和儿子去年冬天合力养了300多只羊子，现在就在家门前开了烤全羊的特色烧烤店，来客不但能吃烤全羊，还能吃羊肉汤锅，光是今年三八节，营业额就高达上万元。刨除成本费用，现在平均下来，陈华顺的烤全羊饭馆，每天都有上千元利润，他做梦也想不到，坐在家门口，钱都会像河水一般，哗哗哗向他流过来！

做生意累不累呢？当然累！平时凌晨三四点就得出去买菜，三八节前一天和正日，陈家父子更是生生熬了两个通宵没睡，他们要将羊烤得香喷喷的，需要提前一晚码好作料，再不离人的在火上烤制至少4个钟头。慢火出美味，要想吃客满意，老外也竖起大拇指连声夸赞“Good”，不付出艰辛努力怎么行？陈华顺懂得要真正拥有幸福生活，摘取甜蜜果实，就来不得半点投机取巧，半点坑蒙拐骗，所以他实打实地做生意，口碑很好，建立了不少“回头客”关系，那些年轻人来吃了一次“驼背叔叔”的烧烤，就上了瘾，下次还呼朋唤友带人来，他们和站在火边满头大汗翻全羊的“驼背叔叔”打招呼，热络熟悉得像是回到自己家。

陈华顺大声回应他们，每根皱纹都溢着笑。

叶子离开故土

那天下午，常华良是和妻子常嫂一起来的，他是一个黝黑、壮实的男人，不太爱说话，比较之下，常嫂就要活泼得多，她嗓门极为洪亮，声音分贝很高，从嘴里吐出的每个字仿佛都铿锵有力，带着一种令人欢喜的敞亮，仿佛一所大房子，里面堂堂地洒满阳光。

常嫂语速还很快，有时我们跟不上她，请求她重复一遍，她会用更大音量重复刚刚讲过的内容。这是一个直性子的爽朗女人，光脚穿一双粘泥的黑色布鞋，不但鞋的样式是走男性化路线，她的大手、大脚也显出了几分阳刚。她牙齿微微外凸，有点小龅，牙面发黄，但她并不太在乎牙齿是否美观，讲到高兴处，她张大嘴巴，牙齿都“飞”到外面，笑得整间屋子的空气仿佛都在跟着颤动。

我们喜欢听到常嫂笑，因为她在能笑之前，咽过太多的苦楚、泪水。

汉源人来罗江

常华良和妻子，在2006年6月，从汉源搬到了罗江慧觉镇，汉源要修水电站，常华良所在的村组，给了他们以下四个地方来搬迁安置：广汉、什邡、罗江、德阳的旌阳区。说真的，常嫂瞪大了眼珠子，很严肃地告诉我：“我最怕抓阄抓到罗江，哪知道偏偏抓到这里了！”

为啥啊？我感到不解，罗江不好吗？人家是堂堂的“中国幸福家园”。常嫂摆摆手，2006年，她不太懂得啥叫“中国幸福家园”，她只知道这四个地方，有三个是“平的”，一个就是丘陵地形，而他们真是怕啥啥就来，不想去丘陵地，偏偏抓到了来罗江的阄！

初离故土，那滋味真是一言难尽。常华良和常嫂都是土生土长的汉源人，在汉源生活了几十年，好比一株植物，在汉源土地里长啊长啊，长得茂盛茁壮，现在一声令下，要让他们连根拔起，他们感觉整个人都是发木的——对，刚开始确定了要当移民，心里不是疼痛，好像空空落落，谁把心给撕开了一道口子，冷风大股大股地灌进来，吹得整个人发麻发木。

常嫂还好，她是女人，手里有活儿忙，开始为搬家做准备，收拾收拾这个，规整规整那个，时间容易打发一点。常华良是男人、是家里顶梁柱、三个孩子的爹、常嫂的依靠，在举家离故土那段时间，他像是一个失魂的风筝，在汉源老家这里走走，那里看看，不时停下脚步，和相熟的乡邻闲聊几句，好像看得越多，记得越清，才能"修补"好心里的大洞。

家里女儿稍长，两个儿子都还只是半大小子，孩子们并未对搬迁一事感到太大感伤，相反，他们还颇有些兴高采烈，期盼能在罗江遇到新鲜事，开创新生活，简直有点迫不及待要对汉源说拜拜了呢。

到了新的落脚点，大儿子首先嚷起来："什么呀！这个房子咋这么小？看来我以后睡觉都要蜷着睡，腿脚都伸不直了！"大儿子这话说得是有点夸张，但他小小年纪，个头蹿得比父亲都高，和老家敞亮的房子一相比，新家面积的确小了不少。还是大女儿懂事，姐姐对两个弟弟说："莫挑三拣四的，我们要尽快安顿下来，莫再让爸爸妈妈分心了。"

常嫂暗暗感动，都说女儿是娘的贴心小棉袄，这话一点都不假。房子小点怕什么，常华良找木匠量了尺寸打衣柜，虽然床、桌子和衣柜这样一摆，仿佛整个房间都满满当当了，但一家人有了落脚地，就有了发展的根基，未来的事，再慢慢说吧。

按照移民政策，一人分了8分田，常华良家就是总共4亩田。常华良和妻子都不是懒惰人，他们合计了一下，将这4亩田都种上油菜、水稻。但种传统农作物能有多丰厚的收入呢？算算细账，一年到头累得要死要活也赚不了几个钱，全家人要吃要喝，孩子还要读书，哪样不用钱？怎么办呢？常嫂心一横，她说我去包土地，咱们多花点力气，吃点辛苦，总要多收点粮食！

移民的奋斗进行时

常嫂包了别人撂荒的土地，精耕细作，每天天不亮就起床，既要操持家里，又要照应田地，她和常华良两个人，风里来雨里去，顶着毒烈的日头也悉心耕作，晒成了两块"黑炭"。有时在田埂休息，常华良也会感叹，当农民的，面朝黄土背朝天，自古以来就是这么辛苦，他倒不怕辛苦，就希望他们能在罗江真正站下脚来，到时子女和孙辈，才能一代代享受安宁幸福的生活。常嫂狠狠抹了一把眉间的汗，她说，就是！

想起刚刚搬来住时，在汉源和常华良是同组的邻居，现在通过“移民插花式安置”，这家人住得虽远了，彼此情谊还在，选了个天气好的上午来常家串门，常嫂高兴坏了，刚张罗请人家坐时，问题来了——因为家里还没收拾好，就几张小板凳，客人坐了，主人家就要站着。作为主妇，常嫂脸腾地红了，她感到万分不好意思，虽然过去的邻居一直说“没事没事，就想和常哥站着聊聊天”，但常嫂不能将人家的客气当真啊，她执意要出去借几个板凳。

常嫂匆匆忙忙跑出家门，才忽然感到一阵鼻酸——她跑出来了才发现，自己竟然不晓得找哪个借板凳！她压根不认识周围住的本地人，本地人看外地人的眼光，怎么说呢，有时就像隔了一层毛玻璃，冷冰冰、刺啦啦的让常嫂浑身上下不舒服，不把你当自家人的感觉，她能找谁借板凳？她甚至不敢张这个口，害怕自己一说话，被人家拒绝，自己只会更尴尬。

常嫂平素是个坚强的女人，这会儿也不知咋了，眼里蒙了薄薄的一层雾，她拼命抽鼻子，想要把这尴尬古怪的情绪压下去。这时，一个细细的声音问她：“你咋个了，不舒服啊？”常嫂有点惊讶地回头，原来是住对门的老人家罗玉华，罗老太坐在门槛边的小凳子上，外面罩件蓝布围裙，围裙上放一只毛豆碗，正悠悠然剥豆子。

常嫂掩饰地摇摇头：“没啥，没啥。”罗老太虽上了年纪，耳朵倒不背，她接着讲：“你家今天好闹热哦，来客人了吧？你不在家张罗，跑出来干啥？”罗老太忽然猜到了什么，“你是不是刚搬来，家什还不齐全，缺了啥东西想出来借？”

听罗老太这么善解人意，常嫂简直想哭了，那天，她不但借了罗老太家的板凳，还借了蒸鱼的长盘子。罗老太跟别的邻居言说：“你们别觉得常嫂说话声音大，显得粗鲁，人家那是直肠子，没有那么多弯弯拐！”

罗老太的友善滋润了常嫂的心，她也暗中鼓了一口气，心想一定要把异乡的日子打理好，这样才能真正将异乡变成故乡，让一家人都能安居乐业！

常华良和常嫂包土地第一年就赔了，他们两个人只有四只手，就算忙得披星戴月也做不出来这么多农活。后来，别人都将土地收割完了，收割机开不进来，常嫂望着自己付出了一年辛苦的土地，最后竟落得如此景况，她一屁股坐在地上，伤心地哭了起来。

常华良安慰妻子，说没啥，我去工地当杂工干活儿，咋都能赚到养妻活儿的钱！

常华良也不怕吃苦，他和工头说好去打工，算50元一天，工头斜着眼，冷冷地瞅了瞅他，觉得这男人身材魁梧，腰背壮实，看上去是个干活的好手，但是，工头慢悠悠地开口了："你们移民不是很有钱吗？个个都是捎着'小金山'搬来的，咋还来我这里赚这点稀饭钱？"常华良憨憨地笑，一时半会儿，他还改不了汉源口音，工头也不多听"有钱人"解释，挥挥手让他赶紧去干活儿了。

常华良一点都不偷懒，在工地干了40天，到了计算工资时，他拿到手的竟然只有310元。他将几张薄薄的钞票翻来覆去数了好几遍，觉得不对，去找工头理论，工头翻翻白眼说："没错啊，就该这么多，你也不算算，下大雨你不能干活吧，那我总不能连你休息都白给工钱吧？你在工地吃，在工地住，住的地方要不要钱，吃的饭菜要不要钱？就这310元，还是我看你为人老实，抛着给你多算了的呢。"

常华良无话可说，只能晕晕乎乎将310元带回家中。常嫂搭了把梯子，正打算爬到屋顶换瓦，她说天上下大雨，屋里落小雨，看来是瓦出问题了。常华良怕她摔着，赶紧将常嫂叫下来，他也不精通修屋顶，跑去找了移民办，移民办的同志很快来帮他们修补好屋顶，分文不取，还说今后有啥困难记得找政府。

常华良将310元钞票在裤兜里揉了揉，他到底没好意思讲这个"薪资过低"的事，他觉得移民更该争口气，不能遇到啥事都去找政府扯皮，这样做人还有啥骨气，啥念想，啥意思？

辛苦，是为了更好地生存

包田地起早贪黑地劳作，看来是赚不了多少钱。常嫂对这儿渠水的"统一灌溉"挺有看法的，她说哎呀，你不需要水的时候呢，这水哗哗哗地来，到了插秧子需要水的时候呢，盼水盼得像等祖宗！没办法，她为了抢夺时间，只能请人来插秧，结果光工钱就花了七八百元，最后只收了500公斤粮食，常嫂苦笑道："真不知道是赚了还是赔了！"

样样都要钱：种子要钱、农药要钱、肥料要钱……常嫂一气之下，又在家里修猪圈，养了六只小猪，但买猪崽的价钱就不便宜，算下来需28—34元一公斤，这样，养大它们，喂玉米粉等猪饲料，又是一笔不小的开支，算下来，养猪养得腰酸背痛，一年也不过赚几千元。

但人活着，就不能被尿憋死！常华良和妻子合计：要不，咱们还是“重操旧业”吧。

常华良说的，是他有祖传做豆腐的手艺，曾在汉源做了十年的豆腐生意，回头客颇多，他对自己手艺有自信，觉得这不也是一条发家致富的路么。常嫂有点犹疑，她说：“我们口音一听就和当地人不一样，人家能信咱豆腐好，肯买我们的豆腐？”为了打消妻子顾虑，常华良虽然心里也毛毛的，但还是大声嗨了一下安慰妻子道：“为啥不买？外地人只要老老实实本本分分做生意，也同样卖好货啊。”

两口子就这样又开始每天凌晨4点多就起床，点豆腐、搅凉粉，等到7点，常华良赶紧蹬着三轮车，将做好的新鲜豆腐和凉粉送到镇上去卖。

常嫂的担忧并非空穴来风，真有顾客挑三拣四，说：“听老板的口音，不是本地人吧？”常华良憨憨地笑，说自己是汉源过来的。那顾客哦一声，又问：“那我买了你的豆腐，要是吃坏了肚子，找哪个赔？”常华良赶紧告诉人家，他们一家人是汉源移民，现在已经定居罗江了，家在屋在，哪里会做这种短命生意，故意害人呢？

看他说得那么诚恳，这位挑剔的顾客决定还是照顾一下常老板的生意，两块钱四四方方切一块的豆腐，他也愿意花两元钱来尝尝移民哥的手艺。但是，且慢！这顾客脑袋往前探，伸长脖子吸了一口气，使劲闻了闻，指责道：“你还说你这个豆腐不是‘歪’的，那我问你，咋一点卤水味道都闻不出来呢？”常华良满脸带笑赔着小心：“这是我家祖传手艺做出来的胆水豆腐，胆水味道淡，就是不容易闻出来啊……”

做生意不容易，要让本地人真正信任和接纳这位“外面来的常老板”更不容易，但是不管多艰难，常华良都咬牙坚持下来了。现在，他在镇上租了两个豆腐摊位，下午还骑着三轮车，在乡坝里转转，零零散散卖豆腐和凉粉，每天都能保证货品售清。

常嫂比以往起得更早，她要和丈夫一起磨豆子点豆腐，多睡一分钟懒觉，好像觉得对人生都是一种浪费。劳累反而令这个中年女人神采奕奕，她现在就是挺想念又嫁回汉源老家的女儿。她说小儿子有商业头脑，觉得姐姐拌“旋子凉粉”很有一手，这几天一直在念叨，说要回趟汉源，找姐姐学手艺，到时候他在罗江夜市上摆个小摊，也卖美味的旋子凉粉，这也算将老爸的凉粉二次包装再上市吧。常嫂愿意看着小儿子折腾，她很大声地总结："人活着，不辛苦咋求生存呢？"

她声音很大，惊动了檐下两只燕子。燕子扑棱翅膀，御风而起，小小的黑影嗖地冲向了碧蓝晴空、朵朵白云。

不再握锄柄的尹华富

今年59岁的尹华富，每天看着自家的烧烤店爆满，特别佩服自己当年的英明决策和卓越目光。

尹家湾的集体上访

在5·12大地震灾后重建的过程中，县上结合“三国蜀汉文化旅游区”的特点，在凤雏村规划了集“文化旅游、拆迁安置、创业就业”为一体的旅游景点——倒湾古镇。

凤雏村是一个合并村，是将原来的白马村、七里村、凤鸣村合并而成，目的是依托三国文化资源，打造白马关景区，整合村组资源。

倒湾古镇的选址位于三国古战场“八卦谷”东边，紧邻金牛古道，凤雏湖、庞统祠北边，在景区三国蜀汉文化旅游开发核心区。

当时尹华富听到古镇景点的规划消息，很兴奋，向村上领导打听，村上领导说，他家所在的尹家湾40多户都不在规划拆迁之内，这个消息又让他很是沮丧。

念过高中教过书的尹华富，审时度势，凭直觉，感到政府这次的嵌入式规划会给祖祖代代面朝黄土背朝天的凤雏村人带来命运的改变。自己也是凤雏村人，怎么能不抓住这次机遇？他家的房屋在5·12大地震中也被震成了危房，怎么就没有把尹家湾的几十户纳入规划区域呢？他觉得这有失公平。自家的老房子，前面是岩，后面是坎，出行时前门、后门都不好走，卖粮食、卖蔬菜都得挑到一里之外的机耕道上，再把自行车扛上去驮到城里去。这样的生存环境，让他憋屈地生活了几十年，早就受够了。现在机会来了，他得争取。

尹华富主动去找镇党委书记，说明自家的情况和意愿。尹华富的举动，让尹家湾40多户尹姓人家动了心。尹华富可是尹家湾为数不多的有知识、有头脑的能人，1977年他高中毕业，就在村上教书。民办教师待遇低，婚后有了两个孩子，花销大，他才辞去教师职务，回家靠养猪勤劳致富。当时，别的村民一年就养两三只肥猪，他一年却能卖10只。后来大家粮食多得吃不完了，养猪户也多起来，仔猪价钱俏，他又养了3只母猪，每个季度都有仔猪卖，后来又把自家地种蔬菜卖，日子过得风车斗转。因此，尹家湾的人都看他的行动跟他学。

尹家湾人的集体上访，引起镇政府的重视，一边向县上汇报，一边派人到尹家湾查看。

县上相关领导觉得奇怪，这次规划倒湾古镇，在动员过程中，许多村民不愿意搬迁，舍不得他们的老宅基地，怕搬迁到一起，今后连瓜瓜、小菜都没得吃，还不说养鸡、养鸭、养猪没场地，土地也流转给了公司，今后喝西北风呀。这样的思想包袱压在一些老百姓心上，动员拆迁的工作人员只得每天做思想工作。有些农民在外打工，白天找不到人，工作人员只能晚上去家访，很辛苦。尹家湾的这些农户，主动要求纳入规划区，是个很好的表率。县主管领导欣然同意了。

茶老板，美滋滋

尹华富是2010年3月搬进倒湾古镇的。他家七口人，人多，算大户，面积也修得宽，一楼一底，480平方米，自家20多万元的积蓄全部投入了进去。

搬家那天，所有的门窗都披红挂彩，显得喜气洋洋。住进古镇景区，又干点什么呢？这是尹华富当时心里最焦虑的一件大事。很快，来古镇景点游玩的人多起来，他们要吃、要喝、要住、要玩，政府鼓励大家开店经营茶馆、餐饮、棋牌、住宿、副食、旅游纪念品……还举办了一些相关专业技术的培训。于是，古镇上的店面春笋般冒了出来，人气旺，生意还真不错。

我家做个啥子生意呢？尹华富思索着。自己就会种地、栽菜、养猪，其他啥都没干过，他想把店面租出去给别人经营，跟家人商量，幺女婿不同意，说自家的房，自家开，怕啥子，即使不赚钱，也不用给房租。

话是这么说，但开啥子店呢？尹华富一家人都在找思路。一天，他听到两个中年人边走边说："这古镇找遍了，没找到一家大型点的茶楼，五六十个人来聚会，咋坐得下嘛。"尹华富动心了，他家建筑面积大，不正可以满足这个需求么？尹华富便把自己的想法与女儿、女婿说了，家人都觉得行，倒茶递水，这个简单，人殷勤一点就行。家人决定了开茶铺，便立马去德阳家具城，买了5套大背靠椅，每套1000多元，买了5套一般的靠椅，投资了1万多元。2010年6月，尹华富家的茶馆开张营业，顺带卖一些旅游纪念品。没请人帮忙，自己当服务员，每杯茶5元、10元，一天下来，能挣100多元，很开心。毕竟嘛，坐在自己家里挣钱，比在外打工强多了。

茶楼环境好，硬件设施豪华大气，场地宽敞，镇上有接待，也都安排在他的茶楼。渐渐地，他家的茶楼成了一些社团聚会喝茶的主要场所，还不时地接到预订电话。一年下来，三四万元钱轻轻松松就到腰包里。

想起以前种地，栽3亩水稻，得靠天吃饭，天不下雨，只有眼巴巴看到苗苗枯黄干死。在地里种海椒，头天下午摘下来，第二天天不亮就去卖，遇到夜里下雨，自行车都推不出去，只得挑到几百米远的公路上，再把自行车扛去。这样，风里来雨里去，一年辛辛苦苦累到头，最多就那么两万多的收入，自己还兴奋得梦里都在笑，邻居们更是羡慕得眼红。看看现在，出门就是水泥路，挣钱不晒太阳不淋雨，与过去一比，真是一个天上，一个地下。

尹华富的心里美滋滋的。

红红火火做烧烤

2013年冬天，“二筒烧烤店”的开张营业，成了倒湾古镇后来蓬蓬勃勃烧烤产业的开路先锋，也改变了尹华富的经营理念。

二筒烧烤店开在尹华富家茶楼的旁边，也是倒湾古镇的第一家烧烤店。二筒是个回乡创业的大学生，真名叫廖伟，凤雏村一组人。他家的烧烤店现在是倒湾古镇30多家中最大的一家，也是最强势的一家。别的店面一人35元的消费，而他家是每人45元的消费，且都是预定，能同时接纳300多人用餐。

二筒烧烤店刚开张时就只五六张桌子，每天都是满座。尹华富开始还想，卖烧烤有几个人喜欢吃？一段时间的观察后，他发现那么多人爱吃烧烤，场地小，每天收入却是他家茶楼的好多倍。尹华富就有点动心了，对幺女婿一说。幺女婿是年轻人，在成都一家电缆公司当质检员，见过大世面，他见到成都那些烧烤店晚上生意特别好，表示支持开店。年底，幺女婿还辞去了质检员的工作，回来帮助筹备开烧烤店。

但是，开烧烤店最大的难题，是自己不懂，全家人都是门外汉，又不可能去请二筒教，人家忙，再说，他肯传授真经吗？俗话说，卖石灰的见不得卖面粉的，何况都是卖石灰的。

还是他们年轻人有信心、有主意，幺女婿带上幺女，小两口子带足钱，去城里“考察”。所谓“考察”，就是出去专门吃烧烤，哪家烧烤店出名就去哪家，只吃不算，还边吃便刨根问底：

“你这鱼用的啥调料呀，这么香？”

“这排骨咋与别的店口味不一样，咋做出来的？”

“烤全兔没骚味儿，太好吃了，怎么做到的？”

边吃边偷师学艺，问询取经，店家不经意间就被套走了秘方。

当他们把罗江、德阳、绵阳、成都等地出名的烧烤店吃遍后，心中便有了打米碗，信心满怀地在2014年春天，开起了倒湾古镇第二家烧烤店。烤全兔、野生鲫鱼、五花肉是他们的特色招牌。

烧烤店一开张，生意就红红火火，每天能摆20多桌。一天下来，一算账，开心啊，几乎是开茶楼一个月的收入。

全家动员奔小康

烧烤店有女儿、女婿撑起，尹华富两口子就退居二线，每天帮店里打杂。客人喜欢吃手工穿的串串，他们就自己穿，没请帮工。自家有5个大人，每天晚上送走最后一批客人，关门打烊后，家人还不能睡，得把第二天所需的串串穿够。一家人围在一起穿，腒肝、牛肉、鸡皮、排骨这些都不好穿，竹签经常穿进指头，穿完食品之后，还得在自己手上挑竹签。每天一般都要忙到凌晨1点过，早上5点半又要起床，做凉面、熬银耳汤、炖骨汤……

很累人，吃饭都忙，尤其中午，好多时候忙得没得时间吃饭，就喝一瓶饮料，又接着干。有时候啊，还真盼望少一点人来吃，一家人可以好好生生休息一下。但是，有时候遇到下雨天，客人相对要少一些，心里又觉得空落落的。这人的心，不知是咋长的，咋就这么矛盾?

去年一年，只有两天没开张，一家人就打扫卫生，然后美美地睡觉。

忙着，累着，看到每天客人流水一样流进自家店里，客源就是钞票啊，因而，一家人也快乐着、幸福着。一年下来，最保守的估计，纯收入也应该在20万元以上。这是以前种地想都不敢想的事情。

每年也有出去散心的时候，那是工商所组织个体户去外地考察旅游。今年3月，尹华富代表他们家烧烤店，去了泸沽湖，这是全国出了名的景区，去学习别人的经营理念、特色服务等。在西昌，尹华富发现那里的烧烤不要竹签，很惊喜。这样的烧烤，不仅可以节约店家的时间，手指头再也不用遭罪了。他想逐步引进到倒湾古镇。

现在尹华富家的烧烤店，客源主要是靠电话预定，散客很难有空位。2017年三八节的座位，3月7号就被全部订满。

现在倒湾古镇的烧烤，已经远近闻名，经营烧烤的店家多达30余户，除了3家是出租户在开店，其余的都是搬迁进古镇的居民。

倒湾古镇有400余名村民，除10户人家在外面有门路，把店面出租给外地人经营外，其余的都依托景区旅游大环境，做起各式各样的生意，干起了第三产业。

汽车司机开茶楼

凡是到过白马关的游客，一定熟悉庞统祠旁那位唱道琴的道琴老人吧？他长髯飘飘，声音苍凉而雄厚，很有艺术家的形象和气质，专唱庞统的故事，唱曲上百首，都是民间口口相传的道琴说唱，已经纳入非物质文化遗产保护名录。我这里要说的汽车司机曾天贵就是他儿子，现在在倒湾古镇自家的安置房开茶楼。当问起他父亲道琴老人时，曾天贵悲戚地告诉我："可惜了，老父亲于2017年1月去世了，活了91岁。"

曾天贵叹了口气之后，接下来振作精神，侃侃而谈。下面是曾天贵口述的故事。

坐在家中挣钱

我的茶楼是2015年4月开张营业的，有130平方米。都说我家门口环境好，是的，喝茶就是要环境好，清新、优雅、舒适嘛。门前绿化带里的花草和这几棵桂花树，我每天都要给它们浇水，隔一段时间还要施肥。自家门口的生态环境，自己要维护爱惜嘛。去年，不知啥原因，门口绿化带里死了一棵桂花树，我自己掏腰包，花了150元又买回一棵补上。不能啥都靠管委会，他们的事情也多得很。

我之所以2015年才开茶楼，是因为之前把房屋出租出去了。那是2010年3月刚搬进古镇安置点时，政府出面统一招租，每平方米租金30元钱。当时，到处都还在灾后重建。我还在开农用汽车运砖、运砂石，货源多，就把自家楼下的130平方米房屋通过政府的招租渠道租给东北一个卖人参的商人。一次性租了5年，租金也是当年就一次性给付，收了近两万元。

在古镇卖人参，生意不是很好，2015年4月到期时，商人说他卖人参亏本了，不再续租。但店里还有很多人参没卖出去，我在外开车，认得的人多，就通过我的一些朋友、熟人，帮他把货推销给县城一些药店，保住了成本。

正好，灾后重建，大家的房屋都修好了，我的货源越来越少，正在想着卖了车干点别的啥子。看到景区的人气越来越旺，人们生活条件好了，生活方式也更趋向于品茗等休闲娱乐，我就决定卖了自家的农用车，利用自己家的房子开茶楼。东北卖人参的商人走后，我便请来装修师傅，对铺面进行了重新装修，订购了2000元一套的豪华型桌椅，共投入4万多元，茶楼便开张营业了。

老婆在五丁谷景区金老板的酒店打工，儿子在内江师范学院读大学，茶楼就我一个人管，既当老板，又当服务员。一天下来，轻轻松松，也挺开心的。因为我喜欢喝茶，又喜欢聊天，客人喝茶、聊天，我有闲暇了也聊上几句。一年下来，也能挣3到4万元，不给房子租金，都落入自己腰包，比起外出务工轻松自由多了，钱也不比外出务工的人少挣。以前村里外出务工的人员大多回来了，在自家的房子里开了店铺，坐在自己家里挣钱。

好环境带来好民俗

其实这些人当中，有许多当时不愿搬迁的，是政府拆迁办工作人员一次又一次动员、做思想工作才勉强答应搬进规划区的。现在他们很庆幸，要不是工作人员很有耐心，他们不会有这样轻松又赚钱的第三产业。

我是自愿提出搬迁的。因为2003年，修凤雏湖筑起了一道高大堤坝，把我们那个山坳的十多户农户围成了一个孤岛。我们又不可能去反对、去闹事、去上访，毕竟都是这里土生土长的人，打小就经受着缺水的煎熬。修建凤雏湖是好事，得民心的好事，我们也是跑世面的人，懂得顾全大局。但是大坝筑起后，自己出行、回家都要爬一道陡坡，出门难了。尽管如此，心里也算平衡，原来的旱塆塆，一下子变成水乡了，看着就心情舒畅。当时修凤雏水库，相关部门也曾来动员我们搬迁，那时我们三兄弟刚修建了新楼房，还贴了墙面砖、地砖，漂漂亮亮的，舍不得拆，就一直住到5·12大地震发生，墙体震裂了缝，正好县上搞倒湾古镇规划，开大会动员大家，我们就最先报了名。

土地？现在大家都没种庄稼了。我们这里的土地最先流转给北京一家中草药公司，他们管理不善，垮杆了。后来还是政府牵头，又流转给锦绣天府公司，每年一个人能拿到1300元的流转款。

现在大家居住在一起，我发觉比以往有了很多改观，其中改变最大的是习俗。我以前不是在跑运输么？这周围团转百分之九十的农户家里的饭，我都吃过，当然是他们修新房，我去给他们运建材：火砖、河沙、水泥、钢筋什么的都运。以前，房前、屋后塑胶袋、牛粪、鸡鸭粪到处都是，邋遢得很，现在你看不到一个乱扔垃圾的，大家都自觉地把垃圾丢进垃圾桶。还有邻里关系，相处得相当融洽。以前常听到村民为了一些鸡毛蒜皮的事骂架，骂得几个山塆塆的都不得安宁，甚至还打得头破血流。自从我搬进这倒湾古镇，就没听到一家吵架的，更没得打架的了。

我开茶楼，有时也要外出，一些以前的司机朋友想买二手车或卖车，找我帮忙联系介绍，当然，当这种中介人，中介费是不可少的。我出去后，茶楼不会关门，给邻居说一声，客人来了或者要走，他们帮我招呼收钱，等我回来，一五一十地数给我。

我觉得，现在这样的生活，有身在丽江的感觉——闲情、舒适、愉悦。

“偷师学艺”当大厨

尹腊梅，1982年出生，是搬迁进倒湾古镇的居民，家里开中餐饭店——“石三妹烧鸡公”。说起自家中餐饭店的“前世今生”，这个80后的爽朗妹子时而笑得眉眼弯弯，时而蹙紧两道眉毛，翘着嘴巴，像是在和谁赌气样，随即，她扑哧一声，自己架不住笑了，将故事讲得有滋有味、有哭有笑。

石三妹的烧鸡公情结

我家出名的招牌菜，就是烧鸡公。因而，店名也就叫作“石三妹烧鸡公”。

石三妹是我三婶。她姓石，排行老三，村里人就送她这么一个雅号，听起来很容易联想到电影《侠女十三妹》里的“十三妹”。没想到，现在用作店名，还正好，响亮、煽情，容易记住。凡是来我们店吃过一次的，推荐给朋友，准不会记错。

2010年3月，我们家搬迁进倒湾古镇（其实，倒湾古镇大部分居民都是那时搬迁入住的），田地没有了，都流转给锦绣天府公司，政府就引导我们发挥自己所长，发展第三产业，嵌入白马关景区旅游大环境。我和我老公以前一直在德阳城里打工，也就是租房子卖服装。自己开店铺，收入也还可以，比一般替别人打工强，也很稳当，就根本没想过要在家里开饭店或者干点别的什么。能回来在家门口干上这一行，都是因为我那个能干的三婶。

饭店先是我三婶先开的，后来拉我们回来入了伙。三婶家是和我们家同一天搬进倒湾古镇。入住后她一直在悄悄观察古镇的变化。三婶发现，搬来倒湾古镇之后，前来游玩的游客一天比一天增多，她私下里暗自兴奋，甚至激动。或许她有股迫不及待想展示自己厨艺的劲头吧，所以信心满满的样子。一天，三婶刚兴致勃勃地提出在自家店铺开饭店的想法时，家人们都给她泼冷水，因为，修房花去了20多万元，几乎是全家多年的积蓄。开餐馆，初步一算，装修、厨灶、碗筷、瓢盆、杯碟、餐桌等等什么的，又要投入10多万，而且，还不晓得将来生意如何。万一开砸了就血本无归，家人们觉得有风险，且是大风险，想来想去，心里很忐忑。

三婶一直坚持，也许她对自己的厨艺太有信心，终于开了餐厅。开业的日子定在端午节，那天，一切准备就绪，一阵鞭炮声之后，就开张营业。消息是前一个星期就发出去了，所以开张那天，大部分座位都预定出去了，另外一部分是前来道贺的自家的亲朋好友，坐了30多桌，过道、我家的屋子都塞得满满当当的。

三婶家搬进倒湾古镇前，在庞统祠“凤雏”酒家打工，她从端盘子的服务员一步一步做到厨房的主厨，都是边打工边“偷师学艺”。在凤雏酒家时，她的烧鸡公就已经做得很出名了。

在到凤雏酒家之前，三婶也一直在餐厅、饭店打工，罗江、什邡、德阳这些地方都干过，后来才回到离家不远的凤雏酒家（就是现在搬到五丁谷的“金面子”酒家）打工。开始是帮馆子里洗碗、打扫卫生、端盘子、择菜、当墩子……她做事很上心，在厨房帮老板娘尹秀芳厨师打下手时，就不断偷学厨艺，哪样菜加哪些调味品，先加什么，后加什么，她都默默记住。有时候，尹秀芳上厕所或忙不过来，她就操戈上阵，端出去客人也吃不出异样。后来，见她厨艺还行，尹秀芳就将她升任为厨师，再不用做择菜、端盘子的活了。

也许我三婶天生就是当厨师的料，熟悉她的人都会夸赞她的厨艺，尤其是她做的烧鸡公深受消费者好评。

塑造品牌，培养新人

三婶根本没想到，第一天就会有那么多人。那天，我和我老公、三婶的家人都当服务员。以前我们没做过餐饮服务，端菜不是把手烫到，就是把汤汁洒自己身上或者客人身上，弄得狼狈不堪不算，还搞得手忙脚乱，像晕头鸡。请的服务员，都是本村的，也都是生手，摸不着头绪，做了很多冤枉活路。

到现在我还记得，那天晚上，我们累得脚都没力气洗，倒下就睡了。

三婶的石三妹烧鸡公餐厅迎来开门红，“石三妹烧鸡公”品牌很快就打响了。三婶自家的店面不够，就把我家的门面房也拿过去，让我和老公关了德阳的铺面，一家人合伙把餐厅开好。

刚开始那段时间，由于业务不熟，我们干得很辛苦，毕竟隔行如隔山嘛。但到晚上，一盘点票子，毛收入在1万元以上，看到一天能挣这么多的钱，觉得累得值，心态也就平衡了。

不过，说实话，做餐饮很辛苦，我们一大家子人，除了上学的孩子，全都在店里帮忙。我有个聋哑大伯，一直跟我们生活在一起，看到店里忙，也投入到服务员的行列，帮助收碗、扫地。

店里的菜是我老公每天一大早去罗江县城采购。老公名叫李红，老家在绵阳，当过兵，今年40岁了。我们有两个孩子，大的12岁了，在县城念小学，马上就升初中；小的是去年享受国家政策生的，还不到1岁。

现在，我三婶快60岁的人，岁数大了，厨房活累，加上油烟味重，身体受不了。前两年，她就着手培养我老公的厨艺。现在，石三妹烧鸡公店的主厨是我老公了，我三婶给他当助手，当然，也当总监。

由于是三婶一手真传，加上我三婶还没离岗，菜品质量一点都没有下降，生意一如既往地红火。

拾金不昧，宾主同乐

店里招了十多名员工，都是本村闲余劳动力，知根知底。虽然是做服务行业，我们并不是什么人都要，也要挑选品德好的。比如有时客人遗忘在餐桌上的手机什么的，看到了都要收捡到吧台，不能揣进自己腰包，然后联系客人来取，联系不上的，就等。如果客人掉在店里的东西，回到店里没找到，那肯定会影响店的声誉。

2012年的某天中午，我们的店里来了一桌广元的客人，有10多个。他们是来景区游玩的，耍忘记了，1点过才进来吃饭，花了400多元，结账时一个50岁左右的男人掏出一沓没开封条的钱，估计是1万元，付款后剩下的放在桌上，离开时忘记揣走，也许他们一桌人的酒喝得有点过量。我同一个服务员去收拾碗筷时发现桌上有一沓钱，赶忙出去找那一群人，从倒湾古镇找到八卦谷，找了一小时没看到踪影，只得回店把钱放好，等他们来取。

幸好他们走时要了我们饭店一张名片，说下次再来好预定，所以下午6点，我接到一个人的电话，说他在我们店里吃过饭，付款后离开了，但身上的钱不知在哪里弄丢了，问我们店里捡到没有。我就问他："丢了多少钱？坐的哪一桌？"他的回答全对上号了，确认后我便问他什么时候来领取。他说自己已经回到广元了，当天赶不过来，只有第二天了。我考虑到他来回难得跑，还要花费路费，就问他要卡号，想把钱打过去，他不答应，我暗自笑他脑壳有点进水。等到第二天中午11点过，那个丢钱的人来到我的店里，对上号后我把他的钱一分不少地递给他，他却抽出一沓做酬谢，大约有两千。我才晓得，他宁愿多花车费多跑路，就是想当面酬谢我。这样的人，让我很感动。当然，酬谢的钱我是不能要的。我说："钱我就不要了，只要你今后多在你的朋友圈里推荐推荐我们的餐馆，就是最好的酬谢。"

我们在接待一些团队客人时，有时他们自己娱乐也给我们带来快乐。去年，德阳一个老年骑游队，他们是一群音乐爱好者，在我们餐馆消费后，已经下午两点过，这段时间，是餐馆的空当。他们酒后兴致来了，拿出大号、小号、手风琴、小提琴、笛子等乐器，问我们可不可以在店里娱乐一下。我说，当然可以。就和员工搬桌椅，帮他们腾出场地，他们就开始了吹拉弹唱，引来古镇很多人围观，有游客、也有居民。在他们的音乐声中，我们也受到感染熏陶，心情愉悦。

现在我们餐馆的消费者，基本上都是电话预先订座，不然，很难安排到座位。今年春天，带着一家人出游的人很多，那段时间，每天的座位都是在头天就订满了。我敢说，那段时间，大都市的一些餐馆的收入肯定都比不上我们。

看到现在餐馆的经济效益越来越好，我们很开心。一年下来，盈利至少都在20万元以上。我们是真正没有想到，以前我们这里是全县最穷的地方，现在居然在自家门口就能挣到可观的收入。我现在还记得家里曾经栽枇杷、种10多亩庄稼，一年就收入那么一两万，一家人还高兴得很。

以前我们这里有句口头语："有女莫嫁落凤坡，红苕坨坨打烂锅。"所以，我妈把我嫁给绵阳的老公，不希望我在这里受穷。现在，我与老公都离开了绵阳，回到了家乡。以前村里的光棍占一大半，现在，外地女子都争着嫁过来。

我们一大家子人，累着，快乐着，也幸福着 。

土城村的“鸡皇后”

新盛镇土城村有个远近闻名的养鸡女能人，名叫曾晓蓉。她不仅自己养鸡，还带动周边人养，无偿地传授养鸡技术，受到人们的啧啧称赞。

曾晓蓉是个80后，今年34岁，看外形，苗条、文静、柔弱，怎么也与一个女能人联想不到一块，可她偏偏就是一个女能人、女强人。

为亲情弃城回家

曾晓蓉结婚后，同老公一起在成都温江区开出租车。她开白班，老公开夜班。温江出租车生意好，两人一个月下来，都有近万元的收入。她本以为就那样同老公开一辈子出租车，对未来也没有其他更多想法。

还是2008年5·12大地震后，她看到因为地震造成那么多家庭破碎、家人离散，才突然觉得钱多并不是那么重要，更重要的是亲情相聚，是家庭的圆满。想到自己两岁多的女儿，从出生后就一直由她爷爷奶奶带着，曾晓蓉心里就涌起一阵酸楚。她想回家与孩子生活在一起，弥补孩子两年多缺失的父爱母爱。

曾晓蓉与老公商量后，决定卖掉出租车回到家乡发展。

他们是在震后卖了出租车回到土城村的，耍了一段时间，觉得还是应该找件事情干，但干什么，一时拿不定主意，也没有方向。一天，他们听说在村上承包了一片山发展果园产业的老板想把那片果园转让出去，曾晓蓉听了心里动了一下，心想，能不能流转过来自己经营，反正在自己家门口。曾晓蓉把自己的想法跟老公说了，便与老公一起去找到那个老板说明来意，老板带他们围着果园转了一圈。果园是在一片山坡上，老板介绍说，面积有216亩，果园里果树品种很多，有梨树、桃树、柚子树、枇杷等，都是集中栽植成片。曾晓蓉用心查看了，确实是这样，只是这些果树都是老品种，管理也没跟上，那些果子该疏果的没疏果，该治虫的没治虫，长势不是那么好。

从小就在乡村长大的曾晓蓉，突然想到这么宽的果园，如果在下面来发展林下养殖，不是一举两得吗？她与老板谈价钱。最后以23.8万元从老板手里接手过来，另外每年付村上流转资金8500元。

果园到手，他们有事做了。每天早起晚归，先把那些老化了的果树逐一清理，好的保留下来，这样就腾出了一大片没有植被的地盘，有100余亩，他们就去买回白杨树苗，请村里闲余劳力补上。

果园的山坡上，有一排牛棚是大集体时生产队修建的，前一个老板进行了维修，用于堆放杂物和住人，还能用。曾晓蓉决定把这牛棚用作养殖房，发展林下养殖，放养跑山鸡。但积蓄几乎都用在接管果园上去了，就养得少，第一次买进1200只小鸡，喂养了四个月出售，赚了1万多元。虽然比起开出租车，收入差了一大截，但想到如果养多一点小鸡，就不止这么多了，曾晓蓉还是对未来充满信心。

磕磕绊绊养鸡路

开始养鸡，是拿别人育了一段时间的鸡苗，成本高。曾晓蓉发现，育小鸡苗不仅时间短，而且见效快，比养成品鸡赚钱，但要技术，弄不好就会血本无归。不过，育小鸡苗的诱惑确实大，她对育鸡苗也充满信心。有了这个心思，她边养跑山鸡，边买来技术书籍，有空了就看，随着养鸡经验不断积累，曾晓蓉开始进雏鸡自己培育。

小鸡苗是从广西进回来的南丹瑶鸡，这个品种鸡适合海拔800米左右地区敞养或圈养，体重1.75公鸡斤左右，很适应大众消费，市场走俏，且肉质好。

育鸡苗要保持温度，冬天就需要生火炉，这是她从书本上学到的，但没实践经验，开始时，曾晓蓉连炭都点不燃，点燃又熄灭，急得她想哭。点不燃火就升不起来温，那么多幼鸡就性命不保。她只得通过电话向同行请教，同行笑话她：“我还以为啥病情处理不了，原来是这么简单的不带一点技术性的问题，你连生火煮饭都没干过吗？”同行取笑她一番后，还是把点火的诀窍告诉了她。毕竟嘛，烧炭火炉子与柴灶煮饭是不一样的。

一次小鸡屙血，一天死七八只，曾晓蓉根据自己所掌握的知识，试着用药，用了几次，都不行，她慌了，打电话问认识的技术员，还是不行。后来她又改进方法，才挽救转来。

在育小鸡苗的过程中，许多不懂的，都靠自己摸索、探索、积累。别人只能建议，具体操作，还得靠自己。比如，开始养鸡，为防止鸡打架，要给鸡戴眼镜。这眼镜是特制的，戴上只看得见食物，看不见同类。曾晓蓉不敢给鸡戴，因为要从鸡鼻眼穿过去，她怕把鸡弄痛。但是不戴不行，它们打架会打死对方的。最后她“麻”着胆子戴，一戴就把鸡弄出血。不过，多戴上几只，就摸索出门道来。就像给鸡打预防针一样，开始也不敢打、不会打，到后来就遂心应手。

从不会到会，从生手到熟手，从不懂到专业，曾晓蓉来了个大蜕变，这让她自己都为自己惊讶，也为自己点赞。2015年，她成立了罗江县五谷香林下养鸡专业合作社，刚开始，就四五户，到2017年，已经有36户村民加入。这些村民，都是跟她学养鸡，经她一手带动出来的。

让贫困远离

现在曾晓蓉专业从事鸡苗培育，然后发放给专业合作社的养鸡户，负责所有技术，统一配方，统一防治，统一销售，养鸡户只管建鸡场喂养鸡，风险她全揽了。

就是这样周全的服务，她主动去帮本村一户人家，这家子还不干。这家主人叫万家全，一家五口人，招的上门女婿，女儿、女婿都在外打工，老两口留在家里守住两亩土地，收谷子时万家全老婆的手指被打谷机绞断，干农活艰难了，曾晓蓉就去动员他。万家全舍不得建鸡场占土地，又担心自己不会技术。2012年，曾晓蓉又去动员他，风险全揽在自己身上，就是死一只小鸡，都可以到她那里换一只回去，保障出栏不少一只，他才同意。在屋旁空地搭建一个鸡棚。一年扩建一个，2016年，已经有5个鸡棚，一个棚子能养2500只鸡，一年的出栏数量是相当大了，仅2015年，纯收入就有28万元。现在，万家全也能独自培育鸡苗了，这样，他的养鸡成本更低，收入更高。

曾晓蓉不仅帮扶本地村民发展养鸡业，外地的贫困户主动找上门来，她也热心尽力。中江县永太镇双凤乡的杨方俊来到曾晓蓉的养鸡场找到她，说想建养鸡场养鸡，挣钱给儿子治病，请她帮忙。说来也有缘分，一摆谈，还是一个远房亲戚。

原来，杨方俊的儿子杨波得了白血病，家里的存款用完，又借钱医治，已经欠下一屁股债。曾晓蓉答应把鸡苗、饲料、药都给他，卖鸡后再付钱。

对于杨方俊这家养鸡户，去查看鸡情路程远，曾晓蓉也不怠慢，进行扶持指导。养了三年鸡，杨波的病基本稳定好转，杨方俊还扩建了4个大棚养鸡，一年能出栏3万只鸡，家里小车也买起，一家人生活得很安稳了。2012年，杨方俊骑摩托接上学的孙子回家，把腿杆摔断，他孙子的头也摔破，治疗花去几大万，都是借款的。因为有养鸡场，他很快就把账还清了。

现在曾晓蓉经常被一些乡镇请去传授养鸡技术，面对那些渴望靠养鸡发家致富的村民，她都毫无保留地讲解。她自己也在不断到外地参观考察学习，与同行交流提升。绵阳的刘光华是四川最大的小鸡育苗商家，是她合作社的长期合作伙伴。

到2016年，在曾晓蓉的带动下，罗江县五谷香林下养鸡专业合作社的36户入社养鸡户，家家都有了私家小车，过上了幸福的小日子。

鱼专家，在路上

我们采访慧觉镇的养鱼专家严天成，可谓好事多磨，头一天约好，结果他干活伤了腰，只能遗憾改期。真正见到本尊，他腰还没痊愈，走路需一只手扶着，看我们瞅了瞅他，严天成赶紧放下手，一本正经地在前面带路，腰背挺得很直。这是一个样样都不服输的农家汉子，虽然早已当了爷爷，心气儿倒比年轻人更强，生怕谁拿他当病人对待了，一个人风风火火地在前面带路，一边得意地指点他的家居环境，一边吟了一首自己写的诗给我们听："漫步花拂衣，走路果碰鼻。闻木栖香醉，依山傍水居。"

念完了，他像小孩子一样，眼睛扑闪着光，有点狡黠地冲我们笑，期待此处应该有掌声响起……这是一个与众不同的老人，不，他一点都不老，不管从他干筋筋的身形，从他比当地农民更深几个色号的肤色，还是从他说话时爆豆子般的语言习惯，都看不出一个"老"字。倒是他自己谦虚了一把，自我评价道："我这个人，就是爱学习，活到老学到老嘛。"

打赌得到养鱼权

严天成胆子很大，大到什么程度呢，从他养鱼的"发家史"就可以看出来了，他是1975年开始养鱼的。那时，"文化大革命"尚未结束，谁敢冒冒失失说自己一颗红心，就想搞经济建设，不割你"资本主义尾巴"才怪！

那时，他和生产队长是邻居，门对门地住着，两个人关系比较好。偶尔家里女人露了真手艺，超水平发挥，炒出两道好菜，哥俩也会坐下来喝一杯。这天喝着喝着，严天成酒壮人胆，竟然敢当着队长的面笑话人家没本事了："你看，你横竖还是一个领导，咋就连鱼都不会养啊？"严天成这话没说错，他们生产队当时有两个集体堰塘、外加一个水凼凼，相当于三个装水容器摆在那儿。生产队每年买几百元鱼苗投下去，到了过年一看，死得精光光，啥都没有，大家想要喝口鲜鱼汤，只能把脖子伸得长长的，吞咽清口水，回家早点上床，做个打牙祭的美梦。

都说“打人不打脸，揭人不揭短”，严天成这一公开笑话队长不会养鱼，这是不将豆包当干粮啊。队长大小是个干部，干部怒了，瞪圆了被酒气熏染的红眼珠，唾沫星子喷得老远：“我不会养鱼，难道你会？你就那么能？”

“我就那么能了！”严天成一拍桌子，借着酒劲，认认真真跟队长说：“我就不信了，养鱼有你说的那么难！要不，咱们打个赌？”队长到底是领导干部，这时酒醒了一半，不再跟严天成胡闹，端正颜色批评他觉悟低：“胡闹，咋个能拿集体财产来打赌？到时你养死鱼了还不是集体给你擦屁股？”严天成年轻时肤色就黑，人一旦黑了，反倒显得眼睛特别亮，尤其是他心头一把理想之火燃得正熊时，他的眼睛像两颗明亮的寒夜星星，死死盯住队长的脸跟人家说：“这么嘛，咱们订一个君子协定，队上现在大概有7亩水塘，就算70元一亩，你包给我，我一年给队上交500元。”顿了顿，严天成又补充道，“就算我养赔了，亏得裤儿都当给人家，我卖房子、卖猪、卖家具，都不会欠队上这500元，行不？”

队长心动了。那时镇上吃“公家饭”的，工资最高才42.5元，就算再加上5元“菜津贴”，月工资也不到50元，这个严天成，癞蛤蟆想吃月亮——好大的口气哦。既然年年队上养鱼不见鱼，已经被大家连续笑话嘲讽，今年干脆就放手让严天成试试，反正有那500元兜底，是集体财产，队长我又没有落到包包里一分一毫，怕啥？

两个男人麻起胆子，扶着眩晕的脑袋，在空中击了击手掌，试试就试试吧，看你严天成能扑腾起多大的水花！

严天成“上天”

有人生来就应该去唱歌，有人打娘胎出来就有做菜天赋，有人天生会修东西，而严天成，老天爷赏饭吃，他也许就该是命中注定的鱼专家吧。承包鱼塘的当年，他就赚了400多元，让大家羡慕不已。转眼到了20世纪80年代，改革开放的新风吹拂神州大地，包产到户，严天成乐得合不拢嘴，因为此前他虽和队长有君子协定，但那毕竟不是多正规的东西，1981年，规规矩矩写了合同，签字，按手指印，严天成冲着自己沾了红印泥的指头呵呵傻笑，开心得不得了，终于名正言顺当了“塘主”，这感觉实在美妙！

严天成是村里第一个买饲料机的农民，在大多数村民还搞不懂机器也能喂养鱼的窍门时，他已经从城里搬回了饲料机，减少人工工序，由饲料机投食喂鱼。那时有不少附近村民都慕名跑来看稀奇，看这个机器到底是咋那么“聪明”的，他们这边还没惊叹完，那边又惊呼“严天成会做生意”。严天成直接把鱼卖给了城里人，而不是像过去那样，农民养点鱼，最多卖给周边人。严天成就是那么“胆肥”的人，敢于将鱼卖得远远的，因为他平时除了爱琢磨养鱼的知识，其他包括卖鱼后如何长途运输让鱼儿不缺氧的知识，他也先人一步地掌握了，有知识做底气，他腰杆格外直，胆子也格外壮。

20世纪80年代，不管城里人、乡下人，说谁当了“万元户”，那可是了不得的能干人、致富楷模。他们并不知道，那时严天成其实早已坐拥几十万元身家，养鱼养成了隐形土豪！

他觉得赚钱是好事，但绝不能故步自封，一定要到外面去多看看，去了解人家的市场是咋样的，人家大城市的水产业已经发展到啥地步了。1988年，严天成很洋盘，坐飞机去了上海。

他也许并不是国内第一个“上天”的农民，但至少在罗江慧觉镇，他算得上一个有创新精神，敢想就敢做的农民了。这次坐飞机，他还很精明地带了千把个大口鲶的鱼苗，是事先和上海一家客户约好的，分五个袋子装好送过去。客户很满意，陪他逛上海最大的水产市场，让他大涨见识，而那带去的鱼苗，卖了，将路费赚回来还有余。他高高兴兴完成了上海考察，回家去，老婆、儿子跳脚抗议了：“我们也要坐飞机，我们也要‘上天’！”

好吧好吧，严老板财大气粗，上天就上天！不就是坐飞机嘛？好大个事儿呀！他记得很清楚，当年从成都双流机场飞广州，他和老婆买成人票，168元一张票；儿子才11岁，买折扣票，124元。他豪气干云地对老婆和儿子说：“便宜得很嘛！多养点鱼，你们上天的钱都赚回来了！”老婆、儿子听了兴奋得要命。

毕竟是出远门，那时又没有啥银行卡，严天成怕到了大城市，消费高，到时一家大小没钱付账，被扣押在人家那儿回不来就瓜兮兮了。他特意从信用社取回几万元现金开始分配：自己身上缠多少钞票，老婆背多少，连小学还没毕业的儿子，也分到一个大书包装钱。老婆将四四方方的10元钞票像裹砖头那样裹了布条条，外面又包了报纸，自以为伪装得谁都看不出是人民币了，千叮咛万嘱咐儿子要小心，让孩子好好背在背上。

一家人欢欢喜喜出了门。飞机还在天上飞着，快到广州机场时，严天成假装有经验地对老婆说："等下我们去的广东是在中国南方，比咱罗江要热得多，如果你出去耍，看到人家在栽秧子，心里千万莫急，莫慌着喊我赶紧回去，人家就是'热得早，熟得快'，少眼红。"叮嘱完了，又拿出几套夏装，让老婆、儿子等下飞机落地第一件大事就是去找厕所，一家人先把背心、短裤什么的换上再出机场大门，免得一看他们裹得像粽子，人家要笑话咱外地农民没见识了。

儿子年纪小，责任心倒强，他和爹妈在广州城看稀奇，逛了一整天，为了守护好财产，就连去厕所也执意不肯放下书包。晚上回酒店一看，严天成发现问题了：这才一天时间，孩子后背被生生捂出了一大片痱子，痒得儿子像猴儿一般龇牙咧嘴地抓挠。

第二天，坚决不能这么干了，严天成将儿子掌管的钱，又平分到自己和老婆身上，总不能让娃儿再捂痱子啊。一家三口高高兴兴去吃海鲜，儿子生平第一次吃到火爆鲜鱿鱼，差点把人家盘子舔干净，扬起一张油乎乎的小脸说："爸爸，真好吃！"严天成财大气粗地招呼服务员："我儿子爱吃，再上一盘！"结账时一看账单，一盘鲜鱿鱼30元，两盘就是60元，老婆惊呼："娃儿你吃掉了半张飞机票！"严天成请她小声点，免得人家笑咱是'土包子'。

严天成才不在乎带着妻儿吃喝玩乐外加考察花掉的这点"毛毛钱"呢，他觉得就算当一个养鱼的农民，也要有博大视野，跟得上形势，这样才不会被时代淘汰，所以我们一点都不奇怪，他一个个体鱼老板，怎么就有魄力花掉几十万元去买高档的鱼类检测设备，他严格按照最科学的方法来养鱼，还用最先进的仪器来测控，就连鱼塘四方安的摄像头，他都坚持买最好的，上万元一个。他不是炫富，而是深知食物对人体健康有多大的影响，一旦放松了警惕，很可能就会让有害物质超标，到时非但砸了自己招牌，还会危害消费者的身体健康。

最纠结的鱼专家

严天成很痛心，他说中国地大物博，资源丰富，生产的东西那么好，为啥在国际上就卖不到好价钱呢？他举了两个例子，一是说世界的淡水珍珠养殖，中国要占到全球总量的95%，可为啥最终赚到的钱还不到8%呢？因为我们没有确立一个严苛的标准，只有对产品要求越高，将标准定得越苛刻，东西才会越优质，在国际上走俏。第二个例子，严天成说的是有次中国某企业将食品出口到欧盟国家，在包装时，有个女工因小手指受伤，涂抹了一点氯霉素软膏，结果就使得抽查的货品不过关，最后导致几个集装箱的食品均被销毁，带来了不小的经济损失。严天成忘记了腰痛，慷慨激昂地抡圆胳膊讲："咱们国民应该相信检验！有严格的质量检验体系，这才是中国食品能长足发展的不二之路！"

所以，严天成也许是我在采访中遇到的最为纠结的"土专家"，一方面，即使他到了花甲之年，也坚持每年外出考察、学习，到大学课堂去听讲，虚心向理论知识丰富的教授、学者请教，自己养鱼也严格按照最为科学生态的方法来执行；另一方面，对现在国内的食品安全问题，他已经达到了一个样样怀疑的偏执地步，但人活着就要吃饭，怎么办呢？他是农村人，每年种点水稻、小麦自家吃，这个不用讲了。房前、屋后种点菜，自家吃新鲜蔬菜，也不必讲了。但他还将家里院坝搞得像动物园一样，喂了一大群鸡、鸭、鹅，甚至奶羊！他得意地说他家到处乱跑的鸡都是吃自家地里无污染的玉米长大的，绝对的绿色无污染，他现在也只肯吃这样的农家鸡。有时他在外面学习、旅游，到金碧辉煌的酒店用餐，却感叹"吃的是装修、是氛围，哪里是食物嘛"，要说好吃，他还是信自己眼皮底下养的家禽、种的蔬果。

他在鱼塘边上种了不少果树，小孙子爱吃桑葚，他觉得桑葚营养价值高，今年特意种了数棵。他是个狂热喜欢"技改"的专家，在塘边一棵矮树上，他拉过其上的花枝给我看，告诉我，就这一棵树上，他嫁接出了桃、李、杏三种水果！好吧，到时一树结三种果。他更大的乐趣不是当吃货，而是体验科技的奇妙，当然，这一招也很受孙儿、孙女的欢迎，他们都非常崇拜这个永葆童心、爱搞怪，带给他们太多惊喜的爷爷。

他是当之无愧的技改专家，早早就学会了用生物技术分解养鱼池的有害物质，通过种水生植物等来降害。杀害虫，人家用药，他丢的是菊花、菊枝。他说越是生态环保的养法，养出来的鱼儿越是美味可口，营养价值高，随便拿什么指标检测，都不会超标。

他实在太喜欢创新了，就像一个兴致勃勃的行路人一样，一刻都不愿停下来，人生的风景多美丽，他才舍不得浪费生命中的一分一秒。这不，最近严专家又开始琢磨"凶猛鱼类套养技术"了，什么意思呢？简单说来，就是把凶猛鱼类和普通鱼养在一起，我回忆起电视上看过的大白鲨之类，两眼发直，倒吸一口冷气。严专家猜到我在想什么，他摆摆手说："你这样想嘛，老虎要吃人，但如果将一只幼虎和羚羊关在一起，恐怕幼虎也无法伤害羚羊。我现在研究的这种套养技术，是将小的凶猛鱼和别的鱼类养在一起，这样，小的凶猛鱼就算吃掉成百上千条小麻鱼、杂鱼，这反而是减少杂鱼侵害，开辟空间，让整个生态平衡，并不会对‘善良’大鱼造成威胁。我要解决的，就是如果保持鱼塘生态平衡的问题。”

这就是严天成，当别人还在纠结怎么通过养鱼赚到更多钱，实现利益最大化时，他已经先人一步地站在了生态平衡角度上思考问题。他孜孜不倦，永在路上，也曾读书破万卷，也曾行路千万里，只为那一份初心不改，激情永燃。

第三章 家门口的金光道

近年来四川省委强调：创新理念思路，把新村建设放在实施“两化”互动、统筹城乡总体战略中去把握和推进，努力走出产业发展和新村建设互动相融的社会主义新农村建设成功路子。以新村建设带动产业发展，以产业发展助推新村建设，产村相融，成片推进，努力走出一条产业发展和新村建设互动相融的社会主义新农村建设成功路子，无疑是实施“两化”互动、统筹城乡发展战略的重要突破口，主要“抓手”。在将“产村相融”从政策变为现实方面，罗江一直在路上，孜孜以求，不懈努力。

罗江，产业星罗棋布，如同钻石闪耀其间。

创新的“罗江模式”，一切从人民群众根本利益出发，将社区建在产业带上，“嵌入式安置”，农民仿佛一夜之间住上新居，还能凭借产业发家致富；在原有社区大力发展特色产业，合理的布局、科学的规划，令村民不离乡土，不尝乡愁，就在家门口找到致富路；整个罗江一盘棋，一村一景，到一处叹一“绝”，让产业均衡分布、有序发展，而不搞全县“一窝蜂”的盲目冒进式建设。

在罗江这个“农业小县”里，讲究均衡、和谐，产村相融，天人合一，专业合作社如同星星，点缀了璀璨夜空，带来了“新农村的新希望”，被群众称为家门口的金光道。

椒麻人生

用四川话来说，杨洪军长得很“敦笃”，他个头不高，但身材匀称结实，往椅子上一坐，腰背依旧挺得板板正正的，也没有顶出明显的老板肚。说起他的青花椒来，他极富感情，语气中充溢着父亲般的骄傲。

他值得骄傲，如今，站在调元镇顺河村的山坡上，极目眺望，青翠油绿的青花椒树铺满山坡，树枝上挂满了密密麻麻的青花椒果。要知道，几年前，这里还是一片连野鸟都不太喜欢光顾的荒山，而如今，在他的带动下，上千亩青花椒已将荒山变“金山”，这不足一米高的青花椒树，成了顺河村村民发家致富的“摇钱树”。

回家创业

杨洪军老家便在调元镇顺河村，村上耕地少，荒山、荒坡多，只靠种地，一年下来仅能糊个肚儿圆，于是村里大多数青壮年都选择外出打工，杨洪军也不例外。

说起来，他小时候家境也算中等，初中毕业前农活干得少。1990年从学校毕业，他就学着开拖拉机拉石头，那时人小，腼腆，三句话不到先闹个脸红。但为了生活，这个内向的少年还是选择去德阳打工。到了建筑工地。刚去时杨洪军不认识图纸，横看竖看懂不起，分配活路给他，他还瞅着图纸懵懵懂懂。老板没个好脾气，跳脚就厉声骂他“看着蛮灵醒，装了一脑子糨糊”。那时挨了骂他还不敢当着人哭，晚上躲进被窝悄悄哭，眼泪流干了，他在被子里打开手电筒学习。就这样，从一个图纸都看不懂的小工，杨洪军硬是闯出了自己的一片天地。离乡十几年后，他早已不是当初那个羞涩的少年，而是在建筑业能稳稳立住脚的“杨总”。

杨总想要从建筑业转向农业项目。一开始，其实是受朋友游说，朋友深知杨洪军为人耿直、义气，便有意拉他入伙，一起在中江发展农业生产。听说此事，顺河村的贾书记专程跑来找到杨洪军，请他回老家创业。

那是在2011年9月，贾书记一番肺腑之言，让杨洪军浑身上下都暖融融的。是啊，杨洪军咋会不清楚老家情况呢？顺河村穷，种地卖粮，一年下来人均仅有5000元收入，随着年轻人都到外面打工，村里就剩下老年人和留守儿童了，贾书记感叹："再这样下去，过不了几年，我们村子也会像荒山一样加速荒芜的。"杨洪军心中的激情被点燃了，他想要为家乡做点事，让村庄重新"活"起来，富起来。

最开始，杨洪军想的是流转山坡地种巨桉树，到时做纸浆用。贾书记马上就摇头否决了，说巨桉树吸起水来就像"树疯子"，极易引起干旱，破坏生态平衡，而且巨桉树还带有一定毒性，对人身体不好。那么种什么呢？如果种水果，储存又是个大问题。

杨洪军在考察多个项目后，他发现家乡土壤和气候非常适合种植青花椒，而且青花椒收获后售卖鲜花椒、干花椒、花椒油都可。将想法和贾书记一沟通，贾书记高兴极了，与杨洪军一拍即合。接下来，贾书记为了能帮杨洪军回乡创业流转土地，有段时间将好好的日子过成了"夜总会"。

别想歪了，贾书记并非出去花天酒地，而是为了给村民做工作，不知开了多少次会。有些家庭平时只有老人和小孩，年轻人回来的时间少，但主事的又是年轻人，贾书记便到处逮机会，知道某某回来了，夜里12点他还登门拜访，商量土地流转的事。村民们打着呵欠招呼孜孜不倦于"夜总会"的贾书记，说您老一大把年纪了，这样忙天忙地的，到底图个啥。

图啥？贾书记不图名、不图利，他看准了杨洪军这个娃娃有钻劲，希望能助他一臂之力，让他顺利回乡创业，贾书记对未来青花椒的发展前景，信心满满。

受"活"罪又吃哑巴亏

2012年7月，在镇、村两级的协调下，杨洪军从村邻们手中承包了1500亩山坡地，开始雄心勃勃地清山。这些荒山，已经不知有多少年不见人迹了，巴茅草长到人胸口，灌木倒刺遍野横生，杨洪军带着一两百人的清山大军刚"杀"进去就傻眼了——这里荒弃得实在太厉害，要真正清理出来，不晓得要花多大工夫！但箭在弦上不得不发，更何况前期杨洪军已经投入不少，哪能遇到困难就畏难而退呢？这种时刻，他就算头皮发麻也要坚持顶上去。

7月酷热天气，为了鼓舞军心，杨洪军总是亲临第一线，和大家一起劳动开荒。这一天钻荒草丛钻下来，夜里回到住处，他锁好房门，拉好窗帘，才敢脱掉衣服。细细一看，哟喂！怪不得白天身上痒得他抓心挠肺，原来满身上下都生着红疙瘩！光看看就瘆人得慌。

杨洪军去看医生，医生开了药给他，说他这是皮肤过敏，嘱咐他近期不要去钻刺林草丛了，他说那可不行，我现在带着工人清山，我要走了，军心就散了。医生上下打量了他一番，松口气说那这样吧，你这个皮肤药抹在身上，得紧紧捂住才行，要不不管用，你要是不怕热，捂得住，就还是去山上劳动吧。

于是，杨洪军出现了最“穿越”的打扮，酷暑炎夏，他穿了厚厚的保暖内衣，将药膏紧紧“封”在里面，目的就是为了发挥药效。

好吧，过敏的痒疙瘩这才刚好一点，他又被热出了一身痱子，差点中暑。老婆到山上来看他，见他这种怪异打扮，吃了一惊，得知原委，老婆扑簌簌直掉眼泪，说你从小到大，锄头把都没摸过几回，现在咋又回村吃这种苦？而且你现在这样，比一般的农民还要苦十倍、百倍！要不算了吧，咱们不用开这个荒，发展这个农业，照样在德阳搞建筑业，一样过日子。

杨洪军搂着抽抽噎噎的老婆，轻轻抚拍她的肩膀，良久，他才坚毅地说：“老婆，我说了要种青花椒，就要把这事做好，要不到时谁都对不起，连我自己都对不起！”

老婆知道劝不回杨洪军，只好忧忧愁愁地回去了。送走老婆，杨洪军继续奋战，整个夏天，他身上的疙瘩就没好过，后背皮肤烂了一层，又长出新皮来。他并不在意，让他激动的是，2012年10月底，终于把1500亩的青花椒树苗全部栽种下去，从那之后，几乎每天杨洪军都要绕到山头去看看青花椒树的进展和生长情况。平时杨洪军也没闲着，市面上关于青花椒树管理养护的书籍他几乎都买回了家，恶补知识。除了看书学习技术外，杨洪军还四处去学习，虚心请教专家，想要尽早掌握青花椒种植技术。

但那时，他虽如饥似渴地学习，到底实践经验不够，而外出考察时，有些专家也在细节方面留一手，核心技术有些许保留，没有提醒这个初种青花椒的杨总，种植青花椒时要注意深挖沟好排水，因为一旦排水出现问题，就会出现致命打击。

这打击，说来便来了。2013年下半年，罗江断断续续下了近一个月的雨，这是杨洪军种植青花椒的第二年，这一年对于杨洪军来说记忆犹新。由于雨水太大，未能及时排走，他的200亩青花椒树全部被淹死了，损失近百万。

这是他吃的一个哑巴亏，但正因如此，反而更加坚定了杨洪军的信念：此后他在技术指导上，对前来索艺的人是知无不言、言无不尽，只要是自己懂得的，他统统无私地传授给人家。他这样说道："后面看到我花椒种得不错，村里很多人都跟着来种，有些农民是花光自己所有积蓄来做这件事的，他们将所有希望都寄托在这件事上，当然经不起任何闪失。所以，青花椒种植的前期、中期、后期要注意些啥问题，我都会一点一滴给他们交代清楚，甚至包括后面的销售问题，我也先和他们签好合同，免得他们辛苦一年，种出来的东西卖不出去，那又是大损失！他们平时种植遇到啥问题，我们这边是随叫随到，马上去看，没有额外收过一分钱。"

杨总硬气，认栽，默默咽下苦痛，自己消化就好，从没想过将这份苦楚转移到他人身上。他有一颗最坚毅也最柔软的心，凡事都先想到他人。

善良人，天不负。杨洪军遇挫折不气馁，不抱怨，总是积极想办法解决问题。花椒苗被水淹死，2014年正月，天上飘着雪花，他带着工人补栽了200亩苗子。他蹲下，抚摸地上的小苗，像父亲对儿子说话，悄悄对花椒苗说："快快长吧，健康长大。"

由于管理得精细到位，一般说来，青花椒树从种下到初挂果至少要花上三年时间，但2014年，仅仅两年，杨总的"儿子们"就很争气地开始挂果，年底一结算，1500亩青花椒总产量达到10万公斤，杨总这一年的年收入近百万元。

看到杨洪军种青花椒尝到了甜头，同村的村民们也开始坐不住了，纷纷向杨洪军了解起了种青花椒的细节。"我一个人富了不算真正的富，如果我们整个村子都富裕了，那才是真正地富起来了。"2014年，在杨洪军的带领下，调元镇顺河村全村280余户村民开始跟着杨洪军种上了花椒。跟种的村民说起杨洪军来，不忘点个赞："这个老板为人相当可以！"说这话的，却又不仅仅是他们，只要是和杨洪军打过交道的短期工人，哪个不竖大拇指呢?

这个老板相当可以

2015年青花椒丰收，采摘季产业园招募工人，来了近两百人。那时产业园配套设施还不完善，每天午饭咋解决呢？就是买400个馒头，中午杨洪军与工人一道，啃干馒头、吃榨菜、喝矿泉水。但这不是办法啊，好多来采摘青花椒的，都是住在附近的婆婆大娘，五六十岁了，吃馒头噎得直瞪眼，脖子往前一伸一伸的。她们也知道杨老板这个人够意思，在这儿干活，就是端个小板凳，坐在地上将技术员一早剪下来的青花椒枝条上的果儿用小剪刀剪下来，这活儿不是特别累，就是需要细心和耐心。而且杨老板支付工钱干脆利落，一分钱都不会少大家的，这个她们也放心，但这寡味的馒头餐还是让她们吃不消啊。

杨洪军不需去听那些婆婆大娘的议论，他从来就不是一个剥削劳动者血汗的无良老板。晓得大家吃苦了，在2015年青花椒刚卖完，有了一点空闲时，他自己设计，速速修了一座食堂。为了应对2016年的采摘季，食堂赶在了6月前完工。食堂是标准化设计，里面有几十个风扇，中午正好让工人吃了饭小憩一会儿，养足精神再劳动。为防大家中暑，杨老板非常“专制”地逼着工人们每天都要喝一支藿香正气水，食堂中午也供应姜汤给大家排汗解暑。在劳作时，几人划为一组，头顶配把大伞，遮阴歇凉。有个婆婆70岁了，她还不是罗江调元镇的人，是背着被子问人一路问过来的，硬是要在杨老板这里打工，她说听人家讲，杨老板对工人特别好，我反正被子也背来了，一定要睡在这里干活儿，等到7月底花椒摘完了再走！

杨老板对工人好，是发自内心的，许多很小的人文关怀，他都当作重要的事认真去做。别的老板要么粗枝大叶地忽略过去，要么就想“算了嘛，懒得淘这个神”，可杨洪军偏不。

说起来，青花椒采摘也就是每年6月下旬到7月底，平时山上只需安排常规的管理人员即可，但到了那四五十天的采摘期，山上会一下子多出几百人来，这几百人的方便问题，让杨洪军牵挂于心。山上并不是没有厕所，但他觉得厕所太少了，有些工人嫌路远、天热，懒得去厕所方便，干脆就自己找个地方方便了，但这既不卫生又不文明，还会污染环境。杨洪军在修好食堂后，又开始设计“厕所方案”，他要保证山上每隔50米远就有一个厕所，而且厕所里的便盆也好，洗手池也好，都要用正品、好货，厕所要保证干净卫生，走进去闻不见臭味，里面的冲水、洗手设施都要经久耐用，哪怕多花钱。他固执地要将与工人利益息息相关的小细节都安排好。

他的人生并非一罐蜜糖，但正因有了这椒麻作底，才令他活出了与许多人不同的滋味。那鲜活椒麻味，正是誓与艰辛赤手空拳勇敢搏斗，善意面对每一个人，心存改变家乡旧貌理想，孜孜行进不言倦的幸福滋味。

千鱼竞欢

见到李安辉书记这日，是个阳光正好的4月天。金山镇大井村“春花秋月”闻名遐迩。梨花盛开时，大井村村口会停满小车，往山上行走的道路挤满游客，“长枪”“短炮”激动地对着这雪白花朵拍个不停。懂行的资深游人，看了春花下山来，接下去是一定要去邻村赏鱼的，不但赏，还要尝，千鱼欢村里千鱼竞欢，鱼儿味美戏春水，正好大快朵颐。

所以，千鱼欢村的李安辉书记，既要忙着带领村人养鱼，又忙着迎四面来客，他身上担子不轻。让人欣慰的是，着一件细白条纹衬衫，外罩纯黑薄羊毛外套的李书记，看上去姿态从容，并无一丝一毫浮躁急迫之气。他并不风风火火，说话语速适中，举手投足斯斯文文，颇有儒士之风。

脑子活络，走四方

1981年，李安辉高中毕业后，曾经做过不少活儿。他先是在粮站、供销社工作，家人都觉得挺不错，公家工作既体面又不脏累，李安辉却并不满足于此，他觉得人年轻，就该多学点本事，于是花了半年时间拜了一个砌砖师傅学手艺。他有文化，肯吃苦，进步非常快，等到1982年，他就敢去青海工地上做事，干含金量颇高的钢筋工。

李安辉年轻时脑子就很活络。他到省外逛了一圈，看到现在改革开放了，以后市场经济要“后来居上”地发展起来，于是1984年他回家乡，瞅着隔壁大井村的“大井西瓜”出名，他也学着来种西瓜。他家人看到这个大小伙子今天干这样，明天钻那样，还有一点点发愁，说不晓得你到底喜欢哪样，啥才能让你干上一辈子？这个问题真是问到李安辉心坎上了，他小时候听老师讲，人做事要有专注精神。他很认同这个说法，但他并不是不够专，而是还没找到一项事业，能让他这辈子无怨无悔地做下去，还能带来不错的经济收入，在养家糊口的同时，还能满足精神需求的。他甩甩头，将这沉重的念头暂时甩出头脑，他忙着买资料、听专家讲课，看怎么才能把西瓜种好。

种了一段时间西瓜和蔬菜，李安辉又觉得成天守着田土，仿佛也不是他想要的事业，说到底，年轻的他，内里还藏着一个不羁的灵魂，渴望走南闯北时遇到的自由的风。于是，李安辉最初凭一辆自行车做起了小生意。

他用自行车驮起货物，天不亮就骑出去赶场，逢场必赶，不但是在罗江摆摊儿，绵竹、安县、北川等地都被他的两个车轮子一一“征服”了。有时，他去较远的场镇，夜里就住旅馆，几天或十天回来一次，补充他所售卖的丝巾、钥匙扣等小百货。1985年他结了婚。在农村，男孩子一旦娶了媳妇，那就真正是当家人了，他晓得加倍努力，不光是为了自己，还为了照顾好小家庭。媳妇偶尔也说他太辛苦了，就留在家里种种地，清清闲闲的不好吗？李安辉摇摇头，辛苦诚然辛苦，但在外面奔波忙碌着，见到的世面、接受的讯息与窝在小小的国光村是截然两个概念，他舍不得割舍这份辛苦。

很快，李安辉就捕捉到了一个商机，而这商机，也要得益于他天南地北到处做生意，结交的朋友多，往往说者无心，听者就有意了。

“背时”塘主养成记

李安辉“四海八荒”的朋友多得要命，其中便交了几个特别爱钓鱼的“鱼痴”朋友。20世纪80年代，那时并不流行“农家乐”，有商业头脑的农人也不多，所以，那几位城里的“鱼痴”每次想要找钓鱼的场地都万分困难。他们向好友李安辉诉苦，说有回好不容易才找到人家一个养鱼塘，可那个塘主说破天也不让他们放竿子垂钓，给“大团结”都不行，和他套近乎敬烟交个好朋友也不行，死脑筋啊不开窍，真是气死人了！

别人牢骚发完就算了，李安辉却敏感地记到心里去。他脑子里灵光一闪，对啊，现在城里人生活一天比一天好了，想要休闲娱乐，想要垂钓都得跑农村去，如果我在农村有一个鱼塘，不就可以填补这方面的市场空白了吗？

对的，市场空白，做生意的人，最喜欢听到这几个字，这代表什么？人无我有，我更超前。于是，1989年，李安辉回到罗江金山镇国光村，承包了6亩鱼塘，正式开始养鱼。

养鱼第一年，李安辉毫无经验，投放的是“四大家鱼”的鱼苗，就是青鱼、草鱼、鲢鱼、鳙鱼。第一年鱼苗投放得稀，喂的也是草和玉米、麦子等粮食，这种做法，在今天看来是纯生态养鱼，但在1989年，只吃生态食物的鱼儿却长得很缓慢，到了年底一拨算盘，得，辛辛苦苦养一年鱼，卖鱼的钱，减去在鱼塘里投进去的粮食，再减去鱼苗钱，啊，怎么还不够减的？

第一年亏了本，李安辉安慰自己说没关系，做生意都要讲究个“交学费”，养鱼哪能随随便便就让你成功呢？第二年他想着要多放一点鱼苗进去，这下产量虽起来了，又带来了各种令人头疼的鱼病。李安辉在那一年硬是将自己逼成了半个鱼病专家，夜里他还守在灯下翻书做笔记，查阅与鱼病有关的资料。

好吧，养到了第三年，李安辉心想我现在是吃一堑长一智了，于是也开始买鱼饲料，不再只丢粮食喂鱼，也积极防治鱼儿生病，但他又忽略了一点——池塘老化问题。第三年，池塘老化，又大大影响了鱼儿产量。

别人觉得李安辉很倒霉，堪称“背时”塘主，他养几年鱼，老天就变着花样让他遇到几年不同的状况，而且每年还让他钱包缩水，经济上很“受伤”。他却能乐观积极地换个思路看待这个问题：我要感谢养鱼初期出现的种种问题，它们逼我迅速从一个养鱼知识一片空白的人变成去积极学习，努力接纳知识的人，学到头脑里的知识才是最重要的，谁都偷不走，而且对以后的发展尤为重要。

是的，几年挫败，没有让李安辉心生半点退却之念，反而令他越挫越勇，在别的村人还没开始养鱼，或者说只是在“试水阶段”时，他已经走到了前面，他在做的，是改良鱼塘品种，并且精确地根据水源条件来确定到底投放哪些鱼苗更佳。

1997年，李安辉养鱼十年，已经成为国光村响当当的中心技术员，他无私地向村民传授自己的一身养鱼本领，凡是想学的，李技术员都热情地敞开大门。又过了两年，国光村养鱼已经成为一种时髦风气，村民们真切地看到了在李安辉的带领下，左邻右舍养鱼的人都富起来了。李安辉提供技术支持，养殖原材料也由他带头采购，甚至鱼塘硬化，他都会亲自参与，细细过问，这让养鱼不再是一件艰深的高科技活儿，而是“有事请教李安辉”的简捷便利。村民们光靠养鱼，一年就能挣一两万元，可比他们干农活儿来钱多了。

千鱼竞欢家家乐

2000年，省上有个稻田养鱼的项目被罗江争取到了。可惜好多心有壮志的乡镇都未试验成功，到了李安辉这里，他轻轻说“试试吧”，大家也没寄太大希望在他身上，心想就你李安辉能耐，又能种稻又能养鱼？说起来是讲究生态，因为要养鱼嘛，稻田里绝对不敢施放农药，但这样又会制约稻田产量啊，谈何取得生态平衡呢？2001年，走马上任村支书的李安辉愿意尝试着走走这个“平衡木”。

他成功了，为罗江争了脸面！他有多年养鱼的经验，让罗江这片土地上的“稻鱼共生”不再只停留在理论层面。“李安辉养鱼硬是了得”，这话不但国光村的村民们个个会说，现在连省上来验收项目的专家也冲他这个“土专家”竖起了大拇指。

国光村更多的人，跟随李安辉投入到养鱼行列中来。到了2005年，全村共368户，计330户人成为“塘主”，也就是说，村里有85%的农户养鱼，形成了全村的规模化养殖，也让国光村成为罗江最先富裕起来的村庄之一。

2007年，国光村与白土村合并，合并村取名为“千鱼欢村”。李安辉非常满意这个名字：千鱼竞欢。这是怎样活泼泼的欢喜盛景！阳光照射水面，鱼儿摆尾游弋，搅动那一池春水，如揉皱的绸缎，满池金光闪闪。合并后第一件事，李书记便是带动原来白土村的村民也一起养鱼。白土村有个村民欢喜极了，抓住李安辉的手握了又握，像找到组织一样热泪盈眶，他说李书记，以后我们就跟着你干了，你可要罩着我们啊。李安辉说那你今年要加把劲，争取早点加入我们的水产专业合作社。那村民加重了语气，再三表示：“一定，一定！”

李安辉早在2004年6月组建的专业合作社，那可是川内首家水产专业合作社，当年只吸纳了21户社员加入。是大家不愿加入吗？非也，是“李当家”设置的门槛不低，他明明白白放出话来：素质差的、不求上进的养鱼农户，不能加入专业合作社。这就让一些吊儿郎当的养殖户无可奈何了，他们想加入组织，组织还要考核表现呢。

比如村民都跟着李安辉养鱼了，有些还是老办法，只知道挖一个鱼塘，往里丢鱼苗放饲料就行，但因为缺氧，鱼儿成片死亡；有的塘主就因为不知给鱼塘增氧，一下子水面都是白花花一片死鱼肚皮，直接损失一两万元。李安辉心痛得眼睛都红了，他从这个鱼塘疾步走到那个鱼塘，这里说说，那里讲讲。他本是儒雅从容的人，这会儿也气得语速变快，边说话边恨恨地跺脚了："早让你们安增氧机，为啥不听我的？这又能浪费多少钱嘛？再说这是养鱼必须添置的设备，不是浪费！你们到底懂不懂科学？"大家死了鱼，亏了钱，却乖乖听李书记的训斥，因为晓得李书记一颗心在滴血，他骂得对，为了省一点小钱，不买增氧机，不以科学法子养鱼，只能将路越走越窄。

4月的这个上午，李书记带着我在千鱼欢村转了一大圈，我看到一块一块整齐的鱼塘，在蓝天映衬下如同一面面光滑的镜子，倒映着朵朵白云，塘边修着统一规划的养鱼棚，墙壁上绘着"胖娃娃抱鲤鱼"等吉祥年画，娃娃憨态可掬，壁画色彩鲜艳。每个鱼塘里除了安装有增氧机，还有自动投食机，李书记感叹和过去比起来，现在养鱼真的是"偷懒"多了，付出的人工成本不算太多，但就是需要科学的精细化管理。比如你设定了自动投食机的时间，它就会在每天的规定时间自动往鱼塘抛洒鱼食，而增氧机也能定时开关。不过，李书记又强调道，人还是不能一味依赖机械，比如这个增氧机吧，即使在一个季节里，也不能只设定一种模式，天天机械重复操作，比如快要下雨的天气，水里极为缺氧，这时就需要塘主早点打开增氧机，切莫因为大意而导致大患。

现在的千鱼欢村，依托千亩鱼塘优势，已经开发了"养鱼、赏鱼、钓鱼、抓鱼、吃鱼、购鱼"一条龙的养殖旅游产业链条，从传统养殖业向旅游观光农业新模式转变，形成了"农户+生态+特色农业+乡村旅游"的一三产业互动新格局，让农民成为能"拿起锄头搞一产，放下锄头搞三产"的新型农民。

说到这里，李书记骄傲地笑了，他指着我们远处一片泛着金光的水面，热情邀请道："夏天你再来千鱼欢村吧，到时可以看'半塘游鱼半荷花'的景象，美不胜收呢。"

我憧憬着这样的美景，荷叶田田，出水芙蓉，千鱼竞欢，嬉戏水底……夏天，请早点到来哟！

向空壳村说“不”

新盛金铃村的范云桥范书记年轻利落，瘦高个子，小平头，双目如星火，炯炯有神。他说话时语气铿锵，落地有声，极有军人风范。我后来一问，果然，毕业于四川省农业管理干部学院的范书记曾是一名退伍军人。在回村担任支书之前，他在成都打工，收入很不错，但老支书找到他，劝说小伙子参与村级党组织换届竞选，范云桥一听，眼里迸出亮光来，他非官迷，但身为金铃村的一员，能为老百姓真正出一分力，让他十分欣喜，接过了老支书肩上的重担。

“我要让金铃村变得更好！”放弃大都市的繁华生活与优厚薪资，范云桥回来了，心中揣着一个火热滚烫的梦想。

产业扶贫，摸着石头过河

罗江的新盛镇一共有15个村，其中13个就是贫困村。2015年，镇里争取了上级扶贫资金360万元，以村为单位，采取土地承包经营权入股、流转等方式，在金铃村等6个贫困村分别建立了精准扶贫产业园。2016年10月，范云桥通过换届选举，高票当选金铃村党支部书记，刚一上任，他就利用专业优势，为产业园的发展出谋划策。

“搞产业园？要搞啥子哦，还不如把扶贫资金按人头给我们分下来。”

“就是，像往前那么嘛，给贫困户各家买点猪崽儿、鸡崽儿啥的，送点树苗苗不就可以了嘛，弄啥子产业园嘛。”

“产业园会不会被整亏啊？咱们的范书记这么年轻，这些年他不是在外当兵就是在成都打工，哪里摸过几次锄头，他来带头整产业园，到底行不行哦？”

……

的确，个个村民心中都有一只“打米碗”，晓得金铃村的产业园虽占地300多亩，可这坡上杂草丛生，连条像样的路都没有，怪不得村民要担心的，害怕这个荒坡长不出“金娃娃”来，到时既浪费力气又浪费金钱！范云桥没有理会来自七嘴八舌的质疑，先是带着大家配套完善了产业园的道路、排灌沟渠等设施，下一步，他和村两委商议之后，又专门请了有经验的老农一起开会，讨论产业园到底种什么。

大家议论纷纷，后来根据金铃村的历史种植经验和“一村一品，一村一特色”规划，确定了产业园主要种植“不知火”等柑橘。范云桥对商议结果很满意，因为相邻的老君村以种植莲藕出名，将千亩荷花变景观，每年莲花开、藕节肥，都会引来大批外来游人。在范云桥看来，扶贫产业园还不能仅仅只是解决贫困户的生计问题，它还应该融入农业观光旅游中去，成为乡村旅游的一处重要景点。所以，金铃村的产业园不但要成为生钱的“金钵钵”，还要成为能让游人流连忘返的美景地。所以，范书记让大家栽柑橘苗子时也要注意美观与和谐。

这产业园建起来，大家刚开始上班，是按天计工资，村民一下子变成领工资的人，欣喜之余，他们又发起了牢骚，说本来栽苗子蹲蹲跪跪的就累死个人，还讲究啥子是美观，不管了，要美观是不是？那就细致活路慢慢做嘛。

范云桥巡看一番，心里有数了：有些心眼儿活的村民，哪里是在做细致活路呢，他们是纯粹在磨洋工，反正都是按天付工资嘛，只要人杵在那儿，你眼睛没监督到他，他就敢出工不出力，装个样子磨蹭到下班啊。

范云桥默不作声，产业园一期的苗子栽下土，到了二期，他宣布改变工资政策：现在要核算劳动能力，采取计件制，按栽好一株苗子8角钱计算。这下，大家积极性一下子调动起来了，之前一期栽苗子，拉树苗的车拉过去，到处都懒洋洋地说“你先拉到他们那边嘛，我这边还有这么多没栽完呢”；现在完全反了过来，到处都在喊拉苗子的人“搞快点搞快点，你不快点把苗子拉过来，我们这里栽完了难道就跷脚、抱手耍起憨等么？”。看到产业园热火朝天的劳动景象，年轻的范书记偷偷笑了。

栽种柑橘，要等果树挂果有收益需要不短的时间，总不能就这么傻傻盼着吧？扶贫产业园是为所有贫困户精准脱贫的，那些贫困户不是在建园伊始就顾虑重重么？这个害怕“钱投进去赔了唧个办”，那个担心“贫困户年底分不到红咋办”。诚然，农业生产周期长，贫困户短期收益如何保障？范书记既要照顾到长远利益，也要顾到短期利益。于是，在和经验充足的老百姓充分沟通后，根据市场行情，果树下间种了青豆、青菜、青笋等见效快的蔬菜，既解决了把地荒在那儿的问题，又解决了分红难题。采取“结对联建”的方式与专业合作社、龙头企业、农贸超市签订合作协议，实行订单模式发展产业，最大限度地规避市场风险。范云桥书记同时兼任金铃村股份制农民专业合作社理事长，他在实际工作中，不断探索扶贫产业园更好的发展之路。

“今年村上扶贫产业园套种了2季蔬菜，实现利润3万余元……李正隆家2股，每股260元，共520元，刘永秀家4股，一共1040元……”

2017年过年前，当村支书范云桥拿着小喇叭报着今年产业园收入和分红情况时，领到红利的贫困户们个个脸上笑开了花，他们这下打心眼里服气了：“扶贫产业园就是好，平常可以在里面打工，年终还可以按股份分红！”9组村民李崇前心气儿十足地表示：“我以前在外打工，没法照顾家里的老小，收入也一般，现在在村上的扶贫产业园务工，加上分红和在家搞点养殖，家里经济条件比以前好多了，今年就能摆脱贫困！”

“摘星”记

怎样才能激发出村民的内生动力，让大家在经济上有所改善，能够住上好房子、过上好日子，还能在素质上得以提升，真正养成好习惯、形成好风气呢？金铃村别出心裁，采取的是“四自”模式。

一是自我教育。金铃村在德阳市开办了首家农民夜校，充分利用晚上、农闲等时间开展脱贫培训，让群众了解政策、掌握技术、坚定信心。开设的道德讲堂，请来各方讲师，为村民普及新知识，老师的课讲得深入浅出，大家听得津津有味。而金铃村在村貌打造上，也十分“提神”：在主干道沿线醒目的墙体上绘制社会主义核心价值观年画。中心村道路两旁安装富有中国味道的路灯，并在灯箱上印制中国传统文化、法律常识等内容，村民于潜移默化中就能内化价值观内容，饭后百步走都能捎带着长知识。

二是自我管理。村庄是大家的，绝对不是村干部几个人的，范云桥一针见血地指出：调动村民积极性，让每个人都有参与感十分重要。于是，大伙儿一起商议着编写《村规民约》。每家每户先自我提炼总结本家族的家规、家训，再由村统一收集整理，制作成家规、家训公示牌，张贴在村民自家外墙，家规上墙，这也成为金铃村一道亮丽风景线。大家平时没事了，东家墙瞅瞅，西家墙看看，学到人家的好家规，不禁连连点头，还说“我也要这样教育子女才对哩”。每户村民都和村上郑重签订了责任书，责任书对门前“卫生、绿化、秩序”和门内“家具摆好、农具放好、柴草堆好、衣被叠好、卫生搞好、畜禽管好”制定了规范性标准，细化、强化了村民环境卫生责任。刚开始签责任书时，还有村民嘀咕“我自家被子叠不叠好，关村里啥相干”，现在，大家已经将卫生、整洁视作了自己生活的一部分，全无压力之下也要整饬出一个干净美观的居住环境来。

三是自我服务。邻里乡亲互助会，汇集了爱心人士的点滴奉献，对困难群众进行救济。成立初期，金铃村村民们踊跃捐款，有些原本自己家境亦属贫寒的村民也大方出资，还说“我们平时受了大家不少帮助，这次咋都要出一份力”！金铃村的志愿服务队开展志愿服务，甚至亲自上门去教平时疏于收拾家务的贫困户怎么叠被子，怎么放农具，如何规整农具，让贫困户深受感动。要增强群众幸福感，金铃村的乡村文艺队表现活跃，在节假日开展的文艺表演，极大地丰富了村民业余文化生活。

四是自我评价。在村民自家外墙张贴“爱党爱国、遵纪守法、崇文重教、致富小康、清洁卫生、和谐睦邻、诚实守信、敬老爱幼、勤劳节俭、助人为乐”十星级文明户公示牌，以“十星”为底数，以日常表现为依据，如果出现有违星级文明的行为，则摘掉相应的文明星。广泛开展家庭文明建设活动，评选“好婆婆”“好媳妇”，挖掘群众身边孝亲敬老、家庭和睦的先进典型，示范带动村民争当先进、争做模范。

说起这个“十星文明户”，背后还有一个有趣的小故事呢。最开始范书记也没经验，第一次“上星”时，金铃村还有不少人家都是“脏乱差”。选取的群众代表，成立了村监督委员会，这里、那里查看了，比如有些卫生做得不好的，一开始就直接没在他家的“清洁卫生”下面打星星。广告公司按照村里发过去的要求，将评级“星牌”做好了，刚要挂在村民外墙上，村民一看自己咋连“清洁卫生”都没混上星？农民的自尊心是很强的，他们坚决不准广告公司职员把“这么丢人现眼的牌牌”挂到墙上去，争吵得快要打起来，呜里哇啦大叫：“我们房子很干净的，家里人从来不生病！你们懂得个铲铲！”广告公司的人吓死了，赶紧打电话给范书记，请他来“救场”。

范云桥匆匆赶来，和这个“清洁卫生没上星”的话还没说完，那边又凶神恶煞跑出来一个村民，挥舞着大手要将刚刚给他挂上去的“星牌”扯下来，他气哼哼地指着缺星儿的“敬老爱幼”那一栏，声如洪钟地质问范书记："我不爱幼？我不爱幼的话，娃儿学费是不是你们村上干部来交的哦？我不敬老？那我家老人今天就去你们村干部家里吃饭了！"

范书记虽被大家"围剿"得焦头烂额，但还能及时总结经验，他灵光一闪，顿时想到一个好主意：请广告公司的员工火速回去改星牌，让所有村民的星牌都变成"十星"，后面每个月多方检查来"摘星"，哪样没做好，就摘哪颗星。老百姓多爱面子啊，为了保住可爱的小星星，有些原本睡到日上三竿的懒汉，大清早也挥舞扫把勤快清扫，就这样"爱星""护星"，养成了他们文明卫生的好习惯。

两邻居吵嚷，后来两家的男人还抓扯起来，你扇我一耳光，我送你一扫堂腿。范书记赶来处理纠纷，他没多说啥，将两家"和谐睦邻"的星星一并都摘了！这下好了，刚刚还斗得跟乌眼鸡似的两个人，像被细针戳破的气球，齐齐泄了气。下个月，看他们彼此都有改过之心，又握手言和，邻里之间恢复了正常"邦交"，村里这才把摘去的星星又给他们添上去。

因为十星级文明户公示牌上写着住户名字，有次有个村民在"爱党爱国"一项被摘了星，这可成了众矢之的，那些打他门前过的人都昂头看看星牌，指指点点议论道："那个虾子好差人哦，不爱党爱国，活到都现世！"村民被大家骂得耳根发烫，这名后进分子后来一跃成为先进分子，和他不想再丢人现眼，被人指戳得脊背发痛联系着呢。

如今，金铃村的"摘星"已成为一项村务有效管理手段，被不少村子借鉴和学习。讲到这里，范书记有一点小激动，舔了舔嘴唇，他补充道："但我还远远不满足于此，下一步，我们金铃村一定要破解空壳村的问题，让更多的村民能回得来，留得住，住在村里照样能发展产业，发家致富，而不用一家人拆成几个地方，要眼巴巴地等到年节才能相聚！"

果树情缘

谈及2004年的金花梨丰收季，至今还能“扯痛”黄通礼最深处的记忆。在2004年之前，他带领村人种果子，卖果子，喜笑颜开鼓了荷包，村人尊称他是“果树专家”；2004年，因为一些外部因素，导致大丰收的金花梨无法外运售卖，果农们将一担担黄澄澄的梨儿挑到了黄通礼办公室，杵在他鼻子底下，血红着眼睛逼问他：“都是你带着我们种果树的，现在梨子眼看就要烂到家里了，你说怎么办？”

那一年，自责和愧疚差点压弯了黄通礼的腰，幸运的是，受再多质疑，挨再多责骂，都没有磨灭他心底如星火的信仰，能从痛苦中缓慢醒来，只因他从一开始就认定了：这辈子就爱和果树打交道！这是一生一世的承诺，跌得头破血流，仍不改初衷。

果子肥腰包

今年63岁的黄通礼，是金山镇大井村五星水果专业合作社书记，黑红的脸膛布满了皱纹，朴实的微笑满含真诚。他给人的第一感觉，就是一个普普通通的老农民，但当我们的谈话深入下去，才知道这个普通身躯里，盛装着多么炽烈滚烫的信仰！

刚刚包产到户，黄通礼就当上了大井村4组的组长。组长，这是小得不能再小的“芝麻官”了，黄通礼却一点都不觉得“官小无作为”，他带着大家勤勤恳恳种了几年粮食，没事就蹲在地头一个劲琢磨：种粮食的确能解决肚子的温饱问题，但腰包却一直瘪瘪的，不“丰满”呀。要让大家有额外收入，还得发展副业才行。

黄通礼从小就喜欢果树，山上的野果子，酸得小伙伴眼睛都眯起来，他却咂巴嘴吃得极香，那时他就夸过海口呢，说长大了，我第一个种能长出甜甜果实的果树，到时请你们敞开肚皮吃个饱！

也许潜意识的作用，黄通礼在平时读书看报时，也偏向于找“果树”两个字。1989年，报上一条不起眼的新闻，与他不期而遇，闪亮了他等待多日的眼睛。报上说成都龙泉驿的葡萄产业发展得很好，大大改善了当地农民生活。黄通礼当即组织全组60个人去参观龙泉驿，社员们看到龙泉驿一眼望不到头的葡萄园，还看到那里的农民就算不种一株庄稼，照样不会饿肚子，小日子也过得滋润惬意，大家都惊得直眨巴眼。

这次龙泉驿之行，让大伙儿心潮澎湃，在回程的车上，激动地谈论了一路。之前黄通礼在社员大会上数次号召大家种果树，他在台上宣讲得慷慨激昂，台下社员交头接耳开小会：“种果树？说得简单，那是要占我们耕地啊，种不活咋办？”“你还管活不活，先管管我们农民如果交不起公粮，要给粮站交粮食补差款，那才叫负担重！”“就是，祖祖辈辈都是种粮食饱肚子，种果树？哼，亏他老黄想得出来，到时家里没有粮食，难道吃水果就能活啊？”

眼见为实，龙泉驿果农们的“先行一步”刺激到了罗江大井村民们的“痛点”。眼界放开，思想自然也跟着解放了，全队社员举手表决，同意引进葡萄，发展队上的水果产业。于是，黄通礼赶紧找人引进了巨峰葡萄，又从龙泉驿请来了技术精湛的果技师，教导大家种植。可惜那时大多数社员都还是小心翼翼的心态，不敢大面积发展水果种植，只将葡萄苗委委屈屈地栽到了田边地角。

三年后，社员们的葡萄喜迎丰收，早上装一背篼10多公斤葡萄出去，轻轻松松上了赶集的路，到了下午散集归来，腰包里已装了50多元钱，这可是真金白银。有些性急的大嫂，索性就在集市上买了花褂子，戴了花夹子，换了新鞋子，打扮得像新媳妇一般，昂头挺胸走回村里，让那些担心栽种了葡萄就没粮食吃的人，看得眼里都快飞出两只羡慕嫉妒的小蛾子，简直肠子都悔青啦。卖过一季葡萄，大家粗粗一算账，发现一亩田的葡萄，能卖1万多元，这可比种粮食划算多了！

1992年的“葡萄肥腰包”，让社员们真切体会到了种果树的丰收喜悦，不过，因为此前大家心有顾虑，发展面积不大。小试牛刀后，大家心里都有了数，看到好前景。恰好这一年，御营镇玉脑村刘少贵的金花梨种出了名，黄通礼去看了，也品尝了金花梨，口感确实不错，便动了心。1993年，他骑自行车去找刘少贵，订购金花梨的果苗。可这金花梨，也是刘少贵刚从外地引进的，他能匀给黄通礼的并不多，黄通礼很是磨了一番嘴皮子，最后只买到1500株金花梨苗子。将宝贵的苗子买回来，分给20多家愿意栽植的农户，全组共栽了100余亩。苗子有限，黄通礼自己也只栽了1亩地，但他发现这种梨树苗很好养活，栽种下去存活率极高，到了1996年初挂果，市场价格是5元一公斤，当时一亩稻谷只能卖1000多元，这1亩梨一下子就卖了2000多元，黄通礼乐呵呵地总结：相当于我挑一担梨子，要当人家挑两担谷子去卖啊！

来年金花梨大挂果，收入更是喜人，便引起了乡政府的重视，让村里大规模发展金花梨。当时黄通礼已升任村委副主任，这金花梨又由他引进，任务自然落到他头上。1997年，大井村栽下了1600亩金花梨，这个面积，在全县、全省都是第一。2001年，梨树初挂果了，为了统一销售，大井村成立了果业协会，让黄通礼来主管工作。

喜乐哀痛都为梨

黄通礼认认真真管理着果业协会，管理着大井村的1600亩金花梨，大伙儿原本等着顺顺当当地种梨卖梨鼓腰包呢，岂知2004年金花梨大挂果，老百姓看着满园的压弯枝丫的梨，本该是丰收的喜悦，却都一个个愁眉苦脸。原来，这一年金花梨在销售上受到了一个很大的挫折。大井村处于108国道边，进出车辆都必须经过108国道。这原本是天大的利好，岂知刚上丰收季，金山镇的路段正在整改施工，早就联系好的商家车辆开不进村，梨自然运不出去。眼看梨儿就要烂在枝头、烂在筐里，果农们每天都跑到村委来找果业协会，横着担子不让黄通礼走，大吼大叫，说当初都是你叫我们栽的果树呀，现在卖不出去，协会得把果子全买了，弥补我们果农的损失！

那段时间，黄通礼满嘴都是燎泡，早上出门穿得整洁干净的衣裳，要不了一会工夫，就会被村民的手揉皱，有时衣襟上还带着鼻涕、眼泪、黄泥细灰回来。他一遍又一遍给大家做解释，安抚大家激愤的情绪，还好，大多数村民都是通情达理的，看到108国道不通，这也不是黄通礼一个农民能解决的问题，诉苦一番、抱怨一番，最终还是怏怏地接受现实，原本6元一公斤的梨，贱价降到了6角钱一公斤才卖出去，连化肥钱都不够，可这有什么办法呢？再便宜也要处理啊，水果又不比粮食，不能在家里囤放着。

在哀哭和怨怒之中，当然也有个别的刺头儿，他们将所有的气都发泄到黄通礼身上，大骂他是害人精，他被果树迷了心窍，还带着大家一起跳火坑，让大家辛辛苦苦一年下来，汗珠子在梨子树下摔成八瓣儿，却只换来一个蚀本歉收的结果，还不如不种果子呢，黄通礼该为这件事负责到底！

黄通礼心中隐隐明白，2004年的“金花梨风波”，也许会带来更严重的后果，但他没想到，后续会有一道更大的伤痛，蛰伏在前路。

2007年12月，大井村成立了专业合作社，村里有一个卖农资的人，抓住了黄通礼2004年“决策失误，使大家种梨亏本”的小辫子不放，百般挤对，四下活动，在他的煽风点火下，黄通礼主动放弃了专业合作社理事长的位子。

那时，黄通礼的直觉告诉他，这位挤下他而上位的理事长，大概是想借着自己的位子，好推销自己售卖的农药。因为大井村的果园是采取统一管理模式，专业合作社安排统一防治病虫害，统一发放农药，统一教导果农如何施药除虫。

黄通礼虽然不是专业合作社的理事长了，但他的心，却无时无刻不牵挂在果树身上，他每天若不去果园瞅瞅看看，仿佛清早起床没刷牙，晚上入睡忘洗脚，总觉得心里疙疙瘩瘩的，有什么重要事还没完成。2008年初夏的某天，黄通礼就是在“随便看看”时，发现了大问题，梨树上竟然有柃木虱！这种病虫很厉害，若防治不力，很可能造成全年无收的残酷后果。

黄通礼心跳得厉害，这一大片果园，可都是他亲手抓起来的呀，这里的每棵梨树，更是关系到果农们一家人的吃饭穿衣、温饱问题，绝对不能坐视不理！于是，黄通礼赶紧向专业合作社反映问题，又向县多经办反映问题，指出了严重后果。

县多经办很重视，赶紧组织果农开了培训防治会，专业合作社也给大家发放了防治农药，但没想到半个月后，柃木虱反倒愈发多起来，黄通礼忧心忡忡地预言：这到底是啥农药呀，竟不起丁点儿作用，现在时间拖延，已过了最佳防治期，就算再采买农药来喷洒，也回天无力了，今年，注定会减产……

黄通礼预测金花梨产量会因柃木虱大受影响，但没想到结局会如此惨痛。这一年，整个梨园的叶子几乎全都受病虫害，直接影响挂果，2000多万元梨子的收入全没了，一分钱也没卖到。全村3300多人，人均损失600多元呢，着实让人心痛。这是令黄通礼特别痛心的事，他明明早早看到了危害，也提醒了大伙儿注意，但却因为有人小小的私心杂念，最终造成了整个果园无可弥补的损失。他和果树缔结情缘几十年，遭遇这锥心一痛，令他难过得病了一场，好多天都缓不过劲来。但在病床上，黄通礼想明白了一件事：曾经，他因为自责，想要担负起2004年的“责任”来，出于愧疚而卸下了理事长的担子，但平心而论，他对果树的痴和爱，从未因为自己不当理事长而减少半分，也许，人生更为重要的，不是逃避，而是勇敢地接受使命，挑起重担！

黄通礼终于迈过了自己心里那道坎。2010年，专业合作社换届，县上、镇上的主管领导又来请他出山担任理事长和合作社书记，负责金花梨园区的技术指导和培训，这一次，他欣然从命。

金花梨的“金色路”

随着再度“掌舵”，黄通礼对金花梨的爱，变得更加直白和热烈，正所谓“做一行，爱一行，钻一行”。经过多年来对果树的种植和管理，黄通礼早就养成了随时观察果树的好习惯，一旦发现虫情，就马上打电话通知各组开会，针对虫情及时传授防治措施。每次黄通礼召开培训会，下面都是坐得满满一堂的人，不仅是大井村的，连千鱼欢村、红玉村的果农们，听到村里高音喇叭的通知，也会跑过去听。大家课下交流心得，都觉得黄通礼的培训会开得好：他会细心准备受虫害植株的标本，让大家不仅接受理论知识，还能从实物中学习，既直观又明了；而且黄通礼教导大家的语言都是朴实生动的大实话。之前有果农提意见，说他语速快，有些小地方听不清楚，他也虚心接受，特意锻炼自己放慢了语速，令吐词更为清晰。黄通礼是这样热爱果树，生怕自己没有将全部知识教给大家，能看到果农们个个成长为专家，种养出质优味美的金花梨，他心里竟比吃了蜜还甜。

金花梨的成熟期一般在180天至200天，病虫害防治要进行 11次左右，每年黄通礼都至少要举办5次培训会。从2010年他再次接手专业合作社至今，没发生过一年梨树减产，果农的效益都在不断递增。在这期间，专业合作社还发展了几户种植大户。村民王大义以前一直在外地做生意，见家乡的金花梨发展得有声有色，2014年他决定回村，不去外面做生意了，大手笔地流转了14组的200亩土地，全栽上金花梨，现在已经大面积挂果，丰收指日可待。2组的谢德元把原来种的4亩果园发展到现在的50多亩，一亩地一般收入都在1万元以上，他也成为“坐在家门口数钱”的创业模范。

2012年，大井村开始举办梨花会。其实，举办这梨花会，并不是拍脑袋的发明，而是顺应市场需要。之前几年，每当梨花开放，就有不少外地人拥进大井村，到这里来赏花、拍照、嗅香，黄通礼就觉得，如果能吸引更多游人来村里看梨花，说不定还能带动农家乐、农副产品的发展呢，这样对于促进乡村旅游，岂不是美事一桩？

果真，大井村连续举办了两年的春季梨花节，效果都特别不错，节会期间，村民像赶场一样，把自家的土特产、农副产品往路边一摆放，定能卖个好价钱。为啥？远道而来的游客们认定了从农民手中买到的，比在城里从贩子手中买到的更为正宗。像那些鸡、鸭本身就不是饲养场喂养的，是放养在果树地里长大的，它们生长在原生态的养殖环境中的。游人亲眼可见的“林下放养”嘛，能不喜欢么？

像是大井村2组的龙大娘，在梨花节头一天，当作试水般将自家坛子里的干咸菜摆在路边，没想到，游客闻到香味，蜂拥而至，不到半小时，竟抢购得精光，游客都说干咸菜拿回去蒸肉，好吃得不得了。没过两天，龙大娘家里两大坛老咸菜全卖得干干净净，卖了几百元。她乐得合不拢嘴，说想不到啊想不到，家里人都不喜欢吃的干咸菜，城里人会这么喜欢，会卖这么多的钱，下次梨花节我还来摆摊！

梨花节“打”出了知名度，到了秋季金花梨丰收时，黄通礼又带着村民举办品果节，动员有条件的果农们开办农家乐，拉动消费，推动金花梨的销售和知名度，效果也很好。2组的郑斌，就在自家的梨园旁边修了100平方米的简易平房，开办“春软农家乐”，卖串串香火锅和饮料。今年光是饮料这一项就卖了两万多元，最多的一天接待了200多人。不到一个月时间，收入在10万元以上，让大家看到了果树除了卖果子，后面还藏着掘之不尽的“钱途”呢。

现在，大井村依托梨树，每年都要举办两次盛会，春天举办一次梨花会，秋天举办一次品果会，都由镇政府牵头搭台，举行一个开幕式。品果节时，专业合作社还要出资买300公斤梨，供请来的宾朋品尝。这两个会不仅给老百姓带来收入，也给专业合作社带来了一点收益，主要是收停车费，还有一些赞助等项目支持。通过这两个盛会，大井村梨的名声是真正“打”了出去，远近皆知。讲到这里，作为最先引金花梨进大井村的黄通礼也有几分小小的自豪。

虽然黄通礼是最先栽种金花梨的，但他种得并不多。孩子大了，鸟儿离了老巢，家里就他和老伴两个人，种了3亩5分的金花梨，每年能带来3万多元的收入。在村专业合作社搞培训，搞技术指导，全都是义务，这么多年，他没得一分钱的工钱，只是自己乐意干这一行，不想看到自己带头引进发展的金花梨败掉，所以无偿服务也照样兴兴头头，乐此不疲。不过，黄通礼是县农业植保员，每月有一份2000多元的工资，监委会还发100多元，他对此已经很满足了，觉得老两口的日子已足够富足小康了。

2016年，大井村专业合作社得到了国家项目支持款98万元，主要用于果园基础设施的完善。2017年，省上又给了产业园区提档升级的项目资金支持。有了政府部门的大力扶持，这让黄通礼以及广大果农，对产业园区的明天更加充满了信心。年过花甲，黄通礼回望自己与果树做伴的半生岁月，觉得虽因种果树遭到质疑甚至辱骂，他自己也差点丧失信心，但最终，心底的热爱如钢丝缆绳，紧紧拉住了心之船，让他的梦想能在“种果树”这片希望的大海中自由自在地航行，乘风破浪，驶向远方。

来了，“鸡遇”

听闻金山镇新塘村的石秀宏石书记是市劳模、省人大代表，未见真人之前，我们先在脑海中勾勒出一个“女强人”的轮廓，岂知她竟是有几分羞赧，笑起来眉眼弯弯，说到秘密处，放低了声息悄声道：“他们说我是个敢‘吃螃蟹’的女书记哟。”接下来，她还心有余悸地更小声补充了一句：“在农村，基层女干部想要做点事是很难的。”

石秀宏能在新塘村当上“一姐”，还令村人心服口服，她的人生路一步步走下来，肯定荆棘有之，艰难有之。是的，很难，在千难万难之中，她却能迅速把握机遇，带着大家发展养殖业，将新塘村带动成为远近闻名的富裕村，令曾经打工出走的村民，纷纷归来创业，再也离不开家乡这片热土。

带领修路的“一姐”

一头利落短发，发尾修薄，素面朝天，只涂了淡淡一点唇膏，看上去清新爽利，半高跟皮鞋极其衬她，行起路来步速略快而身姿挺拔，若不是她告诉我们，她是1968年生人，我们是绝不相信的。并不是说她眼角牵不出一丝鱼尾纹，也不是说她劳动的双手有多白皙柔嫩，而是她给人的最初印象就是年轻。

年轻的石秀宏在村上工作，没人不夸她是一把好手，她1999年起在新塘村担任团支部书记、妇女主任等，直到2004年被选举为村支书，她给村民的印象，一直都是能干、果敢、坚毅，可在这些华丽标签之后，是一个离异女人、单亲妈妈的苦累和忍耐。

新塘村以前没有一条通到外面的水泥路，2004年石秀宏走马上任当了村里的“一姐”，她就一直在寻找能带领村民共同致富的法子。与略坪镇合作，石秀宏也大胆地带着大家种蘑菇、种辣椒、种西瓜等等。农民勤劳，天生不怕流汗吃苦，但汗珠子摔地上成八瓣儿，最终却因为村里那条泥巴烂路，看着水灵灵的蔬菜和大西瓜运不出去，瓜农坐在地里，搂着烂西瓜大哭。石秀宏横下一条心：我们自己来修路！

村里百姓自己集资修水泥路，自己修一条新塘村通向外界的致富路，决心既下，困难便接踵而至。

经费多紧张，可石秀宏大度地觉得钱的事都还好解决一点，更难办的还是人的事。有个“钉子户”，她说破天也不愿村路从她家门口过，说家门口本来有条水沟，若修路就挡住水沟，不方便了。石秀宏去做思想工作，那家女人凶蛮得很，一言不合就上来抓扯头发，将石秀宏外套扣子都扯脱两个，石秀宏一直让她冷静，就算自己被扯揉得像个疯婆子也没有发脾气，最后还自掏腰包出了两百元，修路时在这家家门口另打洞子，并不影响原来水沟在门口的便利，对方才作罢。

石秀宏真的常常自己掏钱，请钉子户下下馆子，给难缠客买点慰问品，这大概也是前夫极其看她不惯的地方，说别人家的女人，恨不能当个耙子，把分分角角的钱都耙到自家来；石秀宏倒好，她就是个天生的散财败家女，家里的钱都被她拿出去用作工作需要了。石秀宏也不和老公多解释，工作之余，她一直没停止种菜、卖菜，她其实并未花男人一分钱，男人看不惯，让他自己瞪眼珠子好了，她索性将自己的心思，悉数扑到了工作上。

石秀宏也许注定是个操心的命，村里路不好，她挖空心思要把基础设施搞好。如今路好了，村民又嫌待在农村赚不了几个活钱，他们宁愿当迁徙的大雁，扑扇着翅膀往城里飞去。2006年，眼看新塘村不少壮劳力都外出打工，村里荒坡渐多，到了饭点，炊烟也有气无力，寥寥无几。石秀宏心里像猫抓一样难受，到底怎么才能让村子重新兴旺起来，人气聚起来呢？这时，绵阳有老板过来包山地养鸡，石秀宏眼前一亮，心想我也来试养看看，倘若这是条“光明钱途”，以后就能带动咱村的老百姓一起致富了。只要村民能在自家门前发展产业富起来，他们还会背井离乡，抛下家中老弱幼小去城里吗？

石秀宏暗自激动着，她清晰看到了“鸡遇”，正在向她走来。

抓“鸡遇”，共富裕

为了更好地掌握养鸡技术，2007年6月，石秀宏专程去江苏绿化公司学艺，看人家是怎样搭建鸡圈，如何育鸡苗的。学成归来，石秀宏先是小试牛刀，试着喂养了几十只小鸡。养鸡和养猪不同，喂猪要等一年左右出栏，养鸡却能几个月就见分晓，拨拨算盘，石秀宏心里有底了：发展养鸡业，是很有“钱途”的！

石秀宏亲自实践，自己做养殖示范，看到了其中大有潜力。当年，石秀宏养殖山地鸡出栏达1万只，产值45万元，利润达10万元。

石秀宏做的工作有目共睹，在村民中威信极高，从她带着大家修路开始，村民们便看到了石书记骨子里的干劲和无私，现在，石秀宏养鸡卓见成效，新塘村村民便纷纷跟着石书记搞林下养鸡，信心大增，说我们以后就跟着石书记干了！群众纷纷加入养鸡行列，到了2007年，全村有35户村民养殖山地鸡，年出栏5万余只，产值达225万元，利润50万元。为了更好地保证山地鸡的品质和品牌，8月，新塘村成立了养鸡专业合作社，石秀宏任理事长，从此她更忙了。

一边是村上的工作，一边是养鸡专业合作社的工作，石秀宏常常开玩笑说“恨不能把自己劈成两半用”。那时儿子住校，她索性就住在养鸡场里，全心全意照看山地鸡。从养鸡场到村里，中间隔着一条小河，河上之前没有桥，只有一个光溜溜的独钢管。石秀宏第一次过这种圆滚滚、滑唧唧的“桥”，是老乡牵着她的手把她带过去的，她吓得全程都闭着眼，不敢往脚下滚滚流淌的河水看，害怕自己一不小心就会跌到水里。

条件艰苦如此，天天与鸡同住，石秀宏却毫无怨言，她作为理事长、带头人，一心想着怎么才能把鸡养好，让农户都受益。

春天来了，养鸡场的山地鸡们长得很快，身体康健雄壮，石秀宏照料它们，每天喂食、喂水、打扫卫生，看到鸡们长势喜人，她心里很欢喜，但因养鸡场90%的都是公鸡，公鸡性成熟，到了发情期，就会去踩母鸡，但因为母鸡数量远远不够它们踩，某些躁动雄鸡就跑去踩同性公鸡，鸡一旦发起疯来，力量也是相当可怕的，那些薄命小公鸡就活生生被同伴踩死。同伴死了还没完，疯狂的鸡们前赴后继扑扇着翅膀扑过来，接着踩踏，一直要将地上的“鸡尸”踩得毛毛掉光才算完。

石秀宏看得胆战心惊，她去找专家询问有什么办法能让此类“流血事件”不再发生，专家给她提供了一个好办法：给鸡戴眼镜。是真的从鸡鼻梁戴的“穿鼻眼镜”哦，戴上之后，鸡们就只看得到眼前的吃食，看别的鸡都模模糊糊了，这样就大大减少了鸡群恶性斗殴事件。

一边养鸡，一边学习，迈过给鸡戴眼镜的门槛，石秀宏深刻懂得了学无止境的道理，她相当用功，运用学来的技术自己育鸡苗，而且育好的鸡苗要养到一个月，什么预防针都打完了，才将“脱瘟鸡”卖给养鸡户。大家都爱去找石秀宏的养鸡专业合作社买鸡，因为去别家，可能买到的只是鸡苗；在她这儿，不但卖小鸡，无偿传授养鸡技术，等到时鸡出栏该售卖了，她还会负责联络客商，解决销售问题。大伙都说，跟着石书记养鸡，轻松，稳当！

其实，石秀宏养鸡也并非一直都是一帆风顺，2008年5·12大地震后，因为灾后到处乱纷纷，村上工作又千头万绪，她一时没顾上养鸡场，鸡们喝了被污染的脏水，结果患上霍乱，纷纷染上传染病死了一大片。那时，石秀宏都以为这回糟了，挨不过去了，但她又很快收拾心情，努力想办法将这段困难光阴熬了过去。

她首先恢复镇定，组织专业合作社成员对参加专业合作社的社员进行受灾情况统计，迅速地帮助大家恢复场地，圈舍的维修加固，及时为受灾农户组织预订鸡苗，积极向上级养殖部门为受灾养殖户争取救灾资金，并对养殖户圈舍和饲养场地进行统一消毒，把农户由于地震造成的损失降到了最低。

因为石秀宏指挥得当处理得益，她带着专业合作社，终于走出了低谷。现在，新塘村养鸡专业合作社社员所养的山地鸡全部都被成都、绵阳等城市的宾馆预订，每年供不应求。

回想往事，石秀宏感谢自己及时把握了“鸡遇”，这才带着大家走出了一条特色养殖之路，但她总谦虚地说：“能真正坚持养鸡，其实我要感谢一个人，就是我的儿子，从很小开始，他就支持我的工作，给了我莫大的鼓励。”

为了儿子更奋进

1993年，石秀宏年轻，有文化，既是一个1岁儿子的妈妈，又是金山镇罗家湾村小学的老师。她很喜欢孩子们，在学校一待就是五年。这五年时间发生了很多事，首先是为了改善家庭经济条件，她找娘家借了钱，送老公去学厨师，后来老公就一直在外面帮厨打工。留在家里的石秀宏，一个人要种三个人的田，她还养了三只大肥猪，保证老公每年过年回家有年猪吃。

年轻时也许不觉得，现在想想，那日子真辛苦啊：每天天不亮就要起床，干家里的活、地里的活，随便煮点东西，叫醒儿子飞快吃了，儿子去上幼儿园，她小跑去学校教书。晚上，人家都睡醒一觉，嘴里嘟哝梦话了，她还在灯下改卷子，给儿子补衣服，迟迟没法上床休息。但那么苦，她和儿子相依为命，却又品尝到了亲情的甜。

上幼儿园的儿子，一个仅比桌子高一点的小人儿，要揭土灶的锅盖都够不着，脚下得搭个小板凳，但孩子愣是站在小凳上踮着脚将半锅清汤面条煮好了。那时农忙，石秀宏下午从学校下班，跑回自家田里就是不管不顾地做事，连口水都来不及喝，儿子便站在田埂上奶声奶气地喊她："妈，妈，快回来吃面了，洗澡水也给你烧好了！"

地里一起劳作的人哈一声笑出来，他们都逗趣石秀宏，说你养了一个千金不换的好儿子！母子俩心连心，石秀宏当然为自己儿子骄傲，享受着当母亲由衷的幸福，但孩子爸就不那么争气了，他到了外面，眼不够看了，心不够用了，很快学到了风流那一套。石秀宏原本以为可以用一个贤妻的真心感化他，将他拉回来，但他心野了太久，应承下不为例，却总是一犯再犯。他的风流花心伤透了石秀宏的心。2002年，这对夫妻实在无法继续走下去，选择了分道扬镳。

都说女儿是妈的贴心小棉袄，那么石秀宏的儿子便是母亲最温暖的"大皮袄"，小小年纪便懂得做饭、热水，心疼母亲。当母亲因为村上的工作而疏于照料他时，他从不对石书记的工作"吃醋"，因自己被冷落而乱发脾气，反而在母亲遇到问题时，常常给妈妈打气加油。当石秀宏在新塘村广泛发展起村民养山地鸡的产业时，她既要忙村上的工作，又要顾专业合作社的事，常常社员一个电话，怀疑鸡生病或出了啥问题，就算天黑得似锅底，石秀宏也要马上出发，懂事的儿子赶紧买了一个电力持久的手电筒，让母亲随时带在身边照亮。这是石秀宏收到的极为温馨的礼物。说起儿子来，这个荣誉加身的女强人一脸的柔情，她对儿子有太多愧疚，唯有更加努力工作，才令她心底坦然。

石秀宏在自己的岗位上兢兢业业地工作，带领群众阔步前进在致富道路上，得到了上级的充分肯定，获奖无数，被省妇联评为省级"双学双赛"女能手、德阳市"劳动模范"、德阳市第四届农民拔尖人才、德阳市乡村优秀人才、罗江县"能人型"村支部书记…… 2012年还当选为四川省人大代表。

面对如此多的殊荣，她很谦虚地说：“我只是做了一个农村基层干部应该做的事。”她羞于谈自己的成绩，更愿意去聊自己一手组建的村上两支文艺演出队。之前的新塘村文艺落后，村民的文化生活很单调，石书记不但组建了新塘村青年、老年文艺队，还积极投身舞台，自编自导自演，反串男人，与村里的妇女主任一起上台表演小品《醉仙》，大伙看得哈哈大笑，小品批评了身边陋习，揭示醉酒的危害。她在说起自己演小品时，不好意思地笑着捂了捂嘴，那一刻的石秀宏，真的娇羞极了，美丽极了，好想看看她在舞台上反串男人，又有何等的英气。

三杯酒与一夫当关

练永清练大爷今年74岁了，这个年龄的老人，一般都是在家含饴弄孙了。但让我吃惊的是，练大爷终身未婚，现在他家里仅有这么几口人：母亲、弟弟、他和侄儿。他家住在白马关镇的五美寨，聊起白马关镇如今令人津津乐道的几个高标准生态宜居住宅小区，比如倒湾古镇、五丁谷、五美寨等，练大爷这话就长了。

抬起水杯，练大爷轻啜一口，我们注意到他衣服虽旧，但袖口洗得很干净，扣子也扣得齐齐整整，他虽一直没成家讨媳妇，但并未像农村放任自我的光棍汉那般邋里邋遢，事实上，他的一举手一投足，都带着做过18年生产队长的劲儿，直到74岁的今天，他依旧以一个“前生产队长”的高标准严要求来对待自己。他说，让我给你们讲几个关于白马关镇搬迁的故事吧。

倒湾古镇之前世

其实早在汶川大地震前，罗江的县委、县政府已经在积极挖掘三国文化资源了，他们在2007年底，就将原白马村、七里村、凤鸣村撤并，成立了凤雏村。这还没来得及打造白马关景区呢，2008年5月12日，好家伙，地震来了，震了所有人一个措手不及。

地震之后，房屋坍塌，受灾群众要有片瓦遮头才能安居乐业啊，怎么办?这不，一个刷新村民认识的解决办法出台了：将受灾群众安置、新农村建设、文化旅游发展三合一，以农为“魂”，发展新型社区嵌入产业带。

练永清政策水平比一般农民高，打听一番，积极了解，他整明白了：就是说要将凤雏村三个组都集中安置在一起，打造一个全新的倒湾古镇嘛，这样，安置的农民既是住户，又是旅游业的从业者，只不过，他们是搬进景区居住的从业者。

要说倒湾新，这倒不见得，倒湾历史悠久，倒湾是白马关古战场遗址之一，其全称为“落凤坡倒湾古战场”。公元263年，诸葛亮的长子诸葛瞻、张飞之孙张遵率蜀军血战魏将邓艾，断魂于此，导致白马关破、绵竹失、刘禅降、蜀汉亡，而这里，也因蜀汉将士的不断倒下而得名“倒湾”。

历史传说倒是听得人热血沸腾，但老百姓要过日子，又不是靠听听故事就能饱肚子疗饥寒，要将凤雏村几个组的村民给安置到倒湾古镇去，现在，村民们除了看看图纸，听听规划，他们啥印象都没有，怎么做搬迁动员？不对，不能说他们对倒湾古镇的选址地没印象，他们一听要在“那儿”建个居民安置地，简直都“沸水炸油锅”了。

为啥呢？因为倒湾古镇选建的地，根本就是一个不毛之地，方圆几百亩坡地全是乱坟，原来叫“官山”或“棺山”。叫“官山”，是说官府之前专门在这儿掩埋无名无姓的孤魂野鬼；叫“棺山”，是老百姓的形象说法，看到这里漫山遍野都是棺材，白天经过都瘆得慌。上年纪的老人都说，抬眼望去，满山都是密密麻麻层层叠叠的“土馒头”哟。

乖乖，让我们搬到乱坟岗上去住？村民第一反应就是：不搬，我们不搬！哪怕他们的土房子在地震中都已支离破碎了，但住危房再凶险，风水总不差吧？现在要让他们去乱坟岗“安居乐业”，从风水角度看，这咋会是个好地方？那儿阴气那么重，说不定搬去就要倒大霉！

政府在做动员搬迁工作时，遇到了村民们愤愤然强大的抵触情绪。

虎哥的三杯酒

尹华虎当时心里一千个、一万个不愿意搬，他既不愿去住“棺山之上”，也不愿凤雏村几个组的村民被强行集中在一个地方，他觉得强扭的瓜不甜，几个组的人彼此又不太熟悉，真要成抬头不见低头见的邻居，不知还要生出多少尴尬事体。

政府叫大家去开了很多次会，闹得很凶、反对声音很响亮的尹华虎，更是进过好多次学习班，但不管怎么和他交流沟通，分析倒湾古镇的未来前景，他心里还是别别扭扭的。

尹华虎人年轻，三四十岁的青壮男子，比那些耳根软的婆婆大爷更难糊弄，他说“不搬”，说得那真是一口唾沫一个钉，落地都有声。

凤雏村的村干部邓典才书记晚上躺在枕头上思想：咋才能让“虎哥”转变心意呢？白天他走在路上也一个劲地琢磨，想得入神了，不小心撞到树上，揉着发疼的额头直叹气。看到邓书记出洋相的村民哈哈笑了，说书记你想啥好事，想得路都不兴看了？莫想那么多，今天晌午到我家吃嘛，我给你煮块腊肉，你多吃点，补一补，免得营养不够，眼神差。

村民本是一通戏言，倒给邓书记拨开一道亮光。他拔腿咚咚咚往尹华虎家里走，边走边想，要不我请他吃顿饭，两人坐下来慢慢摆谈，伸手不打笑脸人嘛，说不定我慢慢做工作，他总有思想通泰的一天。

尹华虎哪要邓书记请他吃饭哟！他老婆石三妹就是技术顶呱呱的厨师，在什邡一家农家乐打工，很受老板倚重的，这尹华虎经他老婆点拨一二，厨艺也不赖。此刻他端坐家中，一个人吃饭，倒是炒了三个小菜，还拌了个下酒的猪耳朵。不过，虎哥这段时间接二连三被政府请去上学习班，他心里也烦透了，窝着一股无名火，正好借小酒浇浇愁。

看到邓书记风风火火走进来，尹华虎放下酒杯，有点阴阳怪气地"哟"了一声："哪里的风把大书记吹来了啊？"邓书记张了张嘴，他还是顺着原先思路说话："这个，我本来是想请你吃顿饭，我们坐下来好好摆个龙门阵的。"

尹华虎刚刚已经自斟自饮了好几杯，此刻借着酒劲，他将酒杯重重一放，冷言一句："有酒有菜，你不嫌弃的话一起吃吧，哪个要你请！"

这下就将了邓书记一军，让人家一片好心还落个窘境，主动也变被动了。邓书记刚踌躇着要不要落座时，尹华虎又开腔了："这样吧，如果你真有诚意，先喝三杯酒，然后有什么话，我们再细说。"

尹华虎是摆明了邓书记不敢接招的，因为他家里泡的药酒，以度数高、性子烈出名，他拿出来一个拳头大的酒杯，直直搁在邓书记面前。

邓书记心里并非没打鼓，但要做通虎哥的思想工作，和他生分咋行？有时在基层干工作，没点豁出去的胆量还真是不好整。喝就喝吧！邓书记好样的，扬起脖子，一杯烈酒就倒进肚子，"火苗"呼地腾起；再斟满，第二杯下肚，"火苗"燃烧熊熊，灼热蹿入血管；第三杯，不得了，连眼睛都闪出两朵亮光光的"火花"来。

一气儿喝完三杯，邓书记扶着桌沿站起来，他要趁自己眩晕得倒下之前说出压在心口的话："听我一声劝，老弟，搬到倒湾古镇，只会让你家越过越好的，你要信我。"

尹华虎瞪圆眼睛，他信了，赶紧将摇摇晃晃的邓书记扶到椅子上坐稳坐好，嘴里嘟哝道："我服气了，你做搬迁工作做到这程度，不服咋行？"

一夫当关，万“骂”无惧

搬进倒湾古镇的村民后面过得好不好？就只说这个尹华虎吧，现在他后悔死了，因为他和老婆虽然同意搬迁了，但他们毕竟对倒湾古镇的发展前景没把握，所以房子就按自家方案来设计修葺的，现在，倒湾古镇成了著名景区，好多厨艺不如他们两口子的开起餐馆都火得不行，尹华虎也以老婆的招牌菜“石三妹烧鸡公”打头阵，开了中餐馆。但他将自家房子改为餐馆，一家人没有睡觉的地方，还得再去租房住，嘻嘻。但他现在就是租房也快乐啊，每天餐馆生意好得打拥堂，财源滚滚，说的就是他。

倒湾古镇现在已经成为罗江一张闪亮的旅游名片，这个集“吃、住、行、游、娱、购”等特色为一体的旅游景点，让古镇上的居民真正富了钱袋子，看到倒湾古镇如此热闹，自然让别的村民非常羡慕，至于那些之前怎么动员都不搬的人，更是悔青了肠子。于是，当政府决定在古镇下方几公里处修建五丁谷、五美寨两个安置点时，就没有遇到太大阻力了。原来“宁死不搬”，写保证书不搬的村民现在也找到村里、镇里，哭着、闹着、要死要活要求搬过去。凤雏村现任支书陈书记说了一个惊人的时间对比：之前号召大家搬到倒湾古镇，动员工作做了三个月还有不少人持观望态度，但现在修建五丁谷、五美寨，只用了三天时间就做好了村民自愿搬迁的登记工作。

但如果你认为五丁谷、五美寨的项目进展得一帆风顺，练大爷又摇头了，他摸出一支烟，并不点燃，嗅了嗅，依旧夹在指间，眯着眼说了句：“人心难料啊，有些人，总是贪心不足的。”

在修建倒湾古镇时，政府按人头补助9000元建房资金，土地无偿划拨，按人均35平方米计算。到了规划五美寨时，有村民不干了，他家房子正好修在路中间，他若不搬，路都无法修通，于是，他自以为手握筹码，好跟政府谈判了。该村民认为，他家房子所处地段更“金贵”，一定要按他家人均50平方米划拨土地，否则他就不搬！

练大爷亲自上门和村民说理，他说大家都是按35平方米计算，你一户人不能搞特殊化嘛。那人哼了一声，拧过脖子不理练大爷。练大爷倒也不气恼，一次思想工作做不通，他去做两次、三次，男户主态度死硬，他就找那家老娘拉家常，说：“你家孙子大学快毕业了吧？”老太太说：“是啊！我家孙子读书能干，从小就给我长脸呢。”练大爷赶紧夸道：“能干能干！我就看这孩子聪明，今后一定有大成就！”

老太太见练队长这么抬举自家孙子，老脸笑成一朵花，也忘记了儿子说的“别给练大爷好脸看”的告诫，从屋里抽出两个小板凳，自己坐一个，练大爷坐一个，相对坐着好摆龙门阵。练大爷舒舒服服地坐下，伸了伸腿说：“哎呀，你看，这孩子大学一毕业，接下来就该讨媳妇了，咱们罗江白马如今发展得好，孙子一定会给你娶个漂亮、贤惠的孙媳妇！”老太太这下更高兴了，每条皱纹都溢着笑意，练大爷见“火候”到了，话锋一转叹道：“但是啊，咱们要先赶紧把路修好，将五美寨建起来，这才好用新路、新房迎新媳妇！”

练大爷倒不废话，说完起身告辞，剩老太太留在原地若有所思。

第二天，这家“钉子户”主动来找练大爷，说为了孙子以后好娶媳妇，算了，35平方米就35平方米吧，和大伙儿一碗水端平，不挡路了！

拔起了难搞的“钉子户”，练大爷并没轻松多少，因为要修五美寨的路，又遇到让人头疼的新问题。

修路意味着可能会伤毁村民的树与苗，于是村里就安排生产队长去放线，登记，白纸黑字写得清清楚楚，哪家到底该赔多少，免得人家吃闷心哑巴亏。

村里和队上工作做得细，特别是练大爷，他顶着大日头，仔仔细细放线，将村民的损失记下来，工作做得一丝不苟，偏偏有人还抱着侥幸心理，以为练大爷到底上了岁数，可以在人家这里吃“麻麻鱼”。

于是，练大爷头一天刚放好线，第二天就遇上了怪现状，他看到沿着好几里路，一夜之间忽然多出来数根小树苗，那树苗的根部还带着新土，明眼人一下就能看出，这些小树苗是火速移栽在线内的。

练大爷怒了，这不摆明了占国家便宜，吃集体“欺头”吗？如果所有人都这样想、这样做，为了让政府多赔偿一点，走这种旁门左道，那要把白马关镇的风气带得有多坏！

练大爷还是很有脾气的，他先是站在梁子上高声问：“谁在栽树子？”各家各户关门闭户清风雅静的，谁都不透一丝风来，他们采取了集体缄默的方式，自以为法不责众，没人站出来承认树是他栽的，量你练大爷也不敢动个分毫吧。

他们真心想错了。练大爷是谁？廉颇老矣，英雄气一丝不改，好吧，没人承认，他就走一路，扯一路，一直扯了一两公里的树苗，将那些几个小时前才植入泥土的小树又拔了。这下，练大爷就真的捅了马蜂窝。

包括他隔房兄弟在内的十几户人，不知从哪儿一下子拥了出来，他们团团将练大爷围住，男人跺脚，用厚掌去抵推练大爷肩膀；女人尖声哭喊，直将鼻涕、眼泪往练大爷褂子上擦。他们骂练大爷比地主老财还坏，伤害他们的树苗苗，不得好死！练大爷毫不畏惧，眼神坚定，铮铮有声道："放过线你们还来栽树子，就是不对，是想占国家便宜，丢人！"

那群村民当然知道自己行为丢人，但不能被练大爷这样直白地说出来啊。他们打着小九九，家家户户匆匆忙忙地挖了几十个树窝子，种下小树苗，以为这下能赔个好价钱，哪里晓得遇到这么食古不化的生产队长，连点甜头好处都不留给他们！村民声浪快要掀翻房顶，他们用各种难听的话骂练大爷，他无儿、无女这桩事情，又成为村民谩骂的好由头，有个妇女一边骂"老绝户"，还一边呸地向着练大爷鞋面吐口水。

练大爷心里能不痛、不气、不难过吗？他又不是铁石铸成的人儿，当然会有种种伤感情绪。但他依旧一夫当关，稳稳站在那里，任谁都不能再越过他，多栽一棵树苗，多占国家一分便宜。他用一个人的坚守，换来修路项目的顺利推进。

接下去，练大爷还被队上的妇女骂了好多天，她们不管怎么骂，怎么羞辱练大爷，练永清都只固执地守住一个道理：以前我们白马关镇多穷啊，尽是泥巴路，现在政府要给大家修新路，修新房，多大的福气！谁要阻挠了大家的幸福，我练大爷第一个站出来！

是的，我完全相信，如果还有人胆敢为了一己私利而罔顾他人幸福，74岁的练大爷依旧会一夫当关，万"骂"无惧，不辞辛劳，不计得失。

为了让家乡变得更美丽，练大爷的英雄气概不褪色、不减弱、永不"老"去。

第四章　历史文化扮靓山山水水

罗江，以江而得名，已有1700多年历史。罗江是先作为江河名而见于晋代，作为县名则始于唐朝。

西晋时期设万安县于梓潼水尾万安故城。

唐朝天宝元年，改万安县为罗江县，隶属剑南道绵州巴西郡。此后1000多年，罗江区管辖范围都在金山、罗江、黄鹿一带。

清顺治十六年，罗江县并入德阳县，隶属绵州直隶州。雍正七年复置罗江区，乾隆三十四年，罗江区再次裁撤，嘉庆七年又恢复罗江县。

民国时期罗江县疆域沿袭清代，无甚变动。

1950年设绵阳专区，隶属川西行署区，辖10县（含罗江区）。

1959年撤销罗江县，其绝大部分乡镇并入德阳县，其余并入中江县、安县。属绵阳专区。

1984年，撤销德阳县建立德阳市市中区。1996年8月3日，撤德阳市市中区，设立旌阳区和罗江县。

2017年7月18日，国务院下发《关于同意四川省调整德阳市部分行政区划的批复》，同意撤销罗江县，设立德阳市罗江区。

罗江这个省级历史文化名城，不但具有丰富的旅游资源，本身还拥有深厚的文化底蕴。三国遗址白马关、庞统祠墓、诸葛点将台、落凤坡、血坟、古驿道、李调元读书台、醒园、奎星阁、万佛寺、南塔寺、景乐宫、范家大院……当历史底蕴邂逅人文景观，四方来客点赞，引人流连忘返。

罗江为东晋时期南方民歌《巴歌》的诞生地，自古“凡名流入蜀，必至其地，至必有诗”，唐代杜甫，宋代苏东坡、陆游，明代杨升庵、卢雍，清代王士祯、果亲王等历代名人为这里留下诸多诗词华章，孕育出以李调元为代表的大批诗人。

说起美食来，罗江花生与罗江豆鸡早已扬名海内外，深受食客喜爱。香脆可口的“贵妃枣”，相传是杨贵妃在罗江避难时留下枣核，后人孕育成林，如今已发展成为罗江的特色果品。

罗江的历史文化，扮靓了山山水水，滋养了浅丘低壑，盛放芬芳馥郁的幸福花朵。

打捞罗江碎影的人

早就听说罗江县文化旅游体育局的退休局长赖安海先生是罗江文化名人，被誉为“罗江人文历史活字典”，他对学术研究有种痴迷的劲头，曾为写作《〈绵州巴歌〉考》，沿河走完了罗江至中江的凯江河段。歌中把蜿蜒明净的凯江水比拟为龙女织成的绢素，又从瓦鼓声中联想到龙女出嫁的热烈场面，令他激动不已，他愿用双脚来丈量大地，一步一步坚持行走，老老实实做学术，不搞一点投机取巧。

印象中，这样的大师，也许应该“标配”一脸的清傲与孤高吧。但我们错了，真正见到的赖安海，风趣、幽默、亲切，稍稍有点小烟瘾，我们的交谈，在茶室薄薄的香烟烟雾中逶迤展开。赖大师有一本书，书名很诗意：《打捞罗江碎影》，这个且笑且谈、和蔼可亲的瘦高男子就是那个打捞家乡碎影的人！

爱读书的少年很热血

从小，赖安海就是一个胆子大的孩子，比如6岁上小学，别的孩子还在纠缠碗里为啥不多放一块红苕，哭哭啼啼找母亲讨要，他已经提着小篮子，一个人走六七里路去罗江街上卖菜了。他很有商业头脑，掐下来水灵灵的香菜用细线绑成一小把一小把的，大人看这么一丁点大的孩子竟敢自个儿叫卖，大大方方不怯人，又见那菜一束束缠得漂漂亮亮，果真是个有心孩子，于是愿意照顾他生意。他回家将空篮子和一把毛票子往母亲手里一塞，当娘的都不敢相信自己儿子这么能干。

也许是比较早熟吧，10岁左右上“高小”，赖安海就是班上那个不太听话但成绩尚可的学生。他高小是在罗江二小读，那所小学最吸引他的是校内藏书甚丰的图书室，他就像饥饿的人扑到了面包上，就算上课，老师在讲台上讲，他也在课本下偷偷摸摸藏一本小说来看，《红楼梦》《西游记》《烈火金刚》《欧阳海之歌》……他很幸福地将小学这么“看毕业”了，让人佩服的是，他一边看书，还能一边在考试中保持中等成绩。

接下来，赖安海考上了鼎鼎大名的罗江中学（简称“罗中”）。那时的罗中学生，小小年龄就有不凡“地位”，因为罗江当地重视教育，所以凡是罗中学生，每人每月还无偿领取16公斤粮食。孝顺的赖安海总会想方设法省下一些口粮，自己的米里搭上红苕、南瓜等粗粮来吃，让家里人也跟着“沾沾光”吃白米。家人也以他为荣。他原以为自己能在罗中知识的海洋尽情遨游，但入校不久，史无前例的“大运动”来了。

这下没人上课了，那些初二、初三的学生统统跑去大串联，剩下初一刚进校的学子干瞪眼，瞪了好多天，赖安海觉得没书念这样干耗着也不是办法，还不如行万里路长长见识呢，于是，他也号召大家去串联。当即有12个拥护者，响应了他的提议，这13个初一学生，沿着白马关的金牛古道，开始用双脚丈量“革命大地”。走到资阳，队伍缩减为6个人，走到泸州，仅余3个人，另外两个都走得龇牙咧嘴、蔫头奋脑，随时有回返冲动。果真，走到重庆江津，只剩赖安海1个人。

他身无分文，却豪情万丈，一个人兴冲冲去参观渣滓口洞、白公馆等，丝毫没有因为自己“耍单”而畏惧，他就是这样有胆的12岁少年。开开心心游览了重庆的爱国主义景点，去找重庆冶金研究所的大人借了3元钱，这才扒闷罐车打道回府。

串联增长了赖安海眼界，但对他改变目前的生活，并无太大益处。学校乱糟糟，书是读不下去了，13岁的他索性去拉架架车挣钱。少年干着苦力活，内心却从未放弃对知识的追求。同院住着一位私塾老师，家有丰富藏书，赖安海主动和人家交朋友，那老师之前对小屁孩儿不屑一顾，几番交往，看出了赖安海的向学之心以及超凡慧根，彼此惺惺相惜，视他为忘年交，藏书也大大方方向他放开。赖安海万分欣喜地扎进书海，《唐宋传奇》《聊斋》，甚至《罗江县志》都是这位老先生的私藏宝物，这些都成为滋养少年赖安海的精神食粮。

就这样，白天劳动，晚上看书，到了他15岁，罗江中学要办班，培养卫生和财会方面的人才，赖安海赶紧报名。他的天资聪颖，以及这几年并未丢掉书本帮了他大忙，他轻轻松松考进卫生班。为了学好医术，他拜了罗江好几位德高望重的老中医为师，每天一大早就起床背《汤头歌》。他很刻苦，17岁时已掌握了一手好医术。那时他当卫生员，要负责做计划生育手术，他几分钟就能“解决”一个，彻底洗刷了人们对年青人“嘴上无毛，办事不牢”的偏颇认识。

追求知识　日益精进

赖安海笑谈，这辈子他最遗憾的就是学历低了，但他从未放弃过对知识的追寻和汲取。当年，他一个小小的乡村赤脚医生，为了练好医术，他有个同学考上华西医科大学，赖安海便托同学帮他买了全套教材，不但看书，还要实践操作。赖安海胆子大、心眼活，周六晚上他偷偷跑到成都，周日和同学一起溜进解剖室，那时大家还忙着搞“斗争”，学校管理松散，正好给赖安海这个胆比天还大的人一个可乘之机。别的正牌医学生，轮到上解剖课，可能都要“两股战战”，要反复给自己做心理建设才能大胆走进去，赖安海也许是天生胆肥，也许他太想学好医术，在医学方面有所精进了，所以当他的同学提心吊胆地向他投过来目光时，他压根不理会，认认真真忙着和泡在福尔马林里的尸体做“无声交流”，将自学知识用于实践。

赖安海的17岁，每一天、每一分钟都过得充实无比。他养几十箱蜜蜂来贴补收入，他早上五点起床背药方，他举石锁锻炼肌肉，他自己做着赤脚医生的工作，还担任赤脚医生班的教师，为大家上生理解剖课……他忙得像一个陀螺，绵阳卫校老师教训学生，说你们毕业后，如果开方子的水平能赶上罗江北门口那个赤脚医生就好了。

卫校老师说的正是赖安海。没受过科班正规教育，按照野路子，野蛮生长的赖医生。

1979年，因为赖安海工作出色，被特招为计划生育专职干部，他正式结束了十年学医生涯，担任公社计生办主任。他干一行，精一行，很快就获得县上的先进人才表彰，还获得市劳动模范的殊荣。1984年，因为当时有“干部年轻化、专业化”的要求，赖安海不到30岁，被直接提拔为乡长。

冷不丁就当了乡长，换了别人，可能乐得都找不到北了，赖安海却很清醒，他认识到自己在知识结构上的欠缺，所以赖乡长上任之后，成为乡官里最拼命学习的一个。他开始废寝忘食地钻研阅读，购买许多书籍，并开始对罗江本地地域文化发生兴趣。那时他不管出差到何地，一定会挤出时间去当地书店逛逛，他看书之杂，常常令人瞠目，比如什么企业管理、塑料生产、水泥制作的书，他都一摞摞抱回去，同去的人不解，说赖乡长，你这是搞啥名堂？一个人要了解这么多知识干啥子，教授都不会看这么多书吧？赖安海说不干啥子，乡里不是要创办塑料、水泥企业吗？我要啥都不懂，到时就该出洋相了！

赖安海是那么的重视知识，向学之心从认字到现在，熊熊烈火越烧越旺，从未熄灭过。1985年，他去参加党校招生考试，不怕对人直言“宁可为了读书不当官了”。不过出师不利，他数学根基太浅，这一年只考了3分！

他并未放弃，火速买来初中教材，开始抽各种空闲时间自学。那时乡镇办企业，又要求乡干部下村工作，他常常要忙到夜里星稀月明，周围鼾声四起才有时间拿起书本，即便如此，他仍旧坚持和数学习题做艰苦斗争。1986年，赖安海再次赴考，较之前一年四科总分140多分，他这次总分243分，光荣上榜，开始了两年的脱产学习。

学成归来，上级部门通知他：收拾一下东西，准备去文星镇担任党委书记。

以文兴乡，以文养民

听说赖安海要去文星镇，好多人劝他“还是想想再说吧”，因为那时文星镇以“乱”著称。别的不说，就单说那儿有个观音岩吧，不知谁突发奇想，假借观音传说冒出头来搞封建迷信：当地有个生产队，不知谁造谣，说观音娘娘要引领大家去极乐世界了，于是在一个月夜，50多个人前赴后继跳了堰塘，差点让好好一个生产队的人死绝……

赖安海那年35岁，去文星镇第一件事，就是自己悄悄去走一圈儿，不是坐小车，也没有任何人陪同，就是他自己一个人走、一个人听、一个人看，他心里有谱了：这儿要发展，要修路，把经济搞上去，人民群众富裕了，才能摆脱封建和愚昧，“抵抗力”相应也会高一点；更重要的，是以更加科学先进的文化来滋养当地民众，只有“以文兴乡”，才能真正润泽人们的精神家园。

拨开重重历史迷雾，赖安海“邂逅”了罗江著名才子李调元。李调元，正是罗江县文星镇（今调元镇，2006年，因纪念李调元而更名）人，字羹堂，号雨村，别号童山、蠢翁、鹤州，清代文学家、诗人、戏曲理论家，被誉为“一代文豪西蜀全才”。乾隆二十八年中进士，钦点翰林。历任翰林编修、广东学政。著有《童山全集》《雨村曲话》《雨村剧话》，辑有《函海》《全五代诗》，民歌集《粤风》等。著述包含历史、地理、金石、考古、语言、音韵、诗词、书画、戏曲、民俗、农业及庖厨等，不仅是研究巴蜀文化的重要史料，也是中华民族文化宝库中的瑰宝。

李调元嗜读书，爱书成癖，抄书成痴，其家有藏书达10万卷以上。归乡后在南村坝建楼五楹，将父亲和自己所购之书，以及在京雇人所录之秘本，分“经、史、子、集”四十橱，全部储藏其中，题楼名曰“万卷楼”，被誉为“西川藏书第一家”。其楼在乾隆五十一年落成，不幸于嘉庆五年突遭火焚，所收藏书籍被付之一炬，避乱成都的李调元闻讯后“一恸几绝”，作哭书诗曰：“不如竟烧我，留我待如何？”李调元郁闷寡欢中作《叹老》绝笔诗：“我愿人到老，求天变成草。但留宿根在，严霜打不倒。”1803年，“一代文豪西蜀全才”陨落，享年69岁。

赖安海以非凡的热情与钻劲，一头扎进了“李调元文化”的故纸堆，他打捞，他研究，他思索，他著书。曾经，为了能复印李调元的《函海》，赖安海遍寻各地，终于皇天不负有心人，在川大图书馆找到了。他欣喜若狂地跑去复印，需要复印5000页，早上人家图书馆一开门他就进去，直到下午6点才离开。那天外面下着寒雨，赖安海肚里空空，可称“饥寒交迫”，走出图书馆时腹鸣如鼓，人也累得几近虚脱，但他内心雀跃无比，因为能复印这么珍贵的文献资料，于一个书痴而言，是莫大福音。

赖安海并不是“隔绝窗外事，一心做研究”的纯学者，他始终记得自己的职责和重任，在文星镇工作期间，他就经常思索如何将发掘罗江县悠久的历史文化资源，与发展文化、旅游事业结合起来，既丰富群众的文化生活，又开发旅游景点，发展地方经济。为此，他根据有关史料，组织修建了“文星”观音岩、“醒园”“读书台”等旅游景点，努力转化文化资源。

再后来，赖安海因对罗江本地文化的挖掘和研究，名声大震，他也被调入罗江县文化旅游体育局。到任之后，赖安海着眼全局，认真挖掘整理，拟写了罗江县白马关三国文化旅游区的开发方案和李调元纪念馆的总体规划、布局，并努力实施。在赖安海的带领下，罗江于1998年成功地申报了省级历史文化名城；他撰写完成了庞统祠申报全国第六批国家文物保护单位综合材料，点校了清嘉庆《罗江县志》，并获四川省地方志优秀成果奖；他与人合作撰写配解说词的反映罗江名胜、文化积淀的专题片《乘着春天的翅膀》在中央一套播出，受到专家、学者的高度评价。

现在，赖安海已经从罗江县文化旅游体育局局长职位上退了下来，身虽已退，心却依旧年轻火热，他每天生活安排得有条不紊，仍然在读书、写作、钻研学术问题。对于他而言，“打捞罗江碎影”，也许需要穷尽一生，路还长，路漫漫，他从容行路，并不着急。

潺亭一清音

从一个只念过两年初中的放牛娃，成长为川西颇具实力的音乐家；从一个无依无靠的孤儿成长为一名群众文化工作者，成为中国音乐家协会会员，周贵绵在川西、在罗江创造了一个奇迹。

曲不离魂，歌不变离口

周贵绵出生于罗江县鄢家镇云峰村。老天对他特别不公，6岁夺走了他的父亲，刚念完两年制初中，14岁时母亲又离他而去。周贵绵懵懂、幼小的心灵在短短几年时间里承受两次人生最大的不幸和打击，他居然坚强地挺过来了。

是什么给予了他力量和勇气?

他说，是音乐拯救了他，是音乐将他送上成功之路。

还没上小学之前，周贵绵就会唱《盼红军》《槐花几时开》等许多民歌。上小学第一天，老师教唱的《戴花要戴大红花》竟然让他入了迷。他不知道，自己为什么会对唱歌这么感兴趣，这么痴迷，只要一唱歌，父母离去的伤痛就会烟消云散。

唱歌，是他童年生活中唯一的快乐。

从小学一年级到初中毕业，无论在上学路上，还是在放牧的牛背上，他都歌不离口。童年的不幸和苦难，在他一曲又一曲的歌声中淡去。在山坡，在田野，他稚嫩而悠扬的歌声到处飞。在他眼里，他一开口唱，那些稻子在勾头点赞，那些绿叶在拍手叫好。劳作的乡亲们听惯了，如果某一天没听到，就会觉得村子里少了点什么。

喜欢唱歌就离不开抄歌。那个年代，可不是随处都能找到歌曲书刊的，歌本被“破四旧”破得几乎没了踪影。记不清自己是从哪里抄来了《我的祖国》《茶山新歌》《芦笙恋歌》《敖包相会》等当时的禁歌，在夜里、在劳作时，和村里同龄青年悄悄地传唱。为了抄全电影《英雄儿女》《南江村的妇女》《卖花姑娘》中的插曲，他追随放坝坝电影的放映队一个多月，翻山越岭，跋涉200多里路，反反复复看了几十场。当几部电影里的主题曲和插曲一字不漏地抄录在自己用白纸裁剪装订的小本子上时，他兴奋得彻夜难眠。

一天，他得知国内出版了唯一的歌曲集《战地新歌》，心里想得发酸，却无可奈何，因为没钱买。他只得下狠心，走五六十里路去县城图书馆抄写，来回跑了几大天，直到抄完为止。

一个下雨天，周贵绵整理自己的手抄歌曲，数了一下，把自己惊了一跳：从1966年到1978年12年的时间，居然抄录了500多首歌曲，而且每首都能激情飞扬、声情并茂地唱出。后来，他将这些歌曲整理装订成了四个手抄本集子，至今还完好地保存着。这些优美的歌曲，通过自己的传唱，在当时家乡的青年和下乡的知青中广为流传，成为乡村唯一的精神食粮，而他自己也成为乡亲们喜爱的民间歌手，用自己优美的歌声丰富着乡村枯寂的文化生活。

周贵绵的这段抄歌经历，现在的年轻人一定觉得不可思议，觉得荒唐和滑稽。但是，这却是他的一段非同寻常的人生磨炼，为后来他的音乐之路打下了扎实的基础，让他一生受益匪浅。

“放牛娃”登台

由于爱唱歌，周贵绵身边渐渐地集聚了一批有相同爱好的村里青年。1978年，党的十一届三中全会召开，文艺的春天来了。周贵绵在云峰村组建了农民业余文艺演出队，有20多名年轻人加入，排练了《刘三姐》《洪湖赤卫队》《长征组歌》等歌舞节目，白天劳作，晚上演给村民们看。在本村本乡演，也拉出去到邻县的中江、三台、安县等山区演出。当时农村文化生活相当匮乏，唯一的文化精神生活就是跑几十里山路去追坝坝电影，文化娱乐活动几乎断层。周贵绵组建的农民业余文艺演出队，填补了当时这块空白，弥补了那个年代农村匮乏的文化生活。因而，他的演出班子从马鞍山下拉出来，非常受各地群众的欢迎，都引起了轰动效应。

1979年，周贵绵组建的农民业余演出队参加镇上文艺调演，成为全镇公认的最好的文艺队伍，被选拔参加当时的德阳县农村文艺调演，他这个“放牛娃”第一次登上了正规的文艺大雅之堂。他演唱的《毛主席的恩情比山高比水长》《歌唱朱德委员长》，歌声热情奔放，高亢明亮，带着质朴的泥土芬芳，赢得全场观众和评委的热烈掌声，还获了奖。他没想到，调演结束后，自己会被留下来，作为县业余文艺演出队的独唱演员，到全县各乡镇巡回演出，成为全县34个乡镇的名歌星。

由于自己的勤奋和努力，20世纪80年代初，文艺复苏，镇上成立文化站，周贵绵担任了文化站站长兼文化辅导员。云峰村文艺演出队也升级为鄢家镇文艺演出队，他又在全镇选拔了一批文艺尖子充实到队伍中，编排了一批群众喜闻乐见的歌舞、小品、曲艺节目，深入川西北山区及本县的34个乡镇演出，邀请应接不暇。一年大年三十，周贵绵带领他的团队在中江县青市乡演出后回家路过一个山垭口时，天将黑，大家都脚步匆匆，却突然“杀”出两路人马，一路人“抢”了道具箱，一路人“抢”了乐器箱。

难道遇到土匪了吗？大家心里一震。

现在这世道，哪里有土匪。原来这个垭口是德阳县回龙乡黑虎村与高垭村的交界处，又是他们回鄢家的必经之路，这两个村都要请他们去演出，大过年，都想热闹一番，就在这里等候。

双方争执不让，咋办？队员们还要赶回家吃团年饭，家人都等待着呢。时间只有那么多，满足了黑虎村高垭村不答应，满足了高垭村黑虎村不答应。最后，周贵绵想出一个折中的办法，一个村演半场，两个村都满足。只是那晚，苦了那些演出队员，他们演出后，还得步行20里山路回鄢家老家。更受苦受累的是周贵绵这个演出团长，为了队员的安全，他都要先远后近，把队员一个一个送回家，然后自己才回家。那晚，周贵绵回到家，已经凌晨两点过，家人等吃的团年饭，早就冷冰冰的了。

新房成残垣，初心难更改

不只是那个晚上周贵绵回家晚。1984年寒冬的一个晚上，对周贵绵来说刻骨铭心。那年冬天，他家在修房子，而他忙于带团演出，一点也帮不上忙。就连竣工那天，亲戚都来庆贺，他也没时间陪同喝酒。深夜送完最后一个队员，满怀喜悦地急急往家赶，想快一点看到自家的新房。寒霜从天上洒下来，他的背脊却冒出热热的汗珠。翻过马鞍山的垭口，他怔住了，哪里有新房啊，他以为自己走错了方向，可他分明听到寒风中妻子悲痛欲绝的哭声。他急忙跑过去，出现在眼前的是一片残垣断壁，横七竖八的檩料像一根根针，直刺他的心窝。蜷缩在一角的女儿哭喊着跑过来，抱住他的腿凄婉地喊着："爸爸，我要新房子……"

从不流泪的周贵绵，眼泪一下滚落出来。他庆幸，新房坍塌时，没有一个亲人受伤，这是他对自己唯一的一点安慰。

周贵绵率领的这支农民文艺演出队持续了15个年头，上山下乡，送戏上门，在川西北地区演出1000多场，观众近百万人次，深受群众欢迎。1986年11月演出队被评为四川省群众文化先进集体，还得到省文化厅的嘉奖。这是团队的荣耀，也是他的自豪。

从1986年到1993 年，四川人民广播电台每年都要来文化站采集一组文艺节目在电台播放。他记得1986年四川电视台的记者扛着摄像机第一次出现在鄢家镇街头，采访他的演出团队时，老百姓从没见过摄像机，前呼后拥，像看稀奇古怪一样，围得水泄不通。

一路走来，数千次的演出，数百首歌曲的演唱，让周贵绵在川西北山区小有名气。不知何时，"农民歌唱家"的名衔戴在了他的头上。他演唱的《三峡情》《槐花几时开》《文化站里好风光》等20多首歌曲先后在省、市电台、电视台播出，有几首还被作为电台的《每周一歌》播放。他先后20多次获市、县歌手比赛名次奖，其中三次获一等奖。2010年10月，县宣传文化部门和市音乐家协会专门为他举办了《牛蹄踏出的音符——周贵绵作品音乐会》，在省、市产生了强烈的影响。

从农民歌手到文化专干

1986年年初的一天，是周贵绵最兴奋的日子，因为他写的第一篇音乐评论《小议"歌"与"白"》在《音乐世界》发表，让他对写作信心倍增。此后，他一发不可收，100余篇音乐评论在《人民音乐》《词刊》《音乐周报》《音乐世界》《四川日报》等国内有影响的刊物发表，其中《"红高粱"与"西北风"》《时代之声民族之魂——评〈奋进腰鼓〉》等文章，在音乐学术界引起反响和关注。同时，周贵绵创作的300多首歌曲也先后在《中国乐坛》《民族音乐》《歌海》等国家、省级、市级报刊发表，其中《山妹子》《朋友你走好》《云朵上的姑娘会绣花》等10余件作品在全国歌曲创作评比中获一等奖，20多首歌曲编入《神州歌海》《中国民歌选粹》等专集。他的音乐、文学专著《牛蹄踏出的音符》《那道岭那条江》《诗意中国》由出版社出版发行。

周贵绵创建的鄢家镇文化站，从最初50平方米的破街房、4张小方桌的家当，通过多方努力，到1993年文化站站房发展到300多平方米，并开设10余项文化活动项目，仅图书室的藏书就达到上万册，被评为四川省一级文化站，并且每年还被评为德阳市中区先进文化站。

20世纪90年代中期，随着经济浪潮的冲击，演出队的部分队员相继下海，团队渐渐地被商海浪潮淹没。周贵绵心有不甘：乡村文化的根不能断，牵盼着振兴演出团队。到1998年，他倡议建立了鄢家镇嫂子歌舞团，指导、辅导团队排练节目，带领嫂子歌舞团演出200多场，仿佛一下子又回到了当年时光。不，还超过了当年，如今的嫂子歌舞团还登上了四川电视台、中央电视台以及四川省歌舞剧院的大舞台。

2000年5月，周贵绵调到县上与高翔筹建文化馆。都说创业难，是真的，周贵绵体会到了。经过半年多的筹备，到2001年2月，罗江县文化馆挂牌成立。头年辛辛苦苦干了一年，没有一分奖金，他理解；第二年，有奖金了，但拿到的是一张白条，说让创费解决。咋个自己创费呢？当时的文化馆从最先的东山搬到现在的纹江河边，有一间清水房，可做排练厅，想办一个舞蹈培训班，但没钱装修，去贷款，因是国有单位不能贷，最后还是他和高翔到私人处给高利息贷了1.7万元，为了节约，装修用的地板还是自己去成都买的。后来办了健身舞培训班，象征性地收了点学费，两年后才把贷款还清。到2004年，县级财政支持力度增强，文化馆开办了舞蹈培训班、音乐培训班、美术书法培训班等，健全了文学创作室、戏曲创作室、音乐舞蹈创作室、美术书法摄影创作室、群文调研室、非物质文化遗产办公室，并配备了相应的设施设备，文化馆的活动面积达到2000多平方米，成为四川丘陵地区很有实力的文化馆，多次被评为省市先进集体，后又被评为国家二级文化馆。

县文化馆成立后，周贵绵狠抓文艺队伍建设和文艺人才培养工作，2001年9月，创建了罗江县音乐舞蹈家协会，现有会员200多人，是罗江县最大规模的民间文艺团队，这些会员都是罗江音乐舞台的主力军。他还参与组建了罗江县作家协会、罗江县火凤凰艺术团、罗江县潺亭之声合唱团、罗江县潺亭之声戏曲队等文艺团队，并发挥自己的专业特长，长期辅导鄢家嫂子歌舞团、县老年大学艺术团、四川玻纤公司舞蹈队等20余个文艺团队。他培养、辅导的创作演唱骨干近千人，近百人在全国、省、市获奖。另外，他还参与了罗江县潺亭之夏文化艺术活动、县春节系列文化活动、县农村文艺调演、县职工文艺调演、县歌手大赛、县歌舞大赛等“罗江元素”品牌文化活动的创立、策划、组织、编导工作；并参加了历届中国·罗江诗歌节、德阳市第四届文旅大会主题晚会、“蜀汉风”大型文艺晚会等重大文艺活动的主创、编导工作。自2000年以来参加组织、编导各类大中型文艺演出1000多场次，观众超过百万人次，对活跃全县城乡文化、丰富城市文化生活起到了极大的推动作用，这些活动大多形成罗江县特色文化活动，已在省市产生了强大的影响。

2014年9月，周贵绵光荣退休，由于县文化馆工作需要，被返聘继续从事音乐戏曲创作、表演、辅导、培训工作。2014年12月，县上成立十大名师工作室，周贵绵作为文艺类名师之一，继续发挥着他的才能和余热。2015年10月，周贵绵名师工作室师徒三人编创打造的“周贵绵名师工作室师徒作品演唱会”在潺亭水城隆重举行，吸引千名观众，得到市县领导和各界好评，得到《四川日报》《华西都市报》等八家媒体盛赞。2016年4月他组织“潺亭之声”合唱团走进国家大剧院，参加全国中老年合唱之星邀请赛，获得“明星金奖”“群星金奖”“最佳指挥奖”“最佳组织奖”4个大奖，他创作的歌曲《云朵上的姑娘会绣花》《相思泸沽湖》在国家大剧院唱响，赢得全国声乐界的好评。

周贵绵从放牛娃到农民歌手，从农民歌手到镇文化专干再到县文化馆音乐干部、副馆长，从小农民到四川省音乐家协会会员到中国音乐家协会会员，并被评为罗江县拔尖人才、德阳市有突出贡献文艺工作者、四川省岗位学雷锋敬业标兵、全国文化系统劳动模范。一步步的成功，都与他的艰苦跋涉和执着精神分不开。从周贵绵的身上，我们可以看到，一个人持之以恒地坚持学习和不懈努力，取得成功是必然的。

“漆”人其事

翻开王明富的履历表，会看到金光闪闪的一长串头衔和荣誉：

王明富，现任野泰人家工作室漆艺总监、中国工艺美术学会会员、野泰人家生漆研究所所长。

1986年开始从事生漆采割，对全国漆树分布十分了解，对生漆研究有独到见解。2010年拜重庆四川美术学院何豪亮教授学习漆画、漆器工艺技法。

2011年，雕漆《荷叶大鼓》七件套，在第七届中国（深圳）国际文化产业博览交易会冬季工艺美术精品展获得“文博杯冬季工艺美术精品奖”金奖。

2015年创办了野泰人家漆艺工作室，专门从事漆器、漆画研究生产制作。2016年成立了野泰人家生漆研究所，专门从事纯天然大漆采割、生漆研究、漆艺文化、漆艺传承等方面的研究。

少年与漆

20世纪70年代初，王明富出生于四川罗江的一个小乡村。小时候，家贫穷。家里到底有多穷呢？有时老师要求交一两元学费，他都交不起。当时家乡有割漆传统，不少人到了4月就结伴去秦岭山脉割漆挣钱。有次凑遍家里的钱，还是不够交学费时，14岁的王明富对母亲说，他也要去割漆挣钱，等挣到钱再回学校念书。母亲虽担心儿子小小年纪爬树攀枝地从事高危作业，但明富已经横下一条心，慈母只能撩起衣襟拭泪，看他昂起头颅远行，成为割漆学徒。

小明富那时并不知道，他这一生，从此与漆结下了不解之缘。

王明富虽然年纪小，但他挺能吃苦，又爱动脑筋，别人割漆就割漆，他还会多问几个“为什么”：为什么天气不同，割漆的最佳时间也不同？比如晴天割漆，最佳时间是日出之前，越早越好。王明富请教同伴，大家都说不清，他就一个人去查书，了解到晴天日出前割漆，树冠蒸腾作用小，漆液分泌快，空气湿度大，割口不易干枯，可延长分泌时间，所以产漆量高。如果割口较多，日出以前不能全部割完，则可先割阳坡，后割阴坡；阴天是割漆工最喜欢的天气，可整天采割；雨天割漆产量虽好，但上下树不安全，漆液中易掺进雨水，而且雨水渗入漆口易引起漆树腐烂，所以雨天不能割漆。

20世纪80年代中期，国营漆器厂面临国企改制，许多经验丰富的老师傅下岗，接触到割漆学徒王明富，觉得少年挺不错，问他愿不愿意学漆艺技术？王明富求之不得，当即拜了几个有真本事的老师傅。

他也许是进步最为飞速的割漆工，师兄弟赚到钱就去打扑克下馆子，他却没有浪费一分一秒的时间，不是在认真学习漆艺，就是在攻克知识堡垒。就这样，王明富赚到一小笔钱就去上学，交不起学费了又休学去割漆，拿到血汗钱了再进校园。他的书念得断断续续，但从未放弃对知识的追逐，一直靠着自己割漆供自己拿到了电子专业的大专文凭。在手握文凭时，王明富其实已是一名对漆深深迷恋的个中痴子。

与漆暂别，相思不绝

1997年，王明富在“漆”上栽了一个大跟头。那时，他原本说好当年迎娶已交往4年的知心女友，年初他兴冲冲和几个朋友包一片林场割漆，他不但投入了自己全部积蓄，还遍找亲戚、朋友借钱、找银行贷款，憧憬着4月割漆，10月完工，售卖出一个好价钱，他好风风光光迎娶娇妻。

残酷的现实杀了王明富一个措手不及。那年他们不仅遇到了百年难遇的干旱，严重影响漆树产量，整个行业还遭遇了惨重的“滑铁卢”，王明富投入的20多万元，全部打了水漂，他本人亦成为“负翁”。

最艰难的时刻，恋人并未绝情离去。即使一回娘家，亲戚背地嚼舌头，说这个小伙子现在穷成这样，随便找个男的都比他强，但婚事到底耽搁下来。现实的压力接踵而至，有段时间，王明富紧张得仿佛出现了幻听，一夜夜难以入睡，总听到债主登门。

为了尽快还债，王明富找出自己大专毕业证，去一家电气企业应聘管理岗位。说真的，那时他打工待遇不算低了，做到2003年，到手的月工资在9000元以上，算得上“金领”了。他却并未因这高薪而快乐满足，心里始终有个地方空落落的，灌满了风，空洞得令他难受。

自打他懂事起，就与漆结缘，这种迷恋已成为一种深入骨髓的感情，此生想要磨灭消除，恐怕永不可能。他在领着高薪时，还念念不忘自己是一名“漆人”。

于是，王明富捏着打工赚的钱开始利用休假时间跑北京、上海、广州、深圳。他下飞机就直奔当地的奢侈品市场，对漆器做详尽的市场调查，越分析，他心里越有底：和几年前相比，整个漆器行业正在回暖！

最让王明富心志坚定的，是他2010年时，遇到了一生中最重要的恩师——何豪亮先生。何先生是四川美术学院的退休教授，一生都在和漆打交道。说来也怪，别人想要拜这位中国漆器制器泰山北斗级人物为师，不知要费多少周折还可能被婉拒，但遇上王明富，何先生却慧眼识珠，欣然收徒，只对新徒定下三点要求：技术要学好；人与人之间的平台要搭好；50岁之前不准发财。前面两个容易达到，王明富对第三个条件犯了愁，对恩师直言：“可我也要养家糊口啊！”恩师斩钉截铁道：“你要多少钱生活，我给你，如果我不够，出去借都会帮你！”

王明富眼含热泪谢过恩师，兜兜转转，他很幸运地又重新“杀”回了心爱的“漆国”。只有和漆朝朝暮暮，王明富才能感受内心由衷的愉悦。他渐渐明白了，恩师不准他在50岁之前发财，是谓君子固穷，守的就是一种心气，固的是一个操守，若没有精神上的淡泊清静，难以真正掌握这门手艺的个中奥妙。

师授秘诀，创新制漆

王明富第一个工作室开在重庆沙坪坝，那里离恩师所住的四川美术学院不远。他常和师傅的弟子们交流、切磋，有时在制漆时遇到问题，打电话咨询先生，何先生常常会走到工作室来现场指导。何先生看重了王明富为人沉静、天资聪慧、悟性极高；最重要的是，他耐得住寂寞，是用整个生命在爱漆，何先生愿将一生绝学，悉数赠他。何豪亮不但将凝结自己心血的珍贵手稿拿给他看，还为他解惑释难，甚至将自己研发的“空气氧化制漆法”传授给爱徒。

从采下漆树的原生漆到制成熟漆，从全国来说，都属高难工艺。有些精于此道的制漆师傅，即使重病卧床，到了弥留之际，仍旧舍不得将这门手艺传给徒弟。而何先生不要任何报酬，坦荡无私地倾囊相授。

从此，王明富从师傅那儿学到了别具一格的制漆法。熟漆，即把原生漆熟化，通过精制来改变原生漆粗糙的分子结构，而使之结合得更为紧密。从古人那里，漆工传承了生漆晒制和熬制加工工艺；但王明富的制漆法，却是使用电机不断搅拌原生漆，使之与空气充分作用，充分氧化，从而改变分子结构。这种跨越了“晒”和“熬”的新工艺，更考验工匠的眼力和判断力。

打个比方，同是制一种漆，晴天制和雨天制会有差别，搅拌的速度与时间也会直接影响结果。王明富不断实践，失败了重来，总结经验教训。他与漆打了多年交道，早已熟悉对方“秉性”，所以在制漆时，能用肉眼观察，准确判断氧化程度，从而把控时间和速度。

一般来说，制漆要花70小时，后30小时是需要根据环境变化随时调整搅拌速度，更改氧化时间的。空气中的湿度和温度一改变，王明富就要迅速做出应对。这30个小时，他每隔两个钟头，就会取一点漆，涂抹在作为试板的玻璃瓶上，看它已熟到何种程度。这30小时，他几乎没法睡觉，但眼神炯炯，与漆的亲密接触，让他一次比一次更深刻领会漆器的文化内涵。为何从7000年前的新石器时代至今，漆一直是器物生死不离的“伴侣”？即使深埋墓穴的漆制品，再见天日也依旧色彩不改？漆器考究复杂的工艺，温润华丽的外在，低调中铭刻了太多匠人的默默付出，只有守住寂寞，才能将美丽交托给无涯的时间。

漆器慢打磨，光阴不虚度

现在，王明富将工作室搬回罗江，不但因他是罗江本地人，更因德阳漆器制作技术已有几千年的悠久历史，全国各地出土的国宝级漆器，其中就有铭文“广汉郡”制作（现德阳广汉），在富有漆文化的家乡与漆相伴，实在是赏心乐事。

妻子伴他左右，陪他走过人生的起伏成败，想到他35岁时，因为要生孩子才赶紧去领一张结婚证，多年恋人成眷属，王明富仍觉得有几分愧对妻子。毕竟，他连一个体面的婚礼都未曾给她，她却不离不弃，支持他、鼓舞他，做他坚强的后盾，陪他一道花上数月甚至几年时间，来细细打磨一件漆器。

当年，王明富接到订单，要给上海世博会做一个印泥盒，按照出土文物原件的标准，这印泥盒上漆要求达到300层到320层，上一道漆，一般要等36小时左右，常温阴干后方可上二遍漆。光是上漆就需要漫长时间，这是成百上千次不断地摸索，看似简单，实则从调漆到涂抹，手感、时间、用料、温度都有多种讲究，如果耐不下这个性子，一个小小的闪失，所有工序都会报废。这个看似小巧的印泥盒需经历几百道工序，每步都要小心谨慎，接下来还要“剔犀”。

“剔犀”是漆器“雕漆”工艺之一，盛于宋元时期。雕漆是把天然漆料在胎上涂抹出一定厚度，再用刀在堆起的平面漆胎上雕刻花纹的技法，根据色彩的不同，亦有“剔红”“剔黑”“剔彩”及“剔犀”名目。而王明富所擅长的“剔犀”是由于刀口的断面显露出不同颜色的漆层，与犀牛角横断面极其相似而得名。

真懂漆器的人会被它的自然、深沉、内敛不做作而打动。作为漆的最后一道程序“推光”，目的就在于提高漆面的光洁度，褪去漆面的浮光，使漆面散发出内蕴之光。漆器，可以张扬，却选择内敛。王明富在每每面对这烦琐工序时，都会想起恩师对自己的谆谆教诲。

王明富揩青时，会用纯棉布蘸上提庄漆在漆面上画圆圈。将揩青之后的漆器置入阴房，待漆完全干透，开始推光。只见王明富以手掌蘸花生油拌细瓦灰，反复摩擦漆面，使之逐渐出现内蕴之光泽。这个活儿需要用手来做，以手掌来真正感觉漆器的“体温和心跳”，感觉漆器的生命律动。这么想来诗意盎然，实际操作过程中，却是一项不折不扣的体力活，若是一块大板推光下来，全身都会酸痛，手臂久久发麻。

待到王明富将印泥盒真正完成，前前后后花去了四年多时间。光阴在手中如水流过，他是“漆痴”，有时一开始工作，能连续达到十五六个小时，甚至20小时不休息，不知疲惫地打磨漆器，也打磨自己的手艺和心性。

身边有人不理解，说你投入这么大，又花这么长的时间，没见你赚大钱啊。可对王明富而言，因为喜欢，所以甘心情愿走这条执着之路，坚持信念，坚定初心，坚信自己，愿做最好的漆器、最真的漆器，能为人间留下最有价值的漆器，他所度过的光阴，就统统富有意义，没有一秒是虚度。

再造一个大霍山

64岁的米运达，身穿皮夹克，足蹬短靴，若不是稍稍后退的发际线，他看起来真倍儿年轻，活力四射。在讲起自己与“贵妃枣”的故事时，米运达泪光闪闪，他的眼眸如同夜空寒星，灼灼发亮，讲到激昂处，他配以有力手势，抬起手臂，犹如劈开面前空气，劈开那旧日暗沉沉的辛酸时光，他曾气壮山河地发誓：要依托枣产业，再造一个大霍山！如今，誓言铿锵，激情依旧，壮志未改。

枣子卖出肉价钱

1953年出生的米运达，是万佛村5组人，现在担任着白马关镇大霍山枣子专业合作社理事长。讲起他与枣子的故事，他说第一个要感谢的人，其实是他的亲哥哥。

米运达在1982年当上生产队长，当队长不久，就遇到包产到户，各家各户要分田地，有块老枣子树地，成为众人嫌弃的对象。说起这块地，米运达一点都不陌生，因为它就在米运达亲哥哥房后，地埂上长着一棵老枣树，树身直径有50厘米，米运达小时候伸开双臂去抱，觉得它好壮啊，可比一个孩子的腰身壮多了！也不知是谁栽在那儿的，经历了漫长日月，就算没人专心看顾，每年也尽心尽意孕出青红青红的枣子来，一饱孩子们的口福。米运达对这棵树有感情，但社员们心思未必这般细腻，会对野生枣子树“怜香惜玉”。刚刚经过了大集体时代，大家都饿怕了，晓得枣子树遮阴，树周种庄稼效果会大打折扣，于是千方百计不要这块地。怎么办呢？一来，这块地离米大哥房屋近，二来，米大哥是队长亲属，更该以身作则。米大哥是通情达理之人，米运达刚将自己的顾虑一抛出，大哥便爽快答应了：我要这块地吧，不能让我弟难做人。

队上开了社员会，将枣树锯掉，分给社员拿回去当柴烧，地块就归到了米大哥名下。大家分了柴，又不用分遮阴的地，个个欢喜，欢喜之余，他们也好心地提醒米大哥，说枣树是根蘖发芽，大枣树虽然不在了，它的根系恐怕早已经遍布整块地，到时影响种粮呢。第二年，米大哥一看，情况果真像村人说的那样，地埂上蹿出了不少枣树苗。要换旁人，看到地里蹿出这么多野生枣树苗，可能早就气急败坏了，米大哥却不，他和米运达一样，对之前地块上的“大枣树妈妈”也有感情。当时砍树，他还难过了一会儿，现在看到“野火烧不尽”的子子孙孙都冒了起来，他索性就让它们好好生长，不时还捉捉虫、浇浇水，有心看顾着小枣树。

1985年秋，坐落在大霍山的万佛寺开放了，近水楼台先得月，村民们也纷纷动了赚钱脑筋，他们一窝蜂地跑去寺院门口摆摊卖香蜡、纸钱，米大哥却与众不同，他背起背篓，里面装的可不是孝敬菩萨的线香红烛，而是他地里采摘的枣子，米大哥走到罗江冻兔厂门口，盘腿坐下，摆摊卖枣。

那时的罗江冻兔厂是国营单位，工人们按月领工资，走起路来都气宇轩昂的，是农民们羡慕眼红的对象。米大哥便将工人视为自己的潜在客户，他的枣售价6元一公斤，当年冻兔厂工人工资一个月才38.5元，6元可以直接买一公斤猪肉开油荤了！工人便和米大哥讨价还价，说你咋卖这么贵哩！米大哥将手袖在袖笼里，蹲在地上头也不抬，低低说我这枣子好吃啊，相传古代的杨贵妃就吃过这枣，保管比你们吃肉还香！工人们到底没有抵过甜枣的诱惑，有些嘴馋的，隔几天就忍不住要买上一公斤，一边大嚼枣子一边“抱怨”，说这个月把工资都拿来买枣吃了，月底没钱买米只能饿肚子！米大哥听了这话，仿佛得了极高夸奖，笑得见牙不见眼。

米大哥卖枣很有一套，他不知从哪找到一本书，书上有介绍枣子滋补功能的文字，他将书摊在枣子旁边，买主翻翻书，尝尝枣，二话不说就掏腰包。

买卖多了回头客，人家就问，这是哪里的枣啊，这么好吃？

米大哥很骄傲地回答：大霍山罗真观的。

这大霍山罗真观，便是现在闻名遐迩的川西古刹万佛寺，方圆上百里的人都晓得，于是，便有人从德阳、绵阳等地开车过来，到大霍山买甜枣。米大哥也顺势扩大了自家枣树种植规模，还手把手教会了米运达这个徒弟。一传十，十传百，罗真观枣子越来越出名了。

有次乡里书记下来检查工作，车堵到半路上，他说咋这么多人都跑到这儿来哟，人家就告诉书记，说这些人都是来买枣的。书记听了挺高兴，夸奖当地群众脑筋活，副业搞得红火，便问老百姓目前需要解决啥难题，老百姓异口同声说，啥都不需要，只希望把路修好！

书记当即要了几篮枣子走，他送到县上各部门，诉说了大霍山枣子业蓬勃发展的情况，以及往来小车堵在两米多宽机耕土路的现状，有关部门很重视，修路一事，就这样借着枣子的东风，被提上了议事日程。

2003年，路修通了，可米大哥却英年早逝了。这些年，在米大哥的带领下，万佛村5组种植枣子已经很成规模了。队上90%的农户家里都种有枣树，大家便成立了合作社，又推举米运达来主抓枣子产业。米运达一直记得哥哥种枣的雄心和遗憾，他非常认真地对农户传授枣树的管理技术和经验，不断思考着，如何更好地利用合作社的团队力量，不但要将枣子以优价卖出去，还要打出响亮的品牌。“再造一个大霍山”，哥哥未竟的理想，米运达接力，举起了大旗。

“贵妃枣”的金字招牌

2007年，米运达带着果农，将合作社注册成大霍山枣子专业合作社，当时政府给予了400元的启动资金。很多人都不清楚加入专业合作社有啥用，所以一开始只有五六户入社，入社的人其实也懵懵懂懂，只是从前看到米大哥种枣奔出了小小的“钱途”，他们从心底信服米运达，这次紧紧跟随其后。

很快，专业合作社就显示出了它强大的能力。依托蟠龙宝峰寺娘娘殿的一个与杨贵妃有关的传说，在县委统一协调下，大霍山枣子合作社与蟠龙的枣子合作社强强联手，共同打出了“贵妃枣”的品牌。大霍山的枣子本来就味美质优，现在又附丽着“贵妃故事”，为这枣子增色不少，于是枣价飙升，北京、上海、深圳等国内大都市都有订单雪片般飞来。加入专业合作社的枣农刚想舒心得咧嘴大笑，那笑却被噎在了喉咙里，为何呢？因为去工商所注册时，工作人员耐心告诉他们，你们这个“贵妃枣”的品牌，已经被人家杨贵妃的家乡注册了，不能再注册哦。

米运达觉得成立专业合作社，带给他最大的影响，就是让他更开阔了视野，也更懂法了。如果换到从前，大家觉得品牌被别人注册了就注册嘛，反正又不是实实在在的商品，你可以叫“贵妃枣”，我未必就不能叫这个名字了？地球上重名的人多得很嘛。但米运达晓得道理不能这样强辩，作为专业合作社理事长，他必须要具备现代商业思维和眼光，更不能犯侵占品牌的低级错误。于是，他们请了来白马关搞开发的锦绣天府公司的老总帮忙，带了6件枣子飞过去同对方协商，最终花30万元，买到了“贵妃枣”品牌。

随着大霍山枣农增加，专业合作社也在不断壮大，从最开始的“寥寥几人”，现在已带动了127户枣农入社，带动了全村500多户村民靠枣子致富。这几百号人当中，就有目光不够长远的，他们嗞嗞吸着牙缝的冷气说，看米运达带的啥好头！他当理事长，多教教我们怎么用农药、怎么修枝就好了嘛，竟然花几十万去搞啥虚头巴脑的品牌权！那个东西既不能吃又不能喝，有啥重要的？

米运达没有为自己多辩解，因为他晓得，实践是检验真理的唯一标准，这钱花得值不值，要放远目光来看，品牌打响了，不晓得要为枣农们多赚回好多个30万元！

如果说当年，米大哥卖枣时“以书为凭”，这算是一种初级的营销模式，那么，从2010年开始，米运达加入中国果品流通协会，随着他外出参会、交流、观摩，吸收了许多先进理念，渐渐将品牌营销一事，放在了思考重心。米运达明白，在如今这个信息化时代里，好产品也需要推销，要懂得吆喝，才能将品牌响亮地打出去，牢牢地树立在大家心中。

于是，在米运达的号召下，专业合作社组织了5辆车，每车周末拉上35个人，请的大多是趁着放假挣点外快也同时兼顾社会实践的中学生。年轻孩子们乘车到了周边的绵阳、德阳、成都等城市，拿出事先印发好的传单，笑盈盈地散发给路人，还请围观群众免费品尝鲜枣。这下子，贵妃枣的品牌效应深入人心，许多尝了枣拿到传单的人打电话来要求订枣，枣农们笑得合不拢嘴，收入也逐年增长。在白马信用社，单论万佛寺5组这么一个组，存款就高达100多万元。谁说农民挣不了大钱呢？关键还是看思路是否要与时俱进，思路对了，道路走起来也会通达顺遂。

米运达虽已年过花甲，但说起新兴名词来，一点都不输年轻人。订单多了，如果只靠专业合作社的车送货，成本既高也忙不过来，于是，他带着枣农们在网上销售，与多家快递公司达成协议。枣熟季节，只见圆通、顺丰、申通、邮政等多家公司的车辆鱼贯而入，热热闹闹、有条不紊地装箱打包，由专业快递公司，快捷安全地将香甜的“贵妃枣”送到客户手里。这时，大家才恍然大悟：原来加入专业合作社，不但能有品牌保护，还能依托组织，快递发货，大大降低成本呀。枣农们明白了米运达的良苦用心。在大家种枣、卖枣欣欣然奔小康时，却在“大合唱”中，冒出了几个不和谐的“杂音”，为了擦亮贵妃枣的金字招牌，不管这杂音多微小，米运达都严肃处理，从不姑且。

让他首先警觉品牌受到影响的，是有些枣农为了追求高产量，他们压根不管什么科学种养，盲目听信“多进补，多结果”的谣言，滥用化肥和鸡粪，一心为枣树催肥，却导致枣子品质下降，口感变差。发现了这种拖大家后腿的行为，米运达一分钟都坐不住，噔噔噔地跑到对方果园去，讲清滥施肥料的不良后果。米运达不仅仅是“大棒子政策”，他更重视“胡萝卜策略”，批评教育了头脑发热的枣农，米运达又教枣农在自家果园地边建一个青肥池，堆沤树叶、秸秆，自己制造有机农家肥，改良土壤，以提升枣子口感质量。

米运达就像爱护自己眼珠子一般爱护贵妃枣的金字招牌，他最痛恨那些倒卖假冒伪劣“贵妃枣”的商贩，在他们好好的招牌上泼洒污水。说起极少数枣农，没有加入专业合作社，却私下定做与专业合作社一样品牌的包装箱来售卖，被工商所查获，事件才曝光，米运达就气得直拍大腿。还有的贪心枣农，自家枣子卖完了，还有客商源源不断地来购买贵妃枣，竟发了歪心思，去外地收购其他品种的枣子，李代桃僵卖出去，这样，极大地损害了贵妃枣的形象和信誉！

讲到这里，米运达忍不住脸颊潮红，声调拔高，对于这些砸金字招牌的无耻之徒，他是真的很生气，所以，他想着将来要引进“西蜀脆枣”品种，让枣园面积翻番，以杜绝那些钻空子的人倒卖假冒伪劣枣。

早种枣，枣获益

米运达为了专业合作社的事忙得天翻地覆，自家枣园便看顾不上。他有心唤女儿、女婿回家乡帮忙，女儿听了先是哈哈笑，说：“老爸你怎么了？我在德阳文庙社区当书记，你女婿在德阳电机厂上班，我们在外面都有稳定工作，为啥要回老家当农民？”被女儿一口回绝，米运达也不恼，他晓得女儿的心思，之前农民在世人眼中，是身份卑微的代名词，女儿好不容易才脱离农门，哪里肯回来当果农呢？但米运达自有他的一套，他换个话题问女儿：“你们今年还没有买车的计划吧？”这一问，女儿的脸顿时绯红一片，不错，女儿、女婿在外面上班挣钱，生活不成问题，就算现在贷款买辆小车，他们也能支付，但一想到买车之后还要“密密麻麻”地花钱，保险费、汽油费、过路费，样样都是钱，他们头皮就发麻。可对比老爸，60多岁的老头子，人家早就开上了小车，潇潇洒洒上路，多带劲！

米运达瞅一眼女儿脸色，接着趁热打铁做工作：“你们一年才挣两三万，我一个老头子还挣十几万呢，而且自由得很，该忙时忙，该耍时耍，呼吸的是清新空气，吃的是地里有机蔬菜，当农民有啥丢脸的？”女儿、女婿一听，深觉米运达活得自在潇洒，三思之后，自觉回来管理枣园。一家人能和和美美地守在一处，能凭靠枣子产业来赚钱，米运达心里美极了。

他笑嘻嘻地说其实不只是他家，这里的枣农过得都很滋润，大家每年都要出去旅游一两次，见见外面世界、开开眼界长见识，换到从前，农民能把肚子混饱就不错了，哪还敢奢望什么旅游？这都是枣子产业给大家带来的好福利啊。

因为种枣子，米运达个人在2003年被评为四川省绿化标兵，参加了表彰大会，大会上专业合作社还获得50万元奖金。2016年大霍山专业社被林业部评为国家示范专业合作社，省上奖励了30万元，市上又奖励了10万元。重奖令人眼红，便有好事者跑去举报，说米运达私下贪污了50万元！县上专门派人来做了调查，一查，发现米运达压根没挪用一分一厘，这些钱，全都用在枣园修生态观光道等基础设施上面。我们开玩笑说他人红是非多，他呵呵笑着搭腔：“怕啥？心中无冷病，不怕吃西瓜嘛。”

米运达是真的人正不怕影子歪，说起万佛村依托枣子产业的大发展，他激动得脑门发亮。前几年，专业合作社就开始帮扶困难户，向全村70多名残疾人、贫困户等送去枣苗，上门手把手地进行技术指导。去年，村里贫困户已一举脱贫，开开心心奔向小康，万佛村还因此获得了罗江县扶贫先进集体的光荣称号。

米运达说同村有个陈再田，矮个人儿，家里老婆、娃儿都傻乎乎的，偏偏他又懒又爱喝酒，口头禅简直气死个人，成天念叨“做不做，能饱肚”。咋饱肚呢？伸手要，等着靠啊。之前，帮扶他的部门专门送去长毛兔，又为他修好兔圈，希望他能养兔脱贫，可他老兄倒好，今天打死一只兔子，明天剥一只兔子的皮，不是红烧就是辣炒，扶贫兔统统当了下酒菜！合作社为了治理他的“懒癌”，可真没少费心，不但给他送去枣苗，帮他栽好，按时节该打药时，专业合作社的技术员硬抓着他一道打药，该修枝时，逼他照猫画虎地跟在屁股后头修枝，就这样手把手地教，一点一点纠正他的懒散作风，现在他的几亩枣树已经大挂果了，一年也有了5万多元收入。看到种枣能赚钱，陈再田不再念他的老皇历了，他也晓得了“做得好，能奔富”的道理，还下决心要好好学技术，今后能独立管理果园，靠着这“摇钱树”，将家里经济搞上去。

因为“贵妃枣”产业发展得红红火火，以前万佛村外出务工的好多村民都陆续回来了，他们是受了“枣的呼唤”，晓得种枣能受益，那又何必放弃家乡的“金饭碗”，在外面那么辛苦地当无根浮萍呢？村里的邓明成，之前是在成都荷花池做批发生意，虽然赚到钱，但一家人起早贪黑，既辛苦又孤独，常常一天忙到黑连彼此交流的时间都没有。2014年，他携全家六口人回到万佛村，种下20多亩枣树，现在一年轻轻松松收入20多万元，等到忙完了收枣季，他就带着家人出去旅行、见世面，感叹说现在才懂得张弛有度地享受人生。

说起家乡枣来，米运达便激动得滔滔不绝，他是如此深爱着家乡，他的根深植于大霍山，曾有朋友提议让他去西昌发展，朋友愿马上投资20万元入股，他听了连连摇头，他怎么可能离开罗江，离开专业合作社呢？他是从这里蹒跚起步的，这里不仅有他拼搏半生的血汗，还有米大哥未完的心愿，他哪儿都不去，就守着家乡这片热土，守着心中“再造一个大霍山”的信念，带着大家默默耕耘，无悔又无怨。

星光村有个老匠人

今年66岁的刘自义，是四川省罗江县鄢家镇星光村三组农民。别看他只是一个老农民，在周边百里之内，认识他的人很多，常常别人与他打招呼，他都不记得别个姓啥名谁。原因很简单，刘篾匠、刘木匠、刘果技员、刘老师、刘师傅……都是他的身份，他是集多种手艺、技艺于一身的乡村匠人，曾经是“百家门前客”。

被逼无奈学篾匠

刘自义最先会做的手艺是篾匠活，跟本家的一位堂叔学会的，他说，是“被逼无奈”。

儿时，刘自义家里有九口人。六兄妹中，他是老二，男孩中的老大。那时家里年年欠生产队的钱，家人常饿肚子。一天，在外流浪多年的堂叔一身疾病回到星光村时，已家无片瓦，是父亲好心收留，还给他买药治病。堂叔在外学得一手精湛的竹编技艺，疾病慢慢好起来后，看到他家日子过得清苦，就在夜里点着煤油灯或者就在月亮下编制竹编，漏筛、竹篮、筲箕、簸箕等农用竹器样样都编，然后偷偷拿到周边场镇市场卖了补贴家用。

刘自义文化不高，刚读了一年农中，就辍学在家，到生产队挣工分，那年他才13岁，干一天农活挣1.6个工分，值几分钱。他看到堂叔编一个筛子，能卖3角钱，比他干几天农活强，便不去睡觉了，在晚饭后，跟着堂叔学。他的眼力好，看一遍就会，三个月不到，背篼、筲箕、簸箕、竹篮、鱼篓、鱼罩、漏筛……农用竹编用具样样都会，不过，在破竹、开篾时留下两手的累累伤痕，至今还历历在目。

此后的每个夜晚，仅10多岁的刘自义就每晚熬夜，直到上眼皮与下眼皮粘得实在撑不开了，才上床睡觉。第二天又去下地干活，晚饭后又砍竹、破篾、编制。十天、半月的，同父亲一起担着编制的竹具去周边的场镇卖。那个年代，因为在割“资本主义尾巴”，不敢在白天去赶场，都是摸黑走，在天不亮又要回家，赶上生产队的出工。

卖竹编用具走得最远的是绵阳、德阳、孝泉，都是25公里路左右，一般都是晚饭后就出发，不睡觉，清晨五六点就赶回来，像做贼，不敢让别人知道。年少的刘自义，常走到脚痛，走到哭。好在每次父亲都要给他买个干饼子啃，这是最大的慰藉。

为了让自己的竹编好卖，刘自义在编织过程中，不断地琢磨、改进技艺，让自己的竹编用具美观精致，从不粗制滥造。因而，他的竹编用具一放到市场，都是最先脱手。

艺多不压身

由于从小就干农活锻炼，18岁时的刘自义已经长成一个肌壮体健的壮小伙，做木匠的父亲看到是时候了，就叫他跟去学木匠。

父亲说：“艺多好养家。”他去了，开始跟随父亲走村串户，为乡邻们做家具、做嫁妆、修房子。拉锯、推刨、打榫，一天下来，腰酸背痛，晚上睡觉，他还琢磨怎样弹墨、怎样打榫，家具才能严丝合缝。一般的木匠要三年才能学会出师，他用了两年时间就学会了，开始独自揽活，并收了两个徒弟。

尽管刘自义的手艺在周边很吃香，请他做木工活的人也很多，他还不满足，听说邻乡德安有个姓曲的木雕师傅技艺好，他又去拜师学艺。他有基础，肯努力，学艺三个月，雕刻的龙凤呈祥、二龙抢宝、牡丹、芙蓉……都惟妙惟肖、活灵活现。

“匠人就要有匠人的精雕细琢、精益求精精神，不能敷衍行事。”刘自义这样说。其实，他从13岁开始学竹编到18岁开始学木匠，都是这样做的。

1977年，星光村发展蜜橘和脐橙，村上又让刘自义当果技管理员。他对果树管理一点也不懂，村支书说，看中他做事认真，肯下苦功夫琢磨这种精神，相信他不会弄砸。刘自义硬着头皮答应了。做一行，钻一行。他开始买来相关技术书籍自学，认不到的字就翻字典，又到重庆北碚柑橘研究所学习柑橘技术，到山东、河南等地学习伏季水果栽培技术。

刘自义硬是从一个乡村传统匠人，成功转型为一个果技员，让村上的那片柑橘园吸引周边县市不断组团前来参观、学习、考察。

1988年，鄢家镇决定以星光村柑橘园为基地，在全镇发展柑橘产业，聘任刘自义指导负责全镇的柑橘种植技术。

后来，鄢家镇又发展了蜜柚、椪柑等多种水果产业，刘自义对每一种果树的栽植技术都认真学习掌握。

“自己的技术关系到乡亲们的吃饭大事，一旦出半点差错，就得饿肚子。”他说。正因为刘自义有这样的担当精神，鄢家镇的水果产业越来越壮大，成为现在远近闻名的“西蜀柚乡”，他所在的家乡星光村，2017年荣幸成为德阳市“四好村建设”的示范村。

一分付出一分收获。刘自义感到非常荣耀的是，1998年荣获“高级农技师”称号，2006年被中国科协评为“全国科普惠农先进个人”，他还得到5万元奖金。

从篾匠到木匠到高级农技师，刘自义一次次的成功转型，都来源于他最初的工匠精神。虽然现在竹制品已经被各种塑料制品所代替，以前自己制作的环保、经济、实惠的竹具，已经淡出了人们的视野，古旧的手工木质家具也渐渐被追求时尚的人们淘汰，他的篾匠手艺和木匠手艺已经没有年轻人愿意去学习了，但是，刘自义庆幸自己在2002年，收了本村村民刘复东学果树栽植、管理技术。刘自义退休后，刘复东接他的班，担当起全镇果树技术管理重任。2015年，刘自义的这位徒弟被评为四川省劳动模范。

尽管竹编、木器工艺已经成为刘自义的一种乡愁，但令他欣慰的是能够服务大众的果树管理技术后继有人。

忆贵妃，枣儿甜

在罗江的日子里，我们拾捡起鲜为人知的一段传说：原来风华绝代的杨贵妃，曾与罗江结下生死之缘。讲起“贵妃枣”的传说来，宝峰山枣子专业合作社理事长张瑞清神采飞扬，他将杨贵妃避难罗江的故事讲得头头是道，引人入胜。

贵妃曾住宝峰庵

张瑞清所在的宝峰村，是由之前的三堰村、余家庵村合并而成的，他从小就是吃枣子长大的，吃到现在56岁了，从没吃厌烦过，为啥呢？这枣儿脆甜化渣，上至80岁的缺牙老太，下至3岁的乳牙小儿，个个都爱吃。因为这枣儿椭圆，就像微型版的小冬瓜，所以之前俗名称为“冬瓜枣”，后来才改为“贵妃枣”，并专门为它注册了商标。它为啥叫贵妃枣呢？这当然和杨贵妃有关系了。

说起杨贵妃，要先讲讲宝峰寺，宝峰寺就位于宝峰村，原名宝峰庵，俗名余家庵，寺院依山顺势逐层升高，巍峨壮丽，掩映在绿色茂林丛中。寺庙为六进四合大院，占地28亩，建筑面积4800多平方米，房屋80余间。登上宝峰寺，东可望凯江，南、西、北三面都是高山，山上森林茂密，如同天然屏障。寺门前马牌子石柱上，刻有清乾隆年间罗江知县杨周冕撰书的楹联“撒雨织成龙女绢，晴云托出宝峰山”。

这宝峰庵历史悠久，始建于唐贞观二十年。相传天宝十五年，唐玄宗李隆基避安史之乱，携带杨贵妃（杨玉环）及皇家贵族，在禁军护卫下，由京城长安前往四川成都逃命，行至陕西兴平马嵬驿，禁军发生兵变，杀了祸国殃民的宰相杨国忠，又杀了杨贵妃的姐姐韩国夫人、虢国夫人，逼玄宗处死杨贵妃以绝后患。玄宗与贵妃伉俪情深，不忍红颜丧命于此地，便命宦官高力士找来相貌与贵妃相似的侍女当了替死鬼。平息兵变后，杨贵妃秘密随驾入川。行至罗江，罗真观道士罗公远迎接皇帝，晓以大义，分析当前局势，劝唐玄宗将杨贵妃安置在宝峰庵。于是，夫妻泪别，贵妃避难于罗江宝峰庵，日日翘首远眺长安，盼能再见君面。763年，安史之乱平息，因杨贵妃未死一事泄密，引起朝中文武百官愤慨，唐玄宗唯恐贵妃性命堪忧，又命人秘密将杨贵妃护送扬州，再逃至华亭县，恳求正要回国的日本遣唐使团团长藤原刷雄将杨贵妃带上船，扬帆东渡日本，贵妃最终到达日本山口县的久津住下。十多年后，杨贵妃迁至神户，安度晚年。听说日本至今还保存有贵妃杨玉环之墓。

宝峰庵内的娘娘殿就是为杨贵妃而修，供奉着杨太真（杨贵妃）的塑像和灵位。殿前至今仍然还葱郁的那两棵端直高大的千年古柏树，传说是杨贵妃亲手所栽。宝峰庵也因杨贵妃的传奇故事闻名于世。

为啥宝峰村的枣子口感那么脆甜呢？老辈人传说当年杨贵妃将带来的贡枣吃了之后，扔掉枣核，寺庙外的土地上来年便冒出了小小的枣子苗，几年之后，树上结出了美味甘甜的“贵妃枣”。

装卸工走“枣路”

1997年，张瑞清身上有几重身份，第一重，他是罗江火车站的装卸工，靠力气吃饭；第二重，当选余家庵村的村主任，是村民们的带头人；第三重，他自己开始尝试种枣树，发展水果副业。

张瑞清为啥突发奇想要种枣呢？要知道，之前虽然余家庵村生长有百余株老枣树，但那是无主野树，枣树上结的果子，每年顶多给孩子们解解馋，从没哪个想着靠卖枣赚钱，张瑞清也没想过。1997年，上级号召搞产业结构调整，村里便组织了60多个人，到外地去参观考察学习，张瑞清和大伙儿一道去了三台县展山村的米枣基地，在那儿，他看到米枣已成规模化种植，漫山遍野都是枣树，壮观得很。眼前所见令张瑞清大为振奋，作为村干部，他理所当然要起到带头作用嘛。别的村民去了三台，倒也羡慕人家米枣发展得好，但要让他自己来种枣，他又立即将脑袋摇成拨浪鼓了：不成不成，如果好好的地用来栽了枣树，到时收不到粮食，我们会饿死的！

村民们可不愿意去冒这个险，张瑞清倒也理解大家，这儿是罗江有名的干沟湾，缺水，靠天种地、靠天吃饭。外面的女子都不愿意嫁过来，村里的姑娘又挖空心思往外嫁。年轻人在家待着只能糊口，攒不够娶媳妇的钱，无奈，小伙们怕自己混成了光棍汉，一个个迫不及待地到外面世界打工挣钱，村里剩下的中老年，处事更为谨小慎微。说起这里的顺口溜来，人人都摇脑壳：有女莫嫁干沟湾，背篼扁担不离肩。挑着两只大粪桶，还要挂个尿罐罐。

张瑞清带头在自家山坡地栽种了70株枣树苗，当了村中第一个种枣的人。左邻右舍都抱着手看张瑞清忙活，他们不相信种枣能赚钱，还不咸不淡地说就算到时枣子有收成，那也是三年后的事了，这两年你就只栽树、只出力，还白折进去肥料、农药钱！张瑞清闷头培土，没有说话。村民的顾虑，县政府早就想到了，为了调动大家种枣树的积极性，县政府为率先种枣的老百姓专门出台了奖励制度，每株枣树补贴1元钱。因为张瑞清是村里第一个发展枣子产业的，县上奖励了"勇敢吃螃蟹的人"600元。这600元，要抵张瑞清在罗江火车站流大汗、出大力干一个月装卸工的工资了，这大大振奋了张瑞清的积极性，所以他更加精心细致地照顾自己的枣树。

对比张瑞清的认真负责，有些"跟风"来种枣树的村民就不那么积极了，他们的出发点就是为了栽枣子树能得补贴款，只等款项一到手，立马将枣树忘到九霄云外，压根懒得去看一眼，更别说去帮枣树除虫、修枝、打药、上肥等等了。还有更过分的，是典型的"投机主义者"，政府前脚才把枣树补贴款发到他手里，他后脚就跑到地里，将枣树苗连根拔去，又种上了小麦、玉米、洋芋等。

村委会几个村干部，觉得老百姓这么"吊儿郎当"地种枣可不行，为了将大伙儿的积极性调动起来，得让老百姓看到种枣有"钱景"才行。于是，村里引进了一个开发商，这个名叫彭安的人，流转了196亩土地后，雄心万丈地都种上了枣子树，他一点都不在乎这儿是"干沟湾"，说枣树本来就喜旱，到时口感更甜呢。彭安是个吃得苦的人，施肥、除草，样样都是提得起、放得下，他还请来村民当帮手，给他们付工资。因为彭安看顾得好，枣树三年后大挂果，口感上佳的枣子销路大好，仅仅五年时间，彭安就将前期投入的成本都收了回来，村民看到了真金白银的利润，看到了榜样的力量，开始心动了。

到了2001年，张瑞清已经发展到了10多亩枣园，他做事细致，像是照顾小孩子一样照顾枣树，枣树挂果喜人。最令村民吃惊的，是张瑞清有块2分面积的枣树地，面积小，他只够栽下16棵枣树，但那年枣价飙升，售价20元一公斤，就这区区2分地，就为张瑞清带来了1万多元的收入，怎不令人羡慕？

村民眼睁睁看着彭安和张瑞清的枣子都卖出了他们想不到的价钱，而口袋里赚来的大把钞票，正是他们看得厌倦、再平常不过的枣子换来的，他们这才真正重视起种枣这件事，也舍得为枣树投入时间和精力了。枣树地里的茅草绝了踪迹，常常能看到村民身影围着枣树忙活，宝峰村的枣子产量才一年比一年多。

村里的枣子种植面积上了规模，但渐渐地，新问题又涌出来了：路不好。

村路是原先大集体时修的土机耕道，若天上落点雨，枣子就运不出去，外地商贩进来也极其不方便，摆在村两委面前亟待解决的首要问题便是修路。

修路，哪来的钱呢？村干部们拍拍滞重的脑袋，好像能拍出好点子来，张瑞清到底是在火车站上班，见的世面多，脑子更灵活，他灵机一动支着儿道：要不，我们来个“枣子外交”吧。主意一说，大家都称好。

“枣子外交”很快就显出它的效力，不久，交通局就给村里规划了道路，财政局也拨了款，2001年，万宝路（万佛村到宝峰村）打通，给村民们吃下了定心丸，也开启了宝峰村的生财道。

原来崎岖的山路变成了畅通的机耕道，村民们不需要再肩扛背挑地去卖枣子，越来越多的人加入了种枣树的行列。

2007年，宝峰村成立了“宝峰山枣子专业合作社”，因为张瑞清的种枣技术有目共睹，枣园面积也有十多亩，本身又是村干部，大家十分认可他，便一致推选他当理事长。张瑞清那时还在罗江火车站当装卸工，自己家里枣园也要他打理，事情原本就多，他深感这个理事长责任重大，因为老百姓吃饭穿衣、发家致富的希望都压在了枣子树上，若他不能尽心尽意为大家服好务怎么办？但老百姓都劝他“莫推脱了，我们就信任你的技术”。他想想也是，扳着指头一算，村里确实找不出来第二个比他种枣技术更好的人，他可不能冷大伙儿的心啊，于是硬着头皮应承下来，但在答应当理事长那一刻起，张瑞清就对自己暗暗发誓：我一定要对得起大家对我的信任，当好“领头羊”，让村民都能靠枣子树富起来！

枣子邂逅文化，碰撞经典火花

张瑞清当上专业合作社理事长后，内心滋生出了强烈的求知欲。他不仅对大家的枣树管理进行贴心指导，更迫切地希望提高自身素质，能学到枣树栽种管理的最新技术。什么时候该上肥，什么时候该修枝？开花期上什么肥，挂果期又上什么肥？张瑞清不厌其烦地一遍遍向大家传授知识，同时，他宁愿自掏腰包，也要四处去观摩学习，了解外面的新品种、新行情。就是在考察途中，张瑞清发现了一个有趣的现象。

倒退三十年，农民巴望着能到城里去看“西洋景”，但现在倒过来了，是城里人爱上了“农家乐”。张瑞清发现外面一些地方，都依托果园、产业园区走上了观光生态农业之路。他就琢磨着，罗江原本就有得天独厚的优势啊，这儿有三国文化、佛教文化、贵妃文化，这贵妃文化，更是直接与枣子相关的。若宝峰村将自己融入罗江三国文化旅游圈，走出特色的生态观光旅游之路，打造极富历史厚重感的“枣文化”，就能吸引外地游客前来，观光、采摘、游玩、购枣，岂不是为古老村庄开辟了旅游新篇章？张瑞清赶紧将自己的想法汇报给上级，原来，上级有关部门早就在考虑这个方案了，得知自己的所思所想能与政府同步，张瑞清十分高兴。

一般来说，要过了每年处暑，树上的枣子才开始成熟，慢慢变红。之后的一个月里，宝峰山周边的枣园里、枣树下、公路边，众多的枣农将刚刚摘下的鲜红枣子摆开出售，前来采购、采摘的车辆络绎不绝，成为一道亮眼的风景。

2005年，在县政府、镇政府的支持下，举办了第一届“贵妃枣生态旅游节”，举行了“枣王”评选大赛、“‘枣’寻罗江”摄影作品展，还有后续的罗江文化列车进乡村文艺演出、“爱我家乡，‘枣’寻才艺之星”等众多活动。

旅游节期间，广大游客可亲手采摘、品尝贵妃枣，欣赏贵妃园的乡村风景和精彩的文艺节目，去宝峰寺、贵妃墓寻访昔日绝代佳人足迹，听当地的老人们讲述那动人的贵妃传说。

枣子节连续举办八届后，已经影响深远，到2013年，宝峰村的枣子节已经升了级，作为省林业厅的“四川花卉（果类）生态旅游节”的重要组成部分，采取政府搭平台、市场化运作的方式进行，除了继续往届的文艺演出、科技三下乡和“枣王”评选大赛等活动之外，还增添了德阳名优农产品展示展销活动、主题婚礼秀文艺演出、乡村音乐汇等年轻化的活动。在枣子节的主会场，人山人海自不消说了；漫山遍野的枣园里，也是游客如织，摩肩接踵，或摘枣，或拍照，或品尝，笑声飞扬，果香诱人，热闹得如同过年。枣农们的枣子，在枣子节期间，大多会一销而空。

之前枣农们不理解村里为啥要辛辛苦苦办枣子节，还有些小气的枣农抱怨张瑞清，说要拿出一些自家枣子来无偿试吃，这是亏本买卖。张瑞清就慢条斯理给他们算了一笔账，大家细细一听，不得了，原来依靠举办贵妃枣生态旅游节，不仅提升了贵妃枣品牌影响力和知名度，还带动了乡村旅游的发展呀。至今，蟠龙镇贵妃枣基地规模化种植面积达到5000余亩，实现无公害标准化管理就有4000余亩，年产贵妃枣4000余吨，年产值达8000万元，枣农人均年收入5万余元。这个数目，以前宝峰村的村民是做梦都没梦到过的。

张瑞清在给村民算账时，他也在不断做总结，想到从前大家推举他当理事长，他还前怕狼后怕虎，顾虑多多，害怕到时带不好头，大家靠枣子挣不到钱要怪怨他，反思起来，觉得那时眼光不够长远，思维容易受到局限，现在他视野开了，胆子大了，也更懂得创新了。比如做网络销售，早在2008年，专业合作社就在百度注册建立了网站，虽然每年要交费1万多元，还被有些人私下批评“瞎子点灯白费蜡”，但很快事实证明，这钱花得一点都不冤枉，在2009年，南充高坪区的长乐镇，就是通过网上信息，找到专业合作社买了3万株枣树苗，总价20多万元。

多年前，张瑞清是受了三台县展山米枣基地的启发，也开始带头发展枣子产业，没想到数年过去，展山米枣基地的董事长找到张瑞清求助，请他帮忙为展山米枣的销售支着儿，张瑞清知恩不忘报，介绍对方去注册了自己的品牌，有了自己的品牌后，原先小米枣2元一公斤都不好卖，现在一下子卖到6元一公斤，还年年脱销。展山米枣基地的枣农很感谢张瑞清，张瑞清却更深刻地明白了，现在要将产业发展好，不仅仅要懂技术，管理者还必须具备现代商业思维模式，更要与时俱进不断学习，才能在历史与现代之间，文化和产业之间，营销和商品之间，找到一条最适合自己发展的幸福之路。

80后恋上老手艺

生于1981年的舒强，看上去比他实际年龄更加年轻，他对于访谈这件事，开始表现得很腼腆，不知说什么才好，他停下来舔舔嘴唇，低头抱歉地笑一笑，腮边浮出一个小小的酒窝。后来他渐渐放开了，打开了话匣子，那笑窝便像一直刻印在脸上，这个80后男子自带天真属性，用现在流行的网络语形容，他很“萌萌哒”。

但就是这个年轻爱笑的男子，他不被万丈红尘的纷繁名利所诱，不为五光十色的职业选择所惑，踏踏实实安安静静地学习豆鸡制作工艺，这个罗江豆鸡传承人，低调、安静、不浮夸，做着他真心喜欢的事，用自己的智慧将美食文化的传统与现代完美融合。

罗江豆鸡美名扬

舒强所在的罗江乐明食品厂，始建于1985年，是四川省较大规模从事食品研发、生产、销售的民营企业。乐明食品厂所生产的罗江花生、罗江豆鸡等，赢得了海内外众多挑剔食客的高度赞誉。公司发展至今，走过几十年辉煌历程，竟遇到一个不大不小的尴尬瓶颈：现在的年轻一代对于传统老手艺的传承，不再有过往年轻人的虔诚热情，他们更愿意去追逐更“时尚”的职业，更喜欢尝试更“潮”的岗位，更乐意去体验在不同岗位间来去穿梭的“如风般自由”。但要将老手艺一代代发展传承下去，离不开“后继有人”四个字。青黄不接，也许并不只是一家食品企业的尴尬，国内许多老手艺，都面临着“一徒难求”的窘境。可这老手艺，细究起来，又是那般的有历史、有根基、有品位。

罗江这个小县城青山环绕，潺水秋风，素朴古雅。清冽的罗纹江穿城而过，微风漾起水面细纹，波光粼粼处，若天街锦缎，降落人间。这里有三国遗迹、战马蹄痕，还有佛理禅宗，典籍流芳，得天独厚的自然环境与传承悠久的人文历史，成就了品质优异的地方特色食品，罗江豆鸡，便是有着浓厚历史文化色彩的一道传统美食。

说起这罗江豆鸡，颇有来历，创始人名叫袁通儒，号崇太，从小就有一颗虔诚礼佛心。民国十七年，他在什邡罗汉寺昌龄法师门下剃度为僧人，三年后还俗闯荡江湖。有天，袁通儒行脚累了，看到路旁有家鸡毛小店，便进去吃饭。那天天色已晚，店家都是当天采购新鲜菜蔬，等袁通儒要下酒小菜时，店家为难地说："大爷，今天店里所余存货实在有限，只能委屈您，给您拌个凉菜下酒了。"袁通儒又累又饿，当然允了，店家便赶忙下去给他弄了一碟子麻油豆皮。袁通儒初见这小菜毫无惊艳之处，先暗自叹口气，伸箸去挟，大咧咧放进口中，这一吃，竟吃出了惊喜。这道颜值不高的豆皮小菜，竟越嚼越香，越吃越美味。

袁通儒大受启发，回去之后，他反复以黄豆为原料，试制成功了比鸡毛饭店还要美味可口的"豆鸡"，袁通儒一手独创的豆鸡拿到市面上去售卖，人们先是疑惑，不知这是啥新鲜玩意儿，一经尝试，纷纷被俘虏，迅速成为豆鸡的忠实粉丝，这也大大增强了创始人的信心。在大伙儿的鼓舞之下，袁通儒反复研发和总结制作豆鸡的工艺，并在民国二十五年，制作了首批豆鸡，送往成都花会佛教食品展览会上展销。从罗江走到省城，豆鸡扬眉吐气，获得专利权，并赢得一面金质招牌，从此豆鸡扬名海内外，成为罗江人自豪的地方传统美食。

罗江豆鸡，从民国走到今天，经历了一代代传承人的"接棒跑"，但现在不少年轻人只管听到"老手艺"三个字，立马一脸嫌弃地捂住耳朵、向上翻白眼仁。能否将"接力棒"成功交到年轻一代的手上？老师傅们拧起了眉头。好在，他们遇到了一个80后小伙。

吃过苦的孩子

年轻小伙舒强参加工作的时间很早，1998年初中毕业，他就选择了打工而非继续升学。第一份工作，是去当广告牌设计制作的学徒工，那时制作招牌还不像现在这样，很多工序能交给电脑完成，1998年，师傅要求舒强用美工刀老老实实地学雕刻，他刚开始掌握不好力道，要么不小心刻痕深了，师傅劈头盖脸就是一顿骂；要么驾驭不住灵活刀片，将自己手指割伤，师傅更是斥责得他"日月无光"。当学徒工累，每天不但工作繁重，还要担惊受怕，远远听到师傅脚步声，心里一块大石头就呼地悬了起来，心跳失去了正常节奏。

但少年时吃苦，对人生未必没有好处，正因为十几岁就在骂声中成长，舒强比一般的同龄人更为稳重、成熟。他在做广告设计制作时，面对一块牌匾、一个店招，能真正地沉心静气，即使身边再多嘈杂吵嚷，他都能安之若素地好好完成任务，师父的严苛要求，锻炼了舒强的如丝韧性。

接下来，舒强又去学做焊工，做了好几个月焊工学徒，辛苦得很，那时眼睛迎不迎风都要流眼泪，就像沙子入眼的感觉。同去的好多年轻人都受不了，纷纷离开，舒强凭靠自身毅力坚持下来。2002年，他去了一家台资公司，开始制作电路集成板，几年后，因为自身的踏实、勤奋，能力有目共睹，舒强从生产岗转向了管理岗，任“课长”一职。

舒强是个恋旧的人，因为内部管理渐渐出现问题，好多同事都说公司坏话，他只管埋头干活，两耳不闻窗外事，后来，是因为社保购买问题，大批工人流失，企业陷入瘫痪地步，舒强才最终选择离开。2008年，他来到了乐明食品厂。从此，有三年时间，舒强都一直待在花生包装车间，负责做花生的“包材”。

对别的工人来说，做花生就做花生，他们也懒得去多瞅别的工种一眼，但舒强却不，他从进“乐明”第一天，冥冥之中仿佛就与豆鸡有缘，极其感兴趣，得到豆鸡车间主任允许，他偶尔还能去观摩，“偷师学艺”。那时，豆鸡车间的黄师傅是极富豆鸡制作经验的老师傅，常常开舒强玩笑，说你这个小伙子对做豆鸡这么感兴趣，干脆以后到我们车间来好了。舒强听了，不好意思地低头微笑，他心里其实很乐意，但他是个老实孩子，一切行动听领导安排，从来不乱提要求。

机会来了，2011年，黄师傅调任生产部长，建议厂里调舒强来豆鸡车间，不过，黄师傅也提前给舒强打了预防针：“不是让你调过去就当车间主任，就算厂里强行这样安排，恐怕也不能服众，你得从底层学习，一道一道工序弄懂、弄精，掌握得清爽明白，真正让工人佩服你是当之无愧的‘豆鸡传人’，这才能服众，真的坐镇豆鸡车间。”

舒强若继续留在花生车间，也许能轻轻松松当主任，无须再去苦哈哈地“一道一道工序学起”，但他选择了更艰难的路，因为他对豆鸡老手艺的着迷痴念也不是一天、两天了。

恋上老手艺

舒强一头扎进了豆鸡五彩斑斓的世界里。他暗暗发誓，要将制作工艺的每个环节都吃透，掌握，成为个中高手。

首先是豆子选择。对豆鸡来说，当地豆子和北方大豆的水分含量、蛋白质含量都是不一样的，不能只看一种数据指标而确定进货，化验员带舒强走进实验室，随手抓起一把干黄豆，教他如何来从一颗小小豆子身上，找到它所携带的诸种“密码”。舒强一度对黄豆化验着了迷，为了弥补知识上的短板，他不但去书店搜罗相关书籍，还从网上下载了最新资料来学习。

豆鸡制作的第一道正式工序是“制浆”。简单来说，就是煮豆浆，将清水泡透的黄豆磨成豆浆，滤去豆渣，盛入锅内，加热到98℃烧沸，然后放入制皮锅内，用蒸汽加热，保持90℃左右的温度。

接下来是“竹竿挑皮”。工人站在锅边，待锅里浆面起油皮时，就用竹竿将油皮挑起，摊开晾干，直至挑完。一锅的蛋白质精华，都浓缩在油皮里，但要找准挑皮的时机相当重要，因为挑得早了，可能不成形，挑不起来完整油皮；挑得晚了，煮老的皮就会变厚，直接影响口感。

在2013年之前，“竹竿挑皮”一直都是纯手工，极大地考验工匠师傅的眼力与手感。有经验的师傅，能一眼看出锅中油皮的厚薄程度，从而推算出“老嫩度”，精确判断挑皮时机。舒强在锅边，陪着师傅一站就是一天、两天、三天……他不爱说话，但学东西很快，到了一周，便练出了师傅的七成火候、八分本事，敢于独立挑皮了，当他第一次自己动手，从锅里挑出一张厚薄均匀的油皮时，师傅忍不住给他拍了巴巴掌，夸他有慧根，像他这样的年轻人，肯踏踏实实在这里一站就是数天，忍着高温来学挑皮本事的，实在是太少有太稀罕了！舒强眼睛亮亮的，额头汗珠也是亮亮的，腮边的笑窝都点亮了。

接下来是“晾皮”。2011年，豆鸡晾皮还是自然晾干，这又是相当考验经验的一道重要工序，因为如果晾得比较湿，没晾透，就会粘连严重，直接影响下一道的“裹制”程序。老师傅教舒强学着去看色泽、闻气味，晾干的豆油皮，颜色较深，皮上会泛棕色光泽；从气味上来说，也能闻出一种干酥酥的香味。晾皮在不同季节、不同天气都有不同晾法和时间，比如下雨天、打霜天对晾皮都会有颇大影响，千万不能机械不变，搞一刀切的教条主义。

舒强边记录老师傅的讲授要点边点头称是。是啊，时移世易，看似老手艺，其实内里包括的智慧是无穷的，若不随着环境的改变而采取不同“战略”，就会直接影响最终成果。

晾晒好的豆油皮，将进入杀菌间，有十多个小时来接受紫外线灯的杀菌处理。因为豆制品是很容易滋生细菌的，所以这一步步骤相当重要，食品安全，入口卫生，本来就与我们每个人的身体健康息息相关。罗江豆鸡之所以多年畅销不衰，与其极度注重安全、将卫生放在首要位置是分不开的。

杀好菌的豆油皮，去冷藏室分切之后，便到了“裹制”工序。将芝麻末、酱油、花椒粉等调匀，抹在豆油皮上。切下来的不规则的豆油皮碎片加上调料，变成“芯子”，开始裹制。在裹制时，老师傅告诉舒强，手一定要匀，不是慢，而是从容，保持一种匀速，不轻不重，不疾不徐，将裹制变成一个优美的舞蹈动作，这不是为了“献艺”，而是为了保证更稳定的豆鸡口感。

舒强在上任豆鸡车间主任前，近乎疯狂地一步接一步地掌握豆鸡制作技术，每一步，他都要去做，还大胆提出工艺流程的改良意见。比如，之前挑皮都是纯手工操作，舒强去上海做豆制品做得很出名的企业考察，在观看别人制作腐竹的设备后，得到灵感，他回来后向厂里提交报告，提出了将挑皮工序转为半自动的设想。厂里经过研讨和试验，最终接受了舒强的改良方案。

一个80后小伙，爱上了被许多同龄人视作老古董的老手艺，他在传承的路上，并非一味盲从地接受，他在学习的同时，还大胆创新，融入自己的现代想法，让科技与老手艺碰撞，开出了更加芬芳迷人的花朵！

我姓范

范仲淹第二十九代孙范荣明接受采访那天，是和妻子金述芳金阿姨一起来的。他退休已经快二十年了。这个前镇党委副书记兼纪委书记如今一头白发，纯白如雪，不含一丝杂色。对比之下，身穿大红毛衣外套的妻子要显得更为年轻、娇俏、玲珑。他们肩并肩坐在一起，相互补充着谈下去，这对老夫妻身上有种相濡以沫大半生的深情渐渐浮上来，很朴实也很深刻，很家常也很伟大，令人时而敛容，时而莞尔，时而心弦拨动。

七旬老人范荣明话不多，但他端坐对面，腰身笔直挺拔，神色专注庄严。娇小妻子，风雨一世，依旧犹如小鸟依傍在他身边。我们的采访记录数次停下，是因为被这对夫妻小小的斗嘴逗笑，被他们深长的默契感动，我和他们一起或笑着，或拧眉思量着，一个“范”字后面，竟是一生一世的“坐得正，行得直，走得端”。

罗江有座范家大院

据史书记载，范仲淹为江苏吴县（今苏州）人，后代如何会在罗江出现？据御营范氏族谱记载，清朝中叶，范氏第二十代孙范养源于雍正丁未年春携家人自广东省嘉应州兴宁县入川。养源公60岁时，辗转来到了罗江御营镇响石村，发现在现有大院南侧的一块奇石，这是一块会发出声响的奇特大石板，人只要站在上面稍微扭动，石板不动，下面却发出“轻咣轻咣”的响声，养源公认为这里位置不错，风水绝佳，便在此修院定居，范氏子孙与周围居民通婚，繁衍后代，逐渐发展成今天的响石村。

罗江的范家大院，是养源公在清雍正年间一次性建成的，不难想象范家当时的显赫和昌盛。大院坐西向东，呈复合式四合院结构，大院占地5000平方米，建筑面积3500平方米，共有12个院落，12个天井。中心为中堂屋，200平方米大小，是家族议事的地方。与中堂屋隔天井相通的是上堂屋，祭祀祖先的地方。两百年来，范氏族人都在这里供奉香火，以表尊祖敬宗的绵绵情思。与古宅院常见的几进几出不同，范家大院只有两进，其他院落从两侧并排环绕，分布巧妙，设计合理。每个院落既紧密相连，方便来往，又具有一定的独立性和私密性。这样，大家聚族而居，但又不互相影响。

范家大院坐西朝东，背靠范家大山，整个建筑以中龙门为轴线，呈南北对称。建成之初为范氏后裔范师祥和范师江兄弟俩居住，两兄弟共用中正堂和正堂，哥哥范师祥住北端，弟弟范师江住南端。院内主要有耳龙门、中龙门、正房、厢房、中堂屋、享堂等，还建有水井、花园、库房、圈舍、厕所、蓄水池、排水系统等附属设施。现在耳龙门及整个宅院的外围墙都已不存在了，耳龙门到中龙门之间的菜园、果树和石板路也没有了。残存门柱及柱基的中龙门已被砌进外姓人家的柴房里，只有从外墙西侧的一面，还能看到残存的镂空雕花式的翘角飞檐。飞檐下方精美的挑梁和梁柱下活灵活现的小狮子，高约三米的石门柱，上面楷方阴刻的“瑞蔼龙门祥联凤阁”和“香生桂苑秀挺兰阶”的楹联，以及墙上穿着官服的彩绘人物壁画等，使人还能领略到昔日这座大院的气势与风采。

“先天下之忧而忧，后天下之乐而乐。”因为这句话，《岳阳楼记》成了北宋著名的政治家、军事家、文学家范仲淹的千古名篇，至今为世人所传诵，为后世无数立志“养天地正气，法古今完人”的仁人志士所仰慕和效仿。同时他的后人也以此为人生信条立志、立业。御营所有范氏族人自小都被告知，他们是范仲淹的后人。

范荣明从开蒙开始，父母就一遍遍告诉他：你要好好做人，切莫对不起自己这个姓。

我姓范。还是一个黄口小儿，范荣明便牢牢记住了这点：我姓范，范仲淹的范！

家规教出好子孙

范荣明家里家教甚严，他还没识字，父母就教他，做人要厚道，遇到需要帮助的人，要积极主动地给予他人帮忙，千万不能怠慢。不管今后做什么事，哪怕当一个种田农夫，也要踏踏实实做人。那时范荣明仅比桌子高一点，他就牢牢记住了父母的话。比邻而居的有个孤寡老人，他常常去帮老人提水，自己又小又矮，有时提半桶水都需要使出吃奶的劲儿，泼泼洒洒一路提回去，桶里剩不下多少水了，他感到很沮丧，邻居大爷却一个劲地感谢他，摸着他的小脑袋，夸他是范仲淹的好子孙，这让范荣明既心生自豪又有些羞赧。

很多很多年后，小小的范荣明也变成了白发苍苍的老爷爷，他和族人们花了两三年时间重新总结归纳出“范氏家规”，他手把手教孙女写毛笔字，抄写范氏家规，一边写，一边慈爱地为孩子做出讲解。他之所以要花大力气来重新整理家族规范，是因为老的族谱中的家规是文言文，现在很多后辈子孙缺乏相关的文言基础，读得半懂不懂，范荣明便决定带着族人整理一部新族规，但在新定族规之前，范荣明就一直恪守范仲淹亲定族规、家训百字铭以及告诫儿孙十要则来规范自己的言行，并通过言传身教将这些家规、家风传予后人。

担任着罗江范仲淹后裔联谊会会长的范荣明，若走进他家，便如同走进了一个“家规、家风学校”，只见院落的过道墙上张贴着打印的《范氏传统家风》《范文正公家训百字铭》《范氏新定族规》以及“推动移风易俗、树立文明新风”倡议书。范氏子孙都用实际行动践行着家规、家训。

让我们再将时光推移到范荣明的11岁吧。那时，年少的他和全国人民一起遭遇了“三年自然灾害”，饿得前胸贴后背，但还总想着放学去帮集体干一点力所能及的活。大人有气无力地让这个娃娃歇着吧，范荣明偏不肯，他将腰上的布带子扎紧，往小手掌里呸呸两口唾沫，便开始帮着集体食堂劈柴火。因为自己肚里闹饥荒，还要争着挥砍刀，范荣明将柴收拾好，眼前飞舞着无数小星星，累得整个人几乎都虚脱了。

再苦再累再艰难，他都恪守着家规，当守食堂的大婶看这娃娃实在懂事，想要偷偷塞给他半个金贵的窝窝头时，他转身就跑。饿，怎能不饿呢？但和范氏子孙视为生命的清廉家风比起来，纵然再饥饿，他也绝不占集体一丝的便宜。

1964年，范荣明去黑龙江大兴安岭当兵了，他和战友们开垦荒山，不辞辛劳。他觉得自己是个幸运的人，因为家乡还有一个好姑娘等着自己，他们鸿雁传书，将万千相思化为笔下文字。

范家好儿媳

讲到范荣明在部队时和自己“尺素传情”，金述芳忽然想起一件旧事，红了眼眶。她说的是自己想要工作的事。

金述芳是师范毕业生，她原本想要去教书，范荣明却在信中放了狠话，让她留在家中种地，否则他们将“一拍两散”。金阿姨很伤心，甚至为这句话伤心了几十年，那日她眼中还闪烁着泪花向我抱怨道：“你说我这辈子咋就这么服从他？他不让我出去教书，我蒙着被子哭了一场，最后还是依了他！”

范荣明解释，说那时还处于“文化大革命”时期，他晓得恋人个性，为人太直，那时去当老师，极有可能被批为“臭老九”，他实在不放心她刚直的处事方式，恐给她惹来灾祸，所以才极力劝阻。“耕读传家”，种地也是一种不错的生活方式，在沉默中修行。

好吧，金阿姨泪眼刚干，忽然又想起一桩事情，她不顾外人在场，直接拿出来质问老伴：“那1978年玻纤厂建厂，让你去帮忙言说一句，你打死都不肯开这个金口吧。”

范荣明抿嘴一笑，看来这对老夫妻不是第一次谈论这件事了，对于金阿姨来说，自己的丈夫“连句推荐的话都不说”，无论如何算是女人眼底一滴泪、心上一道伤，但对于范荣明来说，却又是“家规有云”。

原来，那时范荣明已经退伍归来，进了政府工作，但他当的却不是“跷脚老爷”，而是吃苦受累的驻村干部。从1976年到1979年这三年时间，范荣明和村上农民同吃、同住、同劳动，回家的时间屈指可数，用金阿姨的话说——还不如当兵！当兵好歹一年还有一个月探亲假吧，他却连续好几个月见不到人影，儿子对父亲陌生，冷不丁父亲回家，想要抱抱儿子，倒吓得小人儿哇哇大哭，不知这高大陌生的男人到底是谁。

金述芳身材娇小，分家之后，一人要照顾幼子，又要做田里的活，她挑粪时试了几次都挑不起来，急得直哭，哭完还是继续干活。小儿子背在背上，大儿子放在田埂边，捉个虫虫、扯个草草给他玩。浇不了两分地的工夫，小儿子在背上要奶吃，蹬腿弹脚地哭，金述芳这么讲究的一个读书女人，师范毕业生，已经没力气将小儿子抱远一点喂奶了，就在粪味十足的田边奶孩子，将喂奶当作自己的休息时间，好歹能苍白着脸粗粗喘几口气。

金述芳明白自己就算拼了这条命，但身体情况先天不强健，并不是干农活的好手，她还是想要发挥特长，做更有知识含量的工作。所以，1978年，镇上玻纤厂建厂，金述芳就打定了主意：不管再辛苦，我也要进厂！

她去跟老公讨主意，想请范荣明去和公社党委书记说一声，只要她能进厂，不管再脏再苦再累的活儿都愿意干！范荣明当即回绝她，毫不留情地说：“我身为领导干部，绝对不能为家属走后门。”

金述芳难过得大哭一场，她晓得范荣明原则性强，但没想到他就这么固执，又不是让他去做什么违法乱纪的事，就是帮妻子说句话，他都不肯！金述芳擦干眼泪，她没有再求范荣明，自己去报名参加考试，因为她文化水平高，很顺利就考进厂了，大家都羡慕，说金姐运气好好，一进厂就能坐办公室管财务。

金述芳管财务是因为个人本事，但耳旁羡慕的风声多了，她自己警惕起来：她们到底是啥意思？是不是说我坐办公室是沾了老范的光？金述芳也真是个烈性人，她当即打报告，请领导同意她去车间锻炼，做最苦的工作。领导吃了一惊，说好多人想要舒舒服服干财务还求不来呢，你这又是何苦？金述芳倔强地说，她就想趁着年轻，多学一点技术，一技在身，将来更能持久。

那时，范荣明一走就是几个月在外忙工作，家里的事他一概心有余而力不足，管不了，也不晓得金述芳曾经吃了多少苦头。有次，大儿发烧，金述芳背着小儿，抱着大儿，匆匆去看医生。小儿睡着了，死沉死沉的，正好诊疗室有张空桌子，她便将孩子搁在空桌上，在外面走廊抱着发烧啼哭、说胡话的大儿，焦心地等待医生快点叫他们的号。大儿呜呜哭着，又想尿尿了，金述芳便抱他去厕所。结果就是这一走，到了中午，医生下班了，啪地锁上诊疗室的门，金述芳抱着老大回来，一看小儿被锁在屋里，她顿时急得泪花直冒，到处找人打听医生去哪儿了。好不容易才在饭桌上找到医生，医生极不耐烦地将她训斥一通，说诊疗室两点才开门，等两点再来吧！金述芳急得快要给医生下跪，她说小儿若醒来看不到妈妈，还不知怎么哭呢。医生沉着脸嘟嘟囔囔的，最后还是提前去开门“解放”了小儿。医生自然是没好声气地指责金述芳，说你家难道就你一个人啊，带着两个孩子就要自己当心一点嘛，免得丢掉一个还找医院赔！金述芳心里在流泪，她何尝不想孩子爸爸和自己一起来照顾、呵护孩子，分担她肩上一半重任呢？但她晓得，范荣明吃的是公家饭，身为范氏好子孙，他责无旁贷要当好公家人，才不会给祖先抹黑。

她和范荣明生活的时间越长，越是“服从”他，服从范氏的家规、家训，她是当之无愧的范家好儿媳，陪伴范荣明几十年，不但自己恪守家规，还和丈夫一道，担当起教育子女、孙儿的重任。

范氏精神在传承

范荣明退休前曾是罗江御营镇的党委副书记兼纪委书记，20世纪90年代初，他分管教育、卫生工作，当时镇上建学校和卫生院，有几个包工头当面向他许诺，只要他在监管上放松点，就给他送“大红包”，被范荣明严厉批评，并要求对方按照质量要求进行施工建设。“家风、家规就要求我为人正派，而且我还是一名党员干部，怎么能这样做！”

范荣明在教育子孙方面，即使微末小事，也不改正派底色。有一次，范荣明带孙女到信用社办事的时候，孙女不慎将一个烟灰缸碰到地上摔碎，尽管信用社的工作人员连连说，孩子打碎的就算了，没事的，但范荣明立即带着孙女买了一个新的烟灰缸来赔。范荣明指了指墙上的范仲淹的画像告诫儿孙十要则，一脸认真地说：“教育子孙就是要从小抓、当面教育。这正是范仲淹对儿孙的要求：要严于律己，不要肥己损人，非礼而取。”

金阿姨侧过脸，满怀爱意地望着她的老伴，眼神暖如春阳。她是多么认可和赞许这个男人说的话，他姓范，她曾因为他的姓氏，他是文正公后裔的身份而小小地不平过：为何对外人宽宏，对我这个家人如此苛刻？但现在，她懂了，真正懂得了范氏子孙的刚毅、清廉、忠诚、耿直……她很骄傲，自己也是范家的一分子。每年春分日，范家儿女都会从四面八方赶来聚会祭祖，并趁此朗读范家家风、家训、族规等，就是要范家子孙时刻铭记，以身作则。

都说家庭里，婆媳最不好相处，但在范氏家风家训的熏陶下，婆媳关系不仅十分的融洽，而且两个儿媳的举动还让金述芳深为感动。有次她摔骨折了，两个儿媳抢着照顾她，传为邻里美谈，也让金阿姨颇感欣慰——不管是“姓范”的子孙，还是嫁入范氏家族的女人，大家都自觉遵守范氏良好的家风、家规，视为行动的指南和准则，影响了一代又一代人。

白马关访“金面子”

那天，我们在五丁谷的“金面子”酒家见到了金剑锋一家人，他聪慧能干的妻子尹秀芳、年轻有为的儿子与儿媳，还有一个两岁大的可爱小孙子。金剑锋喜欢说“三国”，他是罗江有名的三国研究专家，用他儿媳的话来说：“要是今天爸爸带你们去庞统祠，他这个导游可以一连说上三天三夜！”对于金剑锋来说，的确如此，罗江白马关有太多历史遗迹，有太丰厚的文化底蕴，就连一块石头、一棵大树都有着它沉默动人的传奇，三天三夜，哪里够他言说呢?

他将小孙子抱到膝头上，仰头看看外面浮动的白云，微微笑了。

春风拂过白马关

在东汉时期，白马关因地处古绵竹城的东北面，被称为“绵竹关”；唐代关名以山名鹿头山来定，改为“鹿头关”；公元907年的五代时期，定名为“白马关”，此名便沿用至今，现在关楼上“白马关”三个俊逸大字，正是宋朝大文豪苏轼的墨宝。

白马关是著名的三国古战场，“南临益州开千里沃野，北望秦岭锁八百连云，东观潼川层峦起伏，西眺岷山银甲皑皑”。从西安至成都，入川后要经过五大关口，即：葭萌关、剑门关、涪城关、江油关和白马关。清朝的罗江才子李调元曾以诗句“江锁双龙合，关雄五马侯。益州如肺腑，此地小咽喉”来形容此关对于整个四川在战略意义上的重要性。

白马关历史人文资源丰富，以庞统祠、倒湾古镇、凤雏庄、金牛古道、换马沟、落凤坡、诸葛点将台、八卦谷等为重点的三国古遗址构成了独具特色的三国文化。而曾任庞统祠博物馆馆长的金剑锋，对于庞统祠的一草一木，都如数家珍烂熟于心。

庞统祠墓坐落在白马雄关之巅，掩映在森森翠柏之中。它是四川最早、保存最为完整的一处三国蜀汉遗迹，不仅是三国蜀汉政权兴亡的见证地，而且也是全国唯一纪念三国时期政治家、军事家庞统的专祠。1980年被四川省人民政府公布为省级文物保护单位，2006年5月又被国务院公布为全国重点文物保护单位。

进入庞统祠，映入眼帘的首先便是历史上著名的金牛古驿道，古驿道上深深的车辙让人穿越时空，仿佛回到了三国的古战场，看到木牛流马正有序运送着粮草，紧急供给前线的蜀国军队。古驿道经白马关南北关楼而过，北达长安（今西安）、南至成都，为公元前300年“五丁开山”时所建，是中国筑路史上的伟大工程之一。当年诸葛亮“六出祁山”，大批的蜀军和军用物资都经古驿道源源不断地调往北伐前线。清代果亲王出使西藏，绕蜀道而行，“车骑二三里，西风卷旌旗”。时过千余载，“镶嵌”在这古道上密集的脚印我们已无法追寻，唯有青石板上留下的深深车辙犹如时光的年轮，还在默默诉说着久远的故事。

在庞统祠里，清代江南名士顾复初写下这样一副楹联：“造物忌多才，龙凤岂容归一主；先生如不死，江山未必竟三分。”“龙”指卧龙诸葛亮，“凤”便是凤雏庞统。我们如今无论是翻阅《三国演义》《三国志》，或是转向民间传说，卧龙、凤雏都是当时并列齐名的两个足智多谋的军师代表，传言曰“卧龙、凤雏得一人，便可得天下”。如此人物竟英年早逝，十足可叹可惜。

话说东汉建安十三年，孙刘联军以不到五万人的兵力，在赤壁击败曹军数十万，刘备占据荆州。赤壁之战后，庞统深知刘备在此难以得志，劝说刘备以此地为主据点，向西扩展，夺取益州为立国之基。建安十六年，庞统随刘备入蜀，主持军务。入蜀之初，刘备与益州牧刘璋明争暗斗，庞统极力协助刘备，运筹于帷幄之中。庞统曾向刘备谋上中下三策，刘备择其中策而行之。建安十八年，刘备攻打刘璋，庞统与主公刘备换马，率众攻城，被流矢击中去世，年仅36岁。刘备痛惜不已，称帝成都后，追赐庞统为“关内侯”，单谥“靖”，故称“靖侯”，又在归葬庞统的地方建祠祭祀。

自刘备为庞统建祠后，庞统墓几经兴废。现存的墓是清康熙四十六年在王屏藩乱蜀时摧毁的墓原基础上重建的。庞统祠周围古柏掩映，挺拔刚劲，苍翠葱郁，传说有为张飞亲手所植者。远望参天的古柏林，似绿云翻腾，气势壮观；近看枝叶，霜皮溜雨，黛色参天。据测祠内所存两株古柏，距今已有1700余年历史。

落凤坡古驿道傍祠而过，全部由石板砌成，车辙斑斑，苔藓密布，是古代自秦入蜀的大道，庞统血坟就位于庞统祠北约3公里的古驿道边。历史小说《三国演义》描写庞统在进围雒城途中，在此坡受伏中箭身亡，后人将此坡改称“落凤坡”，庞统穿戴的血衣就地收葬，建“血坟”一座，并于驿道旁立碑刻“落凤坡”三字，以示标志。

而张飞点将台位于庞统祠西，是一座自然形成的石叠平台，据说点将台是张飞思念庞统，在夜梦中用赶山鞭赶石筑成的。

金剑锋说起庞统祠来，的确滔滔不绝，神采飞扬。作为庞统祠祭祀传承人，他曾在数年时间里主持了庞统祠庙会，讲起当时盛况，更是眉飞色舞，宛若时光倒流，盛景繁华，涌至眼前。

当地民间传说，每年农历正月二十六日为庞统生日。自东汉建安十九年，蜀汉军师中郎将庞士元为国尽忠，“飞升”白马关落凤坡后，庞统祠庙会迄今已有1700多年历史了。其民间祭祀从正月二十便开始，俗称为“起会”。到正月二十六日这天，逛庙会的人达到顶峰。乡民自发赶到庞统祠，瞻仰庞统塑像、拜祭庞统墓，以表达对庞统的无限哀思。

之前庞统祠庙会是民间祭祀活动，后来官方也参与进来。金剑锋这个三国文化研究专家身兼“公家人”职务，更是让庙会的文化传承变得更为系统、规范，上升到学术研究的价值。

金剑锋虽已退休，但庙会战鼓声声，犹然在耳；战旗飘扬，如浮眼前。他充满感情地回忆道：“如果庙会恰逢双休日，那真是人山人海，庙会将持续到正月的最后一天。在庙会期间，不仅有仿古祭祀庞统的仪式，还有大型文艺表演以及商贸、农副产品展销等活动。那些卖凉面、汤圆、锅盔的小贩，恨不能一人伸出四只手来，忙活着递食物、找零钱。”

是呵，民以食为天，庙会上的罗江小吃固然引人流口水，但金剑锋和妻子尹秀芳共同经营的“金面子”酒家，更是无数资深吃客到罗江白马不得不“打卡”之地。

“金面子”的前世今生

尹秀芳和金剑锋年轻时曾有一段浪漫非常的恋爱故事，他们曾是师生，后成眷属。金剑锋在调入文化部门任职之前，身份是教师，让人最咋舌的，是他当时教的科目是数学，这也好解释他对三国文化的感性挚爱之下，始终保有一份理性思考。年轻时的金老师，潇洒不羁，写一手好字，对三国文化精通入迷。上级部门将他调到文管所，派到白马关，他如鱼得水。他将庞统祠研究得清楚透彻，还总嫌不够，外出若看到有关三国的书籍卖，他会掏空口袋，将最后一个钢镚儿都拿出来买书。家里几乎成了“三国书库”，光是线装书，恐怕用拖拉机一车都拉不完。金剑锋几乎将自己的工资都“投资”到三国文化研究上去了，美丽的妻子尹秀芳却从未怪过他。

尹秀芳这一生都敬重金剑锋，她以一个女人温柔宽厚之心去爱着他，默默支持他做研究。那时，尹秀芳在庞统祠卖门票，常常有游客过来问她：“这里附近有没有卖吃的地方？”售票员尹秀芳很为难，那时罗江的庞统祠还未很好地开发出来，周围配套设施压根就不完善，游客到了中午，肚子饿得呱呱叫，想要找碗面条吃，顶着日头绕祠一周，最终只得怏怏离去。尹秀芳便动了念头，她想这附近没有餐馆，我可以试着来炒菜啊。

她最初经营的，不是什么酒家、农家乐，就是庞统祠大门那儿，搭张桌子，放两根板凳。连每天用的肉、菜和油，都是用背篼装着，背在身上，清晨从家背到庞统祠，黄昏再背一只空背篼回去。

尹秀芳手巧，做事麻利爽气，烧得一手好菜，很快，她烧的土鸡公便名声大噪，那些来庞统祠拜谒凤雏的游客，一定会将吃尹秀芳的烧鸡公当作旅程的重要一环，一传十十传百，那些吃过的人都说尹姐啊，你菜做得这么好，不开馆子简直浪费人才了！于是，尹秀芳从几根板凳起家，在赢得大家的衷心认可之下，1999年，正式办起了“凤雏”酒家，华丽转身为老板娘。

尹秀芳的酒家开办得红红火火时，金剑锋还战斗在文化研究第一线，他负责庞统祠的管理，实在抽不出时间和精力来照看酒家，偶尔也会歉疚地对妻子说一声辛苦了，尹秀芳相当体谅他，从没提过过分的要求，也没占用过金剑锋的宝贵时间，倒是他自己过意不去，有次主动提出：“看你最近研发新菜蛮辛苦，我也来出出主意嘛。”

金剑锋说的是为后来被命名为“金面子”的一道名菜把把关。这道菜是尹秀芳想出来的，她也是从庞统祠庙会祭祀上得到灵感，看到祭祀上会用整个羊头、牛头之类的呈上来虔诚拜祭，一眼看上去，给人一种庄严肃穆又隐隐透着几分喜庆的仪式感，尹秀芳便琢磨啊，能不能用猪头来做一道新菜？

金剑锋听了妻子想法，很激动，因为他仿佛在罗江大才子、“川菜之父”李调元的《醒园录》里见过一道原料为猪头肉的菜肴，于是他连夜翻书查阅，查出清代宴席上果真便有“蒸猪头肉”一菜。金剑锋很兴奋，鼓励妻子大胆创新制菜步骤，工序复杂一点没关系，只要最后口感巴适，肯定会食客盈门。

金剑锋还提出自己的观点：如果用整只猪头，一是太大，怕到时吃不完浪费了；二是食材大了不好进味道。尹秀芳欣然接受，将猪头一砍两半。她多方尝试，改进工序，金剑锋便当那挑剔食客，每次改良革新，他都第一个当“美食家”，提出自己中肯的意见。他还对尹秀芳开玩笑，说自己厨艺远不如她，但好在还有一条味蕾发达的舌头！

就这样，夫妻俩试验多次，不懈研究，终于制出了一道招牌菜——因为原料取用猪脸，老板又姓金，此菜便最终命名为“金面子”。

有些远道而来的食客，心心念念，就是为了吃上一道金面子。不过遇上春节黄金周等，若无预定，恐怕老板娘只能言说一句抱歉了，这不是尹秀芳搞“饥饿营销”，而是制作此菜费时长，工序多，每一步都花心思，来不得半点敷衍将就。

尹秀芳先将半个猪头用盐腌上两天，下沸水锅，洗去多余盐分，随即入油锅炸得金黄，捞出晾冷，入卤水锅慢慢熬煮，开小火，几个小时的卤煮，使得香料与中药材的味道充分“钻进”猪头的每个细胞里。待捞入盘，上了桌，大家伸筷一尝，即使最挑嘴怕胖的时髦女郎，也惊喜低喊：“这猪头看起来油，其实入口糯香，一点都不腻！”

如今，金剑锋一家刚将酒家搬到白马关的五丁谷，不再沿用老名凤雏酒家，他们直接就打出了“金面子”这个金字招牌，有这金光闪闪的三个字，无数之前的“粉丝”忙不迭地将导航设到了五丁谷，他们要快马加鞭地赶到金面子，吃上一盘香喷喷的金面子，酒足饭饱，再和“金大师”好好聊一聊三国故事……

寻梦路途多快乐

采访那天，四川乐途旅游景区管理有限公司董事长黄瑞原本有事要去绵阳，车开到一半又返回来，只为和我们见面。让一个忙人如此折腾，我们十分过意不去，他再三温和地表示“没关系，不碍事”，笑容温暖而真诚。这个文质彬彬、气质儒雅的中年男人，戴黑框眼镜，身材高大瘦削，着一套运动休闲衣，他若静静待在那儿，犹如一位渊博学者，一旦开口讲起他心爱的“乐途”来，黄瑞神采飞扬，眼眸中闪出星子亮光，浑身上下又充满了“运动者”的朝气活力。

怪不得，在等待黄董事长折返归来时，他的下属郭大厨充满感情地介绍道：“我黄哥身上有一种魔力！”

静与动的文化

黄瑞走路时脚下生风，用现在的网络语形容，他是“自带两米八气场”。他一旦落座，腰背挺得笔直，语速不快不慢，看人时眼神煦暖而亲切。他这模样太像一位“传道授业解惑”的老师了，一问，果真如此。黄瑞曾是绵阳少年宫的美术老师，他自身有很强的西画底子，多年授教，桃李满天下。而他从一位“清风明月”的老师转行到“烈日泥泞”的户外运动，跨越不可谓不大。

黄瑞坦承，他是一个有极重旅游情结的人，即使之前“安安静静”地当老师，他也利用各种假期，一有时间就背上行囊四处行走，观览各处风景。而罗江数年前还不太为外人所知的白马关景区，他也是早早就留下过足迹。

当初，黄瑞对白马关很感兴趣，也听说了罗江当地有强烈意向，要以三国文化为核心来打造一个新的白马关。他认真思量，觉得这虽然是一条好路子，不过从全国范围来看，白马关只突出三国文化，会显得面比较“窄”，想想吧，依托白马关来挖掘蜀汉文化的节点，历史厚重感上去了，但相应又会带来一种“静”，这毕竟是“静态挖掘”。但若在这里发展户外运动基地呢？黄瑞大胆地设想：以一“动”配合一“静”，静动相宜，彼此结合，是否能让游客在瞻仰厚沉沉历史遗迹的同时，还能活力四射地嗨起来？动起来？兴奋地耍起来？

有了想法的雏形，黄瑞几分紧张又几分兴奋，他先去做了一番市场调查，越发认定了罗江白马关这个地方，真是很适宜搞户外旅游啊，从区位和交通优势来说，罗江与成都、绵阳、德阳等地形成了便捷的交通网，而罗江独特的浅丘资源、丰富的水资源也和便利交通一道形成了罗江发展户外运动的“地利”与“人和”。

黄瑞是个敢于将梦想阳光照进现实的行动派，2012年，他毅然决然地华丽转身，正式进驻白马关，开始打造他理想中的体育娱乐目的地。那一年，他所流转的土地是什么样子呢？地形崎岖、山坡陡滑、茅草比人深。

黄瑞在绵阳认识了一个很有想法的厨师，虽是“郭大厨”，但认识“黄大哥”那年，大厨只是一个20多岁的年轻小伙，他厨艺精湛，在绵阳的星级酒店里做大厨，每月轻轻松松挣上万薪资。当两人就着小店一碗烂蹄花聊天，黄瑞问他，愿不愿意来白马关一起创业时——这桩关系到郭大厨未来职业选择的大事，竟在他们合力分喝完一大碗蹄花汤时，简简单单决定了，郭大厨微笑着对黄大哥说：“我来。”

郭大厨进入了户外运动基地打造的“先驱部队”，这下他见识到了什么才叫“创业难”。

创业艰难

黄瑞拿到流转土地，按照先期计划，他要先尽快打造出CS战场。那时，山上横生的杂树令小郭气恼，他向黄大哥建议道：“干脆我们也租挖掘机，让挖掘机进来清场，把这些挡路的树一并砍了算了！”黄瑞却坚决不肯，他舍不得砍一棵树，还对小兄弟小郭说：“等我们清好场，不但不要砍树，还要再栽种一些树。”小郭茫然地看着他敬爱的黄大哥。小郭做菜顶呱呱，但那时刚刚跟随黄瑞创业，还不太懂得户外运动的门道。黄瑞坚持不砍树，在之后打造“丛林穿越”时，许多玩家回馈都非常好，说在这里才找到“丛林真感觉”。那么，不找挖掘机进场，就只能人工硬着头皮顶上去。

黄瑞亲自率领队伍，一行60多人进山清场。盛夏6点，他起得比任何人都早，偷偷地先去干一会儿活，等到小郭打着呵欠起来，看到黄瑞一个人在推汽油桶，已经推了十来个，后背前胸一大片汗渍，脑门贴着软沓沓的头发，眼镜腿被汗水泡得贼亮。创业伊始，在黄瑞身上完全看不出之前西画老师的一丝影子：他像民工一般吃辛咽苦，自己挂沙袋、搬重物。原本是一个白净书生，被伏天毒烈日头暴晒几番后，竟像“脱水蔬菜”一般，短短60天瘦了5公斤，黑成“包公脸”。

有次黄瑞不慎在工地上踩到一块木板，板上有三寸长坚钉，直直刺穿脚后跟，骤然血流如注，小郭惊慌低呼，紧张得拿纸巾去按伤口时，纸巾很快被血透湿，成为乱糟糟一团，这个拿惯菜刀的大厨，双手也一个劲发抖。黄瑞让他不要紧张，自己受伤，倒忍痛安慰“战友们”别担心，他心里有数，“皮外伤而已”。但这黄瑞口中轻描淡写的“皮外伤”，令他足足瘸了一个多月，大家都劝他多休息，他哪里躺得住呢？找了根木棍拄着，怎么也要到现场来，一瘸一拐地慢慢干活，疼痛纠缠了他月余，脸上的冷汗没怎么干过。

黄大哥如此卖命，小郭岂能落后？小郭不但自己来了，还把老婆也从绵阳“拐过来”，夫妻一条心，加入乐途一起创业。那时山上一团乱糟糟，白天是工地，晚上做活的人四下散了，常常只留小郭夫妻两人守山。山上不太平，有些毛贼利用崎岖地形，暗中“偷袭”，甚至将郭大厨带上山的香肠、腊肉都窃走了，让小郭哭笑不得。

若只是偷一点吃食，小郭倒无所谓，但他最怕那些强蛮“大盗”不但窃物，还会做出伤害他人人身安全的事。比他更怕的是妻子，老婆有时听到外面有风吹草动就吓得哇哇大哭，半宿半宿地抱着被子坐在那儿，怎么劝也不肯倒下去睡一会儿，老婆哭着求小郭：“咱们回绵阳吧，你说你在绵阳的酒店里干干净净、舒舒服服地当大厨，一个月赚1万多元，在这里担惊受怕辛苦得要命，一个月只有3000元死工资，你是不是脑子进水了？”

小郭不是脑子进水，他晓得创业苦累，也晓得现在资金紧张，其实别说3000元，就算现在黄大哥只给他300元，他还是愿意死心塌地守在山上，大家一起打造户外运动基地，因为这不是在“做事”，这是在“造梦”啊！老婆看小郭无比固执，怎么也劝说不了他，气得第二天自己回绵阳了。但过不了几天，老婆又回来陪伴他一起吃苦，他们是恩爱小夫妻，谁都离不开谁，哪怕吃苦头，两人一起吃也能吃出幸福回甘来。

为了保护老婆不被贼吓倒，小郭在房间床头柜上放着火药枪，安慰老婆说：“咱们有枪防身，你还有啥好怕的了？”老婆犹犹豫豫，小声回答：

“其实比起那些神出鬼没的小偷来，我更怕蛇……”唉，荒山野坡，蛇简直成了茅草灌木的“标配”，数量之多，令城里长大的女孩怕个半死。小郭只能尽力安抚，他说黄大哥今天又叫人买硫磺了，我们将角角落落都洒上硫磺，蛇再多，它也不敢贸然出来吓你的，放心吧。

就这样，辛劳叠着辛劳，黄瑞带着一群追梦的“疯子”一起劳作、奋战，一点一滴打造着白马关户外运动基地。2014年，该基地正式以“中国西部山地户外运动基地”的面貌亮相，即引来体育爱好者的惊叹与赞赏。

传统体育的发展之路

黄瑞看来，传统体育的创收之路很大程度上讲是“门票经济”，这是“观摩经济”“观摩赛事”而非“自我体验”，而现在要发展体育经济就得向“自我体验”深入推进。黄瑞更是超前地推出了“假日经济”，就是包括亲子体育游、团队拓展、主题培训等“新体验体育项目”。

黄瑞曾这样写道：乐途拓展培训基地致力于推广户外体验式拓展，除了拓展，游客也可以选择在房车营地过过闲散惬意的生活。乐途还为游客们提供丛林穿越体验。从某种意义上说，丛林穿越就如人生，有挑战，更有希望；有困难，更有收获。痛、累、流汗，甚至受伤，只要我们确立目标，找准位置，把握方向，快乐和收获会超越一切的痛和累！

对啊，他就是这么“燃”的“乐途老大”，他号召大家体验一把户外运动，就算有累、有痛、有汗水，但体验过了，会感受到无穷的乐趣，真心体会到运动的如磁魔力。

黄瑞担任四川乐途旅游景区管理有限公司（以下简称“乐途”）董事长、总经理，从2013年正式开启白马关的“户外运动新时代”，已基本建成了中国西部户外运动基地，推出了拓展培训基地、真人CS野战营地、山地自行车赛道、丛林穿越、汽车营地、卡丁车俱乐部等户外运动项目，两年的发展，取得了不俗的业绩和市场良好的评价，在西南地区拥有良好的口碑和行业影响力，成为当地体育产业发展的示范性和标杆性企业。

黄瑞并未止步于此，他的乐途完成了一期规划，接下来便是二期、三期。连跟随他创业的郭大厨都惊叹道：“我们乐途就像一个会‘变脸’的川戏大师，越变越有活力，越变越漂亮夺目了！”

小郭因为职业的敏感性，他对吃食是关注得最多的，想当初乐途迎来第一批运动爱好者，大家玩真人CS野战时，只能吃从外面订的盒饭，顶多有住在附近、具有经济头脑的乡民自己拌一点凉粉、凉面、炸一点土豆条来卖，小打小闹的小食哪里能满足这些运动发烧友的好胃口。

现在呢，乐途打造了精致大气的木屋酒店、森林会所等，还有别具一格的露天美食广场来乐途就餐，可以选择去餐厅吃中餐，也可尝试“自助烧烤”或者“土灶自炊”。乐途的“自助烧烤”在细节上极为考究，与别的地方不同，是将烤盘围成一个圆圈，中间掏空，放汤锅，能满足老年人怕吃烧烤上火，更偏向于汤锅的养生需求。而“土灶自炊”如同学生野炊，所需蔬菜，自己去菜地采摘；所需跑山鸡，自己去铁丝网网住的鸡场逮捉；所需鲜鱼，乐途无偿提供渔网、钓具，自取自足。自己动手，丰衣足食。乐途从“盒饭待客”到今天发展多种餐饮，郭大厨功不可没，他觉得很带劲很刺激。每次想到一个关于饮食改良的小点子，即使半夜也忍不住给黄大哥打电话。创业激情让这个小伙子也很“燃”。

黄瑞觉得最幸运的，是罗江当地政府十分认可“体育旅游文化”的理念，他觉得这是非常了不起的有前瞻意识和胆魄的政府，因为有他们的支持，黄瑞带领的乐途才能真正和白马关一道迎来“寻梦快乐”的黄金时期。

第五章　谁不说咱家乡美

2017年是白马关景区的项目建设之年，当地大力实施万佛广场、通用航空基础设施建设、艺宿小镇建设、体育小镇建设、景区绿化美化、景观节点改造工程等项目，“全域旅游”大规模基础设施建设大幕开启。罗江按照融入“九环世界遗产线”“德阳健康谷”的思路，紧紧围绕“山、水、田、园、产、学、人、文”八大元素，全区域规划、全行业互动、全过程体验、全时空打造、全方位服务，以旅游激活三产、以旅游引领发展，构建“一城、一核、四带、九大主题” 的全域旅游发展格局，由此揭开新村振兴战略的新篇章。

如今，罗江旅游产业迎来空前发展机遇。接下来，罗江将着力推进农业与旅游业的融合发展，在贵妃枣、蜜柚、青花椒等“七大万亩产业基地”基础上，筹划推出“白马—蟠龙”“鄢家—新盛”“金山—调元”等多条精品乡村旅游路线，筹备开发凯江流域“十里八湾”农业旅游项目，致力于将农业基地打造成为生态景点，将新农村建设成为新景区，让农业成为一种融合型特色产业。

罗江一年三百六十五日，风物天天美，春花秋月，果芳粮香，是一个四季花开不败的“大花园”。深厚的文化土壤之上，将罗江这个“大园区”打造好了，才是人民群众脱贫奔小康的真正依托。若离开罗江“全域旅游”的规划，扶贫产业园、特色园区也都会成为“失源之水”，难有长足发展。只有将罗江整体视为“一盘棋”，这盘棋下活了，下准了，下“神”了，才能找到最适合“罗江模式”的乡村旅游发展之路，令罗江呈现出让四方游客都折服心动、恋恋不舍的迷人风貌。

这些勇于“走棋”的罗江人，或是将产业做成了景观，或是在最不可能的地方生生开天辟地，建起了扶贫产业园。他们都是造梦的人，可谁又敢说，这梦想不会将罗江美丽的明天照亮呢?

我贵因我珍

曾兵头发很短，肤色很黑，身体很壮。他自我解释道：黑，是因为每天都要打理珍果园，接受日光浴的洗礼太多了。

对，每天，从早到晚，珍果园一条小沟渠、一根小花枝、便道旁系着的彩纸小风车，他无不关注。自己和妻子犹如生长在珍果园的两个“守园仙人”，全心全意照看、呵护园子。就这样，一天天过下来，他原本就比旁人深一个色号的肤色，越显黝黑。

预备……

上学时，每次跑步，最让人心情紧张的，其实还不是跑步跑到中间的“临界状态”，那时呼吸很紧张，整个人快喘不过气来，像是被谁掐住了脖子一样。肺像一个越张越大的气球，随时有可能爆炸；也不是快要冲刺的最后几步，那时我会兴奋、激动，甚至有点隐隐的小伤感，因为“又一次跑步”“又一段路”即将到达终点了，这是一个小小的句号，小小的结束，为接下来的“平静休息”做铺垫的。最让我紧张的，是临跑前，体育老师庄严地高举右手，唇间衔着口哨，他一脸肃穆地发令：“预备——”

在那个“跑”字随着尖锐口哨传出来之前，人是最紧张的。

和跑步同理，一个人想要创业，也许最让他紧张和迷茫的，恰恰是那个预备起步阶段。

2014年初，曾兵和妻子聊到了一件事，他说自己想要创业，妻子没有太惊讶，之前，曾兵做园林绿化、苗圃生意做得挺不错，但他这次不同，想要竭尽全力去开创一个属于自己的产业，妻子黄增春是个善解人意的女人，话不多，但句句落在理上，她问：“那你想好做什么了吗？”

曾兵有点苦恼，说他只有模模糊糊一个大概设想，但并无清晰蓝图。春姐听了，倒也不笑自家老公成天没事找事、想七想八的，她依旧温柔地说：

“那你可以出去走走看看，四处考察考察，说不定心里的计划就清晰了。”

一语惊醒梦中人，就这样，曾兵开始了近一年的外出考察。这一年，他开着车不但在四川各地转，还去了浙江、福建、山东，他去考察什么呢？看人家各地的水果。他数不清自己去了多少农家乐、果园，看到了、尝到了多少之前听都没听说过的“稀奇果”。越是考察，曾兵心里越是有底了：我要发展一个走高端路线的家庭农场，在我农场种植的水果，绝对要绿色、生态，最重要的是——人无我有，人有我优。

在外连续跑了数月，花了几万元，反而“稀释”了曾兵在预备阶段万分紧张的情绪，他风尘仆仆地回来，兴奋地和妻子商量，说他想好了，他要打造一个“珍果园”，专种名优水果，不以量取胜，只以质服人！

妻子还没表态呢，曾兵父母和兄弟听说他回来了，齐齐跑到他家里，听他能胡诌出一个什么道道来，这理想蓝图中的“珍果园”三个字才落地，父亲一拍桌子，气得下巴乱抖：“莫名堂！你就好好做你的苗圃生意，稳稳当当赚钱不好啊？啥子名优水果？我们这个新盛镇金龙村，开个小车跑罗江都要小半个钟头，到时候水果烂在地里都没人过来捡！”“就是！”曾家兄弟也帮起腔来：“老汉说得对！咱们这个地方，这个旮旮角角，哪里还敢种贵重水果，谨防卖不脱！”

就这样，你一言我一语，家庭会议变成了对曾兵不切实际、天马行空的想法的大讨伐，兄弟和父母最后表了态：“反正你都这么大个人了，说起来你女儿20岁出头，幺儿也上小学了，你这个当爹的还这么幼稚，我们也管不了你，你有事就和你老婆商量吧，反正我们是不会帮一点忙的，晓得你不会成功还让你往坑坑里跳，你不听劝也只能由你去了。”

终于送走了父母和兄弟，曾兵掩上门，疲惫地叹口气，他抬头，撞见妻子温暖的笑脸，春姐的话让他一颗心瞬间就踏实了，春姐说，你想好了就去做，我肯定会支持的。

起跑！

2014年10月28日，曾兵流转了468亩地，正式开始打造他梦想中的“珍果园”。因为没人帮衬，他一个人硬着头皮投资，一气儿就投了600多万元进去，不过，他也要感谢那时除了妻子和自己一条心，他不得不孤军奋战。正因为从一开始，珍果园就只有一个老板，才让他的决策不必反复开会、商量、论证，他认准了拍板，果断去做去执行就好，这样反而令他的“起跑”更快更果决。

开园当天，曾兵就去采买了草莓种子，第二天请工人来种植。三个月时间，在他精心照顾下，草莓一颗颗红彤彤地成熟了，珍果园也正式迎来了采摘季。之前父母、兄弟都嫌弃此地区位优势不好，但事实上，这里紧靠着罗中公路，离成都、绵阳、德阳都很近，小车踩一踩油门，轻轻松松就驶过来了，这也是曾兵看好的“金优势”，只是客人还没上门前，一切都只存在于“假想”之中，他不好意思力战群儒，一个人和全家为敌，现在事实证明，他猜对了，预判没错。

从2015年2月，一直到5月，来珍果园采草莓的客人络绎不绝，大多数是回头客，或者“朋友介绍这儿很不错”，他们乐意“来了又来”，来了还和曾老板拉拉家常，说你这儿是真资格种“绿色草莓”的，莫看外面到处都打着“生态种植”的牌子，我们消费者又不是傻子，进到那塑料大棚，空气中一股挥之不尽的农药味儿扑鼻就来，你这个珍果园怪得很，我使劲吸鼻子也闻不到一点点“不良气味”。

曾兵憨憨地笑，他手里还在干活，满手是泥，一脑门亮晶晶的汗，他说有啥怪嘛。做事凭良心，我这儿种草莓真的全靠人工，不打除虫药、农药、膨大素什么的，这就需要养护人员有更高的技术，才敢吃下珍果园这口饭。

曾兵对他园里的水果有种发自内心的骄傲，对跟随他的工人也是，因为经他培养和点拨的工人，技术值那是嗖嗖上升。曾兵对工人很好，他自己就是金龙村的人，请来干活的，几乎都是知根知底的熟面孔，不存在他当恶老板，仗势欺人什么的，而且为他干活，大家也有另一重放心——他家业都在这儿，父母、兄弟还在这儿呢，哪能说跑就跑，所以，两下放心，彼此合作都没问题，但就算这样，曾兵也曾和工人发生过小小的争执。

那次是为葡萄剪枝。游人走进珍果园大门，就能看到一块大牌子，最上面一排大字是“罗江县珍果园家庭农场有限责任公司”，左边是开园时间和“进园须知”，右边主要写的葡萄价格，明码实价，采摘之后，就地过秤。然后，我们看到最贵的“紫脆”葡萄，一公斤单价是240元。这是曾兵专门从外地引进的优质葡萄品种，本地很少见，这种葡萄吃到嘴里有“脆感”，甜脆而多汁。

“紫脆”卖这么昂贵，曾兵却专门叮嘱修枝的工人，说一株葡萄上面保留十六枝，一枝只保留两串葡萄，多余的，剪去！这位工人算是曾兵的邻居老大哥了，他也是心疼，想到就算一枝再多保留一串，也是相当可观的收入！就这么狠心剪枝了，那不是浪费做派么？于是，这位干活勤勤恳恳的大哥那天便没有按照曾兵说的去做。曾兵对珍果园是每个角落都不放过的，他在下班前验收到大哥干的活不合格，当即就要求大哥再去剪枝，大哥强辩，说自己是看不惯曾兵“铺张浪费”，曾兵平时对工人和蔼可亲，那天一脸严肃道：“这不是浪费，是科学种养，咱们珍果园的葡萄，不能盲目追求产量，一定要将质量放在第一位！”就这样，最终邻里大哥还是落了下风，乖乖依要求行事。

曾兵的“强硬”，换来了游人对珍果园出品水果的赞不绝口。他所引进的品种都是质优、高端的，比如台湾的红心火龙果，口感与常见的白心火龙果不同，更受到对生活有品位追求的食客追捧。

曾兵说到做到，为达质优，不惜代价。能想象他现在经营一个五百亩的果园，却从不用化肥、复合肥吗？他是这样解释的：“首先，果园里修建了钢架大棚，因为淋不到雨，就会减少病虫害；其次，园区的土壤都是经过改良的，这又进一步杜绝了病虫害；再次，园区花重金购买了数个紫外线灯，而防虫纸更是随处可见，用现代高科技手段来防虫，比起打农药，也许更昂贵，但却能种出小孩子从枝头摘下就能放进嘴里吃的果子。”

曾兵就是这般自信，他敢对四方游客说：“随便吃，如果在我珍果园吃到打农药的果子肚子痛了，我曾兵负全部责任！”有他这份底气和豪气，加之珍果园的葡萄、火龙果、草莓、蓝莓、柑橘、贵妃枣等品相的确太好，口感实在丰美，即使价格走了中等路线，也能迎来如潮买主。有些上周周末刚来珍果园买了现摘现装的礼品盒装款，这周又跑来找曾兵，隔了几步远就开始“抱怨”，说曾总啊曾总，谁让你把水果种得那么好吃？简直惹祸啊，我朋友吃了都逼着我再来买，说吃不到要和我断交，你看，我懒觉都睡不成，又来找你了！

曾兵听了，黝黑脸蛋笑成了一朵花。他比任何人都知道，自己曾走过多少艰苦，才迎来了今天的收获。

珍果园是一点一点打造出来的，整个园区精致、漂亮，不但是果园，还是花园与游乐园，樱花、石榴花、紫荆花……曾兵充分发挥他之前做苗圃的特长，将园区点缀得美不胜收。围绕园区，他改造了之前一下雨就到处乱溢的水沟，现在清水潺潺，绕着石头小径，水中养鱼，溪边种花，动静相宜，成为一道亮丽美景。曾经堆着烂泥的土包包，曾兵匠心独运地将它开发成一个"迷你小岛"，遍植绿色植物，岛中设休憩凉亭，成为恋爱小情侣最爱之浪漫地。而这打造，不是一天之功，很多奇思妙想，都是晚上工人悉数离园，只余曾兵与黄增春两人，夫妻开始在园中一边缓缓散步，一边沟通，互相交换意见后想到的。

曾兵最感激的，是能娶到春姐这样的老婆，她仿佛永远在他身侧，就这样一起并肩走着，细声交谈，她对丈夫的支持，不是一句光鲜堂皇的口号式的标语，而是落在了这一步步的同行与相随。他们夫妻同心，一起来规划，商量，最后将梦想落到了实处。春姐就是这样恬淡的女人，犹如那柔柔白月光，没有过分耀眼的绚丽，却让人心动。

2015年春节，曾兵两口子给工人发工资，工人们领到现钱，欢天喜地谢过老板，离开了，他和老婆两人对视，默契地将自己口袋里所有钞票都掏出来，5元、1元、5角、1角都统统掏出来，堆在桌上，他们像两个小孩子，反复数了三遍，没错，33元。当他俩将工人工资全都发清爽，他们包包里就只剩下这33元来过年了！

"你们两个好造孽啊！"正在换乳牙的儿子说话漏风，还是忍不住调侃自己这对"穷父母"。那一年，儿子给曾兵的新年祝福是："爸爸你要更努力赚钱才行，要使劲，免得明年我们家还是只剩33元过春节！"

曾兵和春姐笑得前仰后合，他们并不以为辛苦，反而，这是一个多有意义的春节啊。现在，看到珍果园发展得红红火火，当年预言曾兵不会成功的兄弟都纷纷投入到产业建设中去，曾兵母亲也主动申请来园区打工。

曾兵很坦然地聊到母亲变工人这件新鲜事，他说给工资和没给工资是两码事，不给工资，老人家偶尔来看一眼就作罢，给了工资，她有了积极性，真的将打工当作自己的事，每天认认真真，也不迟到、早退，带了一个好头。

我想了想，很快也想通了：珍果园能从一片质疑、白眼中发展到今天这样游客盈门，光是采摘，可能每天都能收入好几千的规模，曾兵靠的，就是这样一份朴实又简单的信心。他守住了自己的梦想，不去听外面的风雨，这份创业的平常心，难能可贵。所以，曾经认定他要赔得一败涂地的父母，如今也转头加入儿子的家庭农场中，又有何稀奇？

别笑我傻

那天，在御营镇镇政府，罗义勇和唐大勇两人是前后脚来的，他们彼此很熟，在采访开始之前，这两个男人先忙着相互敬烟、点燃，凑在一起兴高采烈地摆谈儿子。让我们很感兴趣的是，这两位看起来都显年轻的中年男子，却都是成年男孩的爹了，他们各自有一个20多岁的儿子，儿子还没娶媳妇，在当爹的看来，便还是“孩子”。

只不过，说起这两个“孩子”来，门牙有条细缝的罗义勇满是自豪，他讲起儿子便忍不住笑，坦然地“展览”着门牙间的一道缝，他夸儿子有想法，去年还买了个无人机，把老爹的苗圃基地航拍了一番，还把图片发到朋友圈里，他赶紧屁颠颠跟去点赞。唐大勇立即表达了对老朋友父子情深的羡慕，他儿子单名一个“帅”字，年轻人都爱玩微信，但帅哥可以玩微信玩到不抬头和父亲说一句话，唐大勇只能以调侃消解自己的落寞：“我说帅哥啊，年轻人玩微信，在家就要不了威信哦。”

这两位“勇哥”，两个“小伙儿他爹”，他们有着截然不同的人生故事，但在他们身上，却有一个很鲜明的共同特征：他们正在“傻傻地努力”，想将自己家乡建设得好一点，更好一点，他们都曾从这片土地上出走，现在兜兜转转，又再度回归，将自己未来的梦想植根于这片朴实的泥土。

二十年前旧梦想

罗义勇小时候家里很穷，穷到什么程度呢，父母养了七个孩子，一个孩子肚子饿得呱呱叫起来，会听到像是被传染的一片呱呱声，传到最小的那个，饿得直接仰头张嘴大哭起来。父母每天天不亮就拼死拼活挣工分，还是难以满足这七张嗷嗷待哺的小嘴。那时罗义勇最怕就是春季，队里来家里收粮食，家里断了口粮，只能四处去借粮。借粮的滋味与饿肚子的滋味，交汇在一起，令罗义勇几十年后也难以忘怀那种复杂的心情。谁愿意贫穷？谁愿意饭都吃不饱？谁愿意天天在泥土里刨食，却刨出一个接一个的失望？

因为贫穷，罗义勇小学还没毕业就回去干活了，十几岁，他就到外面的开发公司去当小工，学着修桥、修路。那时，能“逃离土地”对他而言是非常重要的事，他实在是穷怕了，饿怕了，对土地失去了与生俱来的眷恋之情，宁愿每天在工地上灰扑扑地干活，被人吼来吼去骂得像孙子，总能吃上一口自己流热汗挣来的饱饭吧！

岁月打磨，光阴如梭，罗义勇从一个什么都不懂的小工，慢慢学习和积累，终于当上了小包工头。他这个包工头，大概是最不像“老板”的一个了，大家愿意跟随他，是因为真心信赖他，晓得他讲义气，靠得住。他找到一个工程，带一个小队去干活，利益是平分，工作也是“雨露均沾”的，他后来当了数年包工头，每次干活只会比队友更多，从没偷过一丝一毫懒。也许正是这份真心，让罗义勇收获了好感，工友们愿意追随，开发商也愿意分项目给他做。他慢慢积累了一点钱，这是汗珠子掉地上摔八瓣儿积累的“第一桶金”，得来不易，他开始思索，在工地上做不了一辈子，将来该干些什么好呢？

罗义勇有点羞赧地说，其实二十年前，他就有了一个梦想，想要回到家乡发展农村旅游。

从当初心心念念想要离开土地，到在外面漂泊打工，尝遍世间疾苦后又想要回归，这不是简单的线性关系，而是凝聚了一个农家子弟从实践中得来的真知，他对现实深刻思索后拿定的主意。

“很苦”，他用短短两个字来形容自己在外干活的数年生活，说完后，他沉默了一小会儿，有点不安地伸舌头舔了舔门牙牙缝，接下来低头补充道：“我曾经带着大家去外省打工，山东、山西、湖北的工地都做过，真的很苦，外面的钱不是那么好赚，白天累死累活还好，可以让脑子不想事，晚上一旦静下来，有时人累得像一摊泥，精神就是好得很，无法休息，两只眼睛快要把天花板望穿，戳两个透明窟窿，咋都睡不着，想家，也想儿子。”

罗义勇越说，声音越小。那时，他是一个年轻父亲，为了生活，不得不到处找活干，他说在外面闯得久了，总会听到一些新鲜事：绵阳永兴，二十年前不就搞了一个号称“西南第一钓”的农家乐吗？在那里，集养殖、钓鱼、餐饮、娱乐等为一体，每天生意红火得很，让他十分羡慕，他也动了心思：我能不能也在罗江老家搞这么一个地儿，能吸引城里人来咱们乡下旅游呢？

但他没想到，这个梦想在心中一揣就是十几、二十年，直到2013年，罗义勇才有机会在家乡御营镇成功地包到30亩荒废果园，尝试种植苗圃，为他的“乡村旅游规划”打基础，做准备。

他两手一摊，露出白牙笑着：“没办法，当时很想包地，包不到嘛，真的是好不容易才将这个荒弃果园包到手，一个荒园子，简直像得了宝贝！”

为了将荒园整治出来，罗义勇穿了长筒靴，戴了劳工手套，带上几十个人浩浩荡荡进场了。走前面的工人瞅一眼不干了，吆喝着说勇哥、勇哥，你来看嘛，到处都是刺，咋个清嘛！罗义勇仔细一打量，园里藤蔓已经蹿到了一米多高，将所剩无几的果树几乎完全覆盖了，如果要“正面突围”，几乎是不可能的任务。罗义勇咬咬牙，他说当年毛主席老人家多英明，提出了“农村包围城市”的战略方针，最后取得了全面胜利。咱们来清场，也得学学领袖当年的英明决策，从边边上，拿刀一点一点地砍，从边上先收拾杂树、荒草、倒刺，以地毯式清理的决心，最终“向中间突围”，夺取全面胜利！这些尖刺可不是省油的灯，晚上收工一看，劳保手套上密密麻麻都扎了刺。

勇哥舒了一口气，将他清出来的山地都种上了紫薇树。这种树，当地人又称“痒痒树”，顾名思义，这是一种很怕你“呵痒痒”的树，从每年6月底，一直到10月初都会开花，花色漂亮，有红、白、粉等多种颜色，极具观赏价值。但是，紫薇开花再漂亮有啥用？村民开始笑话罗义勇脑子进水了，说他在外面拼死拼活挣点血汗钱，就这样一把糟蹋了啊。

罗义勇却丝毫不为所动，他晓得外地对紫薇树的需求量很大，本地反而需求量小，他在正规公司考察过，做过市场分析调查，才决定栽种紫薇的。成都就有人专门种紫薇苗子，养大一些发往外地，现在罗义勇已经流转了100多亩土地，种上了紫薇树，也引来了买家的关注，向他殷勤地抛出橄榄枝，但他又做出让大家咋舌的举动了：不卖，坚决不卖。他不但要好好种着原有的紫薇树，还准备继续流转土地，至少发展500至1000亩“紫薇林”呢。

人们大跌眼镜，心想之前怀疑你种紫薇不挣钱，现在客商找上门你还将人家往外推，这是搞哪样？送上门的生意都不做嗦？不为别的，罗义勇始终无法忘却二十年前就盘亘在心头的旧梦想。打造乡村旅游，必须要有大气的思路、开阔的视野，想想吧，如果今后人家说起罗江御营，会条件反射地赞叹“那儿有一片最漂亮的紫薇林”！那么，罗义勇很满足地笑了笑，他说即使那时自己已不在人世，也都会感到很满足很开心的。

他这种想法，说真的，让我既感动又惊讶。他要做的，是为家乡后人打好基础，种下这大片植被，润泽的是后人之福，也许他自己收不到多少利益。他甚至没想过留多少钱财给儿子，因为儿子能干、懂事，自己肯闯肯干，学得一身跆拳道好功夫，现在在罗江开班授徒，也算有了自己的一番小天地。父子两人，彼此鼓励，儿子明知道父亲在不断投入，包地、栽树、养护……他仍支持父亲“将理想进行到底”。

罗义勇只希望十年后或者经历更长的时间，在他的努力下，这儿会有一片绿荫，一片花海，城里人心甘情愿走到这里来旅游、观光，呼吸新鲜空气，在这个美丽的大花园中，他们记得勇哥也好，忘了，也没关系。

另一个勇哥

唐大勇是华兴村的党支部书记，他曾经是部队中的一个很有发展前途的兵哥哥，因为入伍不久，他在考核中一鸣惊人，个子不高的菜鸟倒取得了整个教导大队第二名的好成绩，领导看好他，特意选他去后勤部公务班，那时他给副部长当下属，好多人羡慕他，军队“前辈”直言不讳，说像他这样年纪轻轻就能进机关的，将来出去学习深造的机会更多。他很激动，因为从小就特别爱读书，他也盼望有一天，自己能有机会再去军校深造，“镀镀金”。

但来自家乡的一封电报，彻底击碎了唐大勇的“镀金梦”。说起来，唐大勇儿时的命运几多坎坷，6岁时他父母闹矛盾分家，他是老幺，被分给了父亲，但父亲天生手脚磨蹭动作慢，一大早起床，忙活两个小时了还没把儿子送到学校，唐大勇看似有父亲照顾，其实是野生野长。

8岁时，五姐生了孩子，他走了很远的路去给五姐送月礼，五姐夫看这个小舅子人不错，唐大勇更羡慕五姐家井井有条的生活方式，于是，他大着胆子问姐夫：“能不能留在你们家读书、生活啊？”

就这样，他在姐姐家正式住下，五姐和五姐夫犹如唐大勇的再生父母。姐夫为了方便他上学，把他的户口也迁了过来。那时小小的唐大勇生怕自己哪里做得不好被赶回老家，他勤快无比，曾经有一次，天麻麻亮就起床打猪草，人小，背了一个冒尖尖的大背篼，后面跟着两个代销店的人，以为看到鬼——只见一个大背篼在前面“飘浮”，看不到头，仅仅露出两只脚跟在地上“浮动”前行。

唐大勇很怕辜负别人的期望，17岁时应征入伍，他满心想的也是“可别给姐夫、姐姐丢脸”。当时为了读书，他一路跟着姐夫走，档案上便留下了“父母双亡”的字样。可他在部队机关刚待了一年多，电报来了，哥哥告诉他，父亲病逝，让他赶紧回家办丧事。

就这样，他变成了一个“历史不清白”的人，部队对说谎的小兵，即使不公开惩罚，也不会再重用了。办完丧事回来，唐大勇接到通知，他从机关直接被调到了汽车修理所。那时他心灰意懒，觉得在部队也没啥奔头了，两年多后退伍回家，去罗江治安联防队上班。

唐大勇至今很感激这段在治安联防队历练的经历，他和犯罪嫌疑人正面斗争，打击罪犯，保护人民群众的安全，令他一点点捡起了当初在军队流失的尊严和自信。再后来，工作业绩不错的他回到村上，当了村支书。

在治安联防队任职也好，在村上负责也好，唐大勇对待工作一直兢兢业业，他仿佛想使出自己全身力气，将当初那一点“不清白历史”抹去，纵然抹不去，能擦得浅淡一点都好。但他顾此失彼，到底忽略了对家中妻儿的关爱。

妻子开始变得越来越疑神疑鬼，每天打数十个电话查岗，回家一言不合就歇斯底里地和唐大勇抓扯吵闹，长指甲直往他额上、脸颊上“招呼”。不但如此，妻子还对儿子说尽父亲的坏话，在儿子面前编排唐大勇的不是，他一切都是错，工作繁忙是错，领着大家把经济搞上去是错，回家还接与工作相关的电话是错，他成了彻头彻尾的罪人。

唐大勇很想和儿子好好沟通一下，但随着孩子越长越高，大小伙子却越来越站了母亲的“队”，跟着仇恨起父亲来。无奈，唐大勇与妻子感情彻底破裂，2013年，他们离婚了。

2014年，唐大勇包了80亩闲置土地，开始种青花椒，前妻四下散布他的谣言，那时老百姓看唐大勇的目光都含着歧视，有些人还故意当着他的面说：“这种连婚姻都保不住的支书，哪有能力带着我们一起脱贫奔小康啊，自己的事都做不好。”唐大勇将所有委屈往肚里咽，打落牙和血吞。那时他净身出户，连给车加油的钱都拿不出来，只能靠着一股劲，没日没夜地战斗在青花椒园里。他知道，现在说一千道一万都没用，只有自己真的做出成绩了，老百姓才会恢复对他的信任，才会真的肯跟着他干。

一开始，没人帮他，他就自己种，累得双脚浮肿、脸色发青也不肯歇歇，他咬紧牙，嘴唇都咬出血来。他知道离婚后的村支书，在农村人眼里是一个多么失败的角色，但他偏要扭转人们的看法，让大家知道：他唐大勇是能带着大家发展产业，奔向小康的！

他成功了，2016年依托青花椒园赚了4万多元，而2017年正式进入丰产期，他预计毛利在10万元以上。看到唐大勇成功，村人们纷纷改变之前对他冷嘲热讽的态度，也开始步入一个崭新的“华兴村青花椒时代”。唐大勇没有就此满足，他说下一步还想带着村人一起养药材鸡、土鸭、泥鳅等，专供城里的中高档消费，发展“多条腿走路”的农村经济。

对于未来领着村人从土地里刨出“金娃娃”，唐大勇信心满满，但谈及儿子，他低头沉默了一会，视线转向墙角，没有看我，声音沉郁地说：“我只希望儿子真正长大的那天，我们父子能坐下来像朋友一样谈一谈，让他明白一个父亲的苦心和愧疚。”

我也希望唐大勇能尽快等到这一天。他的人生并不平坦，犯错、跌倒、消沉、低谷，他尝过生活太多苦，却依旧在土地上执着挥汗种下了他的甜。还好，坚韧的他，从未放弃这份热望，莫管他人嘲笑自己太傻太疯癫。

简单道理莫忽视

罗江略坪镇的“新庙农家乐”非常有名，那天送我们去采访的司机小师傅一听那地名就乐了，说得，坐稳呐，我晓得咋个开，春节才去那里聚餐吃过饭的，那儿菜做得巴适，地道！当时我还想啊，菜做得地道的农家乐又不稀奇，有啥了不起的？没想到，一只脚刚跨进对开的高高木门，新庙农家乐的第一个“了不起”真把我们镇住了：进门左侧，挨着墙壁修了一个十分气派古朴的木头多宝格，里面放着什么呢？“新庙农家乐”多年来获得的大大小小的奖牌与荣耀，就这么看似漫不经心地往墙壁上一挂、一靠，外面连个玻璃罩子都没有，心多大啊。我抬头看了看白云碧空，低头又瞅了瞅青石地板，没错，这只是“入院一景”，却足够震撼来客。

这个星级农家乐的“独特多宝格”让我们顿生迷惘，在见到老板范学建之前，心里头一直在嘀咕，心想他就那么心大，把自己的牌匾、荣誉证书啥的摆在那儿，不怕人偷？不怕人搞破坏？我们都是好奇心颇重的人，有了疑问总会打破砂锅问到底，但那天，奇怪的是我们和范学建交谈许久，都没开口细细问他这个问题。

也许在见他第一眼，便已打消问询念头，他给我们的第一印象，让我们有了答案：这是一个外形既干练又儒雅的中年男人，他看人时，眼里明明盛着笑，但若你一直望下去，会望到一片“深不见底的湖泊”。

他哪里是心大呢，如今在他身上旁人看到更多的是自信和从容，这种做人的大气、大度，甚至直接影响了人生格局。

起步不过两间屋

年轻时，范学建为了生计，做过好多种活。1984年，他就曾在砖厂打工，河坝筛沙，干的都是体力活。仗着人年轻、有力气，一个月能挣30多元。后来听人说在新疆打工能挣到钱，他胆子大，1993年又跑到省外去，那时挣9元一天，已经很让人羡慕了，算是“高工资”，但范学建不甘心。是，凭靠自己的力气，有一双勤劳双手，吃饱饭不成问题，但要想有什么“发展”，仿佛一点微弱的希望之光都看不到。他是个爱动脑筋的人，不满足一辈子都给人打工糊口，但是，自己又能做些什么呢？

这一晚，范学建和老婆一边烫脚一边聊天，他吐露苦恼：“你说我这些年也没偷懒啊，咱们农民想要混个生存，真不容易，为了多赚点钱，我啥都干过，在砖厂打过工，开摩的拉过人，做过蔬菜、水果生意，连新疆都千里迢迢地去过了，但现在也没挣到啥金山、银山，是咱方法没用对吗？”

老婆打了个呵欠，用手背掩住嘴巴，说真的，老婆不太喜欢他说外出打工的事，何况新疆那么远，像上次那样，一走数月，家里大情小事都丢给老婆，田要种、猪要喂、娃要管，老婆宁肯男人老老实实留在乡下，帮衬帮衬自己都好。于是，老婆随意答道：“你没听过老话么，人离乡贱，物离乡贵。你要是拿着罗江一个啥土特产，跑到外面去说不定还能卖个好价钱，但你是个人，人离开家乡混发展，还不如就在原地找饭碗。”

老婆不经意的话，像是一道亮光劈开了范学建头顶的阴霾，他兴奋得一脚踢翻了脚盆，水流得到处都是，他不管不顾，一张脸满是红光地宣布：“老婆你说得太有道理了！我想好了，咱们就在咱家乡、咱家做生意，哪儿都不去了！”

老婆急匆匆地趿拉着鞋跑出去找拖把，翻着白眼说男人是“神经病”，搞不懂这个成天脑筋活络的男人又在打啥算盘，其实范学建是瞬间有了好主意：老婆炒菜手艺高，不但自己夸好吃，平时到家里来做客的亲戚、朋友，哪个不夸她手巧？酒醉饭饱，都恭维说嫂子如果以后开馆子，我们一定捧场。老婆说了，“人离乡贱”，那咱就在自家屋里开馆子！谅那些打包票的亲朋们不敢不来捧场！

范学建兴奋得围着水渍转圈圈，老婆没有他这么乐观，拖了几下地，仰头问他：“如果到时真的没人来捧场怎么办呢？”范学建摆摆手，很大度地说：“那就自己炒菜自己吃！放心吧，屋子是咱的，厨师是你，桌子、板凳就用我们吃饭的家什，还能亏到哪里去。”

于是，1997年，范学建和老婆腾出了两间住房，如他所说，桌子、板凳开张时都没多添置几套，吃饭的人抱着试试的心态，一尝，口味硬是巴适，农家菜做得顶呱呱！呼朋唤友又要过来，桌椅不够了，还临时去邻居家借。范学建激动极了，那时，就凭着老婆一手绝活“烧土鸡”，四方来客络绎不绝，晚上算账，日均能净赚一两百元！

雄心壮志打造百年老店

2000年前，范学建一直没请人，就他和老婆两个人忙活。我问到为啥卖烧土鸡的农家乐那么多，大家独爱他们家那一口，范学建想了想，说其实也没啥诀窍，就是原材料一定要真、要好、要实在。他多年来坚持自己去选鸡，早就练成了一双“火眼金睛”，到底是不是放养鸡，农户到底有没有给鸡喂饲料，范老板一瞅一个准，这眼神也是折服了很多人，晓得在范老板这儿吃不了“麻麻鱼”，所以只要是看他来买鸡，绝对将真资格的放养土鸡双手奉上，不敢欺客。

有了好的原材料，在制作上还不能一味求快，得耐住性子。范学建老婆一旦掌起大勺，就有本事让自己性子缓下来，微火慢慢整治土鸡，烧得鸡肉糯香，吃客连称“过瘾，巴嘴巴嘴香”！她真是一个有定力的女人，宁肯自己每天少睡两个小时来“微火烧鸡”，也绝不会出动高压锅等“现代武器”飞快将鸡肉烹熟。

到了2000年，手里多少攒了一点钱，眼看客人每天踏破门槛，范学建和老婆商量，现在是该扩大经营规模的时候了。老婆觉得也是这个道理，再不修房子，恐怕只能搭个雨棚做生意了，但他们夫妻都想把生意做好，当时选了当地地名“新庙”来当店名，总觉得要是生意做砸了，连地名都跟着受连累，不妥。老婆便放权给范学建，说你想咋折腾就去折腾吧。

范学建真是折腾，他找人一规划，要怎样扩建农家乐，屋子要怎么修，还要做啥小桥流水、石桌、秋千、海棠花拱形长廊……粗粗一合计，他手头的积蓄远远不够，想要扩大规模，至少要贷款十几万元。

2000年的十几万元不是小数字，听说范学建借钱都要折腾，好多人都坐不住了。有些亲戚，内心生怕范学建伸手找他们借钱，所以干脆来个先发制人，早早过来打击他一通，说的是“帮助打消范学建不切实际的盲目热情”，苦口婆心劝他：“你现在一天能成百地赚钱，已经够可以了！做人要知足，咱们略坪新庙这个旮旮角角，周围又没啥旅游景点，没得啥能吸引人家来看的新奇玩意儿，到时你花大价钱去投资，小心根本没人上门消费，那就亏大了！”还有人毫不客气地指着范学建问：“你脑子没出啥问题吧？这儿到底有啥好看好玩的？人家为啥要大老远过来吃你农家乐的一口饭？”

越是被反对，范学建还越是坚定了要做下去的决心，亏得老婆支持他，他在外贷了17万元的款，咬着牙重新扩建房屋，配备了休闲娱乐设施，将整个园子打造得古色古香，请了专业人士做绿化。

钱像流水一般花了出去，范学建对老婆说，咱们这是在打造一个百年老店呢，不是只赚快钱，而是真正做成自己一辈子的事业。老婆很体贴，点点头，说你讲得有道理，只是咱们现在一下子贷了17万元的债，我心里还是有点虚哦。

谁说不是呢？范学建的心也是虚火的。那时，他鬼迷心窍，想的是赶紧将生意做起来，将欠债还完了，好一门心思好好经营他的“百年老店”。于是，他为求生意兴隆，走了歪路。外面开始有人议论，说新庙农家乐如今有点“不干不净，桃色绯绯”哦。

好在，他悬崖勒马，很快就止住了自己的歪心思，为这事，他关门谢客，自省了近一年的时间，在这段时间里，他将过往的忙忙碌碌，自己在压力面前的步调失措，一着不慎差点自毁名声的事都捋了一遍，细数往事，他悔恨不已，真正懂得了自己是犯了错误，要想生意做得长久，将产业做大做强，让新庙农家乐变成让自己今生足以骄傲的事业，怎能投机取巧？怎能歧路捞金？即使为了吸引人气，也不能丧失一个生意人的自尊、骄傲。

是的，范老板日夜思索反省，找到了一个农家乐老板真正的尊严，也明白了一个简单质朴的道理：只有诚恳做人，才能真正成功。

新庙农家乐在诚心自省一年时间后，重新开门了，这次迎客的范学建，沉稳、从容、大度，比以往更加认真，他开始研发创新菜式，开始听取专家意见，换掉农家乐池塘边不协调的标示牌，开始走向了真正的成熟稳重发展之路。

2016年3月，罗江略坪镇首届厨王争霸赛，新庙农家乐的“梅开二度”获得最高分，师徒两人骄傲地捧起厨王杯大奖的奖杯。这道菜是以本地特产羊肚菌为食材，新庙农家乐匠心独运，做出了色香味美的佳肴，这个厨王奖杯，实至名归。让范学建欣喜的是，代表农家乐去参赛的这位身材高大、笑容阳光的年轻徒弟，是他的儿子。儿子大概继承了母亲的厨艺天赋，现在拜了大师傅，就在新庙农家乐厨房工作。他一直记得父亲说的话：“吃的东西千万莫造假，否则你只能骗人家来一回。”新庙农家乐为啥会客源不断呢？有人甚至开一百公里路的车，就为了来吃顿饭？因为真诚，不作假，对食品的那份近乎虔诚的态度，深入到了新庙农家乐每个人身上。

新庙农家乐创新的菜肴十分有特色，有道“天蓬圣果”，2006年就被政府授予了“地方创新菜”名号。这道原料取自“仔猪猪宝”的菜，经过好几道工序精心烹饪而成，辣中带香，有温肾壮阳的功效，而且这名字听来还十分“高大上”，文化味儿十足，迅速成为许多食客的必点菜目。

而“碧玉黄金豆”更是让人拍案叫绝，精选无公害四季豆，经过蒸、煎、炸等工序制成，外酥内嫩，入口化渣，能将素菜做得如此丰美爽口，足见大厨的火候与功力了。范学建也说，当初设想这道菜时，他和厨师反复研究，试验了好多次，屡屡尝到失败滋味，不是外面炸糊了，就是里面还夹生，最后不断改进工序，才达到今天的水准，没有“千锤百炼”的创新勇气，是难以走到终点的。

是的，现在的范学建，低调、从容、内敛，一心想的就是怎样把菜做得更好，创新改良新菜式，将农家乐的环境改造得更优美宜人。他计划还要挨着吃饭休闲的园子扩建出一个“农事体验园”，真正打造出一个留得住人的星级农家乐。他脸上满是幸福憧憬，畅想着未来蓝图：“那时，我也可以自豪地说一句，咱们新庙农家乐，是真正在做事，为罗江农村旅游精品线路的打造出了自己一份绵薄之力！”

草堂欲待嫦娥归

我们去新盛镇月亮村的“诗一草堂”采访那天，是个风和日丽的仲春下午。车还未驶入园区，我们已不由自主被道旁栽种的珍稀观赏树吸引了，和罗江农村常见树种不同，这儿的松树苍翠古朴，身上有着鲜明的“外来客”印迹。下车后问及罗申，他点头称是，这些卓尔不群的古松，都是他和公司股东们去外地一棵一棵挑选的。为了运送这些大宝贝，罗申可没少吃苦受罪，他笑一笑，晒得黝黑的脸颊，更衬得牙齿雪白、双眼明亮。

月亮村里无嫦娥

月亮村，这三个汉字是多么奇妙的组合，噙在唇齿，有明亮的韵律；落在纸上，是清新的美感。可事实上呢，这个小村落，在漫长的岁月里，一直都处于被人遗忘的角落。月亮村位于罗江东边，与中江县接壤，是一个不起眼的偏远小村庄。能获如此诗意的村庄名字，要感谢村中的三个小山坡，这三个山坡，如同三颗星星，世世代代矗立在村庄前面，如同“三星捧月”，护佑着村落的鸡鸣狗吠、男耕女织。月沉星斜，岁月荏苒，一代又一代村民不在意这村名的诗情画意。

这也怪不了村人缺乏诗意，因为地处偏僻位置，月亮村只有一条弯弯扭扭的通村道，与外界联系，交通闭塞，土质也算不上多好，脚下的黄黏土不好耕作，村民们辛苦一年，从土地得到的收益却不尽如人意。于是，村民陆陆续续离开故土，到外面打工，月亮村也像中国许多村落一样，渐渐成为空巢村。每天村里能见到的人就是老人、小孩，显出几分荒凉与落寞。老人上了年纪，精力有限，土地种不过来，许多地被迫撂荒。月亮村的人到了外面，别人好奇发问：“你们村叫月亮村，那肯定出嫦娥了？”打工的村人便气哼哼答：“啥嫦娥会来我们那个穷村落？就算万万年前出过嫦娥，也早就飞走了！”

没想到，还真有人想让嫦娥再“飞回”月亮村，坚定而执着地动起了脑筋。这个人是罗申的母亲，她是从月亮村里走出去的能干女子，第一个在县城开公司，生意做得风生水起，是众人交口称赞的女强人。2009年清明，罗申母亲回村祭祖，看到村庄萧条，好些田地里长满荒草，而房屋上方的烟囱冷冷清清，不见炊烟缭绕。她当即和自己的亲弟弟与儿子商量，她说，想将这些地流转过来，打造成特色景点，融入“嫦娥奔月”等景观元素，在村庄里建一个农业生态观光综合体，让“飞走的嫦娥”再飞回月亮村，让离乡务工的村人能因村庄的兴盛而选择回航！

罗申母亲的这一构想，真是称得上出奇大胆了，不过家庭会议之后，她得到了百分之一百的支持，因为她还要经管县城公司千头万绪的事务，便将光荣而伟大的“建园”任务交给了儿子罗申。

就这样，罗申身负母亲和舅舅重望，作为德阳小帆船农业科技有限公司的法人来到了月亮村。这一年，罗申23岁，皮肤白、眼睛大、身材瘦削。用母亲那代人的流行语来说是“奶油小生”，同龄人直接称他是“小鲜肉”。他从小没摸过农活，却带着几分懵懂，几分激情，回到了母亲家乡，要从土地里打造一座童话般的诗一草堂。

出洋相，走弯路

诗一草堂生态观光园区，到底是要建成什么样子？说真的，当罗申双脚真正站在了月亮村的土地上，耳畔响起母亲、舅舅和姨妈三家的殷殷嘱托，他的脑子仍是晕的，具体要做什么，心中并没有全盘计划。于是，罗申形容他一开始的“创园之路”，简直堪比瞎子摸象。

为了能找到上佳品种的苗木，罗申几乎跑遍了半个中国，可由于他之前对苗木知识毫不了解，所以走了不少弯路，也出了大大小小不少洋相。在前期购买苗木时，罗申压根看不懂质量好坏，受过骗，对方以次充好，他也乖乖上当掏钱，后来辛辛苦苦运回的苗木，刚到月亮村时精神奕奕，种下去，仿佛也生机盎然，但没多久时间，树木就像脱发女人，一头“秀发”不断往下掉，让人既心惊胆跳又心疼不已，掉到最后，树木“客死异乡”，简直令罗申欲哭无泪。

罗申更大的洋相出在“乱点鸳鸯谱”上。他买回了樱花树，本应栽植在水分充足的土壤中，但他却指挥请来的本村员工将樱花树种到山坡上；而生性耐旱的银杏树，他又指挥工人将其栽植在低洼处。半年之后，罗申迎来了当头痛击：数百株樱花树悲惨地“渴”死了，干得叶片都焦枯；而那一大片美丽的银杏，却被水淹死，成了“溺死鬼”。这些树木，可都是花了昂贵高价买回来的啊，不但折了本钱，还白白浪费了人力！

罗申这“旱地、洼地傻傻分不清楚”的事，也被知情者嘲笑了好久。他情绪低落难过时，甚至想过向母亲、舅舅、姨妈请辞，他觉得自己不是干农业产业的料，家里长辈安排他一个人在月亮村主持大局，打造一个气势恢宏的“诗一草堂”，压力实在是比山大。但他前思后想，自己琢磨了一会儿，到底放弃了懦弱的想法。母亲很早就告诉他，做事业免不了会走弯路、遇挫折，但只要信念不倒，就没有什么能难倒一个人的。罗申怎能在这种时候撂担子，弃母亲期望于不顾呢？

因为罗申母亲就是月亮村走出去的女子，她对村庄有着女儿对娘家的深厚感情，所以他们流转土地的方式，也和别处相异。争取到村组领导同意后，罗申亲自去农户家里，一户一户商谈，达成流转协议。2009年，罗申成功进行了第一批土地流转，接手100余亩，采用不固定流转资金的形式，以每年市场稻谷价核算，水田按300公斤黄谷折算，旱地按90公斤黄谷折算，每年10月按时兑现。

罗申这种按市场价折算流转款的方式，让农户挺放心，因为一切都跟着“市场”在波动，不搞“一刀切”。所以建设园区需要用工时，村里的农户都挺踊跃地去帮忙，卖力干活。在罗申希望他们做出“调整”时，稍加沟通，他们就能听命从事。比如说吧，村里的土壤，因为之前老百姓大量使用化肥，成了板结的死土，这种“化肥土”是不利于苗木生长的，于是，在对苗木进行施肥时，罗申要求工人“能不用化肥时，尽量不用，要多加使用生态肥”。于是，村民们听罗申的话，选择使用养鸡场的鸡粪进行堆肥发酵，这样做的好处不少，一方面能减少畜禽粪便的污染，另一方面，又能利用发酵出来的有机肥有效改善土壤环境。

罗申说诗一草堂园区以后要走生态养殖路线，鸡也好鸭也好，坚持不使用饲料，而是用多种粮食混合牧草来喂养，老百姓一开始觉得这是在“倒退”，这种几十年前的养殖方式，哪能跟得上现在的时代潮流？罗申就跟他们细细分析，现在城里人都被什么“催红素”“膨大素”给吓怕了，他们宁愿多花钱，也要吃到最原生态的东西，所以，用粮食、牧草来养殖畜禽，看上去挺笨，事实上却是把准了时代的脉，找准了现代人最迫切的需求。

罗申刚来月亮村时，村民看到一个毛头小伙带着大家干活儿，要在一个荒僻村落里打造“美得能引嫦娥”的诗一草堂，是不太信服的，嘴上不说，心里嘀咕也多。但后来罗申的一系列表现，刷新了他们对“小鲜肉”的观感，不由自主竖起了大拇指。要知道，光是为了购买林木，罗申就受了数不清的洋罪。园区里栽种着100多株名松，都是来自山东泰山，每株不算运费，售价都在1万元以上。每次“押运”，罗申都是亲力亲为，像是古代镖师一般，用心护航。一辆车只能装下6株松树，罗申怕路上有个闪失，会颠坏宝贵松树，于是他也顾不上日晒雨淋又多颠簸了，索性将自己也当货品，一直守护在松树侧，须臾不敢放松。长途行车，车厢里本就不适合人乘坐，更何况罗申神经一直紧绷着，丝毫不敢松懈。有次到了村口，他从车上往下跳，一下子栽到地上，腿脚发麻，半天起不来。其实，那时他好想就这么赖在泥土上睡一大觉再说，但是不行啊，大车进不了村口小路，还要找来小货车重新装卸，罗申累得两眼发黑，也得坚持再坚持。

千辛万苦运来了古松，栽种之后，罗申又发了愁：名松都需要“造型”，才美观耐看的，但自己和员工们都不懂园艺技术，于是，赶紧又去泰山请来园艺师傅，帮助培养两个当地的农民园艺师。

八年了，从最初开始打造景区，走到今天。八年的岁月，让当初迷惘懵懂、洋相不断的罗申，变得越来越成熟稳重，处理起再棘手的事务来，他都能从容应付。顺着他的手指望过去，园区里栽种着一大片梅树，他有点骄傲地告诉我们，这些梅树，是他专程从江浙园林基地买回罗江的，那边的园林技艺属全国一流，罗申精挑细选的品种也是全国最优质的品种，价格自然不菲，达到了6000元一株。不过，他话锋一转，脸上呈现出年轻人特有的朝气和憧憬，微笑着说道：“这些树木寿命长，能活几百年。”

对，从一开始打造诗一草堂，罗申和他的家人们，就没有想过搞一个“急就章”，粗制滥造、马虎敷衍，随便弄出一个园区来，就坐地等收钱。他们花了长达八年的时间，现在还没完全打造好园区，仍然还在往里面投入资金，付出精力，他们不是傻，而是执着坚守最初的梦想：要做，就做一个能流传百年，经得起时间考验的生态园，哪怕“浪费光阴”，也不忘初心。

走进园区，记住乡愁

总结这八年建园之路，罗申笑说自己是“一边做事一边汲取经验教训”，是劳动令他成熟的。从2009年的100多亩，到了2017年，生态观光园面积已扩大到了1000亩，现在，“小鲜肉”早已在泥土里摸爬滚打得黝黑结实，思考变得沉稳圆熟，园区的总体打造、规划目标也越来越清晰明朗，以“春观花，秋赏月”为理念，园区栽植长效的观赏树木，杜绝短暂的花期效益项目，就是为了几十年后、几百年后的月亮村子孙还能从中受益。

按照长期有效的生态理念，园区内栽植了蜡梅、红梅、美人梅、海棠、紫荆、樱花、福禄考等春天观赏的花木，秋天有银杏、美国红枫等彩色林木，来自山东泰山的百余株名松，可供四季观赏。

园区面积宽大，小帆船农业科技有限公司请了专业园林规划师进行了规划设计，根据罗江的气候特征，园区内规划了各水果景观采摘园：桃园、梨园、樱桃园等等，每个园区都用传统的夯土墙隔离。

说起这1米高的夯土墙，算得上是诗一草堂别具特色的地方。

从前，当地农村长大的娃，试问哪个没住过夯土房，没见过夯土墙呢？不过，自从20世纪80年代开始，乡村兴建红砖房和小楼房，传统的夯土房便渐渐淡出了人们视线，现在再说起“夯土墙”3个字，农村的年轻一代都会一脸茫然。罗申在园区“复古”夯土墙，就是为了让人们回溯记忆，记住乡愁。

为了打造夯土墙，罗申也经历了一波三折。最初，他请木工设计制作了一套夯土工具，结果中看不中用，他没有放弃，四下打听，幸运的是，找到了月亮村一个姓肖的老泥巴匠，不但在肖大爷家里找到用具，顺带连匠人都找到了。现在的泥工匠只会修楼房，完全搞不懂夯土墙的操作，肖大爷便带头组织了一支原生态的夯土墙施工队，每天都带领一队人夯土施工，修筑各个特色园区里的夯土围墙。

肖大爷活做得细致，为人也认真。因为最初夯土墙施工队的员工们业务技能不纯熟，施工极有难度，肖大爷及时发现有几面墙是夯好了，但因为土质问题，这几面墙的黏合度不是很高，担心有安全隐患。罗申听到肖大爷的报告后，二话没说，立即让人将前面数日的辛苦全部推倒，换土重新夯墙。有人说诗一草堂就是一个观光园区嘛，将房屋墙壁弄得那么结实干啥？他却固执地认为，这个生态园区，是与月亮村老百姓和谐共存的，今后，老百姓在这个园子里谋生，也能为园区带来活力，如果不将所有安全隐患扼杀在摇篮中，那么，就是对月亮村的老百姓犯下重大错误，他绝不会姑息这样的事发生。

诗一草堂之景，既有夯土墙的静态之美，也有游鱼戏水的动态之乐。园区内规划了一个大鱼塘，水域面积达60亩，其中30亩主要用来养殖生态鳜鱼。水域内就地取材，把挖起来的土，堆积一处打造成小岛，周围建观光亭、观光长廊，游人可以划船上岛，也可走生态长廊漫步观景。水塘边还有一座100多平方米的书屋，临水而建，环境清幽雅静，不失为一处读书的好地方。

诗一草堂园区内，保留了4个民俗院落，有60多户居民住在里面。他们的土地都全部流转给了公司，住在里面的也大都是60岁以上的老人，在公司里务工，帮助种植花花草草、浇灌苗木，给苗木、林地施肥、除草，做力所能及的事，公司每年要发给他们共计10多万元的工资。作为月亮村的老村民，他们觉得自己能亲眼见证诗一草堂从无到有，从一片荒草到如今初见风采，是多么幸福的事。他们十分相信一件事：将来，诗一草堂真正打造好了，开园迎来八方客，那久居广寒宫的嫦娥仙子，说不定也会翩翩而至，驻足水边，信步花前，让月亮村的月亮，绽放清辉，驱走荒凉。

剑走偏锋

今年31岁的米辉，已经当了十年村干部，他是当前整个罗江县最年轻的村支书，如果再打听打听他们石龙村的领导班子，会发现大家都很年轻，村干部平均年龄不到37岁。这是一支思维灵活、年轻态、能跟上时代步伐的领导班子，所以，他们能做出什么“超前举动”，甚至在某些时候“剑走偏锋”，也就不足为奇了。

顶得住流言，扛得下白眼

万安镇石龙村的村干部曾经肚子里暗憋了一口气：他们憋屈啊！看起来，石龙村离罗江县城近得很，地理位置算是不错，但村里想发展个产业，却迟迟发展不起来。为何呢？客观条件受限。首先受的是“电网限”，走进石龙村，最夺人眼球的便是村庄上空头顶上纵横密布的电网，为此，石龙村不能引进企业建厂，只能眼睁睁地羡慕别的村子红红火火大搞产业；其次，石龙村还受“交通限”，长达8.5公里的村道都是2.3—2.5米宽，道路交通方面不占优势；而且，石龙村还是明文规定的“养殖禁养区”，大力发展养殖业也是不可能的任务。怎么办呢？眼瞅着离县城老远的村落都热热闹闹奔起了小康，石龙村可不能这么轻易认怂啊！

特别是石龙村的村支书米辉，第一个不肯认怂。这位30岁出头的退伍军人，小平头，两臂结实的疙瘩肉，说话斩钉截铁，一口唾沫一个钉。他自从回村被选上村干部那天起，就将全村发展规划装进了自己心里。在引进石龙村青花椒产业园之前，天知道他在心里已经反复地思量过多少回了。所以，米辉敢于“先斩后奏”地引进青花椒产业，引来武法勇，并不是头脑发热，而恰恰是他当机立断，敢为人先。

那日，米辉听说调元镇顺河村的武法勇在外闯荡多年，现回到家乡，打算在调元当地投资种植青花椒，土地流转费都谈好了，300元一亩。米辉之前便与武法勇认识，两人算是“忘年交”，武法勇比米辉大十来岁，但武老板在面对“米老弟”时，向来都很尊敬，他晓得米辉是个心中装着火红信念的好支书。于是，米辉一打电话约武法勇喝茶，武老板便欣然前往。两人在罗江县城找了个地方，泡杯香茗，坐定，米辉单刀直入地说，武总，你到我们石龙村来投资，土地流转费，我们只收50元一亩。

武法勇听了，以为米辉在开玩笑，要价咋可能这么低呀？米辉却嗖地站起身，说咱们马上去村里看看，你就知道我是不是开玩笑了。武法勇半信半疑跟在米辉后面，去实地考察一番，觉得这里地理位置更优越，土地流转费用也更便宜，马上追问米辉：说定了？50元一亩的价格不反悔？米辉送出斩钉截铁四个字：绝不反悔！于是，在2015年3月，武法勇便决定了，要到石龙村来发展青花椒产业。

找妥了投资商，米辉的头疼事才接踵而至。要知道土地是属于老百姓的，他以这么低廉的价格流转给投资商，老百姓会不会炸锅？米辉先组织村两委开会，提出土地流转的事，大家一听，米书记能引进武法勇来搞青花椒产业园，这是大好事，支持；但流转费用低到50元一亩的“白菜价”，到时难过老百姓这一关，纠结。

箭在弦上，已是蓄势待发。米辉管不了后面还要受多少质疑和白眼了，他首先把党员干部的思想做通，再让他们去跟老百姓宣传、沟通。流转土地涉及了三个组、400亩地，在这三个组召开了不下十次会议，但老百姓还是不同意。村民一散会就自个儿“开小会”，他们窃窃私语，说这周围土地流转费用打听打听，哪有米书记定得这么便宜的价？没说的，肯定是米辉和武法勇有什么“私下约定”，说不定还有回扣可吃呢。

这些话钻进米辉耳朵里，他压根没计较，心里坦荡荡，人正不怕影子歪。不管别人怎么绘声绘色地谣传米辉和武法勇两人“打合牌”“穿一条裤子”，他的解释都没变过，他说把扶贫产业园建起来，今后咱们石龙村就晓得它的好处了，我之所以用那么低的流转价格，主要是想把武总吸引过来，将来受益的人还是我们。

老百姓虽闹闹嚷嚷，但经过党员干部耐心细致地做思想工作，绝大部分村民还是同意了流转方案，因为80%的地已经荒芜，地里长满了蒿草和灌木，大家抱着“反正闲着也是闲着，不如就流转荒地赚点小钱”的想法，答应让武总来石龙村种青花椒。

按照村民要求，先要对所有土地进行丈量，村两委组成了三人的监委会，全程参与丈量。米辉说起那段“钻草丛”的时间，他嘿嘿笑着拍了拍自己脑袋，说草丛里蚊虫太嚣张，有时半天下来，能把人头咬成一个“猪头”。丈量土地、调整土地，恰好都是在夏天进行，这两个月时间，米辉带着村干部，在杂草丛中钻进钻出，手臂、小腿不知被荆棘、刺蓬划出了多少道口子，脑袋又被蚊虫叮咬了多少个肿包，待土地流转事宜全部完成，大家彼此一看，哑然失笑：手臂被活活晒脱一层皮，个个脸色都接近非洲兄弟！

土地流转过来，前期工作便是清杂。因为石龙村离县城也就两三里路，村里人外出务工简直就是“抬抬腿的工夫”，所以一眼望去，村里上好的水田都被大块大块地撂荒，更不要说山坡上的荒草地了。武法勇公司正式入驻后，就在村里招务工人员，刚开始，村人懒懒地不想动弹，说有那个闲工夫，还不如坐在茶铺里搓麻将，美美打上十六圈。于是，米辉帮着武法勇吆喝了一路，就只招到一些不会打麻将的老年人，别的闲人，该打麻将还是打麻将，该抱膀子还是抱膀子。老年人们认认真真除了一个月的草，每人拿到了2000元左右的薪金，这下，闲人们红了眼，原来武总是真金白银给大家发工资啊！真不错，扯草都有2000元，我们也要加入！于是，村人纷纷要求到公司来务工。

前期除杂、栽花椒苗，每天能够消化下几十个人的务工，到了产业园走上正轨，平日常规管理，就只需要五六人。咋办？都是村民，都是土地流转户，都嚷嚷要去公司务工，为了公平起见，公司只有对务工村民们进行编队排班，每个班5个人，大家轮流干。直到这时，村民们才意识到，书记米辉低价流转土地的用意——他们在园区内打工，远比一年下来多出一两百的流转金强多了。这就叫“深谋远虑”，比他们之前嚷嚷着要眼前利益强得多啊。

村民有事可做，民风一下好转不少，以前村上有四家麻将馆，一些人每天都围着麻将转，现在都来公司务工，麻将馆已经关闭了两家。

剑遇阻，刃愈锋

2015年秋季，土地整理好了，在大家殷殷期盼中，石龙村的青花椒产业扶贫园进入了令人心潮澎湃的下一程序：栽青花椒苗！运来了！卡车将娇嫩的小苗苗运送到了石龙村，村民眼里灼出了激动的小火花，武法勇腿脚不便，他竭力跟在大步流星的米辉身后，一颠一簸地爬上山坡。秋风轻拂着他们发红的脸庞，米辉由衷地感谢：“武总，谢谢你来石龙村搞扶贫产业园，为脱贫战役做贡献！”那时，他们都不知道，前路埋伏着多少险阻坎坷，伺机要把他们的“利剑”折弯。

种下了青花椒苗，就种下了漫山遍野的希望，哪晓得因为武法勇和米辉都缺乏青花椒种植的相关经验，他们在买苗时上了当，买来的“裸根苗”因缺乏水分，在运送途中已濒临死亡，种在泥土里，出现了短暂的“回光返照”，紧接着，便是如同瘟疫般的大片大片地死亡。那段时间，武法勇捶着微瘸的腿，面如死灰地在山上走来走去，像发疯一般巡视着不断殒命的青花椒苗——他却无能为力。苗苗死了，武法勇的公司损失了大大一笔苗木费和人工费，米辉那时心中百味杂陈，他是多自尊多自强的男人，平生最怕亏欠他人，但他硬拉着人家武总来石龙村，将人家“坑”得不轻，他对武法勇，真的有愧啊。

米辉的坚强刚毅，在于他遇到再大的困难，也不会轻言放弃。2016年，米辉千辛万苦向县上争取到了95万元的扶贫项目资金，这笔资金得来可真是很不容易，当时全县有20多个村参加PK，最后只有6个村获得了扶贫项目资金，而石龙村便是其中之一。

石龙村的扶贫产业园能获得县上的项目资金，令武法勇也从一筹莫展中看到了新的希望和曙光，于是，在原有基础上，他又流转了200亩土地，扩大了产业园的规模。米辉私下也曾问过他，如果再次起航，怕不怕再次遇挫？武法勇深深吸一口气，他反问米辉怕不怕？作为石龙村的带头人，村民眼巴巴看着的村支书，之前米辉以低价流转土地，已经引得众人非议，若再度失败，恐怕身受压力更大。什么都不用说了，两个用心做事业的男人，将手紧紧握在一起，他们读懂了对方眼神中的拼劲和执着。

现在，石龙村的青花椒扶贫产业园，规模达到了400余亩，在2016年3月进行青花椒苗补栽之后，总投资为200多万元，其中95万元的资金来源于石龙村在2016年向县上争取到的扶贫项目资金，另外的130万元是武法勇公司的投入资金，武法勇与石龙村早早就达成了协议：在2020年全部脱贫后，产业园回收为集体资产，其中70%归石龙村集体所有，30%归武法勇公司所有，公司要负责产业园的管理和农产品的销售等事宜。

现在，村里的老百姓都弄明白了：米辉费尽力气要将武总给“引到”石龙村来种植青花椒，和自己利益得失没有半点关系，他完全是为了整个石龙村着想。现在，扶贫产业园建起来了，村上20余户贫困户全都入股到了产业园，并成立了石龙青花椒专业合作社，给予贫困户保底收入200元，以每年分红的方式帮他们脱贫。

园区建成，全部种植了青花椒苗，现在望去，整整齐齐，精精神神，长势良好。但青花椒头三年几乎没有收入，考虑到贫困户的脱贫问题，今年米辉带着大家，在青花椒地里套种了90亩丹参和花生、豆类等作物，保证贫困户年底除了保底200元外，还有红利可分。

当然，对于让贫困户入股，合作社也对他们制定了一些规章制度：为了发挥他们的主人翁精神和内在动力，要求每个贫困户每年为园区做10个义务工。那些年老体弱的，由儿子、孙子代做，这也是培养儿孙的孝道精神，没做够的，在分红时的红利里面扣除，这也体现了公平的原则，令村人服气。

米辉曾经遭受非议，又曾遇花椒苗大面积横死，如果换了别的人，早就悲观沮丧、一蹶不振了，但米辉却咬牙穿过了那条深黑的隧道，执着地带着大家打造扶贫产业园——不仅要将石龙村的扶贫产业园打造出来，而且还要打造得有声有色，真正为贫困户及村民们谋得福利。说起来，这位年轻的村支书真是有点“一根筋”呢，他和石龙村年轻而富有朝气的领导班子，不但拥有做事坚定的信念，而且还有着超前的眼光。下一步，米辉他们计划借助罗江县旅游发展的大环境，将1000亩水田做成观光农业项目，为此，他们正朝着这个方向而努力，积极寻找着适合的投资公司。

在我们去采访的春末夏初，米辉晒得黝黑的手指抹了抹额上汗珠，微笑着说，其实之前已经有好几家颇具实力的公司来石龙村实地考察、细细商谈过了，但因为他们想要投资的产业与生态观光农业无关，所以米辉只能对这些投资公司道一声抱歉。

对于石龙村的长远发展，这个年轻支书是很有主见的，他绝对不会盲目地受利益驱动，而做出只看眼前效益的决定，即使当初他找武法勇来村里兴办产业园，也是深思熟虑之后的决断，而非莽撞。所以，石龙村在建成青花椒产业园的同时，在2017年初，全村9个组都接通了天然气，用上了清洁能源，为今后村子的招商引资打下良好基础。2017年，石龙村规划了一条直通青花椒产业园区的路，全长1.5公里。在铺筑路基时，村民们相当支持，有些农户种植的青苗因修路被损毁了，却无一户索赔。看到老百姓能有这么高的觉悟和素质，米辉是打心眼高兴，对于石龙村的未来发展，他也更具信心。

告别时，正午阳光下，他右手稍高过头顶，犹如敬了一个军礼，昂扬，精神。身形犹如宝剑般笔直。他誓以这年轻的热情带领石龙村奔向更加康庄富足的未来。

一位退休教科所长的乡土情

略坪镇循环农业园区内的300余亩葵花、观赏彩葵，从5月起就陆续盛开，色彩纷呈，品种各异，壮观美丽；数十亩各种有机瓜果、蔬菜，琳琅满目，供游人采摘，吸引了不少远道而来的游客。2016年5月28日，农业园举办了首届金色葵花节，活动以“游生态乡村，享田园生活”为主题，活动期间安排有金色童年周、乡村风情美食周、田园狂欢周、文化艺术周等丰富多彩的活动内容，吸引了一批又一批游人的蜂拥而至。

2017年，他们更是布种了全川最大的观赏彩葵、葵花迷宫，在葵花节期间供游客们玩乐消夏。

这片园区曾经流转给另一家公司，由于经营不善，已经荒芜了两年，长满荒草，如今从一名退休教师和两名年轻大学生手中起死回生，呈现出这么一派勃勃生机，让人惊叹振奋又心生敬佩。

遇见“土”专家

这个退休教师叫张勇，今年已经63岁。他原在广汉二中、四中教了十年高中，后调到广汉市教科所任所长。2013年退居二线，一个曾经的学生开了一家农业公司，请他当顾问。这期间，他在一次去米易县学习的火车上，认识了一个人，那人是市农业局的“土”专家，听说张勇是在帮一家农业公司当顾问，主要是搞管理，便向他请教一些农业管理上的问题，张勇都一一作答，那位土专家很满意，并且很看重张勇的才学，就告诉张勇，自己有一片农业产业园，418亩，在罗江略坪镇，由于不会管理经营，几乎已经荒废两年了，请他过去看看。

原来，土专家还是个老总。

见土专家很诚恳，张勇抽了一天时间，来罗江略坪镇看过那片荒芜的园区之后，指出了这片产业园的病症和起死回生的途径，那位老总听后很信服，便要他留下来一起入股发展。这是大事，张勇得谨慎行事。他又对土壤、周边人文环境进行了考察调研。这土是黑黑的沙土，肥沃，这里的山清，这里的水秀，远离工厂污染，还有厚重的调元文化、三国文化，周边的村民也民风淳朴，很适合搞生态观光农业，他喜欢上了这里。张勇想不到，这么好的生态环境，怎么会把这么大的一片良田荒芜下来，而且还会有那么严重的亏损？他看了后，就一直在心里感叹：太可惜了，太可惜了。这么好的一片园区，发展好了会给当地农民带来多大的效益啊。

张勇曾经下放到广汉的小汉镇当过几年知青，对土地、对农民有着很深厚的情结。他至今还记得，当地有一个青年农民，与当时的他岁数差不多，不到18岁，姓杨，很爱好写东西，他写的诗文、段子经常在劳动中念给他们知青听，大家一听就不觉得累了。回城考上大学后，张勇一直想着这个农民兄弟，他想，要不是自己出生在条件好一点的城里，一定不会有很好的前程。很多年来，张勇被感染着，也由此对农民有了新的认识，在城里凡是看到农民，就倍觉亲切。一次出差，张勇在成都火车站看到一名执勤人员打一个农民，立马就气往上涌，上前制止。张勇说，你不要欺负农民，你去到他们生活的环境中，你不如他们。

“哼哈二将”

由于对土地、对农村的特殊情感，张勇决定同那位老板合伙入股，帮他把那片园区搞起来。但在2015年8月30日签订协议时，主管部门只认张勇，加上原老板有其他项目要做，便撤了旧股。张勇一下子又成了单枪匹马的人了。

不过，张勇敢签下这400多亩园区的协议，他是胸有成竹的。因为他之前还认识了两个很有创业精神很有闯劲的年轻人，一个叫庞小波，一个叫刘林，堪称张勇创业路上不可或缺的“哼哈二将”。庞小波是电大毕业，刚毕业时在中石油公司上班，后辞职在广汉西农丰泰公司做农业产业，这家公司有上千亩面积的园区，庞小波在里面是股东之一也是管理人员之一，是张勇刚给学生的农业公司当顾问时在一次交流会中认识的。但庞小波所在的那家公司后来也亏损，庞小波曾经给张勇打过电话，说自己想去开出租车了，张勇就想到拉他到罗江略坪镇来入伙。因为张勇有从事生态农业的经历，而且一直研究彩葵，已经取得一定的成功，对发展生态产业很有利，也顺带帮扶年轻人一把。

刘林是张勇一个老朋友的女婿，电子科大毕业，不喜欢固定的上班模式，曾经在广汉街头摆过水果摊，被城管撵得四处跑，但他很有创业精神和吃苦耐劳的秉性。

张勇凭借自己阅人无数的眼光，看好这两位年轻人。签下合同后立马与他们通电话，把自己的想法一说，两个年轻人毫不犹豫就答应了。

庞小波曾在什邡拜了一个高级农艺师为师傅，在2013年就开始试种彩色葵花，当年没成功，2014年、2015年又接着试种，也没成功，但已经取得一定的成绩和经验。并帮那边一家公司搞过葵花节，很成功，也颇有影响。由于有这个技术和经验，三个人商定，决定继续在略坪镇种植葵花，他们看好农业休闲观光这条路径，不仅可以提升土地附加值，也能带动周边的农民，就定下这个发展方向。

葵花引得游人醉

2016年他们来到罗江，继续种葵花和观赏彩葵，没想到，居然成功了，而且举办了罗江略坪镇首届“金色葵花节”，很多人来观赏。这让张勇感到很自豪，因为自己没有看错人。别人荒芜了的一大片园区，在自己与两个年轻人的共同努力下，居然第一年就起死回生，还有了效益。虽然做农业产业投入，不能赚到很多钱，但他们已经很有成就感了。

园区的彩葵可以说是一大特色景观，加上那200多亩可收籽粒的葵花，壮观得让游人唏嘘惊叹。这主要是庞小波的功劳。庞小波一直对葵花的种植情有独钟，经过之前四年坚持不懈的试种，终于成功。在2017年，他们的略坪镇循环农业园的彩葵种植已经成为全川面积最大的园区，还被外地一些园区请去传授彩葵技术，帮扶种植。这是他们当初没有想到的。

为了更适应游客们的趣味性和好奇心，他们在园区内做了许多创新创意。比如今年种植了8.8亩的葵花迷宫，在2017年的葵花节上，举行藏宝活动，寻到宝的游客，可以领取公司在园区内种植的有机蔬菜、水果等生态产品。他们还打造了一个珍稀瓜果长廊，200多米，蛇瓜、紫豇豆、佛手柑等等，游人在下面行走，可以尽情观赏来自全国各地的珍稀瓜果。

张勇说，他们提出的口号是：让我们周边的群众活得更有尊严。怎样才能活得更有尊严？当然是通过他们的产业投入，让群众的腰包鼓起来。周边的许多留守劳动力在园区内务工，挣一份工钱；在为期一个多月的葵花节期间，周边群众自己开办的农家乐、农家茶园、小卖部，都能挣到游客的钱，他们自己的农副产品，游客们觉得生态，也是备受青睐。

一家产业的兴旺发达，一定会带动一方老百姓的兴旺发达。这是张勇的理念，也是他来罗江做这片循环农业园的目的。他不是仅仅为了钱，因为他从广汉市教科所所长的位子上退下来，退休工资高，足够他花销。他只想在有生之年，做一些有意义的事情。

他们公司的办公地点很简洁，就他们三个大男子，都没带家属，生活、办公、接待客人都在这里。他们用电饭锅煮饭，自己摘回园区里的蔬菜，自己动手炒，晚饭后一起去园区内散步，听蛐蛐叫、听青蛙叫，感受体验田园牧歌式的农家生活味道。

或许，这正是他们心中所向往的。去年，政府支持他们的观光产业发展，拨出专款，给园区内铺了一条水泥观光道，让他们感到很温暖，对将来的发展，更是充满信心。

鱼儿去，园儿建，余钱来

调元镇三渔村的村支书饶楚光，和慧觉镇龙王村的村支书王大成，我们琢磨着：他们两人之间有什么共同点？他俩年龄相仿，都在“半百”上下；肤色相似，长期和土地打交道，黝黑是农民本色，手掌粗糙有力；决心相同，这两个村同样都建起了扶贫产业园，而这两位可敬的村支书，他们在扶贫产业园里洒下的热汗，付出的心血，其背后的故事，也许比新闻报道中的数据，更令人折服，令人动容。

鱼儿不知去向，自力创建园区

既然村名叫“三渔村”，是因为此地水源丰富，之前就以养鱼出名吗？饶楚光笑了一下，说持有这种误解的，你也不是第一个，但就我记事起，我们村里真没有养鱼的天时、地利、人和。他想了想，说大概这村名的由来和“三渔石”有关吧，那块石头在村里不知待了多少年了，静默地守着村人，村里小孩暑天最爱爬到上面去淘气，穿着开裆裤，坐在三渔石上扬起小脸得意地笑。孩子们对这块石头上的鱼儿好奇得很，就算村里最老的老辈子，也说不清楚石头上为啥会有三条鱼。这三条鱼怪得很，共用一个脑袋，不管你从哪个方向看，总觉得鱼儿是在往你那儿游动的。孩子们围着这块石头做游戏，纷纷占领“三鱼高地”，乐此不疲。

后来，到了“文化大革命”破“四旧”，有个干部路过此地，听大家把三渔石说得那么玄乎，他双手叉腰，牛眼圆瞪，索性找人将石头砸开——看看里面到底藏着啥机关。就这样，三渔村的名字留了下来，而那石头已破损被扔弃，石头上三条游弋的鱼儿啊，不知它们如今游到了何处。

没有了“同头三鱼”的三渔村，地处丘陵，交通不便，村里贫困户不少。就说从村里通往场镇的那段3.7公里长的村道吧，1992年修建好，就一直用到了2015年，这条村道出了名的坡陡、弯急、狭窄，近年来因为机动车数量大大增加了，过往车辆一多，交通事故就常有发生，就连往外面运送农产品都有些困难。这条老村路，制约了三渔村群众生产的发展和生活质量的提升。

大家强烈要求修路，众人一心。饶楚光认真回想此事："我们真的是不等、不靠、不要，积极行动，村党支部为这事召开了村民代表会议，实行村民民主议事，又发动群众有钱出钱、无钱出力，当然村两委也积极节省开支，到2015年1月，筹资3万多元，终于带着大家扩建村道，这才有了现在这条宽敞明亮的新公路。"

不等、不靠、不要，饶楚光通过修路这件事，看到了大伙儿的齐心和决心，也看到了将三渔村未来发展得更好的信心。

其实一开始，三渔村并未"争取"到建设扶贫产业园的项目资金。眼看别的村子都在建产业园，村民就找饶楚光打探，说饶书记，咱们三渔村啥时候也建一个扶贫产业园，带着大家一起干点事呢？饶楚光当时听了这话什么感受？他感觉自己内心像是蘸满了酒精的棉花球，忽然投入了一个小火柴，腾地就燃烧起蓝紫色的小火焰。

不错，咱们不等、不靠、不要，先把产业园建起来再说！饶楚光精神为之一振，他晓得，自己是选择了一条非常艰难的道路，但想到这条路会领着老百姓共同致富，带着大家找到"余钱"，他也就一腔热血，无所畏惧了。

于是，三渔村不走寻常路，在社会力量的帮扶下，2015年底，开始筹建三渔村社会资金扶贫产业园。政府看到了三渔村的决心和毅力，在基础设施上大力投入，给予支持，从而撬动了各类社会资金投入园区建设，比如调元镇顺河村的"花椒大户"杨洪军，他非常赞赏三渔村的自力更生思想，不但当即捐款1万元投入园区，还大方提供青花椒苗和种植技术。饶楚光说起"杨老板"来，竖起了大拇指："杨老板真的是好人，他是真正做实事的人，带着大家一起富裕是他返乡创业的初衷，他做到了！"

2016年8月底，三渔村扶贫产业园全部建成并完成了股权量化，产业园占地面积100余亩，以青花椒种植为主，辣椒、土豆、生姜、茄子等传统农作物间种为辅。饶楚光很实诚，他说青花椒种植一般要三年才见成效，但是地那么金贵，不能就这么荒在那里，在广泛听取大家意见后，套种了其他当年能见效益的农作物。

2016年11月，三渔村农民喜滋滋地在园区收割套种的榨菜，因为他们种下的榨菜个头大，肉头厚，平均每亩能产1.5吨，整个产业园的榨菜全部丰收将达120余吨。2016年，榨菜价格平均每吨为2400元，除去后期市场价格波动影响及成本外，每亩能产生1000余元效益，整个产业园能够产生3万余元的效益，这让贫困户们大受鼓舞。

2017年1月18日，虽然天气寒冷，但三渔村村委会却欢声笑语，热闹非凡，当天，三渔村48户90名贫困户领到了脱贫产业园的效益分红。从一开始没有项目、没有资金，到自建扶贫产业园，最终得以“正名”，这位饶书记可是领着大家走了一条非同寻常的路。

操碎一颗公仆心

慧觉龙王村的王大成书记鬓有霜发，但神情如孩童，初次见面，他就抛出一个很有意思的问题：“你想听我说实话还是说官话？”我说今天就想听您讲大实话，他狡黠地眨眨眼，笑了一笑，仿佛在测试我想听真话的决心。他看我也默默不语，端起杯子美美喝了一口，嚼着一根茶叶，语气清晰地说道：“其实官话也没错，只是我更想和你讲讲心里话。”

官话是什么呢？是足以骄傲的“第一”，龙王村走在了前面，堪称“第一个吃螃蟹的村”，在全省建起了第一家扶贫产业园。

龙王村位于慧觉镇最东端，再往前走，就是绵阳金峰镇。早在2000年前后，龙王村就被列入罗江的新村扶贫名单，2012年，该村又被列入德阳市连片扶贫区域名单。龙王村地处偏远，农业生产条件差成为龙王村致贫的重要原因：尽管“村村通水泥路”早就修到了龙王村，但从村到田间地头的道路却迟迟不通，机械、车辆都进不去。

没有机械化，相应投入的劳动力成本就要高得多。比如收谷子，别的地方机械化作业就是100元一亩，而龙王村靠人工劳作，相当于每亩要花200多元，毫无优势。

看到产业迟迟发展不起来，不少村民选择离开，龙王村逐渐“被发展遗忘”。龙王村村民对比一下周围村落，也深感自卑，看人家，有种莲藕的、有种蘑菇的，土地集中成片，产业特色突出。而龙王村呢，土地零散、水田间隔旱地，贫困户不仅数量多，失去劳动能力的还占一半以上，更不用说发展特色产业了。

王大成说村两委也好，镇上领导干部也好，驻村的“第一书记”也好，哪个不是一腔热血，想要将龙王村的产业搞起来？于是，他们发扬了红军长征精神——用双脚丈量土地，大伙儿走遍了龙王村每一寸土地，欣喜地发现“宝藏”：在后山梁子上有260亩集体所有荒地，因为土壤贫瘠不能进行传统农作物的种植。

这么大一片土地，荒了着实可惜，为此，村里专门请来农业专家进行土壤测试，发现这片土地正好适合栽种罗江本地特产贵妃枣。

把这片荒山打造成以种植贵妃枣为主，惠及所有贫困户的集中扶贫产业园——这一构想逐渐浮出水面。对于罗江县慧觉镇龙王村来说，2015年11月20日是不平凡的一天，这天，龙王洞枣子扶贫产业园股份专业合作社正式挂牌成立，该村32户贫困户领到了专业合作社的股权证，当上了“股东”，成了年底可领取分红的“老板”。经过积极争取，省级扶贫开发项目的61万元扶贫资金到位，为龙王村迎来了新转机。平整土地、购买枣苗、引进技术。

说起栽枣子树，王大成眉心挽了一个结，他说你压根想不到，我在栽树那段时间，连续好多天都没睡过一个囫囵觉！怎么回事呢？当时有人思想上不进步，想着反正自己又没评贫困户，沾不上这个园子丁点光，得不到半分利，你们还栽枣子树，哼！前脚栽，后脚就被人家“惦记”上了。

于是，那段时间扶贫产业园里头天栽下的枣子苗，第二天清晨来一看，竟然几十株几十株地不翼而飞了！王大成心里又气又急，就像猫抓一样，他恨这些“三只手”不争气，又心疼村里贫困户的集体财产都有人打主意，为了杜绝这种丑陋现象，王大成觉得不能只依靠守着扶贫产业园的管理员——人毕竟是血肉之躯，管理员晚上总会疲倦，总要累得睡着，通宵值守并不现实。于是，王大成和村上干部开始轮流去巡查，半夜三更还要转到产业园去看枣子苗是否安好。第二天，仍旧有千头万绪的村务工作等着他们处理，来不得一点懒怠。那段时间，眼看着一株株小枣苗栽下泥土，正常存活，发出新叶，园区曾经的荒凉荡然无存，王大成即使累得走路都呵欠连天，累得坐下便眼冒金星，内心却依旧欣慰无比。

考虑到贵妃枣种植前期无收益的情况，龙王村的扶贫产业园采取了“枣子加蔬菜”的种植模式，这原本是好事，让地不要荒弃，但王大成去年却遇到了让人头疼的难题。这便是“官话”之外，他更想和我讲的“大实话”了。

枣子树下，他们种下了辣椒和茄子。在种植蔬菜时，王大成就敏锐地发现了一个问题：扶贫产业园的确能为贫困户增收，这种扶贫模式特别好，但极为重要的是，有一个好的主题，还得有好的经营管理，才能跟得上发展！

比如说吧，种辣椒和茄子时，最开始来上工的村民，你看我我看你，都有一点吃大锅饭的思想，太阳“大”了说不想来，要等太阳“小”一点才干活；等到太阳“小”了，又推说自己屋里还有一点事，等做完了再过来，就这么等来等去，太阳都该下山了，又该回去煮晚饭了！王大成觉得这样不行，“计时”可能会让人联想起许多年前大集体中“出工不出力”的不良思想，在制度建立的过程中，“计件论薪”也是一个可以起到强效约束效果的办法。这和新盛镇金铃村的范云桥书记遇到的情况何等相似！怎样才能将扶贫产业园管理好？这是一条需要不断探索的新路，需要我们一路上不断学习和总结经验。

好，茄子和辣椒种下去了，生长得很好，可以说是大获丰收。但王大成脸上却笑不出来，为啥呢？因为这是他们刚开始种蔬菜，缺乏营销经验，一开始并未将市场变数统统计算进去，到了丰收季，看到堆成小山的紫茄子，本该开心的干部们傻眼了。慧觉的镇长，那段时间简直成了茄子小贩，天天帮着村里卖茄子，送到各个单位去。那些学校、机关、企业的食堂，一开始还买镇长面子，但谁也害怕天天吃相同的蔬菜啊，买了两三次，他们坚决不要茄子了，说破天也不要，说今天食堂菜式再主打茄子的话，吃饭的人恐怕要把饭桌掀翻了呢。卖到最后，茄子两三毛钱一斤，乱卖，还得求人来收。

讲到这里，王大成有点激动，他停下来，拿手指肚揉了揉太阳穴。

那些蔬菜都是村民们吃苦流汗种养出来的，现在贱卖还没人肯要，咋能不难过、不头疼？还有上好的红辣椒，三四万斤呢，摘都摘不出来，菜贩子头天答应得好好的，说行吧，明天下午我到你们园子里拉辣椒，王大成赶紧带着大家，摘了一上午，将辣椒码得整整齐齐，只等大车来拉，但到了下午，左等右等不见人，王大成急得跺脚，给菜贩子打电话，对方打哈哈，说市场上今天辣椒又在降价呢，我就先不要了……上好的红辣椒啊，那么大热的天摘下来，哪里搁得住？眼看它们烂得流水，王大成几乎想大哭一场。

这就是他给我讲的“官话”后面的“真话”，对，“官话”只会告诉你，扶贫产业园有多好，贫困户年底分红，按照股权能分到多少真金白银，贫困户就近在园子里打工，还能成为“挣工资的人”，增加家庭收入。但在这光鲜亮丽的背后，要建立好、管理好一个扶贫产业园，都少不了这些基层干部的心血熬煎和对市场情况的应对等综合素质的提高。

经过这一番动荡折腾，今年王大成就学乖了，他们种什么蔬菜之前，先做好市场调查，并与专业合作社合作，包种苗、技术和回收，今年春天龙王村产业园的豌豆和胡豆，一气儿卖了2.2万元，市场上还供不应求，那些等着收豌豆喂鸽子的人央求王大成“下次多卖点给我们呀”！

饶楚光“剑走偏锋”，带着大家“先建园子再要名目”，王大成鞠躬尽瘁去经营管理，摸着石头过河，中间也许跌得鼻青脸肿，他也悄悄擦干自己的泪，爬起来再战一回！

他们真的都很了不起，罗江扶贫产业园真正帮扶到那么多贫困群众，这些基层干部，汗洒大地，脚踩沃土，默默无闻，却功不可没。

下篇

第一章　我的事情我做主

在罗江，产业发展，大家钱包鼓起来，物质的丰裕的确带来幸福的支撑，但个人价值的自我实现，也是幸福感的重要组成部分。“我的事情我做主”，这是怎样一种洋溢着浓浓幸福感的尊严与认同!

早在2008年，罗江就对乡村治理进行了积极的探索创新，在全国率先推行了以“定向代表”为核心的村民自治机制，2012年，罗江县的村民议事代表制度被中改办《改革案例选编》刊载。时代在变迁，矛盾在变化，村民自治的内涵也在变化。近年来，罗江不断完善和充实着行之有效的村民自治机制，以此探索出一条全新的乡村社会治理之路。

罗江颇具活力的村民自治，走在了村务管理的前端，村、组（居）民代表每人定向联系十到十五户村（居）民，村（居）民有事或者有想法，告诉代表，并提交代表会议。商量的结果由代表负责向定向联系的村民报告。

村民代表是大家一票一票选出来的，选他们出来的目的是为大家办事，为大家“发声”的，所以村民代表在参与管理的过程中十分理直气壮，不但承担着村民调解这项事务，对于村基础设施建设、产业结构调整以及文化活动，村组代表能够更加了解村民的想法，提出的要求也更切合实际。他们代表村民就村里的事务发表意见，提出建议，并督促村委会落实。村里的养殖业发展、树木种植、全村活动场所修建以及恢复村广播站等事宜，都是村民们有了“自我想法”，然后责成村组代表提出来、由村委会实施的。

近年来，罗江针对“村民自治”中出现的民主管理制度不完善、群众参与村务的渠道不畅、参与集体事务决策和监督的积极性不高等问题，以建设“中国幸福家园” 为目标，在全国率先推行“村民议事代表会议制度”。坚持把党的领导、村民自治和群众参与有机统一起来，通过“五项机制”建设，探索出了一条民主自治、村民自主的基层依法治理新路径。“村民议事”经验得到国家民政部的肯定，相关做法被写进新修订的《村民委员会组织法》，成都等地都学习借鉴了罗江经验。

罗江在每年一度的社会治安综合治理评价中，社会满意度测评连续6年位居德阳市第一、四川省前列；党风廉政建设测评居全省前列。作为一个西部小县，在较低的经济发展阶段，达到了较高的和谐幸福水平。

自己做自己的主，自己当自己的家，这感觉，真好。

百姓是天

略坪镇前龙村的刘忠兵书记，长得很精瘦，脖子上青筋毕现，他工作特别繁忙，在采访过程中，手边电话频频响起，他不断说“抱歉”，这段时间正值农忙插秧季，村上事情特别多，千头万绪。对了，这几年国家不是禁止燃烧秸秆吗？基层干部宣传工作做得到位，今年偷偷燃烧秸秆的现象在罗江几乎绝迹了。不过刘书记忙得打脚跟儿，前两天还遇到一桩好笑事情：他当时有事到镇上交材料，还没进镇政府，有村民打电话请他赶紧回去，说村里疯子胆敢烧秸秆！他赶紧跑回去一看，那疯子站在自家屋顶烧稻草玩儿，一张嘴咧得大大的，口水顺着下巴流。他只好软言相劝，哄了半天才把疯子哄“熄火”，让他下了屋顶。虽然这事让刘忠兵忙上添忙，不过他还是很欣慰：“这说明村民自治意识强了，有了主人翁精神，看到不对的事，会马上向村上报告。”

青天老百姓

古时候，人们最期盼的就是能遇到“青天大老爷”，清廉、严明、处事公允，能让老百姓心服口服。而在罗江这片神奇的土地上，“青天大老爷”早已不罕见了，这里盛行的是“青天老百姓”：自己来当自己的家，做自己的主，负起自己的一份职责。

刘忠兵是2014年到前龙村走马上任村支书的，2015年，他就遇到了一件激动人心的大事：罗江略坪镇高标准农田建设项目，有前龙村的份儿。这是能改善村庄环境，在水利措施、田间道路等方面都有改进的好项目。但兴奋之余，刘忠兵又听到了村民们的闲言碎语：“上头一天没事找事干，搞啥子农田建设嘛，还不是面子工程。”“面子工程都说不上，我说是豆腐渣工程，你还记得2013年村里那个国土整理项目不？”“啷个记不到嘛，做的啥子破工程哟，后来检验质量都不过关。”“质量过不过关就不说它了，关键是老板后来撂担子，还欠了民工好多工资哦。民工造孽得很，累死累活还拿不到钱！”

刘忠兵看似不动声色，心里已翻江倒海。他不怪村民不信任这项目那工程，因为之前的确遇到过一些麻烦问题，上面的出发点是好的，但工程最终修成啥样，中间又有多少“弯弯绕”，却不是老百姓能把握掌控的。刘忠兵暗暗下了决心：这次不管咋个，都要让咱们老百姓来当“天”，老百姓说了算！

有些专包工程的外省施工队，多多少少还有一点背景和势力，“闻到气息”赶了过来，中心思想就一个：让刘忠兵把这个工程包给他们做。刘忠兵倒也爽快，他的中心思想也只有一个：办不到！他说：我们要搞村民自建！只有咱本地村民，才有参与权！

于是，刘忠兵先召集村三委开会，接着是村全体党员包括全村村民代表议事员会议，商讨之下，此次高水平农田建设项目主要涉及两个大方面：修生产田间道和堰塘防渗，生产田间道涉及6个组，从8组到13组，经测量需要修建2.79公里，沟渠673米。不论是修路还是堰塘防渗，都找了成都的设计院来做设计，由设计院提供图纸，施工也得严格遵循图纸要求。

开完会后，村民议论纷纷，都说，不得哦，今年真的让我们搞自建？那些消息灵通的村民四下一打听，回来后喜不自胜地说，没错！不但让老百姓自建得实惠，组上还会派出议事代表，进行现场监督，要是看到施工中有啥不对的，当场就能指出来，坚决捍卫咱们老百姓的权利！

大家虽有疑惑，更多的是兴奋，施工之前，全村首先推选出了有能力、想做这件事又有时间来具体实施的村民，成立了两个施工小组：道路小组和沟渠小组；接着村领导去办理搅拌机、大型货车等租赁事宜；在选料方面，刘忠兵带着村三委干部，包括监督委员会成员开始沿着绵远河一带的沙厂挨个询价，当时沙子价格有68元一立方米的，也有70元一立方米的，经过商议，最终选了68元一立方米的沙。

在选水泥时，值得一提的是当时供他们选择的有两个水泥销售商，一个水泥牌子名不见经传，另一个是品牌水泥，大家又是一番商议，选了“女娲牌”品牌水泥，原本供货商定价是290元一吨，后来正式拿货时，市场行情有波动，又涨到了310元左右。这次涨价，刘忠兵说他们不但请监委会成员一起过来，还召开了大会，和每个群众都说清楚了涨价事宜——钱不算多，但账目一定要清，否则很可能将自己陷入“糊涂账”怪圈，失去村民信任。施工前一切账目都是清楚明白的。

开始施工作业正式铺路了。这是为了解决老百姓生产、生活问题，路修好了，将来农业生产能更大程度地实现机械化，这是和老百姓利益息息相关的事，所以大家都很重视。每天村监委会都会详细记录今天进场的是多少用料，签字；到了下午收回东西，水泥沙石用了多少，有个详细数目。到了晚上，料场通宵有人值班，那时就算没轮到刘忠兵当天值班，他也会时不时去料场看看，看守夜的人是否称职，是否偷懒去打瞌睡了。

他感叹道，那时是真累，夜里一两点还有车拉水泥来，自己睡觉也是睡“节节觉”，生怕哪个环节马虎了，那是要向全村老百姓负责的啊！工程做了接近50天，每天点数、签字，工地再乱，没有出一点漏子。

就这样，工程是全程受着村民监督，又是村民自己来施工完成的，完工之后，验收合格，刘忠兵还没舒口大气，他还想听村民怎么说呢。

村民是这样说的：“真没想到，这次86万元的项目，做出了之前至少要花150万元才做得出来的活路！”

听到这话，刘忠兵心里一块大石，才真正落了下来。

前龙模式

刘忠兵说起前龙村去世的老书记唐远全来，声音低沉，眼藏隐痛。这是他非常敬佩的老前辈，这位唐书记，2013年曾在略坪镇会议室里，一边打点滴一边认真地参加罗江县2013年村（社区）党组织书记任职资格考试。那时，他已明知身患胃癌晚期，但还是抱着“就算生命结束，也要倒在为村民工作的第一线”的坚韧决心，战斗到了最后一刻。触景生情，采访那天，我们刚好身在略坪镇会议室，刘忠兵仿佛又看到了老书记的音容笑貌。他很有感情地说：“唐书记走出了一条路，带来了全县都争先学习的‘前龙模式’。”

说起这“前龙模式”，又是“村民自治”在城乡环境综合整治背景下的一个小缩影。

那时，如何让前龙村像城里人一样，过上舒适干净的生活，是唐远全苦苦思索而不得解的心结，面对村民行为习惯难以改变，治理工作经费紧张，保洁人员待遇较低、责任心不强等现状，唐书记通过多次召开议事代表、村监委会、村组干部会议讨论，决定公开竞标承包村组保洁事务。

2011—2012年，唐远全将前龙村13个组的保洁事务划分为6块，公示各块保洁人员基础月工资，全体村民自愿参与竞标。竞标后，保洁人员由13人减少至6人，月工资由原来的每人平均280元上涨至650元，村委会统一为保洁员购买意外保险，接受村民监督。保洁员待遇提高后，工作积极性相应提高，保洁成效显著。2012—2013年，前龙村召集组议事代表对合同期满的6名保洁员进行无记名打分，根据得分情况，落实具体奖惩。会上对保洁人员再优化，不称职的解雇，调整保洁区域，重新竞标，人员缩减至4人，月工资分别为750元、800元、900元、1000元。并与保洁员签订承包协议，确保日常保洁、垃圾分类常态运行。与组签订责任书，建立健全监督、检查、考核制度，确保各组对环境卫生的监督管理。2014年，进一步强化管理，形成全县推广的“前龙模式”。从环境整治到鼓励村民自治参与村级事务，村民们打心底认可唐书记。

现在刘忠兵接过了唐书记的“棒”，他将工作做得更细致，比如保洁员的工资，本月都是先发60%，剩下的40%“压”到下月，作为考核工资。对最受老百姓认可、工作干得最好的星级保洁员，年底还会发奖金予以鼓励。

罗江现已推出了适合县情的垃圾“五步走”处理模式：农户将自家垃圾进行初步分类，纸板、塑料等可出售垃圾留售，不能自行处理的垃圾则定点投入到位于家附近的垃圾池，这一步是农村垃圾实现总体减量的第一步。入池的垃圾则将通过乡村保洁员的清理，进一步细分运送至分类收集池。石块、砖块等建筑垃圾就近找适当的地方进行填埋；纸板、玻璃、金属、塑料等可回收垃圾进行集中储存，达到一定数量后再进行回收变卖；草木灰等可降解垃圾进行沤肥回田。农村垃圾第二环节的处理上，通过保洁员的进一步清理，垃圾总量又得到一次大减。村保洁人员定期将需要进一步处理的垃圾运至镇垃圾中转站，这一过程是农村垃圾处理的第三步——村收集。镇、县环卫工人每日对乡镇的垃圾中转站进行清运，将集中的农村垃圾转运至县垃圾中转站或是直接进入垃圾处理厂，至此农村垃圾处理的第四步也完成了。最后，经由县级生活垃圾专业机构对农村垃圾进行无害化处理，这是第五步。

最开始，农民并不知道要将垃圾分类，他们把所有垃圾都往垃圾池里一气儿乱丢，刘忠兵就对村上的保洁员说，你们若将其中能拿去回收的纸板、硬纸壳等废品拣出来，卖到回收站，将发票收捡好，到了年底，拿着发票来找我，我还要奖励与发票金额同等的奖金！这就大大激发了保洁员向老百姓普及垃圾分类知识的热情，老百姓也从保洁员口中了解到垃圾分类这件事很重要。

村民最初将火砖渣、混凝土渣等建筑垃圾都与生活垃圾一起，倒在垃圾池里，保洁员就会穿着制服威风八面地去制止，并教育村民如何将建筑垃圾与生活垃圾分开，建筑垃圾该挖坑深埋的就深埋，要想环境好，咱们也得细致一点，讲究一点。

就这样，不是村干部成天在村里歇斯底里地号召大家要爱护卫生，而是通过村民自治，自己监督、自我进步的方式，让前龙村的环境卫生得到很大改善，大家也逐渐自觉养成了好的卫生习惯。

说起“疯子烧稻草”的梗，刘忠兵忽然想起了另外一件事，他说之前嘛，前龙村还是老传统，清明啊过春节啊，都兴给家族的亡人烧烧纸钱，点点香蜡，聊表哀思。不过有次就因为某家人早已搬到外地居住了，他们清明回来点了蜡烛，没等蜡烛燃完，就急急忙忙开车离开，这蜡烛却借风势引起了火灾，还惊动了消防队，幸好后来有惊无险，没有造成太大损失。此事过后，经过村民自治，村三委定方案，从此便号召大家尽量不要烧纸钱，改为更“西式”的鲜花拜祭，就算一定要延续传统烧纸、点蜡，也必须确认所有火苗都已熄灭人才能离开。这些事关大家切身利益的“小事”，都是经过村民代表商议通过，有会议记录、图片存档，有证可查的。

其实，哪里是小事呢，和老百姓有关的每件小事，也许都是某个具体的人认为“比天还大的事”。在罗江，老百姓之所以感觉幸福，也许正因为在这里，他们的“小事”有人重视，他们的尊严与“官者”平等，他们能自己当自己的“天”，做自己的主，焉能不幸福?

鼓了腰包富思想

鄢家镇长堰村的村主任谢秩学那天带我们去村里柚果园转了转，我们路过其中一家农户，有个老太太正好在阳台晾晒衣服，趁着谢秩学和大娘打招呼，我们轻声请求，问能否去大娘家里看看？谢秩学没有踌躇，爽快答应了。我们想看到最“原生态”的村民家景，没有任何人提前告知：有人要来你家看一眼。我们这个决定很冒失，但却完美地杜绝了一切“人为粉饰”“事前拾掇”。

结果，大娘家一尘不染的客厅、抽油烟机都抹擦得亮亮的厨房让我们心服口服了。也许我们走进罗江农村别的家庭，看到的依旧是这样——随时去，随时见到农户家里收拾得整洁、漂亮，这不是为了应付检查，而是他们生活实实在在的一部分，住上好房子自然要养成好习惯，这是植根每个人骨里血里的习惯，和敷衍了事无关。

后来，在采访调元镇百花村赵勇书记时，我们情不自禁说，罗江农民群众的整体素质高，这已经成为我们多天来接触他们的感性结论了。年满40岁但仍长着一张娃娃脸，看上去很青春的赵书记想了想说，也许是因为农民富裕了，生活过得好了，在精神上便有了更高追求，而“村民自治”也是在此基础上提出，并取得村民共识的产物。

我们深以为然。

百花粉条长堰柚

赵勇回忆起他小时候的一桩趣事：那时是20世纪70年代末，村里还实行“大集体制”，赵勇几岁大，常常饿肚子，不是父母不努力挣工分啊，而是挣来的工分再换成粮食，仅够一家人糊口。小孩子肚里没油水会分外馋嘴，赵勇在村里走啊走，最终将主意打到了生产队的耕牛身上！因为耕牛是大集体的宝贝，宁愿人勒紧裤腰带也不敢饿着牛，牛饲料里可混着香喷喷的胡豆呢！他人小，胆子却不小，跑过去趁着牛还没注意，在牛发脾气用角“弯”他之前，飞快抓了一把牛饲料就跑！跑了好远，停下来一看，运气真不赖，手里有一二三四五……足足抓了七颗胡豆！赵勇小心地抹去胡豆上面沾的草节节，将煮得半生不熟的胡豆放进嘴里，美美地享受这“抢来的零食”。

赵勇说百花村的村民其实都很勤劳、朴实，到了20世纪80年代包产到户后，一个村民想出做豌豆凉粉拿到外面去卖的法子，影响带动了好多人。

村民先是做豌豆凉粉，有些一气儿做上好几盆，用自行车驮了，几十个村民浩浩荡荡地骑车出村口，哪些跑安县，哪些跑北川，哪些就在县城做买卖，他们各自都有“路线”，并不互相干扰，说声“走嘞”，几十架车就呼啦一声各散四方。

过一段时间，又有村民说做凉粉好是好，就是不能放，当天卖不出去差不多就砸自己手里了，不如做红苕粉条，那个虽然生产成本高一些，但毕竟更“经放”。那几年，“百花粉条”出名得不得了，不光罗江人民晓得百花村出粉条，附近市县都留下了他们的足迹。

那时百花村的人为了做生意起早贪黑，自家的田地还不能完全撂下不管，主副业一把抓，辛苦不辛苦？赵勇笑笑说，也多亏了这份辛苦，所以和别村的村民比起来，我毫不夸张地说一句，我们百花村村民的思想要进步得多！

他接着举了一个例子，说的是百花村的“生意客”们先是卖凉粉，接着卖粉条，他们并不是单纯售卖自己的产品，还很会去主动发现市场空白，找到商机。有次村人称了粉条给当地人，和人家攀谈，说我都没在你们这儿看到有果树啊？当地人说是啊，我们这儿要吃果子，都是外面运过来的。

说者无心听者有意，于是下一次，这个有头脑的百花村民拉去的不是粉条，而是水果，不到天黑呼啦一下子就卖光了。后来，他们还往没堰塘的地方整车整车地拉鱼过去卖……

百花村的人善于交流和沟通，外面世界的信息吸收得多，腰包鼓了之后，他们的思想意识也随之进步着。

马克思早就说过：“经济基础决定上层建筑。”发展经济重要不重要，让村民腰包鼓起来重要不重要？当然重要，重要得甚至能让曾经千方百计“农转非”的农民，现在挖空心思都想要“非转农”。

谢秩学讲的是长堰村一个真实故事，他说之前长堰村不富裕，农民们为了能混一个城镇户口，可谓不计血本。有那么一个人，他当时拼拼凑凑，咬着牙省吃俭用，硬是去买到一个“农转非”的指标。可现在长堰村依托水果产业，发展得红红火火，每年都要举办“柚花节”“柚子节”什么的，家里种了柚子，简直不用你出去找买家，而是那些买家一窝蜂地跑到长堰村来，抢着要收货，有时还争得吵将起来——没办法啊，这里的柚子香甜可口品质高，消费者买账，水果贩子又不是傻的，自然“求贤若渴”喽。村子富裕了，那个已经转变身份的人，又急切地想要“非转农”，但是对不起，谢主任同情地对他说：“这个问题，很难。”谢秩学是善心人，怕看到那人当面哭出来，只能告诉他“很难”。“其实啊，是真没戏，现在他想回头来当农民，还当不了呢！”谢秩学美美地抽了一口烟，微笑着说道。

自建·自管·自治

赵勇曾当过武警，在德阳私企工作过，2002年来到调元镇政府，2016年11月被委派到百花村任村支书。他的身份有点特殊，因为镇上的工作也在做着，相当于“一人担两职”，但他想得很清楚：自己就是百花村的人，既然大家信得过我，让我来当村支书，我一定要好好干，切实解决老百姓“最后一公里”的问题。

上任不久，赵勇就提出要“清沟掏淤”。说起这条沟来，年轻一点的娃子很吃惊，说这个沟能用吗？打我记事起就没见它用过啊！赵勇只能报以苦笑，因为此沟真的已有十几年没通过水了。当然，在它被各种垃圾、杂物、草叶堵塞之前，因为这沟所连接的红旗堰不是太“给力”，放水困难，这条沟已经犹如摆设，就这样一年接一年地荒下来，里面泥巴都快要覆满沟底。赵勇看到，心里像长草一样着急。他是百花村人，晓得这儿太渴望水了！往年村里各组都是自己抽水，费用高昂，村民也怨声载道。2016年底，红旗堰换了闸门，赵勇很惊喜，他晓得现在时机成熟了！

于是，百花村召开了群众代表大会，讨论清沟通渠的事。这事并非一帆风顺，代表们多番开会讨论“重启这条沟有多大意义”。有时意见不合，争执得几乎要吵起来。赵勇很有耐心，因为这并不是他一个人的“拍脑袋决定”，而是涉及了村民所有人的利益，应当让大家满意，才能毫无压力地“村民自建”。

经过多番努力，开会多次，畅所欲言地交流沟通，最终，村民有了共识，同意掏沟，将废弃的沟渠重新整治出来。百花村花了4天时间，让五六公里长的“泥巴沟”焕然一新，在这个过程中，多数是老百姓投劳，换句话说，即使能得一点工钱，也比不上外面做活的酬劳，但老百姓就是愿意卖力干活，他们乐意自己当家，村民自己组织、实施工程，少赚钱多流汗也无所谓。

问及为何百花村村民的境界这么高，赵勇笑了，他说其实不是境界高，而是我们村村民之前外出做小生意的多，脑子容易接受新事物，跟他们解释，将沟挖好了，今后大家用水方便，不是为哪一个人造福，而是整个村的村民都受益！他们回去默默一想，自己很快就做通了自己的思想工作。

废弃了十几年的沟渠通了，2017年4月，菜籽地需要浸水，大家用的就是这条沟里的水，有几个组的组长跑来激动地说，之前他们抽水要花1000多元冤枉钱，今年完全省了下来，大伙儿都高兴，晓得赵书记是实实在在为老百姓做事的！赵勇笑了，他说不是我一个人的功劳，这都是因为大家舍得出力，村民自己在为自己办事，自己给自己造福！

赵勇有个挺新颖的观点，他说“群众做宣传绝对比干部宣传更有力度”。比如说吧，当时整治这条沟，有个村民就不乐意了，他小声嘀咕：“反正都荒了那么多年，整个啥子整嘛，要从我那里过，还要伤我的菜，毁我的苗苗！”他这话刚落牙，站旁边另外一个村民听到了，马上批评他思想落后：“人家村干部这是在为咱老百姓做实事，你那两窝菜，伤了算个啥子嘛？一点都不懂大局，还说啥子说！”这位被批评的村民遭到邻居一顿抢白，他心里倒服这个理，也不好意思再小肚鸡肠的，于是也很有大局观地红着脸解释：“我就是说说嘛，其实我晓得没啥子的，这都是为我们自己做事，该支持。”

“为我们自己做事。”赵勇总结百花村村民自治工作搞得好，他反复强调，这是因为村民真正懂得，村里任何决策，都不是空穴来风，而是与大家利益相关，所以他们才会“舍弃小我利益，只为大局”——那“大局”里头，不就包含了千百个“小利益”么？

谢秩学也夸长堰村的村民“朴实，大气”。村里现在不是每年都办“柚花节”“柚子节”什么的吗，盛会期间，来长堰村的客人实在太多，有时连车都错不开，所以扩建村路，已成为长堰村迫在眉睫的大事。要扩路，势必会请一些老百姓移栽果树，将人家原本的土地占了，让柚树搬家。但果树搬家和人还不同，虽然现在科技进步了，不会像老话说的那样“人挪活，树挪死”，但果树搬家之后，会连续两年影响果树挂果倒是真的，倘若移栽技术再弱一点，可能原本很“争气”的健康柚树也会就此落下“老病根儿”，直接影响后续果子的产量和品相。

谢秩学在和村民们开会之前，是做好思想准备的，他想大家就算要闹要嚷，甚至要死要活，我们村干部都得受着担着，好好做思想工作开解他们。但让他惊讶的是，他准备了一肚子的“温言软语”并没来得及出口，村民简直是大气极了，开通极了！他们很主动地配合村干部拉线，说了要在限期内移植果树，二话不说，开完会自己扛着锄头就去默默给果树挖坑找“新家”了。他们不吵也不闹，反而让谢秩学奇怪了，说你们真的对占地修路没意见？村民大爷爽朗地笑，说这是为全村人好，为大家修新路，村民自己受益，还有啥子意见？

百花村也好，长堰村也好，村民都因真正懂得“我们村民有力量”，能自己拿主意，参与决策，执行项目，所以他们不但钱包鼓，思想也很“富”。赵勇和谢秩学这两个村干部不住口地夸：我们村民都是“自己管自己”，自觉性高得很，当他们的领头人，至少心不累！

回到马克思那句话，经济基础决定上层建筑，后面还跟着半句“上层建筑又反过来影响经济基础”。精神的力量的确强大！而罗江农民在富足之后，享受到了先进、丰美的精神成果，反过来也令他们的钱包“鼓得很实在”。

风和日丽

好几年了，李金武记不得这个奇怪的梦是何时偷偷溜进他黑甜的酣睡之乡。偶尔，在工作特别紧张、精神格外疲累时，他会一而再再而三地陷入那个梦中，梦中一个容貌清丽的年轻女子，一手提着汽油桶，一手反复开关打火机，站在一块空地上，眼神直直地望向李金武，梦境像是受到干扰的电视信号，将女子的身影扯得东倒西歪，但她手中的打火机，却奇迹般地始终完整着，小火苗燃起，熄灭；熄灭，燃起……梦中，李金武的视线仿佛不受控制地一次又一次凝视那打火机，紧张得眼睛周围的肌肉都跟着酸胀起来。最后，他总会毫无悬念地从梦中惊醒，眼部肌肉依旧发酸，后背汗湿一块，因为他明白，这不仅仅是梦，而是他曾身临其境的过往惊险。作为慧觉镇政府的维稳办主任，多少次他要将不稳定的“狂风骤雨”，拉回到稳定和谐的“风和日丽”，他感觉自己是高空走钢索的人，直面危险，化解危险，最终，安全着陆，抬头望望，天空放晴。

妙龄女子上演“玉石俱焚”

当初，在建成绵乐高铁时，有座铁塔要建在慧觉镇的黄荆村4组，村民戴玉珍一听，不乐意了：为啥啊？那铁塔离我家只有区区8米远，别说要辐射到我家猪不长膘、鸡不下蛋了，到时肯定连人都要受影响！轻则缺乏抵抗力，感冒不断，重则辐射入体，短了阳寿！

村干部听了戴玉珍这番稀奇古怪的言论，哭笑不得，耐心给他们全家做工作，说铁塔位置距离农户有8米远，这是符合国家设计要求标准的，对人体也好，畜禽也好，都不会造成伤害。可村干部越是劝解，戴玉珍就越是鼓眼撅嘴地生气：就算真的对身体不会有伤害，那对我们全家心灵上造成的伤害呢？干吗不把铁塔修到你家旁边？让你每天早上一推开窗就能看到一个黑黝黝的铁家伙，随时担心它倒下！

村里上门做了好几次思想工作，这戴玉珍都不为所动，当电力公司的施工人员到了现场，器材、设备也都到位，正准备施工时，这段时间看起来偃旗息鼓的戴玉珍家人全都出动了，原来，戴玉珍家前段时间轮番接待“说客”上门，任由人家苦口婆心做工作，他们都一言不发沉思默想，并不是想通了，而是为了今天的“亮相”而积蓄力量。果真，当戴玉珍全家齐齐整整坐到施工地面，不让电力公司员工施工时，村干部和施工方傻眼了。

施工无法进行，只得向市县领导反映，市县当天就派来专人进行劝解、协商，镇政府也命李金武“火速救场”，看能不能做通戴玉珍一家人的思想工作。

李金武最初将希望放在戴玉珍的公公身上，这个腿脚有残疾的老人是一名老党员。李金武心想，老人政治觉悟高，说不定将他说通了，他们家人还肯听老人两句劝。哪晓得李金武不管对老人说什么，老人都默默地洗耳恭听，但从始至终，一言不发，仿佛耳朵只是他的装饰品。家中“代言”的是戴玉珍，戴玉珍提出了一个天价数目：500万元！给500万元，他们愿意全家自行搬迁，也就不再纠缠铁塔到底要修到哪儿的事了。这不是狮子大张口么？施工方生气了也急了，眼看时间一分一秒地过去，为了按期完成任务，保持施工进度，施工方很硬气地说，我们就是要组织工人继续搭建，遇到这种蛮不讲理的人，绝不让步！

施工方是为了工作进度，为了成绵乐高铁整个线路能按时通车，李金武晓得人家没有错，但他心里就是乱乱的不舒服——也许是因为他在戴玉珍公公那儿碰的软钉子，也许是因为戴玉珍越演越烈不断升级的“抵抗”态度，为了干扰工人正常施工，她竟将亲戚朋友都喊来了，能捣乱的捣乱，能阻挠的阻挠，大闹特闹，让施工方叫苦连天。李金武连吃两颗“钉子”，也被弄得焦头烂额，但他真的没想到，最大的隐患，竟出在他之前一直忽视的一个人身上，而这个人不声不响闹出的事情，在这之后的几年里都会成为他噩梦的素材和源头。

戴玉珍23岁的女儿华薇薇（化名）是名大学毕业生，长相端庄文静，李金武之前集中火力做“爷爷”的工作时，还想过接下来攻克华薇薇这个堡垒，因为她年轻、有文化、有见识，应该更好沟通。哪晓得，她闹出的难题最大。

戴玉珍的亲戚朋友阻挠正常施工，吵吵嚷嚷已有几日了，双方都有点疲惫，忽然，眼见文文静静的华薇薇向铁塔基础的中心位置走来，她像挎着篮子去菜园一般，表情轻松地提着一桶汽油，而另一只手，举起一个打火机，极有韵律地揿亮，按灭，再揿亮……瞬间，现场众人像是被施了魔法，纷纷定住，大家紧张地望着华薇薇的手，脑中乱糟糟地盘算着逃命概率。大家哑口无声，却无人敢抬足逃遁，那日现场不但有市县领导，还有诸多围观群众，但黑压压的人群，竟都屏气凝息，内心似擂鼓般等待她下一个动作。

李金武额头迅速渗出一层密密的汗珠。不行！他脑浆如同岩浆沸腾，烧得他脸孔绯红。他暗暗对自己说：不能再这样僵持下去，如果华薇薇一个不小心，引燃汽油，到时不仅会危害她自己的生命，围观人群也都会受到牵连，若火势控制不好，将带来无法估计的惨痛后果。李金武担任了多年的维稳办主任，在他心中，“稳定”二字高于一切，只有稳定，才能带来一切繁荣和兴盛，若失去稳定根基，疯狂陷入利益追逐，最终也不过是镜花水月一场空。

为了稳定，李金武不得不用一点“强制手段”了。

于是，他和同事分工，同事站在华薇薇对面，和华薇薇交谈条件，不管她提出什么，都尽量满足，不再激怒她，以此引开华薇薇的注意力，也令她紧绷的神情稍稍松懈一点。而李金武趁着华薇薇不备，从侧面一个飞身上前，先一把夺过她手中的打火机，再紧接着抢夺了汽油桶。见李金武已将危险品捏在手中，维稳办的同事们一拥而上，将华薇薇给控制住了。其实，他们这时就算不控制华薇薇，这个20岁出头的姑娘也像瘫软的面条，有气无力地滑到地上，她脸色刹那变得惨白，腿脚抖个不停，现在她的大脑才清醒一点，开始思考自己行为可能造成的严重后果。

李金武顾不得手心被火苗灼出的血泡——他在抢夺时分，压根没管他抢的是不是一簇火。他没有过多责怪瘫坐地上浑身抖如筛糠的大姑娘，而是心平气和地与华薇薇全家谈判，继续做解释，讲政策。也许是李金武的宽宏大量不计前嫌感动了华薇薇，也许是他们最终接受了科学的解释，最终，戴玉珍家人与施工方达成了撤迁猪圈房和沼气池的协议，按照相关规定，对戴玉珍家进行了合理赔付。这桩引人瞩目的“电闹事件”，终于得到了圆满解决。

暴风骤雨，化风和日丽

李金武对家乡慧觉有着深厚感情，他记得自己1978年去部队当兵，那时乡村里房是土坯房，路是泥巴路，车子一过，尘土能扬起半天高，呛得人咳嗽连连。现在老百姓的日子多好过啊，不仅住上了好房子，过上了好日子，还有了城乡社保、农村医保，健康养老都有了保障。想到这个，李金武就感叹，他说为啥日子越过越好，还会冒出这么多“不稳定”事件呢？也许人的心就没个底吧，总想“好上加好”，这原本没有错，但如果现实一下子达不到内心要求，可能会气恼、抓狂，甚至激发人与人之间的矛盾，这就需要他们去调解去维稳了，尽量“化干戈为玉帛”嘛。

今年已57岁的李金武，虽已退伍多年，依然留着板寸头，黑红脸膛透出军人的威武和干练。采访时，说起“我们镇”这些年的巨变来，李金武炯炯有神的眼中，迸出了兴奋热烈的亮光，接着，他讲了一个“我们慧觉镇”在变得更好的过程中出现的小矛盾。

慧觉镇和绵阳涪城区的金峰镇是紧紧相连的，这两个镇的交界地，共用一条街道，这半头街住的是德阳人，那半头街住的绵阳人。绵阳金峰镇的街道，既宽敞又漂亮，农贸市场修得也很大气，镇上的居民愿意到金峰镇所辖的农贸市场去采买，于是，金峰农贸市场的人气旺，市场管理税收高，让慧觉镇的人倍感惭愧。慧觉镇以前“镇貌”真不如人家金峰镇，街道狭窄，脏乱差现象严重。不蒸馒头还争口气呢，眼睁睁看着人家金峰的农贸市场做得热火朝天，慧觉咬咬牙，也要迎头赶上！于是想方设法筹集了资金，在场口新建了一个崭新的农贸综合市场。

哪料到新市场开市之后，竟会在新旧市场的商家之间引发一连串的矛盾。从旧市场角度讲，新市场毕竟将旧市场的商户人流分流了一部分过去，使得旧市场生意一下子变淡；而新市场呢，是政府来引导商家入驻的，虽然政府前期也做了一些宣传工作，但毕竟这是块“新地皮”，人气还不旺，好多恋旧的居民仍然习惯了去旧市场购物。这样一来，旧市场和新市场的商家，个个都埋怨是对方的原因导致人气不旺，生意难以经营，心头窝了一团无名业火，特别是旧市场的商户，他们将矛头直指慧觉镇政府，开始了上访。

新市场商户一看，哟，旧市场的你还敢上访？你会告状未必我就是哑巴了？如此一来，两拨人都开始赌气般你追我赶地上访，喋喋不休地争吵了两年时间。李金武回忆起那两年来，自己都忍不住挠着头苦笑，他说那真是格外漫长的两年，我们维稳办几乎没有休一个完整的假日，不是在对旧市场商户做解释，就是在为新市场商户做协调工作，宣传引导的话，说到最后简直无须过脑子了，张口就能来。最终，在维稳办的不懈努力下，政府也给予了政策优惠，为新市场246家商户免费办理了房产证，这才止住了这起群体持续上访事件。

李金武在“维稳”位子上一待就是数年，他心里并不怵那些怀着怨气来找他们“发泄”的群众，但遇到那种一开始就绕过他们，压根不将他们看在眼里，越级上访的群众，还是会发出一声无可奈何的叹息。

比如在2006年，慧觉镇接收了15户37名汉源县的移民，分别安置在二龙村4组和富荣村7组。罗江人民向来是热情好客的，对于移民也是发自内心地欢迎，担心移民到达之后，没有片瓦遮头，还得搭露天帐篷，所以，在“客人”来之前，由县移民局统一招标修建了移民住房。可是，等移民搬进新房一看，顿时牢骚四起，这个说哎哟，这不是刚粉刷的白墙壁吗，怎么像人得了白癜风，一块一块往下脱皮？那个说墙壁脱块皮怕啥。我家更要命，厕所墙砖、砂浆不严实，我现在“蹲大号”都要一只手紧张地提着裤子，谨防墙壁一坍塌，好拉上裤子逃命！

汉源移民越吐槽越生气，他们索性直接集体到县上去信访，因为他们认定了是慧觉镇政府欺负外来人员，所以压根信不过慧觉人，要找“更能做主的人”来解决问题。李金武得知此事，赶紧与移民局沟通，联系到了施工方，每天亲自到现场督查，将移民反映的问题一个个都整改过来，按照他们的要求进行了维修，直到大伙儿完全满意。

之前，移民对李金武抱有成见，因为他是代表了“镇政府”，汉源移民当着他的面也直言不讳，说我们就像是被连根拔走的苗苗，从汉源到你们罗江，人生地不熟，你们实在要欺负我们外地人，不忍又有啥法子？

最初移民们将话说得这么冲，后来，他们看到李金武为了整改他们房屋的事，跑得一头大汗，嘴唇爆皮，人心都是肉长的，大家不再对他说夹枪带棒的话了。他到了哪个移民新家，那家女主人都会端出茶水来招待他喝。虽然彼此之间还没亲如一家，但到底少了排斥和猜忌。李金武是个有心人，他从这家移民。走到那家，发现有些移民生活实在困难，家中贫寒困苦，便主动去帮助他们，将贫困移民纳入政府救助对象和精准扶贫对象名单中，并不将他们看作“外人”，而是和罗江原住民一视同仁，大大暖了移民的心。

比如二龙村4组的移民汪德琼，身体病弱，做了肾切除手术后，压根干不了重活，可她膝下三个子女都还在念书，老公也有病，一年到头挣不了几个钱，家中几口人生活负担颇重，李金武主动去走访，还帮着汪德琼填申请表，落实了低保政策，又热心地找来了县民政助学，解决了孩子们4000元学费。

2009年，汪德琼的老父亲去世，遗体火化之后，骨灰盒找不到地方下葬，汪德琼来维稳办找到李金武，还未开口已涕泪交加。李金武赶紧安抚汪德琼两口子不要着急，他抓起帽子就去二龙村4组了解情况。4组由于近年大力发展果树栽植，山坡上的确找不出空地来埋葬骨灰盒，汪德琼听到了，哭得更加厉害，伤心得鼻头发红，嘴角一个劲哆嗦。李金武赶紧让她回去休息，宽她的心，说政府一定会帮老人家找到一块下葬的“风水宝地”，在李金武多次劝慰下，汪德琼这才泪汪汪地回家。李金武又马不停蹄地去找到二龙村13组的组长，协调一番，终于为汪德琼父亲找到了墓地。

后来，在精准脱贫战役中，汪德琼一家被纳入精准扶贫对象名单中，县移民局又给她家帮扶了8000元，修建新猪圈，饲养了8只母猪，每年就有了固定收入。汪德琼一家人肯吃苦，他们对李金武说，李主任，你帮了我们这么多，如果我们移民只会等靠要，那是羞死先人呢！于是，汪德琼主动承包了周围邻居撂荒的40余亩地，全部种上庄稼，用猪粪做有机肥，既处理了污染物又节约了肥料成本，在他们的不懈努力下，已经光荣脱贫，现在大儿子也快从大学毕业了。汪德琼讲起李金武来，总是赞不绝口，说当初一家人拖家带口地从汉源来罗江，心里头害怕得很，生怕这边的人欺负他们外来客，想不到罗江这么好客这么友善，不但接纳了他们，还送来了意想不到的温暖和帮助。

李金武承认，慧觉镇这几年来的维稳工作，很大一部分都是在照拂移民的不稳定情绪。想那些汉源移民背井离乡，千里迢迢来到慧觉镇，他们有啥要求，都将希望寄托在镇政府，寄托在维稳办，这是移民对慧觉的信任，对维稳办的信任。所以，在李金武眼中，移民再小的要求，都不是小事，他都郑重地重视，积极地解决。在李金武带头的维稳办努力之下，慧觉镇的移民们都在新的故乡安居乐业，与本镇居民相处得越来越融洽，他们不再紧张、忐忑、凄惶，而是以“新罗江人”的身份，昂首挺胸地与大伙儿一道走向了幸福之路。

齐心村，齐人心

名词解释

在讲述“齐心村”的故事之前，让我们先来看两个名词解释：“村民自治”和“一事一议”，这是罗江县早在2011年就提出来要求各村执行的民主体制，极具超前意义。

“村民自治”，简而言之就是广大农民群众直接行使民主权利，依法办理自己的事情，创造自己的幸福生活，实行自我管理、自我教育、自我服务的一项基本社会政治制度。村民自治的核心内容是“四个民主”，即民主选举、民主决策、民主管理、民主监督。因此，全面推进村民自治，也就是全面推进村级民主选举、村级民主决策、村级民主管理和村级民主监督。

“一事一议”，是指在农村税费改革这项系统工程中，取消了乡统筹和改革村提留后，原由乡统筹和村提留中开支的“农田水利基本建设、道路修建、植树造林、农业综合开发有关的土地治理项目和村民认为需要兴办的集体生产生活等其他公益事业项目”所需资金，不再固定向农民收取，采取“一事一议”的筹集办法。开展“一事一议”，必须遵循“量力而行、群众受益、民主决策、上限控制、使用公开”的原则，在召开村民会议或村民代表会议时，应有本村18周岁以上村民的半数参加或者有本村2/3以上农户代表参加，所做决定要经到会人员的半数通过才能有效。为了防止“有事不议，无事乱议”等现象的发生，各级税改办和农民负担监督管理部门，要严把政策关，加强对农村“一事一议”的监督和指导，并建立健全相关规章制度，规范议事程序，真正体现大家事，大家议，大家定。

看了名词解释，是不是感觉有点抽象？没关系，接下来，我们将一同走进略坪镇齐心村，在这儿，大家呼吸着民主的空气，充分体现了一事一议和村民自治的优越性。

自己的事自己干

清朝书画大师郑板桥临终前给儿子留下了这样的遗言："流自己的汗，吃自己的饭，自己的事自己干，靠天靠地靠祖宗，不算是好汉。"这大实话说得相当在理，其实，将范围扩大一点点，从家庭走到村庄，罗江齐心村便是很好地执行了"自建"方式。

2016年，罗江县国土局有一个土地整理项目落实到齐心村，按照县上要求，村民通过"自建"方式，进行项目实施。

自2011年起，齐心村就成立了监委会，当得知土地整理项目后，村支书陈家清组织村支部、村委会、监委会"三委"开会，先由研究设计部门整体规划，后又开了组长和村民代表会议，让组长和村民代表先将项目弄清楚搞明白，再由他们将信息传播给老百姓。

村民代表为他所代表的农户们"发声"，比如修一条沟渠，要占用哪些农户的土地？赔付哪些地里的青苗？村民的意见通过代表，反映给村干部，前期就做好了协调工作，解决矛盾，确保不会在施工正式开始之后出现问题。接下来，因为施工质量的监管、所需建材的购买等，都需要专门人员负责，所以，村里成立了相应的组织机构：项目实施小组、质量监督小组、资金监管小组。

项目在实施中，涉及道路硬化、堰塘防渗、沟渠、土地整治等工程，就需要水泥、河沙、红砖、施工机械等，都由几个小组抽出人员，分别进行，各司其职。比如购买建材，要先询问价钱，把相关商家邀请到村上，还有政府项目负责人，货比三家，选择价格合理者中标，然后全村公示价格三天以上，无异议就开始采购。

工程的实施，主要由各组组建施工队，组成人员是各组村民，自己做不了的特殊工种或者没有设备能力的，就邀请专业施工队，但是，也必须通过村民代表投票做决定。买材料进货质量都由监委会专人验收，施工质量由质量监督员监管。陈家清说，通过这种层层把关的方式，几乎每分钱都用在了工程上。

此次齐心村整改了堰塘6口，有60亩面积，可蓄水3万多立方米；道路3公里，沟渠1700余米。至今已经过去一年多时间了，质量上没出现一点问题，堰塘蓄水不渗漏，沟渠能排能灌，大大改良了中低产田的土质，增加了粮食产量。

老百姓看着自己做主的“自建项目”，就像看着自家孩娃，说不出的疼爱和亲切，他们啧啧说道，还是咱们自建好啊，哪像从前呢，花了大价钱，请人来做工程，工程一完工就成了豆腐渣工程，中看不中用，白白浪费银子！

现在，老百姓自己的事自己干，他们浑身上下都充溢着主人翁的幸福自豪感，开心极了。老百姓不仅对自己办成事感到由衷高兴，还因能将想法提上议事日程而热血沸腾。

齐心村的5队、7队原来是一个队，出门就有3公里的土路，到2015年都还没有硬化，村民们说起这段土路来，个个都摇头闭眼，嘴里叹息连连。

深感出行之难的5队、7队，2015年，决定硬化路面，组长向村上反映，村三委一研究，就把两年的“一事一议”资金倾斜到这两组，倾斜资金16.1万元。两个队有230余人，先开小组代表大会，大家一起来表决，决定了修路，接下来商量资金来源——自筹加公益资金。钱的问题有了解决方案，村民就开始预算，除去公益资金，所需的其余资金由老百姓自筹，人均300元，加上一些爱心捐助，共29万多元。

资金到位，修路的施工队先在组上招标，让本组有能力的人员牵头来修。组上也成立了质量监督小组，分工合作，安排了两人专门在料场监督混凝土与砂石、水泥的比例，一人在铺路地段专门监管混凝土的厚度和质量。施工一个月，路段铺好了，村民们自己监督修建的放心路，怎么看怎么好，大家都说“一事一议”真是贴心的好政策，暖到了大家的心窝窝。

自己建，自己管

村民自建，大大提高了村民“自己的事自己负责”的主观积极性，遇到有集体的大事，大家都会参与进来，绝不会袖手旁观。

2015年，县财政局的一个2500亩翠冠梨改扩建工程落实到了齐心村和同乐村，要新扩建一条通往基地的路。这条长达1500米的道路，在规划路径时，村民老冯的老婆跳出来，不干了。她嚷嚷说看你们选的好路！要把我家承包地里的香樟树苗苗都伤到呀！不行，得先解决土地赔付、树苗赔付问题，否则这条路你们永远都修不成！而她提出的赔付款项，远远高于村里定的标准。

眼看老冯老婆要泼，村两委多次上门去做工作，讲道理，说明村上有一个统一赔付标准，让她顾全大局。左邻右舍都纷纷来劝说，有个大娘就拉着老冯老婆的手，苦口婆心道："他婶子，有了这条路，我们村又有更好的发展，现在你堵在那儿，大家都动不了工，乡里乡亲的，还是要给大伙儿一点面子。"和老冯要好的哥们，也打了酒弄了好菜，请老冯一起吃喝，男人们七嘴八舌劝他，说赔付多少，这又不是村干部两张嘴皮上下一合就能蹦出来钱，这是村三委研究协商定下的标准，哪能这家定个标准，那家又定个标准呢？没有规矩，无法成方圆嘛。老冯一杯酒下肚，喝得耳根脸腮红彤彤的，心里也热乎乎的。

在村民们的多番思想工作之下，老冯开窍了，他跑回家去做老婆的工作，说修路是为子孙后代造福的大事呢，咱们可不能当这个"拦路虎"。于是，皆大欢喜，最后达成了按统一标准赔付的协议。

其实比起陈大爷来，老冯老婆还算是"温和"了。2016年，村上要修通组道，而陈大爷家一口小鱼塘挡在了路中间，他死活不让占路，一味要求改道。但这道路是全盘考虑规划设计的，哪能说改就改呢？陈大爷很有一手，等施工机械到了现场，他往路上一躺，逼得人家只好退避三舍。后来，这条通组道变成了这样一副怪模样：前后路段都修好了，却单单剩下那口鱼塘卡在那里，如果填起来的话，全段路就能合拢了，这鱼塘就如同浓密乌发上的一块癞痢，看上去极其不协调。陈家清还是用的老办法，找到了陈大爷在德阳打工的儿子，让儿子做父亲的思想工作。这时上面又再度下达了完工时间，说当日必须修通路段。

小陈回来了，可陈大爷并不听儿子的劝说，他生气地两眼一闭，照例往路上一躺，机械师傅将施工机械开到了他面前，彼此僵持着。很多村民都跑来围观，大家纷纷指责陈大爷，说他老都老了，咋还那么顽固呢？那个小鱼塘，还养得了几年鱼嘛……

村支书陈家清走到陈大爷跟前，蹲下身子对陈大爷说："你儿子都同意了，修通后他们开车回来也方便嘛，可以直接开到家门口，难道这不好吗？你不想今后让儿子、孙子的车开拢家门口吗？再说，你堵在这里，你家后面的那20多户乡亲不骂你才怪呢，你听听他们的怨声……"

陈大爷见众人都在谴责他，似乎也认识到自己的过分行为，终于开了金口，问："我的土地面积咋补？"

陈书记说："占多宽补多宽。"

“占多宽呢？”

“我们先打桩，打好宽，占好宽，多占一点，我捡起来。”

陈大爷爬起来，挠挠头说：“那好嘛，你们修。”

陈家清欣慰地说道，尽管在村民自治过程中遇到过不少麻烦事，但只要村干部耐心做工作，都会迎刃而解的。

齐心村通过一事一议、村民自治，以前许多排灌难的田地，今年栽秧时提前4到5天灌溉完毕，让中低产田效益、产量提高了，村民得了实利，都很高兴。而村道通过村民自建，大家种田、收割都更加方便，可以直接把粮食运回家，便于农耕机械的操作。

齐心村，人心齐，村民们对村务的透明度感到非常满意，说起一事一议、村民自治来，无不竖起大拇指，齐刷刷点赞！

家和万事兴

金山镇家和社区老年协会副会长罗诗礼，横看竖看，咋瞅都不像70岁的老人，他眼睛很亮，短发修剪得清清爽爽，下巴也刮得光光生生，脚上皮鞋一尘不染，步速不慢，看上去很有精神。

我们想起了一件不相干的事，在罗江采访期间，晨跑时，会路过八景苑广场，那里每天早上6点多就有跳坝坝舞的中老年妇女，她们的确不年轻了，但她们齐齐跳舞的身姿充满了生机与活力，音符在清晨微风中飘荡，唤醒了这个可爱的县城。

谁说上了年纪，就只能退居二线含饴弄孙呢？罗诗礼告诉我们，自从他参加家和社区的居民议事工作，每天都有忙不完的活，操不完的心，就算“想老”，那都是“不敢的事”。

社区居民代表议事制度

家和社区的前身是金山场镇，社区居民里有一万多人是“农转非”而来，也就是说，他们之前是靠土地生活的村民。现在因为要修经济开发区金山工业园，土地流转、房屋拆迁，于是，他们成为“社区居民”。2010年10月，金山镇家和社区正式成立。社区以家庭为单位，按“就近、就楼院”的原则，每15-20个家庭民主推选一名议事代表，让每个家庭知道自己的代表是谁，代表也知道自己具体代表谁。议事代表定向收集意见，定向参与议事并发表意见，定向反馈议事结果，定向化解矛盾。

有对老夫妻就是通过居民议事代表反映情况，后来情况上报到了家和社区居民监督委员会。罗诗礼那时是以退休老党员的身份加入监督委员会的，无私发挥余热，于是全程跟进了这对老夫妻的烦恼家务事。

老夫妻只有一个独生子，儿子当了兵，转业到德阳电工厂，后来工厂重新洗牌，将这儿子给“整合”得没了工作。失业之后，这个30多岁的男子变得游手好闲，他不再出去找工作谋生，而是选择回到罗江“啃老”，每天在家里睡到日上三竿，要父母将饭菜做好了端给他吃，饭菜若不合胃口，或者油荤太少，他还要大发雷霆，弄得老夫妻俩成天战战兢兢、愁眉不展。他们都是老实人，心想这好歹是自己的儿子，有啥办法呢？忍忍吧，等以后他成家立业娶了媳妇可能就懂事了，晓得男人要当家里顶梁柱的重要性了。

男子成天无所事事，倒通过网络认识了一个女朋友。那女朋友原本并不知道他没有工作，应邀到家里来做客，女孩没花多少工夫就看清了这男子的真实嘴脸，于是当即郑重提出分手。男子肯定不愿意啊，他开始各种耍赖撒泼，但女孩不为所动，噔噔噔就走下楼去，很快就离开了小区。

男子气愤得双眼血红，他趴在阳台栏杆上大喊女友名字，人家连头都不回一下，又羞又气的男子竟扭头，将一腔无名火发泄到自己父母身上，他冲两个瑟瑟发抖的老人大吼：“都怪你们！如果你们是富翁，是有钱人，家里不像现在这样寒寒酸酸的，她哪里会和我分手？都是你们的错！谁叫你们这么没用的！我失去爱情，做人也没有活头了！”说着，这个情绪失控的男子竟从二楼一跃而下，老两口惊得跌倒在地，捂紧胸口。

男子摔断了腿骨，老夫妻颤巍巍地找到居民议事代表，涕泪交加地说明情况。罗诗礼带着社区的工作人员赶紧到伤者家里慰问，安抚老两口不要着急，社区一定不会坐视不管。接下来，社区通过社会募捐活动，为男子筹措了一些医药费，将他腿骨治好。在治疗过程中，罗诗礼多次上门和男子交谈，一开始那断腿男子将罗诗礼当空气，人家说一上午他都不哼一声；后来他慢慢听进去一些道理了，也答应罗诗礼，病好之后要对父母好一点，不会再动不动就唱“对台戏”了。

罗诗礼对男子一直都很关注，一边教育，一边帮扶，后来还帮他将社保关系从德阳电工厂转到社区，这样稍微能减轻一点老夫妻的负担。

罗诗礼说，家和社区聚合了许多拆迁户，所以问题繁多、情况复杂、矛盾集中，若没有居民代表议事制度，就很难推进社区的民主自治。这些选出来的居民代表，他们各自管理着自己名下的15—20个家庭，遇到实在难以解决的问题，便通过每半个月一次的会议，直接向社区反映，由社区来啃“硬骨头”。

社区居民议事代表马德良忆起2011年社区分房时的情况：“我们所做的其实是一个上通下达的工作，在会前收集自己所代表居民的意见，带到议事会上，再将会议的讨论结果告诉居民，居民们再次反馈意见……”当时，议事代表们通过多次走访调查与开会讨论，最终得出一套大多数人能够接受的方案：先抽签决定摇号顺序，再按这个顺序摇号确定房屋，伤残人士以及70岁以上的老人可优先选择一楼。“这样，有些想住一楼的老人虽然没能如愿，却都很服气，因为整个规则制定的过程都是公开、公正的。”而家和社区一位姓米的居民感叹道，自己选出来的议事代表，都是自己熟悉和信任的人，能完全代表自己发声，所以很放心，这样的代表，意味着“阳光和公正”，使得社区的管理远离了“暗箱和猫腻”。

杨大军一家5口，上有老，下有小，失地后就业成为一大难题，他向居民议事代表反映了他的生活困境。镇上知晓其家庭情况后，积极主动组织杨大军进行就业培训并送进工厂，使杨大军完成从失地农民向产业工人的转变。杨大军非常感慨：“真是没想到，乡镇现在的办事效率这么高！”

从农民到居民

罗诗礼在家和社区无偿服务，“献余热”一献就是好几年。他说，要管理好一个社区，并不是每天遇到“硬骨头”，而是随处都可见“骨头渣”，但你还不能对这些“骨头渣”视而不见屏蔽忽略，因为再小的“骨头渣”，若不及时处理，可能都会造成大的不良影响。

拆迁户统一安置到政府规划的小区房子里去，对他们而言，“农转非”到底是好事还是坏事呢？他们还没想清楚明白这个问题之前，遇到的是“不知如何适应新环境”的棘手问题。

罗诗礼微笑了一下说，你不会相信吧，当时社区好多老年人，他们过马路从不看红绿灯，就甩着两手横冲直撞，结果汽车反而要给他们让道，一不小心就要出交通事故。你去给他们讲道理，他们还振振有词，说我们之前在乡下走路哪里还瞅啥红绿灯？现在整这么麻烦，还要不要人上街了？

要将农民真正转变成城镇居民，并不能只看他的“硬件变化”，看他住上了好房子，或者户口更改了“身份”，而是需要一点一滴的“文明培训”。罗诗礼光是给老年人讲解“红灯停绿灯行”的道理，至少都有几十次了，但他并不觉得这工作单调枯燥，因为文明是需要有个过程的，他有这样的耐心。

也不是没遇过刁钻的居民。一位老大爷，他就带头拒交物管费，水费也不交，他说：“在乡下吃水从来没给过钱，现在凭啥让我交水费？还有，我害怕马路上密密麻麻的车，一会儿红一会儿绿的怪物灯，自从我搬到家和社区，连楼都下得少，成天坐在屋里头，好比在坐牢，你们还好意思逼我交物管费？我在自家屋头坐着，跟哪个都不打交道，凭啥交钱？”

罗诗礼亲自上门，和这位大爷摆谈，他一开始也不讲道理，就是拉家常，后来熟了，才慢慢开导大爷：“老哥，你看啊，就算坐在屋里头，至少每天你家人要丢袋垃圾出去吧，蔬菜叶子、水果皮皮啥的要放到外面垃圾桶吧？物管就要负责垃圾清运，所以还是应该交费，当一个遵纪守法的好公民。”经过一段时间的交流，老大爷已经将罗诗礼当朋友了，朋友的话听来自然特别顺耳，他当即一拍额头：“原来是这个样子啊！那我晓得了！”

所以啊，罗诗礼并不怕遇到“刺头儿”，他觉得家乡的“民主自治”工作推行得好，不在于罗江人一开始就有多高的素质，而是首先要让他们明白：啥叫民主？啥叫自治？你作为一个村（居）民，到底享有啥权益？又该尽些啥义务？

文化成为民主推手

说起家和社区打造的“文化院坝”，那是赫赫有名的。而罗诗礼尤为自豪的是，他们老年协会，组建了社区文艺队，在宣传党的方针政策的同时，积极拓展发展空间，足迹遍布市县内外。社区文艺队多以创作和表演为主，为社区营造了浓厚的文化氛围，在潜移默化之下让社区居民提高了素质，更加懂得了如何“自治”。

那天，罗诗礼还专门带我们去参观了家和社区的道德讲堂，60平方米的亮堂教室，方便开展各种文艺活动，举办各类技术培训、讲座，普及科学文化知识，传递经济信息，为群众求知致富，促进当地经济建设服务。

最让我感到惊讶的，是家和社区宽敞气派的图书室，里面不但有2600余册各类藏书供居民借阅，书架和桌椅旁边，还设置了电子阅览室，20台电脑均已联网，聘请了专人进行管理，全天候免费开放。

罗诗礼有点遗憾地说：“可惜今天不是周末，要不你会看到我们阅览室有多热闹！”图书管理员在一旁大力点头说，每每到了寒暑假和周末，这儿简直是孩子们的天堂。他们在这里看书、画画、上网、做作业，社区还有热心肠的年轻人过来当志愿者，有些在校大学生也专程坐车来当孩子们贴心的“大哥哥”“大姐姐”，带着孩子们一起做游戏，给他们讲解难题，让他们的假期生活过得愉快无比。家和社区里自然也有留守儿童，就有留守儿童的爷爷、奶奶当面对罗诗礼等人表示过感谢，说社区提供了这么好的地方给娃娃做作业、用电脑，我们老人也放心！

罗诗礼很高兴，他是家和社区的一员，最大的心愿就是将社区建设得更加漂亮、文明，让每个社区居民都学会“自治”，共同创造出家和万事兴的盛景。于是，他这个老年协会小品分队的骨干，积极参与编导、演出小品。罗诗礼很重视用文明的方式进行教育，他说，板着脸孔训人，现在谁愿意听你那一套？人民群众其实很可爱很朴实，他们更愿意接受文化熏陶，在润物细无声中慢慢改变自己的不良习惯。

于是，我们从家和社区的小品里能看到活灵活现，如同采撷于生活之花的小细节：有人走在街上乱丢垃圾、乱吐口水，被旁人批评，说他不晓得爱护环境卫生；有老太太瞅见街心花园里的花开得正艳，想为小孙子摘一朵，路人制止她：“莫去折，这花是大家都要看的。”就是这些接地气的小段子，演出来，观众会心一笑，笑完了，回去想想，下次再看到别人冒出陋习来，想起“小品教我的那些事”，这些观众也会热心地当一下文明卫士，告诫他人：“要晓得爱护我们自己的社区，这是我们大家共有的家园。”

文化的力量是强大的，深入民心的文化宣传，加上好的居民议事代表制度，家和社区能充分发扬民主自治精神，营造出“家和万事兴”的盛世景况，自然是水到渠成之事了。

第二章　近邻友善赛远亲

2013年11月，全省第一个邻里乡亲互助会在罗江新盛镇金龙村挂牌了！邻里乡亲互助会是推动政府职能转变，承担部分公共服务的重要载体。邻里乡亲互助会以遵守相关法律、法规，遵循社会道德风尚，大力弘扬中华民族邻里互助的传统美德为宗旨，引导具有奉献精神的爱心人士扶贫济困，为村（居）民解决实际困难。互助会由村（社区）党支部组织筹备，制定《互助会章程》《帮扶管理办法》等相关制度，开展广泛宣传，动员爱心人士积极参与，积极捐赠互助金，成立互助队，聚集群众的智慧、人力、财力，解决困难群众生产、生活上的实际困难。同时，以当地政府为业务主管单位，互助会以民间组织形式在民政部门进行社会团体登记注册，接受民政部门和上级党委政府的监督管理。互助会的帮扶对象包括本村（社区）因病或因残生活困难的人、孤寡老人、留守儿童等。为做到公正、公平、公开，理事会全部按照“群众申请—理事会调查—集体审议—互助会帮扶—帮扶后回访”的程序，做到一帮到底，关心备至。

你幸福吗?

我很幸福。

有时，幸福与否，并不仅仅局限于一个人钱袋子有多重，银行存款有多诱人，社会地位有多高，知识面有多广，这些都是组成幸福感的一部分，一小部分。幸福，是一种“心的体验，情的感悟”，它还体现在一个人家庭是否和睦，四邻是否友爱。

当我们摘取成功果实时，是否有人愿意一同分享喜悦?当我们遇挫伤心时，是否有人愿意一起承担苦难?我们的欢愉和悲痛，都不只是“孤芳自赏”的真空表演，我们每个人，都与他人互动着，有所牵连，彼此相关。

罗江人的幸福观，就是这般“亲如一家”，就是这么“唇齿相依”。

捐肾皆因爱太深

严艳，这个出生于1984年3月8号的女孩，圆脸，大眼睛，阳光、开朗，皮肤不白也不黑，明显的健康型身体，有飒爽英姿的巾帼范儿。

严艳离开大学校园那年，没在城里找工作，而是选择了回村，村上缺人才，她就被招聘到村上服务，一直当四职村干部，再也没干过别的工作。她现在是凤雏村文书，网格管理员。严艳干工作很认真，已经连续三年被评为罗江县优秀网格员。这个名誉可来之不易，全县网格管理员有几百号人，每年就评20个，她还连续入选了三年，真是个优秀的村干部。

严艳还被评为镇优秀村干部，当选镇人大代表，还在2016年入了党。

2016年，对于严艳，对于严艳的家庭，可以说是最不平凡的一年，虽然在工作上取得了辉煌的成绩，却是她人生经历中最痛苦的一年。

严艳是成都商贸学校毕业，学的专业与现在干的行政工作并不对口，但她很上进，为了更好地干好自己的本职工作，又自修了行政管理专业，2017年1月，顺利拿到结业文凭。

这些光环和成绩的背后，你一定不知道，严艳还有更亮丽的一面，那是她为爱情奉献的精神品格和她人性美的绽放。

夫妻恩爱，情比金坚

严艳是2004年结的婚，老公叫杨波。尽管他们是自由恋爱，能走到一起，却也不易。当初严艳与杨波相爱，她的父母坚决不同意，原因很简单，严艳家在二酉村，有坡地也有水田，山清水秀，挨108国道边，交通也便利，父亲又会厨艺，家庭条件好。而杨波家在凤鸣村，山高坡陡，不种水稻，缺水、缺粮。是严艳的坚持，父母才勉强答应。2004年他们终于结婚了。但婚后的一年里，严艳的肚子一直没鼓胀起来，没给杨家生下一男半女。急于抱孙子的杨波父母坐不住了，天下不孝，无后为大，他们要杨波与严艳离婚。杨波为难了，想起严艳不顾父母的反对，冲破重重阻挠也要嫁给他，就感动不已。严艳对自己奋不顾身的爱，杨波一直心怀感恩，他怎能因为严艳一年半载没怀孕，就与她离婚?

杨波不是没良心的薄情汉，他不但没听父母的话与严艳离婚，还指责父母的观念传统。

父母无奈，不能让他们离婚，但每天的脸色却够严艳受的。幸好严艳是个大大咧咧的女子，该上班上班，该喊他们“爸、妈”依旧甜甜地喊。严艳这样的态度，倒让杨波的父母有时又觉得自己做得有些过分。

严艳与杨波的爱情，先是严艳父母不同意，最终还是走到一起了。但是，婚后一年多，杨波父母又要他们离婚。尽管他们的婚姻多舛，但他们都深爱着对方，谁也不能将他们分开。他们的爱情故事，在当地就是一段传奇。

厄运当前，鸳鸯不离散

但是，更传奇的，还在后面的2016年。

2014年6月的一个周末，天气炎热，严艳和老公杨波一起开车到什邡蓥华山去游玩，工作太累，他们想在炎炎夏日享受一下清凉世界，放松一下心情。蓥华山景区内3160米的最高峰，是夏天避暑的好去处。他们看云瀑、赏佛光、穿雾海……攀登蓥华山的奇峰峭壁，举手机自拍，与美景合影……尽情地享受了一天大自然的秀色和盛夏的清凉。

没想到，游玩中带来的愉悦，很快被一个突发病情淹没了。他们都没想到，不幸会降临到他们这个快乐的家庭里。回家的第二天，本该去上班了，杨波突然觉得身体不适，又说不出是哪里不舒服。严艳立马陪杨波去德阳市人民医院做了常规检查。查血后，医生似乎发现了啥症状，直接要严艳带杨波去12楼就诊。当时严艳还不知道12楼是干什么的，当她陪同杨波乘电梯来到12楼，看到“肾脏内科”几个大字时，身子不由得颤抖了一下，双手拽紧了杨波的胳膊。

走进诊断室，医生看过检验报告单，慎重地告诉他们，杨波得的是尿毒症。

“尿毒症”这三个字，就如晴天霹雳，瞬间“炸”得严艳的头轰轰响，“炸”得严艳感觉整座大楼都似乎要塌下来。杨波的身子一下软了下来，仿佛没了骨头。还是严艳马上强作镇定，把杨波搀扶着，杨波才没瘫坐到地上。

杨波没想到，自己会突然间患上尿毒症，严艳更没想到。这个突如其来的令人恐惧的病魔，让他们相互地呆望着，都想安慰对方，却不知道用什么样的语言才最有分量。

严艳看到老公杨波沮丧的表情，安慰他：既然这病来都来了，就坦然面对，啊？不是你一个人，是我们。当着老公的面，严艳很坚强很淡定的样子，其实她内心里从第一时刻起，就感觉天要塌了。中午，严艳在老公午休时，独自跑到11楼的墙角，扶着墙壁哭了两个小时，直到哭得浑身瘫软无力了，才慢慢地停下来。两个小时的悲哭，足以让她那双平时美丽乌亮的大眼睛红肿得让人疼惜。

此后，每周严艳就陪同杨波去医院做一次血透，做一次血透要花去2200多元的医药费。当时，严艳在村上当干部，每月工资只有800元，老公2012年去德阳日报社印刷厂上班，每个月工资也不到2000元。这笔治疗费对于他们来说，无疑是天大的压力。

严艳找娘家父母借，找亲朋借，咬着牙坚持给杨波化疗。

本寄希望于化疗，盼望通过化疗，杨波的病情能得到好转。可是事偏与愿违。化疗持续到2015年，杨波的病情反倒加重，全身开始浮肿，血压高达200mmHg以上，咳嗽特别厉害，白天咳，晚上也咳，肚子里的黄水都咳出来。老公这个样子很吓人，也很让严艳心疼，她真怕咳得他一口气接不上来。

尽管这时家里的钱已经用光，严艳还是决定带老公去成都的四川大学华西医院治疗。

检查后，四川大学华西医院的医生对严艳说，要救人，唯一的办法只有换肾。

给你一颗心，给你一个肾

换肾？严艳听到这两个字，她的心颤抖了一下，因为她知道换一个肾至少要10多万元，这笔钱，对于她当时的家庭来说，是个难以承担的数目。不过，严艳心里还是暗喜了一下，因为看到了老公康复的亮光。

换肾需要做匹配和血型等一系列的化验。医生说，一般直系血缘亲属匹配率较高。按照医生的建议，严艳通知了杨波的直系亲属，满怀希望地等呀盼，居然没有一个亲人愿意来为杨波做匹配。三天过去了，严艳的心凉了，她想，要是自己的肾可以的话，她会毫不犹豫地捐给老公杨波。严艳在无比的失落和绝望中，用手机上网查询，她心里默默祈愿自己能够为老公捐肾。严艳是O型血，杨波是B型血，按照网上查到的资料，他们的血性是匹配的。这一发现，让她有点兴奋。当她向医院主治医生提出，自己愿意为杨波捐肾时，医生们很吃惊，又很敬佩，在她的要求下做了匹配检验，居然真的配对成功，这个消息让严艳无比兴奋。之前她在网上看到，活体捐肾夫妻间成功的概率仅有十万分之一，她还一直担心匹配不上，这下好了，太好了。严艳当时的感觉，仿佛老公已经好了一样。

严艳的父母心疼女儿，问她，那样做，值不值？严艳的闺蜜也这样问过她。

严艳很肯定地说："值！"

动手术那天，主刀的是四川大学华西医院的权威林教授。进手术室之前，林教授还对严艳说："你才32岁，这么年轻，真不忍下刀。"

严艳平常就是一个大大咧咧的女子，满不在乎地说："即使我活30年，老公再活30年，我们两个加起来，也赚了。何况，我认为，把我的一个肾捐给老公，我们的缘分就更深了。"

严艳简短深情的话，感动了在场所有的人。

2016年4月20日晚上8点40分左右，严艳与杨波活体换肾手术结束。手术后，两个人被推进重症监护室。严艳在一间病房，杨波在另一间病房。这就为难了照顾他们的家人，他们得两头跑。

当麻醉药失效后，两个人先后醒来，四下一望，都看不到对方，他们说出的第一句话都是："他（她）醒了没有？"

他们都担心着对方，但他们的病床没挨在一起，隔一段短距离，杨波的妈就成为两个人的传话筒。

严艳做了捐肾手术后，休息了3天就急着出院了，开始照顾老公杨波。因为她发现，老公精神状况很不好，特别需要心灵上的安抚，主治医生也这样跟她说过。而这个安抚人，她是最合适不过的。

严艳手术后的那段时间，有强烈的呕吐反应。每天忍受着自己的术后反应，给杨波宽心，与他一起回忆曾经的美好时光，让他对未来生活充满信心。

在严艳的鼓励和悉心照料下，杨波的情绪渐渐好起来，严艳也在一个月之后，又回到村上，开始上班处理堆积如山的村务。

谢谢你，今生相伴

令人感到欣慰的是，两人手术顺利，术后状况良好，但得终身服用抗排异药物，每个月得6000元。现在严艳每月工资1100元，老公每月工资1900元，他们两个人的工资加起来，才3000元，经济压力之大，不言而喻。好在有医保，可以报销4000左右，自己承担2000余元。

严艳的生活，因为老公的病，陷入困苦，好在有亲人的帮补。她婆家房屋背后是一片自留山，公公把它围起来，婆婆在林下养了300只下蛋土鸡，每个月的土鸡蛋能带来一部分收入。娘家父亲又在倒湾古镇醉香阁酒店当厨师，也有一份不错的工资。严艳的钱紧张，他们都会拿出一部分帮助她。

重新回到工作岗位的严艳，尽管家庭经历了一场灾难，但天并没有塌下来。在凤雏村村民的眼里，严艳仍然是那个阳光灿烂、热情四溢的村官，仍然那么认真亲热地为他们服务。她是把心酸深埋在心里，不轻易表露出来，自己一人坚强地扛着。

村里人都还不知道，在2015年杨波每月都去医院做透析治疗时，严艳表面坚强，内心还是忧心忡忡，因而在一次出车时，精神不太集中，她的车与别人的车相撞了。找交警，找保险公司，修车花了20多万元。尽管有保险公司理赔，自己还是承担了3万多元。她一年的工资不花一分，也就那么多。但是，没办法，事故都发生了，老公的治疗还得继续，村上的工作还等着她做，生活还得继续。

尽管经历如此坎坷，你从严艳的脸上、工作状态上，看不到一点颓靡、消极的情绪。面对百姓时，她还是那个阳光、率真的严艳；面对工作时，她还是那个积极、主动、负责、认真的严艳。

杨波的父母曾经要杨波与严艳离婚的偏见，要是发生在其他女性身上，也许会记恨公公婆婆一辈子，但严艳没有这样，她是农村人，理解乡下人的传统观念，她在心里早就原谅了他们，还替他们考虑到今后的养老问题。严艳在经济特别紧的情况下，给他们买了养老保险，包括自己的父母，每年交保险金5000多元，保金是10万元。杨波的病让她心惧，她怕家人再出什么事故，有了医保，治病才有保障。转移一下风险，她心里踏实。

写到这里，我们想祝福严艳和她的老公杨波，愿他们在今后的日子里，平安永伴，快乐永伴。

吴妹闲不住

采访那天，罗江正在经历“倒春寒”，我们呵气跺脚地等待，首先听得走廊一串清脆足音响起，门推开，鄢家镇长堰村的妇女主任吴秀琼娇小玲珑，穿一身长至小腿的红色大衣翩翩而来，如同春寒中一束温暖火苗。回身掩上大门，她未开口说话，先微微一笑，腮边浮现浅浅酒窝。这是一个贤淑美丽的女子，干起工作来，却也舍得吃苦，看来千头万绪，经她巧手一编织，竟经纬清晰，她还身兼长堰村邻里乡亲互助会的干部一职。问她怕不怕忙，怕不怕辛苦，她先送上一个酒窝，低眉轻轻回答：“不会啊，每次听老百姓说‘谢谢吴妹’，我心里都特别高兴，多忙多累都忘记了，只顾高兴了。”

说着，她不好意思地捋了捋柔顺的黑发，这个40岁出头的“吴妹”，她不是矫揉造作，不是装腔作势，而是从她身体每个细胞都散发出了少女般娇俏明媚的纯真感，她真是美得清水出芙蓉。

邻里互助，同舟共济

吴秀琼说起长堰村的邻里乡亲互助会，便十分有感情。互助会刚成立时，村民就非常支持和拥护，参与热情很高，那时，不但村里党员干部带头捐款，外来成功人士，在长堰村居住或发展的人，都纷纷慷慨解囊，还担心自己不算“长堰人”，被邻里乡亲互助会拒绝呢。村里谁生了重病、急病，邻里乡亲互助会会在第一时间核实情况，送去救助。过春节和九九重阳节，凡是村上年满80岁的老人，都收到了一箱牛奶的“节礼”。吴秀琼提着牛奶送到孤寡老人家里，一个平日就和她相熟的老太太当即拉着她的手哭起来，反复说共产党好啊，我现在活着村里的人都记得到，没有被嫌弃，活一天就幸福一天！

说起这个罗江的邻里乡亲互助会，其成立背后还有一个很温馨的小故事呢。邻里乡亲互助会的萌芽，是一次大胆的创新，一个勇敢的探索，更是领导深入基层，走访田间地角而开出的花朵。

2013年10月份，时任中共德阳市委常委、市纪委书记冯发贵同志在新盛镇金龙村走访时，了解到该村村民黄英被发现患子宫恶性肿瘤，做过多次大手术，手术后的药物治疗费非常高，现在家徒四壁，负债累累。

看着黄英面黄寡瘦的脸，看着她家又脏又薄的破被子中露出的黑棉絮，看着窗台上厚厚的落灰，冯书记的心攥紧了，眉头也随即紧紧拧起。

同时，他也获悉，镇上村上有许多爱心人士愿意献出爱心来帮助困难的乡里乡亲，但总觉得没有一个好的平台来实施，担心自己的捐赠最终不会落到帮扶人手里。

“如果有一种机制和好的平台来吸纳村里和社会各界的爱心捐助，用来扶贫济困，那该多好！”冯发贵陷入了深思。

冯发贵书记提出“帮扶新平台”的设想，恰与罗江县委、县政府主要领导的想法不谋而合。经过紧张而细致的筹备，2013年11月13日，县上就印发了《试点成立邻里乡亲互助会的实施方案》，县委、县政府主要领导亲自抓试点工作。11月14日，全县召开试点成立邻里乡亲互助会工作会，会议决定县财政给予首批11个试点镇村每个镇2万元的资金扶持。

会后，新盛镇金龙村“两委”干部通过走村入户、召开坝坝会、广播等多种形式广泛宣传，得到全村群众的热情响应和踊跃参与，很快新盛镇金龙村成立“邻里乡亲互助会”的申请得到了县民政部门的批准。11月28日，全县首个，也是全省、全国首个“邻里乡亲互助会”在新盛镇金龙村正式挂牌成立。

随即，邻里乡亲互助会如同种子，在罗江这片热土上到处生根发芽，开出绚丽馥郁的鲜花。罗江各村开始探索邻里乡亲互助会的新路，在成立互助会的过程中，涌现出了多个感人故事。

且看略坪镇齐心村邻里乡亲互助会揭牌仪式上，70多岁的郑世军大爷用长满老茧的双手，颤巍巍地从口袋里掏出200元钱捐给互助会。旁边有村民好心劝他：“郑大爷，你又不富裕，身体还不好，留着这钱看病吃药也好，不用捐了，心到就行。”

郑大爷狠狠咳喘一番，村民赶紧帮他顺背理气，好不容易才平静下来。郑大爷咬着腮，鼓着劲，像是个闹别扭的小孩子，用力将这两张揉得皱巴巴的钞票塞到互助会募捐箱里，他涨红脸说：“我老了，是不中用了，但这些年来，我没少受党和政府的恩惠，逢年过节，干部党员们都要来家里看我这个老头子，我心里暖啊。我也要尽我一点力，让更多的父老乡亲得到帮助，你们莫看不起我这个穷老头子只捐得起这么一点钱啊！”

最终，邻里乡亲互助会还是收下了郑大爷的一片爱心，对朴实良善的罗江人来说，成立了邻里乡亲互助会，能真正帮助到身边乡邻，这是他们莫大的幸福和满足。25万罗江人民，就这样牢牢地抱成团，凝聚一心，互帮共助，同舟共济。

长堰村的邻里乡亲互助会，在农忙时节，会组织村里的志愿者，帮着劳动力弱的家庭插秧、打谷。吴秀琼想到一件趣事，她说，那天志愿者到了村里一位大嫂家，她家男人前年伤了腿脚，孩子又小，如果只靠这大嫂一个全劳力应付农忙季，即使能把活路咬牙都干下来，人也要累脱一层皮。但她看到志愿者们纷纷拥到她家田里，急得张开双手想挡住他们，又回过头可怜巴巴问吴秀琼：“吴妹，搞这么大阵仗，要出好多工钱嘛？我家里男人看病吃药，真没几个闲钱。”当吴秀琼告诉大嫂，这是邻里乡亲互助会志愿者们的“无偿服务”，不用大嫂出一文工钱时，大嫂瞪大了眼睛，连说了好几个“不会吧”。

怎么不会呢？其实罗江人民自古就有互帮互助的优良传统。大家身在一个和谐社会，自然应该你帮我我帮你，邻里乡亲互助会，只是用一种很好的“形式”，将大家的诉求变得更明朗更清晰了。聚合了群众爱心力量的邻里乡亲互助会，当然可以帮助到更多的人，让更多家庭感受温暖，驱走阴霾，重拾欢笑。

微信群里有乾坤

村里人喜欢吴秀琼，白发苍苍的老大娘“吴妹、吴妹”地叫她，说你看上去瘦棱棱的，脚劲倒不弱，看你翻山、走路都不带喘一下。吴秀琼嘻嘻笑说，自己早就练出来了。她看着柔弱，内心何尝不是住着一个“汉子”呢？老公常年在国外务工，家里还有一个念中学的儿子，身上又挑着村妇女主任的担子，换了别的女人，可能早就手忙脚乱叫苦连天了，吴秀琼却偏爱挑战高难度。工作之余，她还承包了一片果园，自己种柚子，每到周末，只要她不在村上值班，她就会在果园开开心心干上一整天的活，修枝、打药、除虫样样会，累得狠了，再去跳坝坝舞“减减负”。对吴秀琼而言，如果自己不运动着，忙碌着，身体反而会“唱反调”，她很享受忙碌的状态。说来也怪，紧张忙碌非但没有令她衰老，反而让她呈现出了比同龄人都显年轻的状态。

村人喜欢吴妹，但有时也“害怕”她。一次吴秀琼要去某农户家“现场拍照”，那家女主人急急慌慌关门，一时心急，怎么都关不上插销，急得她用屁股顶在门后，口里高喊：“等一会呀，吴妹你等一会再进来啊！”吴妹哈哈笑，妇女的小心思她哪里猜不到呢？定然是家里还没收拾清爽，怕吴妹拍下乱糟糟的景象，照片配上“某某家”的说明丢进村里微信群，那可是“不出大门都丢死人”。一般遇到这种情况，吴妹都会很好说话，有时问：“给你一刻钟够不够？”有时干脆说：“那我先去别家转转，回来再找你。”她很少有“穷追猛打”，硬是要将人家老百姓家里的脏乱差捉个现行才满意的心思。

吴秀琼说，现在村上建了微信群，每个队又有自己的微信群，他们村干部到村里突击检查，看到哪家卫生情况还需改善，会“拍照留念”，在微信群中“大家共享”。最初那些农户觉得没啥子嘛，你发张照片，又疼不了我痒不了我，我也不会少块肉。但很快，他们发现不对了，这照片一旦发出，别人都要指指点点，当着他们面说看啊，就是这家人如何如何邋遢，拖了咱们村干净文明的后腿！老百姓其实很爱面子，自尊心颇强，被左邻右舍这么一讲，面子上挂不住，赶紧就回去“整改”，下一次再看到吴妹握着手机满村转，他们还会主动打招呼：“吴妹，今天来我家看看嘛，我听了你们的话，把家具都重新摆过了，现在放在屋里一点都不挡路了。”

吴秀琼带头组织了村上的“女子龙灯队”“农村模特队”“舞蹈队”等，长堰村的这些女将们一个个可是了不得，在家“武”能卷起裤管下地，像男人一样干活，“文”能彩裙翩翩，化身舞台仙子，展现曼妙舞姿。她说，将村里的文娱活动搞起来，不但能让大家精神生活更丰富多彩，闲暇时有“耍头”，还能起到潜移默化的作用，让文明的教化一点点深入人心。文明教化不是以坚硬突兀的方式，而是柔如春风，细若雨丝。比如之前村里有些妇女，她们闲下来就凑在一起打麻将，或者东家长西家短地讲是非，那时她们衣服经常都穿得皱巴巴像盐菜一样，头发也没梳光生，现在村里成立了这么多文娱队伍，调动了妇女的积极性，既然都已成为“文娱骨干”，总不好意思再脏兮兮乱糟糟地出来见人吧？于是家里屋子打扫得干干净净，房前屋后拾掇得整整齐齐，她们自己也是光鲜漂亮，衣服干净得体，说话也更讲究文明了。

之前，长堰村外出打工的人不少，有些家庭的男人一走就是几个月或者一年，这样就会造成邻里之间“黏性”不强，彼此隔阂的状态。长堰村在这方面很有想法，他们每年腊月二十几，都会举办一个“农民工返乡座谈会”，彼此交流，村两委会向“离乡游子”汇报村上这一年的发展情况以及明年的规划，邀请农民工兄弟发言，一方面是介绍自己这一年在外闯荡的情况，另一方面是对村上的工作提出更好建议。这样，有些农民工虽一出门就是一整年，但他们心里是“有底有实”的，在外面做工也对人说：“别看我人在这里，我们村上的决策、规划，我都有出谋划策的，我们长堰村今后建设得好，也有我一点点功劳在里头。”

而通过座谈会的方式，大家会敞开心扉，讲述自己在外打拼的辛苦不易，这既可以增进彼此的了解和友谊，又可以让紧张忙碌了一年的农民工兄弟不再重蹈过去的覆辙。要知道，往年每逢春节，村里回来过年的男人腰包鼓鼓，又值农闲无事，便三五邀约地聚众打牌，有些赌得狠的，甚至输了个精光，老婆还与之负气离婚，真是得不偿失！现在大家坐在一起，喝着茶、吃着果，听着彼此的辛酸艰难，大受鼓舞，自我振作，再也不想用打牌赌钱来麻醉自己了——他们已找到了更好的交流“频道”。

吴妹真是个闲不住的热心人，那天她还陪我们去村里走了走。我们信步去了一个老大娘家里，老大娘家东西摆放得井井有条，就连砍好的柴火，也堆码得齐齐整整，靠墙搁放，犹如一件艺术品。吴妹和大娘拉家常，大娘说幸好今天你来了，今晚我就要飞去海南自助游，要七八天才能回来呢，你来了，顺便就把钱交给你。

大娘交给吴妹的，是她给“邻里乡亲互助会”的捐款，虽然不多，却是大娘一份沉甸甸的爱心。至于“游海南”，吴秀琼红衣轻盈地在前面带路，笑声像银铃一样：“不奇怪啊，我们村一直都有外出旅游的传统，之前大家一起包车去九寨、峨眉、青城什么的，现在村里种果子富了，村民去的地方更远了，别说海南三亚，好多人都出国去游玩呢！”

从当初家里邋遢，自己也脏衣乱发的农妇，到现在走出国门观光游览的“超龄驴友”，长堰村只是罗江一个小小缩影，却让我们欣喜地看到了幸福如同多棱镜，人们生活水平在不断提高，精神追求也在不断提升。我们很感动，因为不管是闲不住的吴妹，还是游海南的老大娘，她们都脚踏实地，认认真真诠释着幸福的定义。

你幸福吗?

我很幸福。

邻帮邻，亲帮亲

俗话说“邻帮邻，亲帮亲”，这是我国的传统美德。

万佛村，人人献出一点爱

为让这个传统美德发挥更大作用，在罗江县政府的倡导下，2013年11月，白马关镇万佛村率先成立了“万佛村邻里乡亲互助会”。成立那天，村委会的大坝子里来了很多群众和一些捐资企业的领导，县民政局、镇政府相关人员都到会，还邀请了村上的一些企业负责人，有万佛公墓、万佛寺、农家乐业主等，还有本村的养殖业大户、种植业大户，大家共捐助了近5000元善款。县上给予了2万元的补助资金，白马关镇政府给了3000元。有了这三笔资金，邻里乡亲互助会就启动了。

起初村民们不清楚这是啥组织机构，村邻里乡亲互助会挂牌成立以后，村民们慢慢了解到村上有这个组织的作用和意义，就不断地有老百姓捐款，10元、20元、50元不等，他们主要是捐到各组长手里，再由组长交给邻里乡亲互助会。

老百姓是真正充满爱心的人，他们的捐款都出自本能，没有一点功利心理作祟。这让互助会的管理人员觉得更有责任让互助会的钱取之于民、用之于民。

互助会主要职责就是管理好善款，运用好善款，帮助急需帮助的困难群众。因此，互助会必须有一个完整的组织，才能将善款管理得让百姓放心。互助会选举了理事长、秘书长、副秘书长、出纳、会计等，共7人。万佛村第一届邻里乡亲互助会理事长由村文书李青林担任。

万佛村成立邻里乡亲互助会，是有根基的。在此之前，村上就有个党员帮扶资金会，资金来源主要是村上党员捐助，最多的有捐1000多元的，当时成立的主要目的是帮扶贫困党员，这很有局限性，一些贫困农户无法得到帮扶。成立邻里乡亲互助会，就是在原有的基础上，扩大它的帮扶范围，让全村所有有急难的困难户得到帮扶。

现在，万佛村邻里乡亲互助会，除了用出去的帮扶资金外，还有5万余元。他们坚定一个原则，善款必须用在刀刃上。

困难处，勿忘给力拉一把

2015年，16组村民廖伯瑜脑血管破裂，在德阳市医院住院2个多月，医疗费花去10多万元，医保报销了5万多元，自己承担了一大半。廖伯瑜70多岁，儿子40多岁还是光棍，本来就家庭贫困，回来后还需要长期吃药，腿不能行走，靠坐轮椅。互助会知道后，去他家进行了走访，通过7名主管人员的研究，给予了500元的救助。2017年5月24日，县残联走访到他家，又给予他500元慰问金。虽然不是很多钱，却也是雪中送炭，让他们感受到被关爱的温暖。村邻里乡亲互助会还决定，将一直关注他的生活，在适当的时候继续给予帮助。

6组有个残疾人叫阳廷军，腿瘸，是贫困户也是低保户。2016年互助会决定帮扶他，去他家了解情况。阳廷军说，想发展产业，脱贫。阳廷军身残志坚的精神让互助会的一行人很受感动，就帮他联系到德阳市树人学校，又通过残联，联系到了3万元无息贷款。考虑到他行走不便，2016年7月，村邻里乡亲互助会又组织人员，帮阳廷军建起了一排兔圈，同时，帮扶他现金1000元，买回兔子饲养。到现在，阳廷军的圈舍存栏兔子500余只，一年能有1万多元的收入。阳廷军不仅不再需要帮扶，还脱了贫，今年主动给互助会捐款。他说，他在互助会的帮扶下脱了贫，他也要尽点力，帮扶一下其他的贫困户。

9组的魏传淑，60多岁了，从大集体到今天，就一直没离开过药罐罐，除了难以根治的肺气肿，还有各种慢性病缠身。她有个女儿，没有外嫁，招了个上门女婿。现在家里有5口人，每年全家的收入，几乎全给她拿去买了药。2015年，她住了一次医院，邻里乡亲互助会帮扶她300元。以前村民们都给互助会捐钱，她家没捐，大家都理解，她家贫困嘛。得到了帮扶后，2016年正月，她主动给邻里乡亲互助会捐款20元。这年年底，她又住院了，互助会考虑到她的爱心举措，这回多帮扶了她200元，一共500元。这也是鼓励大家在平时多关心邻里乡亲互助会的举措。

白马关镇万佛村邻里乡亲互助会成立3周年时间，已经帮扶全村得病人员、残疾人员、贫困人员200余人，让他们在最困难的时候，渡过难关或脱贫致富。

邻里乡亲互助会起弥补作用，让那些不在民政、残联解决范围内的人群得到帮扶，在为难的时刻得到救助。邻里乡亲互助会实际上就是一个民间机构，对民政部门、残联部门功能范围外的补充。

万佛村邻里乡亲互助会理事长李春林说，今后将适当倾斜善款资金，扶持困难户往产业方向发展，这是根治贫困的有效途径。他们从阳廷军身上看到了新的救助途径，阳廷军就是最好的示范。

为扩大邻里乡亲互助会覆盖面，罗江县探索“四化”邻里乡亲互助会长效之道，在2014年，就在全县范围内启动了邻里乡亲互助会。现在，全县10个镇，每个村都成立了邻里乡亲互助会，筹集资金共计数百万元以上，解决帮扶困难群众上千人次，充分发挥了社会和民间的自救功能，不仅减轻了政府和国家压力，困难老百姓还能得到最为及时的救助。

与百姓，心贴心

今年52岁的李维和，2017年当选新盛镇金铃村村主任，他上台发表上任演讲时这么讲道："当村干部，就要做老百姓的贴心人，百姓才亲近你。"台下的吕春林（化名）带头鼓掌，将巴掌都拍红了。大家都说，吕春林虽然脑子偶尔有点糊涂，但人家也是晓得好歹的。说起来，李维和还"搭救"过吕春林好几次的。

如机动部队，24小时待命

2013年夏天一个夜晚，到了傍晚，原本放晴的天空开始雷声轰隆，闪电的白光吓得胆小的女人一惊一乍的，老天爷酝酿了一会儿坏脾气，终于落下了倾盆大雨。李维和侧耳倾听了一会儿，外面大雨如注，树叶在雨中颤抖，发出呜咽之声，他叹了一口气，心想这样的夜，应该不会发生什么事了吧，前段时间一直是桑拿天，正好今天凉快了，好好睡一觉。

迷迷糊糊刚做了半个梦，慧觉镇派出所打来的一个电话，把李维和两口子都吵醒了。派出所问他：你们组上是不是有一个叫李长明的人？李维和说没有这个人啊。可派出所的民警接着说，这位李长明坚持讲他是金铃村1组的，但身上没有带身份证，现扣留在派出所，问李维和能不能前去确认一下。

李维和答应了一声"可以"便下床找鞋。这时老婆伸手将他拉住了，老婆脸色有点不好看，说外面风大雨大，你也不怕路不好走伤到你了，不准去！就像在印证老婆的话，窗口恰好滚过一个闷雷，老婆吓得手指不由自主抖了一抖。李维和晓得老婆害怕，但他不能不去啊，于是他一边飞快扣衣服纽扣，一边温和地跟老婆讲道理："我是这个组的组长嘛，就相当于一个大家庭的家长，现在，我家里的人这么晚了还留在派出所，你说能不过去看看什么情况吗？"老婆也是明事理的人，听了李维和的话，不再多说什么，默默松了手。

李维和叫醒了邻居，借了人家的机动三轮，冒雨开了一个多小时，才来到慧觉镇派出所。两脚泥水地跨进屋，李维和就认出来了，这是他们组的吕春林（化名），不是李长明，可能警察听错音了。这吕春林患有间歇性精神病，大风大雨的夜里，他还一个人在街中间走来走去，怨不得警察对他产生疑心，喊过去问询。等确认了身份，李维和亲手给吕春林穿好雨衣，将他带上三轮车，领回村里。

李维和对村里的老百姓好，就算遭到误解，被人指着鼻子痛骂，他还是以一颗仁爱宽容的心对人家，这点，谢启贵深有体会。

谢启贵是6组的五保户，已经60多岁了，一个人生活，总让人担心，村上便动员他去住敬老院，方便照顾，可他仗着自己身体不错，还能种种庄稼，在农忙时节可帮别人收割播种，挣点工钱，所以不服老，一直不肯进敬老院。村干部实在担心他，晓得这位谢大爷的身体并不如他自己所说的那么硬朗，便想了个法子，故意“要挟”他，说好啊，你要是不进敬老院，那我们以后就不给你继续办理五保户证了。谢大爷听了之后，勃然大怒，他跑到村办公室来，就是一通跳脚大骂，李维和刚劝了两句，谢大爷的唾沫星子几乎将他脸都淹没了，还一个劲儿将脑袋往李维和胸口撞，嚷嚷说要是不给他办五保户，他今天就和他们同归于尽！那次，李维和可是费了不少工夫才将谢大爷的情绪安抚下来，谢大爷脾气也真是又倔又拧，无论如何都不愿住敬老院，大家也无奈，还是给他继续办了五保户证。

2016年8月，谢大爷邻居慌慌张张打电话给李维和，说谢大爷腿摔断了，咋办？李维和丝毫没计较上次谢大爷拉着自己撒泼大骂的事，晓得谢大爷是孤人一个，他受伤，村干部就是他唯一可依靠的亲人。于是，李维和马上联系了一辆车，火速去接谢大爷。在去医院的路上，谢大爷疼得额头上渗出了黄豆大的汗珠，但他强忍着呻吟，目光也不与李维和接触，他心里还有疙瘩呢！

到了医院，李维和跑前跑后地帮谢大爷挂号、交费，又借了轮椅，推他去照片，帮他脱衣、穿衣……一直回避和李维和眼神接触的谢大爷，在李维和满头大汗地将他抱上病床时，忽然心底的防线崩塌，他一把拉住李维和，眼泪像决堤的潮水，说道：“对不起……”李维和轻轻拍了拍谢大爷的手，微笑着摇摇头。李维和在病床边看护了谢大爷整整一夜，第二天，村里事务实在是多，他不能再滞留。临走前，李维和打电话同村两委的干部商议，村上给谢大爷请了一个护工，李维和又自己掏腰包，给了谢大爷200元慰问金，让他想吃点什么就同护工说，不要太省俭。听了这话，谢大爷眼角又潮湿了。

谢大爷住院期间，李维和帮着他跑了数趟，办理好了相关医疗救助手续，解决了他的全部医疗费用4.3万元。出院后，因为谢大爷的腿脚有了残疾，李维和又帮着申请办理了残疾证。在送去残疾证时，谢大爷紧紧抓住李维和的手说，我这辈子都没法还清你的人情啊……

以德报怨，不计私利，李维和这个村干部，是老百姓公认的贴心人，他不是因为当上了村干部才如此行事，其实，在20多年前，年轻的李维和当上金铃村1组的组长时，就开始这样做了。

水啊，水！

李维和当上1组组长，遇到的第一个难题是水的难题。至于什么土地贫瘠，地处偏僻，他接任组长时组上账户还有1万多元的欠款之类的问题，和“水”一相比，仿佛都成了小问题。

1组水路不畅通，灌溉用水，要从距离15公里的慧觉镇的慧新支渠去放。每年到了栽秧时节，那才最是叫人断肠，你想要放水泡田，但人家也要泡田啊。那几年，李维和在“水”这件事上操碎了心，因为1组放的水要打人家门口过嘛，虽然专门派了人去守水，但守水的人一转身，水渠就会被掏开缺口，放跑一股子水。虽然每季都要派出去浩浩荡荡30多个人守水，但真的轮到金贵的水引来下田，就只细细一股，一个组有100多亩的秧田啊，靠这么一股水，愁煞人了，几天几夜都插不下秧！

一季的秧苗总算勉勉强强栽好了，李维和好多天没睡过囫囵觉，嘴唇都爆出一层白皮，他觉得不能这样“坐以待水”，要想办法解决问题！于是，他沿着新慧支渠走了几遍。通过对地形、水路的观察，李维和发现只要从老君村那座横亘的山梁打通一道口子，1组的水路就会缩短三分之二！

这个新发现让李维和兴奋不已，夜里躺在床上，他都在翻来覆去想更改水路的具体操作方案。想清楚明白之后，李维和召开了群众大会，将自己大胆的想法和盘托出，要求社员们投工投劳。大家年年都吃这水源的亏，一听李维和有了好法子，个个摩拳擦掌激动不已，他们当即表决，大力支持组长想法，为支渠改道！

支渠改道，现在想想都是艰巨任务，要从山上挖下去，挖两层楼那么深，但大家心气很齐，没有谁畏惧，实在挖不动，就放炮来炸山。最最惊险的是，有一次装的炸药雷管没放响，一个社员觉得奇怪，说是不是遇到哑炮了哦？我下去看看呢。李维和觉得太危险了，制止了社员，又等了一会儿还是没响动，他说还是他自己下去看看吧，便攀住绳索，从五六米的高处往底下走，快要走到底时，李维和一眼看到导火索还在嗞嗞冒白烟，吓得他啊，调头就往上爬，中途鞋子都掉了一只，他也浑然不觉，心脏像是擂鼓般，咚咚敲个不停，李维和只有一个念头：赶紧爬上去，爬上去！刚刚爬到上面，趴着还未起身，炮轰隆一声震响了。李维和拍着胸口，一个劲儿庆幸：还好还好，捡回了一条小命，真是太幸运了！

忙碌了一个冬季、一个春天，2000米的老君支渠终于修通了。自此1组要放水，再也不需要派出30多个劳动力“层层守水”了，而且，两天时间，就能让全组的秧田全部都得到灌溉。李维和并不只满足于修通支渠，还要自己储蓄水源，组上原来的堰塘，蓄水不到1万立方米，他就带领大家不断扩大和维修加固防渗，后来能蓄水10万立方米。水源有了保障，能更好地发展农业生产了。

急老百姓所急，想老百姓所想，水的问题解决了，接下来，李维和又瞄准了“路”。

路啊，路！

李维和皱着眉头，穿着雨鞋，在1组的路上来回走了好几遍，他心里一直在盘算：怎么才能将这条路修好呢？

说起来，这条烂泥路可真称得上历史悠久，还是农业学大寨时代修的机耕道，使用多年，路上留下了无数个坑坑洼洼。那时，看到人家好多地方都修起了水泥路，1组的社员们羡慕得不得了，但自己没有财力，组上拿不出钱来硬化，再羡慕也只能干瞪眼。

在烂泥路上走得一双脚烧乎乎的，李维和拿定主意了：去“要钱”。找哪个要呢？找那个从金铃村1组走出去的成功人士，在罗江县城开公司的李健。

说干就干，李维和穿着雨鞋便去了罗江县城。见到李健，他很奇怪，抬头看了看窗外明媚的蓝天，说新盛那边在下雨么？你怎么穿雨鞋来？

李维和实话实说：今天天气很好，新盛没下雨，但头两天才刚下过雨，路面还积了不少水洼，穿别的鞋子来，还没走出村就裹成两只泥粽子，不如雨鞋清理起来方便。你是从队上出来的，应该晓得，咱们队上那条烂泥路，下过雨后，一个星期都不会好走的。

李健轻轻点头，他怎么会不知道社员们出行难的苦处呢？所以，当李维和向他开口，请求他给予资助时，他很爽快地答应捐出20万元来修路。

在李健的帮助下，1组连接村道的1公里水泥路修通了。路通了，李维和原本应该高兴才是，但他看着组上撂荒的地越来越多，老百姓外出务工，将大好的土地撂荒，心里就不是滋味。以前的村庄，鸡鸣狗吠，男耕女织，炊烟如画，现在呢？大家仿佛都觉得，种植传统农业，仅仅能填饱肚子，但发家致富却是永远不能达到的目标。青壮年们外出务工，认为在城里打一个月工，就相当于在家种一年粮食所得的收入。李维和看到一家又一家“铁将军挂锁”的院门，心里就难受，他想自己一直都在努力为大家的生产、生活创造有利条件，比如兴修水利、修路等，那么，要怎样做才能让撂荒地“活起来”，让老百姓能在家门口找到事做呢？

2012年，李维和再度决定去找李健，李健考虑了一段时间，决定回来建一个野生动物养殖场。李维和心里高兴得不得了，连连说，欢迎欢迎，你有啥子要求，需要我们协调的，我们尽全力满足。按照李健建野生动物养殖场的要求，李维和调剂了150亩土地，那些都是山梁上长满荒草的撂荒地，按每年260元一亩的流转资金流转给他。1组的野生动物养殖场就这样成立起来了，养野猪、野鸡、跑山猪等，还解决了组上10多个贫困户的务工问题，让大家不必背井离乡，在家门口就能解决就业问题。

到了现在，李维和哪怕已经是村主任了，1组村民依旧选他当组长，大伙儿都信任他，知道他的心始终是和老百姓的心贴在一起的，选这样的人，相当于选了老百姓心日中真正的“代言人”！

一个女人的道德坚守

略坪场镇有一条靠近河边的小街，赶场的人们都把它叫作河坝街。相邻街道手脚双残的残疾人张同辉，家境清贫，端庄秀丽的老婆陈宗会却对他一直不离不弃，两口子和和美美过日子，成为略坪镇人口中交相夸赞的对象。

婚姻的“门当户对”

陈宗会的老公张同辉右脚掌向内拐，右手无掌不能拿物干活，家里还有个老娘，眼睛做白内障手术失败，被摘去一只导致失明，2005年下雨又摔了一跤，腿断了不能行走，一直坐轮椅。张同辉的生活、他老娘的生活，都需要人伺候。这个一直照顾他们的女人就是陈宗会。

陈宗会比张同辉小10岁，年轻漂亮能干，她用自己柔弱的肩承担起一家子的风雨，不但对这个残疾人老公忠心不二，对坐轮椅的婆婆也孝敬有加，尽心服侍，让河坝街一街子的人都感动不已。

今年47岁的陈宗会，娘家在罗江原来的广富乡高玉村10组，家里有四姊妹，她是老二，读了两年初中就回家帮父母干农活。但她一干农活就脚肿、手肿、脸肿、浑身肿，开始还以为是没常做农活，缺锻炼，后来每次干完活都是这样，父母就怀疑是不是得了啥病，带去医院检查，果然得了病，是肾病。医生说，这病一时半会儿治不好，是富贵病，得养，不能干重活。

作为一个农村女娃子，乡下的活路都累人，不干重活又做啥子呢？陈宗会开始为自己的未来焦虑起来，她父母更是为她的将来焦虑不安。19岁那年，一个熟人找到她母亲，要给陈宗会介绍一门亲事，说是略坪街上的城镇居民，家里开有一个店铺。那时的城镇户口很吃香，是农村女孩的幸福向往，陈宗会一听，心里暗喜：街上好呀，可以不干重活，对自己的病有利。陈宗会和母亲便随同介绍人去到略坪镇的河坝街，与张同辉见面。

见面时她才发现，张同辉原来是个残疾人，不只是脚走路一点一拐，右手也是残疾的，筷子都不能拿，而且比她大10岁。陈宗会心里有些纠结有些发凉，来时路上的兴奋劲儿低落下来，一时拿不定主意。她问母亲，母亲说，你自己做主。

吃饭时，陈宗会注意地看了看张同辉，发现人还长得不错，斯斯文文，白白净净，说话也文雅，虽然是个残疾人，却也一个人守着一个杂货铺，能自食其力，特别是他的姐夫还认真表示，只要陈宗会嫁过来，可以给她在场镇上找一份轻松的工作。陈宗会想到自己的"富贵病"，认真思索一番，便答应了下来。母亲提醒她：这是一辈子的事，要考虑清楚。

陈宗会点着头说，只要他对我好，我就一辈子不反悔。

亲事便定了下来，半年后陈宗会在吹吹打打的唢呐声中嫁到了河坝街。结婚那天，张同辉家办了35桌酒宴，街坊邻居都来道贺，陈宗会当上了幸福的新娘。

清苦生活，不离不弃

张同辉的父亲在四年前去世了，家里就只有他和他妈。他妈在镇居委会的蜂窝煤厂打蜂窝煤，家里也没啥负担。张同辉的姐夫在镇榨油厂当会计，人缘好，就给陈宗会在油厂找了一个轻松的工作，就是舀油，给油缸加开水沉淀油渣子。一年后的一个雨夜加班，陈宗会提一桶刚烧开的开水去加油桶沉淀，脚下却一滑，摔了一跤，一桶开水全倒了，开水烫伤了陈宗会的左脚，在略坪区医院住了一个多月，出院回家又休养了一个月。好了后还心有余悸，不敢再去油厂上班。姐夫又介绍她去镇农机站卖农机配件，这时陈宗会已经怀有几个月的身孕，半年后生了小孩就没去上班，一直在家带孩子。老公依旧守着他的日杂店，但随着场镇日益扩大，店家越开越多，生意受到冲击，经营愈来愈惨淡。一家人的生活几乎就靠婆婆在蜂窝煤厂的微薄工资度日。

1992年孩子能走路的时候，陈宗会让老公守店顺带照看孩子，自己又去镇上一家化工厂找了个工作。家里的窘态她清楚，她必须分担一部分。干了一年，略坪镇农机公司成立了汽车客运队，开通了略坪至德阳的客运汽车。姐夫考虑到她的病，就介绍她去卖汽车票。这个活虽然轻松，但早上得5点钟起床，中午随车回家吃顿午饭，一个小时的时间，可帮家里洗洗衣服做饭，然后又出车，下午一般6点过收车。活路轻松，但工资也低，就300元一个月。

陈宗会刚卖了一年车票，婆婆就退休了，正好，儿子要上幼儿园，婆婆可以帮着接送，收拾家务，不用她操多大的心。到2005年之前，这段日子是陈宗会最轻松的日子。2005年8月，正是雨季，婆婆在下街沿时不小心，脚下一滑，把腿摔成骨折，家里没钱送大医院，就在家里床上躺着，请本街道的骨科医生上家医治。婆婆这一躺下，拉屎、拉尿都要人服侍，陈宗会只得暂时辞去卖票工作，在家里服侍婆婆。婆婆这年已经70岁，半年后骨头才愈合，却不能行走了，只有给她买回一个轮椅。

半年后陈宗会又去卖车票，这时客车已经承包，每个月有3天假，可以帮家里洗床单、给婆婆洗澡、洗头等，儿子也一天天大起来，成绩好也很懂事，可以帮家里干一些活了。但是老公的店铺生意越来越不行了，2008年大地震后，老公就改卖蔬菜种子。略坪镇是平坝子，有大面积种蔬菜的传统，但季节性很强，育种时间一过，就是淡季，卖种子有时几天都不会开张。老公的生活就靠每月100多元的低保。为了补贴家用，老公在自家的后天井里养了几十只鸽子，鸽子、鸽子蛋能卖一些零花钱。

2014年春天，也是一连几天的连绵雨，院坝地坪上生了青苔，张同辉去喂鸽子摔倒了，也把腿摔成骨折。当时，陈宗会在跟车，接到电话时正在车上，听到这个消息，急得不得了，她最担心的是万一张同辉把那只好腿摔断了，今后就彻底不能行走，她就真正出不了门，咋个得了？当陈宗会匆匆忙忙赶回家，发现张同辉摔断的是那条残腿时，稍稍松了一口气。因天已黑，就请街道上的骨科医生做了简单处理，第二天5点钟，喊了一辆面包车，陈宗会把老公送到德阳骨科医院医治，交住院费时，家里没现钱，她把卖车票的5000元先借用垫付。这回她没有辞掉工作，老公的二姐在德阳，可以送一下饭，她不在时帮着照看。她跑车到德阳，就去医院看他，给他擦身子，然后又跟车回家，再给婆婆煮饭、端饭、洗衣服、倒粪便、喂鸽子、看店子……那段时间，真够她忙碌了。一个月后老公才出院，至今钢针还在腿上没取。那段日子，是陈宗会最为辛苦的日子，她一下子消瘦下来。老公住院花了2万多元，报销后自家还是花去1.6万元，这笔钱对于陈宗会的家庭来说，是一笔倾家的开支。因为陈宗会卖车票的工资从开始到2008年，每个月就只有300元，5·12大地震后才涨到1000元一个月，也是低得可怜。

苦日子咂出甜滋味

就是一个月挣这么低的工资，到2016年10月，客车被德阳汽车运输公司接管，陈宗会还是失业了。她心情郁闷地回到自己家里，耍了10多天，看到家里没钱花，她耍得心慌了，这样下去，一家人咋个生活？陈宗会又去德阳找到一个做家政的工作，每个月1800元。她去干了一天，夜里睡不着了，想着坐轮椅的婆婆和残疾的老公，一晚上她都在床上翻来覆去。第二天天一亮，陈宗会就背起行李往汽车站跑。回到镇上后，找到在镇上卖肥料的大姐。大姐是老公的大姐，从小生活在镇上，熟人多，陈宗会认为让她陪自己去镇上找个活儿做不难。大姐帮着一打听，听说兴隆饭店在招洗碗工。两人便跑过去一看，是一家新开张的饭店，陈宗会就在这家饭店当上了洗碗工，每个月工资1300元。尽管低，但她心满意足，因为离家近，随时可以照顾家里的两个残疾亲人。

生活虽然苦着，但陈宗会想到自己争气的儿子，心里就幸福。她儿子2009年考上在绵阳的西南科技大学，毕业后又考上北京化工大学研究生，一年只交600元住校费，家里负担小。儿子毕业后在成都京东电子集团上班，每个月有7000多元的工资。儿子终于可以挣钱了，而且收入还不错，陈宗会感到很欣慰。

由于家里收入微薄，还要供儿子读书，一家人一直节俭着生活。镇上的人在20世纪90年代都用上了天然气，陈宗会家2015年才开通，是略坪镇最后一户开通天然气的人家。她家后院是厨房、厕所、杂物间，中间一个小天井，靠邻居家的一方搭了几平方米的鸽子棚，很整洁很漂亮。这是去年她老公的大姐出钱帮助维修好的。以前老公还有一个二哥，在德阳开大货车，每月都会给家里送一些钱，供养老娘，家里的电视机、洗衣机都是二哥给买回来的。只可惜二哥2000年就去世了。

要是没有这些亲人的帮扶，陈宗会也不知道自己能不能挺过来，或许会过得更苦。现在让她开心的是，不知啥时候，自己的肾病好了。2015年10月，她被罗江县评为道德模范。

当有人问她，张同辉家那么穷，有没有想过离开？陈宗会说，无论自己家里多么苦，都不会让儿子成为没娘的娃，不会让他心灵受到伤害。陈宗会觉得，人应该是讲良心的，她能由农村一个干不了重活的带病女子嫁到场镇，张家一家子人对她都很好，她还有啥子理由不对他们好哩？

或许，就是这么简单的理由，成就了陈宗会道德模范的荣誉。在2017年，陈宗会又被评为四川省级道德模范。对于荣誉，陈宗会不宠不惊，她依然每天早上6点起床，给婆婆、老公把饭做好，然后给他们倒洗脸水、端饭、整理被盖、收拾屋子。吃过早饭后，又匆匆忙忙走路去离家半公里路程的饭店上班。

援　手

舒道文是慧觉富荣村邻里乡亲互助会的理事，说起这两年进行的帮扶工作来，他叹了口气，模仿帮扶对象口吻说道："谁想要这个钱呢？"但是没法子啊，病来如山倒，再强健的人，也怕病魔袭扰；再富足的家，也怕这"销金魔"。所以，舒道文给我们讲的故事里，有泪水，有感恩，更有将怜悯放到最低，让受援者不感到难堪的贴心慰助、平等帮扶。他像是谈自己的家人琐忆一般轻轻谈论富荣村邻里乡亲互助会的故事，朴实无华，却句句入心。

严吉福是金山安家村邻里乡亲互助会的理事，他帮助了群众，受惠群众特意跑来感谢他。他说，邻里乡亲互助会是大家的，不是我一人的，你莫要感谢我。

舒道文和严吉福，他们只是罗江邻里乡亲互助会众多干部中的一员，但他们身上却深刻展现了邻里乡亲互助会的鲜明烙印：当邻里乡亲互助会向困难群众施以援手时，从未高高在上，更不咄咄逼人，他们不为作秀、出风头、混名声，真的只为了踏踏实实给老百姓办点实事，让爱心群众的捐款捐物真正有用武之地，让贫病群众能不伤自尊就得到"家门口的资助"。

上访户成积极户

安家村有个老汉名叫唐发伦，说起来他也真是命苦。年轻时，唐发伦只生了两个女儿，那时的农村人还讲究一个"养儿防老"，就有人给他出主意说，你趁现在还做得，赶紧收养一个儿子，等以后你老了，儿子自然会给你养老送终的。唐发伦一听，也是这个道理，他便收养了一个外省儿子，当作自己亲生子一般看待。

但养子毕竟和老唐隔着一层血缘关系，俗话说得好：家鸡打得团团转，野鸡打得满天飞。这老唐年轻时脾气不算太好，有时火气上来了，甭管什么亲女儿、养儿子，先骂一通、打几下解解气再说。日子过得飞快，转眼间老唐和老伴都上了年纪，两个女儿陆续嫁了出去，这唯一的儿子呢？在乡下待了这么久，还是过不惯这里的生活，他说不想种田，想学门手艺，于是跟随皮匠，学会了补鞋。唐发伦觉得当皮匠也挺好，手艺人嘛，还不像庄稼汉这样靠天吃饭，也许他老了还能跟着养子吃香喝辣呢。哪晓得养子跟老唐并不是一条心，养他长大的这些年，身上挨的打、耳边挨的骂，人家都一笔笔默默算着账呢。这下翅膀硬了，也不管老唐当初收养他是抱着何种初衷，外省小子一展翅膀，就飞得无影无踪。

到现在已经过去20年了吧，这养子一走，连个信儿都没捎给老唐。

老唐傻眼了，他想不到竹篮打水一场空，自己辛苦养大一个儿子，末了，还是自己和老伴两人相依为命。算了，那些“白眼狼”靠不住，老唐安慰自己：幸好还有老伴陪自己一起挨日月。但老伴是个病秧子、药罐子，患有肺结核、严重气管炎等慢性病，走路风都能吹得倒。老唐已经是70多岁的人了，出去打工哪有人敢要他？只守着家里一点薄田，能混饱老两口肚子就不错了，哪还能找钱给老伴治病。

于是，唐发伦咬牙闭眼一努劲儿，也不管自己年轻时还当过生产队副队长，曾经也是思想进步的积极分子，现在生存是头等大事，他豁出去——当了上访户！反正老人家时间充裕，有事没事都来村上，坐下来就老泪纵横地拍大腿，长声拖拖地说不得了啊，活不下去了啊！接着又去找镇上的民政办，讲自己生活困难得要命，眼看就要穷死了！

村里对唐发伦的要求做出了及时回应，首先将他家纳入低保户，接着遇到紧急情况，200元、300元的救助也从不吝啬。当村里成立邻里乡亲互助会，严吉福第一个就想到了唐发伦，他想现在唐发伦每个月能领200多元低保，加上政策保险，60岁以上的老人每月能领到75元，这样他有300多元，过生活倒够了，但他现在跟前无儿无女，寂寞孤独，才会遇到一点事就去上访，到处诉说自己的委屈，如果能让他感受到温暖，也许会改变老人的看法呢？

严吉福说干就干，邻里乡亲互助会组织了十多个志愿者，大家浩浩荡荡走进了老唐的家。去了一看，家里可真是乱得可以了，铺盖就那么堆成一团，看上去有八百年没叠被子；锅碗瓢盆用过之后都没洗，碗上凝了一层油腻，上面还有两只绿头苍蝇；地面上左一块污渍、右一块黄泥，也不晓得好久没清扫过了。

唐发伦冷不丁见这么多人到家里来，有点发愣，严吉福请他坐在唯一那张看起来还算干净的板凳上，便指挥大伙儿干起活来：有人扫地，有人擦窗，有人洗碗，有人叠被。大家齐心协力，不一会儿就让唐发伦家里焕然一新，变得有条理多了。他张大了嘴巴，没好意思说“谢谢”，颤巍巍地将邻里乡亲互助会的志愿者们送到了门口。

过了几天，严吉福又带着志愿者们“回访”了，他一看，哎呀，水槽里还是重了一叠脏碗，地上一层浮土，电饭锅漕出来的米汤糊糊就那么黏黏糊糊地粘在上面，老唐也不拿洗碗巾擦一擦……严吉福没说啥，指挥大家又来了一次彻底大扫除。

如此清扫了好几次，老唐真的难为情了，他也说出了心里的“谢谢”。严吉福找人做了制度牌子，让老唐每天跟着制度来做：要叠被子、要做清洁卫生、要洗碗……平素上访时“嘴巴能嚼铁”的老唐乖乖点头，他真心接受了大家的帮扶，也认识到了自己身上的毛病。

从那以后，老上访户就像换了一个人。“睡狮”醒来，不再当“刺儿头”，动不动就上访，而是再度成为思想积极分子，在全县开现场会，宣讲邻里乡亲互助会真的好，真的是扶起了他的“志”。

沾着泪光的恩情

舒道文已经记不清邻里乡亲互助会去帮扶村民时，多少次经历帮扶对象泪雨滂沱的景象了。有些上了年纪的人，哭起来更是造孽，他们不管不顾，鼻涕、眼泪直往嘴里流，鼻头擦得红红的，眼睛揉得肿肿的，哭声让舒道文心酸难抑。

那一次，帮扶对象叫傅大全，傅大全两口子各都有70多岁了，膝下也无儿女。傅大全第一个妻子瘫痪十多年，最后撒手而去；他娶的第二个妻子，带来一个女儿，他满以为和妻子两人合力将女儿养大了，将来自己老了有个靠，哪晓得前几年女儿竟突发心脏病，让傅大全老两口白发人送黑发人，他们难过得在床上躺了几天几夜，痛不欲生。傅大全年纪大了，一辈子伤心的事多了，又得了多种慢性病，虽然也不至于“一下子要了命”，但活着却凄惶可怜得很。

舒道文所在的邻里乡亲互助会在开会研究讨论后，决定给老人家帮扶2000元。他们送钱去，傅大全哭了，抖抖索索地将半边身子往后面扭，不肯接钱。后来好歹收下帮扶款，当时快到春节，家家户户都备了一点儿年货，傅大全便执意要请邻里乡亲互助会的同志吃一点他家买的瓜子、花生，大家不肯吃，相继告辞离开，傅大全跌跌撞撞地追出来，两手各抓了一把炒货，老人家跑得不稳，脚步踉跄，手指头也不稳，颠上几步，倒有一半瓜子、花生掉在地上，惹得一群鸡咯咯咯地跟着他撵。舒道文赶紧伸出两手去接住傅大全的炒货，傅大全这才破涕为笑。邻里乡亲互助会的同志一人分几颗瓜子、花生，津津有味地吃了，又赶着往下一家去。

舒道文懂得傅大全的心，他晓得再怎么可怜卑微的人，都有一份尊严，所以他们村邻里乡亲互助会给大病患者捐款，大多时候并不是将家属叫到村里来，办公桌前一坐，彼此公事公办，而是亲自将捐助金送到病者床头，暖乎乎地讲上几句贴心话。

2015年，舒道文去给村民王大福送2000元帮扶款。70多岁的王大福已经在床上瘫痪了有些年头，王大福倒是有个儿子，但偏偏精神有问题，村人都怕他，后来还是无奈将他送进了精神病院。王大福老伴年龄也大了，当时又要照看瘫痪病人，又要防着儿子在外面闯祸，累脱了几层皮。所以听说舒道文要去王大福家里“拜访”，有个晓得王大福家里情况的互助会志愿者就劝他，说你是不晓得那里多难闻，去一次午饭都省了。舒道文心想哪有那么夸张？那天他还是和村里的文书一起走进了王家。

刚掀开门帘，舒道文就受到了“热烈欢迎”，迎接他的是扑面而来的苍蝇，至少有十几只冲他飞来，他吓了一跳，眼睛过了一瞬才适应屋里暗沉沉的光线。在双眼还未完全发挥作用之前，他的嗅觉很灵敏，敏锐地向他传达一个信息：臭得人快吐了！真的是快臭吐了，王大福的尿桶就放在床边，里面装着半桶屎尿，而瘫痪病人身上盖的被子已经破出了棉絮，棉絮黑黑的，王大福长长的指甲缝子里也是黑黑的泥垢。舒道文现在眼睛已经能清楚看到病床上躺着的老人，王大福一双失神的双眼，此刻像是被来访者注入一点活力，骨碌碌转动着，热切地看向舒道文，嘴角也咧开来。舒道文走过去，拉住了黑棉絮上的手，握着老人鸡爪一般枯瘦的手，安慰他道：“放宽心，有啥难处就跟村里说，能帮的都会尽量想办法帮你的。”王大福喉咙里滚过呜呜的声响，后来，舒道文才想到，那是他在哭，他很感动。自从王大福瘫痪在床，除了照料他的老伴，很少有人肯踏进他家臭熏熏的房子，舒道文不但进去了，还站在床头嘘寒问暖，拉着他的手给他鼓劲打气，他感激得不知如何才好。他心里也晓得一大把的年纪了，又是男人，流泪很羞人，但就是忍不住，憋不回去，眼泪顺着瘦削的脸颊，大半都流进了耳朵眼里。

安家村的李金德，才40岁出头，他是个孤儿，小时候运气好，遇到一个好心的罗江男人收养他，将他带到安家村，结果他还没长大成人，养父便撒手人寰。李金德在安家村是个“无根之草”，但大家并未孤立他，看轻他。李金德人勤快，之前靠打工养活自己，30多岁时，他忽然觉得一条手臂疼、麻，渐渐抬不起来，压根使不上劲儿，那时他图方便，就去相邻不远的乡村医院治病，结果治来治去，过了一个多月不见好转，乡村医生也慌了，让他赶紧去城里大医院拍个片子，做个详细检查。他一去县医院，医生便留下他不让走，拍片显示是肿瘤，而且已经扩散，除了截肢没有别的保命办法。他做了手术回来，成了“独臂老农”。

李金德心气儿高，他是万般不得已才来找邻里乡亲互助会的，他说着说着就哽咽了，他恨自己年纪轻轻就少了一条手臂，又恨自己无父无母，现在天地之大，只有他一个孤人。严吉福语气稍稍加重地责备他：“你哪里是孤人？村里哪个不是你的乡亲？”经过实地走访调查，严吉福将李金德的情况汇报给理事会，并请来李金德所在组的组长核实情况，最后同意救助。

邻里乡亲互助会不但帮扶了李金德钱款，给他送去了面包、面条、饼干等慰问品，还介绍他去扶贫产业园包了一亩田，帮人家扯草。他只剩独手，的确干不了重活，但蹲在地上扯杂草，只需细心，不会太受累，非常适合他做。现在李金德有了一份固定收入，又能依靠自己力量养活自个儿，纵然他是“独臂老农”，走路时腰板也是挺得直直的。他非常感谢邻里乡亲互助会，不但救了他的急，解了他的危，而且还细心呵护了他的尊严，给予了他如同家人般的温暖。

说起罗江邻里乡亲互助会的爱心故事，也许三天三夜都说不完，道不尽。在实际工作中做这些事的，是村民们熟悉的脸孔，是大家信服的党员、善人、村干部，他们帮助村里的老百姓，是在真切了解情况下实打实的帮扶，不是高高在上的作秀，更非“帮不达意”的“错表爱心”。因为了解，才帮得到位，帮到了点子上，也帮进了困难老百姓热乎乎的心窝里，让心连着心，让情系着情。

火凤凰

白马关镇万佛村的村主任金利琼一头利落短发，些微挑染金色；穿着倍儿精神的紧身黑皮裤，佩戴长长金色毛衣链。她打扮得明快且时髦，说起话来一是一二是二，干脆如滚刀切瓜。我喜欢听她讲话，一句句从嘴里蹦出来，带着炒豆子的热乎劲儿，贴着心，贴着肺，贴着肠。

与其说那个明媚的三月阳春，我们遇见（她是我们的采访对象之一），不如说我们邂逅的是多年未见的挚友，之前，我们并不知对方，这一见，却如故。

奖励一朵小红花

万佛村是个大村，地界广、村民多，近年来，村里种植贵妃枣渐成规模，“枣子节”和过年期间大家来万佛村赶庙会，来村的客流量相当庞大，常常能见到村路密密麻麻趴满小车、人山人海的景况。

外来客人多了，老百姓高兴，村干部倒提前犯了愁：别总是看着人潮如涌欢喜不已啊，人家远道而来，到你万佛村来做客了，你总得有好的“软件设施”、好的条件将客人款待得舒舒服服，留得住人吧。金利琼自己之前有过做餐饮的经验，她对这个问题比较敏感，也许在别人还有几分无所谓时，金利琼已经带着村干部，将培养农户经营理念这个问题提上了议事日程。

在万佛寺附近，有洪大哥一家，他和老婆吴大姐是半路夫妻，各带一个孩子组合成了家庭，这就难免会发生一些“你为你儿着想，我为我娃远虑”的口角之争。要命的是，他们房屋所在的地理位置这么好，左邻右舍都在做生意，他们自然也不甘落后，在自家房子里开了餐馆。但这两口子一争吵，原本就不怎么爱收拾的，更有理由赌气不做卫生了。

金利琼说她第一次走进洪家，首先迎接她的是一条女人的睡裤，那花裤儿就那么飘飘摇摇挂在屋中间，哪家都不会那么张扬，他们就敢这么任性地碍眼。金主任不动声色，看了看地上搁着的一个电饭煲，里面剩小半锅饭，就那么乱糟糟地团在那儿，锅盖也不知去向，饭勺上落了两只苍蝇。她来的时候，大概这两口子刚拌完嘴，洪大哥气冲冲地将半垃圾桶的剩菜往马路上一倒，黑着一张脸回来，吴大姐也不理他，自己干手边的事。

吴大姐头发挺长，但仿佛睡醒了就没梳过，就那么乱糟糟地团在头上，她给金利琼抽了一个小板凳，请金主任坐。金利琼看到吴大姐手指甲老长也没修，里面全是黑泥，这板凳便也坐不下去。

金利琼肚子里转起了主意，心想要怎么跟他们说才行呢？话不能重了，重了容易引起别人反感，引发矛盾，但说轻了又怕他们不思改变。金利琼是个爽利女人，她索性自己站起来，拿笤帚扫起地来。吴大姐赶紧去夺金主任的笤帚，红着脸说咋能让客干家务事。金利琼便顺着她话说下去："就是啊，你看咱们万佛村现在发展得多好，每年节庆来这么多外地人，你们餐馆也赚钱吧？"吴大姐实诚地点点头，金利琼指指窗外，吴大姐家的散养鸡自由散漫得很，这会儿已经拥到马路上去吃洪大哥倾倒的剩饭菜了。金利琼指着鸡群说："马路是车要过人要走的，你们在上面养鸡，影响了交通不好，把马路弄脏了也不好，对不对？"眼看吴大姐脸色有点难看，金利琼索性将沙发上一堆乱七八糟的衣服一件件叠起来，边叠边轻声开导她："咱有钱了，日子也要越过越好，心气才越来越顺，是不是？"

这席话说得吴大姐心服口服，之前她和洪大哥一吵架两人就比赛似的将家里弄得更脏乱，现在她多少明白了金利琼说的"门面效应"——他们住在万佛寺口子上，不就是要在客人面前争个脸面吗？再说，如果自己继续这般邋遢，每次金主任进了家门，就要拿出主妇般的热情来帮着收拾，这真让吴大姐羞愧难当。

如今，别说金利琼再去他们家，即便她的小车在门口刹一脚，洪大哥和吴大姐都会条件反射般凑过来，紧张兮兮地问："我们今天卫生打扫得干净，不信，进来检查检查？"

金利琼身上有种魔力，她车开一路，人走一路，到处都有村民跟她打招呼，主动问好，大家见她都是一张热脸、笑脸。她觉得这很简单啊，对待老百姓，常常要夸奖他们，以心换心，就算遇到吴大姐那样"马路养鸡"的主妇，她也没有一上来就批评教育，而是像个邻里姐妹那么拉家常，做示范，看到对方有一点改观，毫不吝惜地"奖励一朵小红花"。谁都有自尊心，谁都渴望被尊重，金利琼如此待人，怪不得会收获村民回馈的沉甸甸的尊敬。

可她分明有好几次，都软弱到拿起电话，对上级领导请辞，她说她不称职，让领导将她从村干部位子上“拿”下来……

凤凰涅槃

那年，金利琼的老公闯了一个大祸事，车子撞到了一个人，送进医院，抢救了整晚，那人最后还是死了。家属索赔十几万元，就有“机灵鬼”劝金利琼说，你和你老公到外面去“躲”几年，对方找不到你们，慢慢这件事就会淡下来，反正死的是老人，家属不会太不依不饶的。就算要赔偿，也不能任由他们说了算，哪有他们定十几万就乖乖点头的规矩呢？金利琼想都没想，就做出了自己决定，她一没有“潜逃”，二没有“讲价”，她选择和老公一起来背这个祸事，扛这座责任大山。

之前金利琼在外面打工，卖保险，风里来雨里去辛苦攒了一点钱，这次全都赔进去，还不够，到处借债才填了这个大窟窿。1998年底她就被选为万佛村的妇女主任，想要再出去打工，老百姓不愿意，上级领导也不放人，说你工作干得好好的，我们到哪里找一个人代替你？

思来想去，金利琼让老公去学了厨艺，2011年，两口子贷款在五丁谷开了一家餐馆。平时金利琼照应不到自家生意，等到周末放假了，她会去餐馆帮着拌凉菜。她拌的凉菜好吃，她讲的笑话大家爱听，金利琼来了，店里客人都会多一点，他们喜欢和风趣幽默的老板娘聊聊天。

店里生意好原本是好事，村里却有一些穷嚼舌根的，将谣言传来传去，进了金利琼老公耳朵里，便成了桃色是非。老公开始性格大变，酒量大增，喜怒无常，喝多了，还常常在独生儿子身上“练手”，非打即骂。之前他撞死人，金利琼二话不说，也没有做出“夫妻本是同林鸟，大难临头各自飞”的寒心举动，而是和他并肩担责任，他内心不是不感激的，但这感激，也许他自己都不知道，什么时候悄悄发酵、变质，一咂摸就是别的味道。

对，家有能干老婆，能顶半边天。可听听别人都在说什么？他们说金利琼一个妇道人家，成天和那些男领导走那么近，鬼才相信她清清白白呢。他们又说金利琼现在已经被选成村主任了，政治前途一片光明，像她这么有本事的女人，哪里看得上她那个窝囊老公呢？

对，我窝囊，我傻，我没出息！金利琼老公血红了双眼，重重将酒瓶摔到对面墙上。她对他是满腔的爱，在他看来却是压迫得自己无法喘息的债，有这样一个耀眼的老婆，他没有感到福气，反而快要窒息。

他毫无悬念地出轨了，情事很快被金利琼知道。金利琼和老公曾是中学同学，算是青梅竹马，现在婚姻岌岌可危，连他们当初的中学班主任都大感可惜。班主任是好人，特意设下家宴，请金利琼一家去德阳吃饭，原想当个和事佬，调和一下小夫妻矛盾。

那天到了餐馆，还未上菜，金利琼念初中的儿子向妈妈要了10元钱，提前离开了，在街上发短信，说他去吃碗面，等宴席散了他来和母亲会合，一道回罗江。许久之后，儿子才告诉她，那天父亲一边对班主任虚与委蛇，一边在微信上和“小三”聊得火热，连儿子都替父亲蒙羞，如同生吞苍蝇，他面对这样虚伪说谎的父亲，吃不下东西。

还能怎样呢？对这个男人金利琼心都凉透了，只能离婚。离婚时，他们开在五丁谷的餐馆归老公，金利琼分到了8万多元的债务、儿子，还有农村的房子。

但那房子，很快金利琼也送给老公了，她实在不像表面上看到的那么刚强坚韧。白天在村上，风风火火干工作，她可以将乱麻般的事情处理得有条不紊。夜里孤身回到旧居，她变成一个懦弱小女人，甚至不敢走进卧室睡觉。几个月了，那床上的枕巾、桌上的茶杯，甚至里屋的空气都还有老公的味道。她蜷缩在外面沙发上，抱紧自己，眼泪簌簌流下。

金利琼无心住那所写满记忆的房子，老公离婚时放狠话，说金利琼离开他就要当叫花子，但现在是他自己经营不善，餐馆倒闭，无处容身，只能来前妻这里耍赖。他没想到前妻这么好说话，什么招数都没使出来，金利琼很爽快地将房子拱手让给他，只求他不要再干扰自己和儿子平静的生活，千万不要。

妈妈是我的女神

2013年，金利琼离婚后，她哭着给党委书记打了个电话，说自己不再适合留在村上工作了，她已经离了婚，今后还怎么做协调工作？怎么让群众相信她？党委书记斩钉截铁地说：“你莫乱想！现在社会上离婚的女人又不只有你一个。你现在想要卸担子，别人反而说你坏话，再苦再难，你都得撑下去。”

真的很苦，如果不是想着儿子，金利琼觉得那段时间自己三魂都走了七魄。接下来，她要动个小手术，没想到刚住进医院，来看望她的村民就络绎不绝，什么鸡蛋、红糖、挂面，把桌子、窗台都堆满了，这个走了那个来，护士都奇怪，说你家亲戚这么多啊！村民拉着金利琼的手，像是拉着自家大姐、妹娃、丫头、婶子的手，说金主任，你赶紧好好养病，啥都莫想！金利琼鼻子酸酸的，她想说谢谢，但那两个字实在太轻，她觉得无法表达自己的心声。

除了来来往往的探病"亲戚"，她住院几日，手机就像热线，不断有村民打进来嘘寒问暖。有的老百姓爱说大实话，他们也不避讳金利琼心里的伤疤，上来就说："不管你离婚不离婚，你都是万佛村的好女儿！"金利琼的眼泪，干了又湿，湿了又干。

她既是一个雷厉风行的女人，同时又感性得要死，她以为离异这场烈火，已经将她烧得毛羽尽焦，老百姓却用最真挚的热爱呼唤她，归来吧，快点归来。

金利琼回归了，她依旧是那个说话板上钉钉嘎嘣脆的村主任，即使遇到再刁钻的老百姓，也从没怕过。有次她走在路上，听到村里一个以"耍横"著称的男人在对其他村民说怪话："我们农民苦啊，从没享受过国家政策。"金利琼一听，噔噔走上前去，问道："你说没享受国家政策的好处，那国家帮我们村修了蓄水池，你享受没？国家以前收农业税，现在不收，国家的好你念过没？你爹妈在村上，国家每个月要发50元给老年人吧？钱虽不多，却是国家尽了心，你敢说一点都没沾到国家政策的光？"一席话，有理有据，说得那个刁男子哑口无言。同行的人替金利琼捏了把汗，悄声说金主任，你看那人长那么凶，就不怕他打你？金利琼一昂头，说在农村干基层工作，妇女不泼辣点，哪行？再说他就算再凶再恶，只要你有道理，他难道还能把你吃了不成？

金利琼渐渐从离婚的阴影中走了出来，她开始乐观向上地面对工作，这时，儿子升上初三，老师却打电话给她，支支吾吾说她儿子有点"没对"。

金利琼儿子在罗江念书，住校，她赶紧跑到学校，先了解了解情况。儿子同学气愤地"控诉"这个小霸王，说已经有两个多月了，他每天吃了饭都让同学帮他洗碗，谁不愿意他就打谁耳光！金利琼心底一沉，晓得这是离婚带给儿子的心理伤害。离婚前，儿子父亲打骂儿子，离婚后，又屡屡在儿子面前说她这个母亲的不是，儿子才十几岁，他哪能一下子扛住这么多事，经受这种打击？金利琼暗暗下了决心，她一定要将儿子的思想转变过来，引导他走正确道路。

周末，金利琼接了儿子，母子俩回到出租房，儿子见金利琼泡了一大脚盆衣服，一大脚盆胶鞋布鞋，他不在意地问："妈，你要洗衣服啊？"金利琼指指地上小板凳，让儿子坐下："不是我洗，而是你洗。"

儿子先不愿意洗，推说自己不会，金利琼说我在旁边指导你，你今天不洗，下周就不要读书了。那天儿子是一边哭一边洗完衣服的，金利琼也不打也不骂，就在旁边坐着给他讲道理，说你看洗东西累不累？你老是强迫同学洗碗，人家心里乐意不乐意？儿子脸上带着泪花儿，用力摇摇头。后来儿子讲他没有洗洁精，洗不干净才逼同学代劳，金利琼立即给他几元钱，让他买了洗洁精，并嘱咐"要和同学一起用"。

到了第二周，吃完午饭儿子自己去洗碗，被他扇过耳光的同学很意外，说你今天不要我帮忙了？儿子将洗洁精往同学方向推了推，说欢迎你用，顿了顿又补充："我哪敢让你洗啊，我妈要再攒一脚盆衣服，我就该累瘫了！"

儿子对金利琼最服气，他常常自豪地讲："母亲就是我心目中的女神。"讲到这里，金利琼想起现在正在西藏当兵的儿子，甜蜜又惆怅地叹了一口气，她想这个愣小子了。

古时候，凤凰浴火，都以为命丧黄泉，哪晓得一场涅槃，成就更美更强的火凤凰。金利琼就像那只传说中的凤凰，命途有坎坷，情路多风波，长夜泪痕多，但她依旧勇敢地顶住了烈火灼身之苦，蜕变成为一只金光闪闪的火凤凰，宛若重生。

第三章　推动“移风易俗”的历史车轮

《荀子·乐论》有云：“乐者，圣人之所乐也，而可以善民心，其感人深，其移风易俗，故先王导之以礼乐而民和睦。”改变旧的风俗习惯，谓之于“移风易俗”。中华人民共和国移风易俗活动起源于爱国卫生运动。这场运动在20世纪70年代后扩展为改变旧的风俗习惯，特别是红白事的新事简办，反对索要彩礼，反对大操大办，提倡勤俭节约。

罗江按照“业兴、家富、人和、村美”的基本要求，以幸福美丽新村建设“五大行动”和文明村镇创建为抓手，从2016年起，全面开展“四好村”创建活动，各镇按照每年不低于镇域内行政村数量的20%创建县级“四好村”，全县每年创建不少于16个市级“四好村”、12个省级“四好村”。力争在2020年全县普遍建成县级“四好村”的基础上，60%以上的村建成省级“四好村”。

在罗江，让我们感动的是许多发自真心的“创新”：曾经不讲卫生、邋里邋遢的村民，笨拙地学会了刷牙，一点一滴养成了卫生好习惯；谁说男人不能干女人的活？男妇产科医生照样能在自己的岗位上勤恳耕耘，以真诚的汗水浇灌理想花朵；后妈就一定是“恶毒、刻薄”的代名词吗？有个比亲妈还要好的“美丽后妈”，她曾经历过怎样的人生风雨，却依旧不改纯善本性？

俗话说：撼山易，撼本性难。要改变约定俗成的条条框框，要与纷扰的世俗目光做斗争，有多难？也许会碰得头破血流，也许会伤得体无完肤，也许会迎来四面八方的冷箭，也许会独自在白眼中挣扎好久，好久。但这些勇敢的罗江人并没因此而畏惧退缩，他们献出了自己的真心和毅力，去推动“移风易俗”的车轮，一路荆棘，一路泥泞，仍艰难向前。

后妈多美丽

我们在罗江，见过杨辉群两次。第一次是在3月初，跟着一大群人去的，其中有领导，杨辉群便不好意思坐过来，她嘴巴一圈像是上了火，结了疤，涂上紫药水，她说丑得很，影响说话。大家再三表示没关系，她才几分羞怯地坐过来。第二次是我们单独去新盛金铃村采访，杨辉群竟还认得我，她拉着我的手说："妹儿，今天就你一个人，我跟你说实话嘛，其实一个月前，我并没上火闹溃疡。"我说但杨姐你嘴巴当时一圈儿都是涂的药吧，她点点头，凑近一点低低讲："我那时是去做美唇手术了，文了唇线，还没过消肿期。那天那么多男同志，又有上面的领导，我不好意思讲实话，今天倒是要对你抖个老实包袱。"

说真的，我暗自吃了一惊，坐得近，我们看到杨辉群指甲是专门做过的，上有"水晶美甲片"；头发也是染过的，发尾呈淡淡的紫色；她个子小，但穿一件束腰外套，蹬半高跟皮鞋，倒显得很有精神劲儿，完全可以忽略个子的不足。谁说农村女人就不能爱美呢？不能在年过半百后还修饰、捯饬、美化自己呢？不能永远保持一颗年轻的心呢？杨辉群刷新了我们之前对如泥土本色般朴实的农村大嫂的认识，待她讲起故事来，却又回归了泥土本色，朴素、深沉、真挚、不张扬。

苦命人儿当后妈

杨辉群老家在资阳，是家里的小女儿，小时候死了父亲，似乎让她内心一直就缺乏安全感，想要在茫茫人海中找到坚实依靠。十七八岁时，她在家乡拜的裁缝师傅问她愿不愿意一起去石家庄打工，那里的服装厂工资开价更高，师傅想带她"跳槽"，她想都没想便跟过去了，那时，她的依靠是师傅。

到了石家庄，娇小玲珑的她很快被当地一个年轻男子看上了，那男子家境不错，虽也是农民，但家里还在做照明蜡烛的副业，开了一个家庭作坊，收入好，说出的话也气粗："小杨，你跟着我准没错，我能吃干的，就不会让你喝稀的。"一开始打动杨辉群的，也许正是北方男人这种豪气和霸气吧，但当她真的嫁过去，她才晓得，事情都要分两面来看，霸气的背后，也许还藏着霸道。

婚后，北方男人成为杨辉群生命中最重要的"依靠"，那几年，她为男人生养了一儿一女，每天天不亮就在作坊干活，生怕婆家嫌她懒惰。公公婆婆都喜欢这个勤快媳妇，二老也常常在儿子面前说杨辉群好话，还教育儿子"要惜福"。但随着儿女相继出生，照明蜡烛销路不错，家里钱越赚越多，男人的心思开始变了。他之前看杨辉群哪哪都好看，现在却哪哪都不顺眼。他开始跟着村里一些狐朋狗友出去鬼混，很快便学得吃喝嫖赌样样精，杨辉群敢开口劝他半句，他立马就拳打脚踢。

最让杨辉群伤心的是，那次男人一早回来，翻箱倒柜地找钱，杨辉群当时背着孩子坐在院里干活，忍不住说了他两句，让他别赌那么大。男人输红了眼，杨辉群这话犹如火上浇的油，腾一下令他发作，他冲过去对着杨辉群后腰就是一脚，将杨辉群直接踢飞，母亲本能地护着幼子，杨辉群怕伤着孩子，重重地用前胸着地，疼得她晕死过去。她后腰留下的伤，直到今天还不时隐隐作痛。

当她迷迷糊糊醒来，两个孩子哭着，婆母在床边守着擦眼泪，男人已不知去向。杨辉群很艰难地撑起身子，喊了一声"妈"，她脑海里有个意识正在清晰，她及时抓住，脱口而出："妈，我要离婚。"婆母舍不得好媳妇，只一味哭，哀求道："你要想想两个孩娃呀！"

杨辉群重重闭上眼睛，冰凉的泪从她眼皮底下汩汩流出。当天晚上，她喝了农药。她一边喝，一边在心中和天堂的父亲说话：爸爸，我不该不听妈妈和哥哥他们的话，嫁到这么远，我后悔了，但已经来不及了，只能等下辈子再好好做人。我这就来找爸爸，我有好多好多委屈，想要说给爸爸听……

幸好婆母及时发现，救了杨辉群一命，将媳妇当亲闺女的婆母哭得撕心裂肺，说你们离婚吧，我怎么能眼睁睁看着你做傻事……

娘家人将杨辉群接回家乡，过了一段时间，大家看她多少恢复了一点元气，觉得她还不到30岁，路还长，总不能就这样一个人过一辈子吧，便积极地替她张罗。

有一天，家里人犹犹豫豫告诉她，说罗江金铃村有个男人，他老婆是得病死的，膝下有个儿子，家人细细打听过了，男人人品不错，就是……

杨辉群晓得家人犹豫什么，他们觉得这男人条件不够好，死了老婆、穷，还需要杨辉群嫁过去当后妈，实在是委屈了这个小妹妹。

但杨辉群怎么想的呢？离婚时，她将一儿一女都留给石家庄的爷爷奶奶了，她有满腔母爱，膝下却无一个撒欢孩儿！孩子对别人来说是天大障碍，到了杨辉群这里，反而成了“加分项”。她说，是吗，那我能不能见见这孩子？

从杨孃孃到妈妈

杨辉群还记得第一次见“儿子”的情景。那年儿子9岁，之前她已和平哥见过面了，彼此印象不错，但她坚持要“听听儿子的意见再决定”。前两次杨辉群来家里做客，她手脚勤快，该洗的洗，该擦的擦，将两爷子弄得乱糟糟的小窝收拾得干干净净，但小孩子也许出于一种羞涩和警惕心理，之前看她来做客就赶紧跑到邻居家玩了，并没和杨辉群“正式谈话”。

杨辉群去听取儿子意见，是个周末，小学生周末赖床，过了饭点还赖着不起，平哥看不惯，扬起巴掌又要打，杨辉群让平哥先出去，她自己和儿子聊。她没有逼着孩子起床，而是抽根板凳坐在孩子床头，轻言细语问他：“我晓得你妈妈是得病去了的，如果我到你家里来，不敢说比你妈妈好，但一定会真心对你好，你相信不？”孩子想了想，在枕头上点点头，很懂事地说：“杨孃孃你爱收拾，每次来了爸爸都说家里好干净哦，我喜欢你来住。”杨辉群眼睛湿润了，她在那一刻发誓：今后这个孩子就是她杨辉群的亲生子，她要给他最完整的母爱。

说来这孩子可怜，他妈妈之前患的是严重的心脏病，别说照顾他，就连给自己梳头发的力气都没有，每天早上，平哥都要给孩他妈梳头，帮她穿衣、洗脸。杨辉群嫁过门了，平哥搂着她说：“妹儿，我可能对你不如对我死了的老婆好，不能伺候你梳头啥的，但我心里有你。”杨辉群觉得很幸福，她感觉嫁对了人，哪怕老公为了医治前妻，家里一贫如洗不说，倒还欠了几千元外债，她也并不认为是负担。

老公会电工技术，大队就选他当了电工，哪晓得第一个月赚的50元拿回来一看，竟是假钞。老公气得青筋暴凸，捏起拳头说要出去找人算账，杨辉群死死抱住老公后腰，连说算了算了，都是乡里乡亲的，如果人家也是不小心，不晓得这是假钞，你去吵了闹了，反而伤了和气，这个亏，我们自己背了就好。

苦水都往肚里咽了。家里穷，住的房子也歪歪倒倒，杨辉群便下了决心要修新房子。儿子人小却晓得修新房不容易，说杨孃孃，修房子要花好多钱的，杨辉群摸摸孩子的头说，你莫怕，杨孃孃多养几头大肥猪，早点把修房的钱赚够。

养猪、养鸡，杨辉群忙成了一个陀螺。有次哥哥给她打电话，她一直没接，后来回拨过去，哥哥开她玩笑，说我还以为妹妹吃不了苦，又跑回石家庄了。杨辉群抹了一把脸上的汗，说没有啊，我刚在河坝砍柴，没听到手机响嘛。哥哥吃了一惊，说你从小没干过农活，当初嫁到石家庄也是在作坊干活，现在这么能干，连砍柴这种粗功夫、笨活路都会啊？杨辉群骄傲地扬扬头，说这有啥大惊小怪的！

对，所有农村的活，她都是一样一样去摸索、学习，从不会到会，不管人家怎么笑，她都咬紧了牙，对儿子说："妈妈要把家里房子修得漂漂亮亮的！"她是一个天性爱美的女人，喂猪时穿一套衣服，干完活回屋，换了衣服，洗净手脸，头发梳得光光生生。晚饭桌上的菜肴虽然简朴得近乎寒酸，但她和父子俩有说有笑，其乐融融。自从来了杨孃孃，儿子变得开朗活泼多了，家里仿佛处处都有温馨。

儿子其实也"冒犯"过杨辉群。最开始她来当这个后妈，看她百般不顺眼的就是平哥母亲，老人家生怕后妈虐待了自己孙子，平时在路上见到杨辉群都没个好脸色。杨辉群一直恭恭敬敬地孝顺婆母，总相信人心肉长，总有一天石头都会开花。

那天，村里有人家办喜事，杨辉群过去吃酒，许久没有那么闹热、高兴了，便有人提议打牌，杨辉群坐在牌桌上刚开开心心地摸了几把，儿子就跑到奶奶那里告起后妈的状，说："打牌不好，打牌是坏习惯，我看到杨孃孃在打牌。"小孩子嘴巴快，老人家来得更快，那天婆母是虎着一张脸，气冲冲地将杨辉群从牌桌上叫走，当着大家面批评了这个儿媳一顿。杨辉群当众被责备，面子上挂不住，心里又羞又气，还不好对老人发作，只能一味忍着。

等母子俩回到家，杨辉群问儿子："是你告诉奶奶的吗？我只是凑兴玩一玩，好大个事嘛，被你搞得我好像干了多要不得的事一样！"

儿子还不到10岁，他懂什么呢？现在看到永远笑眯眯的后妈变了脸色，语气也不柔和，他心里一急，过往的压抑、惶恐都冒了出来。可怜他年纪小，生母又病恹恹，他一淘气，父亲懒得跟他讲道理，上来就抽皮带，将他打得满屋跑。这时他见后妈生气，自知闯祸，于是哭着往墙上挥拳头，三两下柔弱的小手便破皮流血了，杨辉群怎么拉他都不理，还是一拳一拳地往墙上打，哭着说反正爸爸回来，你告诉他，他要打死我，不如现在让我自己打死自己算了！

后来无奈，杨辉群只能自己贴墙壁一站，以自己肉身当盾牌，说你有气就打杨孃孃，莫把自己打出血了。顿了顿，杨辉群又说，我保证爸爸以后不打你，我保证。

杨辉群一诺千金。不管儿子在外面多皮，惹了多大的祸，她永远都不在平哥面前告状，说儿子的不是，即使真的需要和平哥沟通儿子的教育问题，她也是趁着晚上熄灯睡觉，四下静寂时。她每次都会先“警告”平哥一番：你要是不管管你的牛脾气，还是对儿子喊打喊杀的，我明天就走，回娘家不回来了！平哥最怕她这招，所以竟真能耐下性子，乖乖听她讲儿子的事，同意“讲道理教育”而不是“武力体罚”。

孙子还小时，奶奶对杨辉群怀疑得很，路上遇到了，叫住他警惕地问最近有没有挨后妈打骂？孩子诚实，说杨孃孃才不打我呢，现在我老汉脾气也好多了，不打我了，看到我就笑眯眯的。

孩子的心渐渐向后妈贴近了。为了早点凑足修房子的钱，平哥买了台抽水机，枯水季节帮村人抽水赚点钱，有次正抽着，老天忽然下起暴雨来，平哥一声“不好”！他忙着收管子，杨辉群和儿子两人就合力抬机器，母子俩都淋成了落汤鸡。

到了家，杨辉群顾不得自己浑身湿答答的，她找出干净衣服，将儿子赶去洗澡，自己一头扎进厨房给他熬红糖姜茶，生怕小孩子受了凉落下病根。等儿子洗完澡，钻进被窝，杨辉群端起姜汤边走边咻咻吹气，递给床上的儿子。儿子看了看头发、衣角都还在淌水的后妈，没头没脑说了一句话：“我同学爸妈离婚了，他今年也多了个后妈，但他后妈凶得很，让他冬天起床将开水端到床边给自己喝，哪有妈妈像您这么照顾人的！”

杨辉群愣了一愣，从此，儿子不再叫“杨孃孃”，改口喊“妈妈”。

时间真的过得很快，转眼儿子找了一个在德阳八角的媳妇，自己也过去工作、生活、定居了。儿子走那天，杨辉群在家门口伤伤心心哭了一场，她是真的舍不得儿子，除了没有生他，前面没有养他那九年，这些年来，她对他，早就是母亲对儿子的好，是不是血缘关系，反而不那么重要了。

她哭，儿子心里也不好受，说妈妈我会常常回来看您的。儿子说到做到，一有时间就带着妻儿过来，哪怕只是守着妈妈，帮妈妈一起剥剥豆角，他都是欢喜高兴的。杨辉群上了年纪，年轻时养猪、修房、干重活，落下了病根，现在骨质增生，常常腰痛，她坚持给儿子、媳妇绣了一幅几米长的气势恢宏的十字绣，有老板开价上万她都没舍得卖，一心送给儿子。儿子嗔怪她，说您晓得自己身体不好，就不要那么累，久久地坐在那里嘛，哪个要您的十字绣！杨辉群知道儿子是在心疼自己，摸摸儿子头发，她抿嘴微微笑了。

采访最后，她又悄悄分享给我一个小秘密："现在日子好过了，老公做电工有固定收入，儿子、媳妇又特别孝顺我，家里房子修起来了，我也要好好地打扮自己，享受生活，下一步，我还准备去文眉，自己美美的，心里也畅快啊！"

美丽的后妈，祝您就这样一直美下去，幸福下去，永远，永远。

君子爱净

兰育德个子很高，身材匀称，若不是他走路时一拐一拐的腿脚“出卖”了他，我们会更倾向认为他是一名“健身达人”。他是罗江一名普通的环卫工人，而且腿脚还有残疾，但他丝毫不在意这些，不管是谈起自己小时候生的那场病，还是他现在从事的被不少人讥为“扫大街”的工作，他都平淡从容地谈笑风生——他很享受自己的人生，因为这是他的独一无二的美丽人生。

家有万贯，不如每天挣一文

婴儿时代的兰育德，是一个既健康又聪明的孩子，咧开没牙的小嘴冲着大人笑，把大家的心都笑化了。父母非常疼爱这个儿子，也对他寄予厚望，取名“育德”，希望他长大之后，也能有君子之德，操守高洁。

在兰育德一岁零三个月时，一场灾祸降临到这个平静的小家庭。他的右腿患上了小儿麻痹症，虽然多方延医治疗，最终还是落下残疾。兰育德父亲不能接受这么残酷的现实，儿子才1岁多，如果就此成为一个“瘸子”，他如何正常行走这崎岖坎坷的人生道路？为了疼爱的儿子，父亲连外面的工作都不要了，回到家乡，一心想要治好儿子的腿脚。

按理说，1岁多的孩子，是没有清晰记忆的，但在兰育德成年之后，直到现在，他偶尔还会做一个梦，梦见父亲抱着小小的他，父子俩挤在颠簸的客车里，车里人挨人，几乎没有拉车环的地方，父亲一只手紧紧搂住他，另一只手攀住车上吊环。忽然一个急刹车，满车的人都往前倾，父亲手臂仿佛被强大的牵引力猛然拉扯，青筋毕露，拉得变形，但他始终没松开抱住儿子的那只手。

父亲先是抱着他，后来就背着他，只要听说哪里有医生可以治小儿麻痹症的后遗症，父亲就像痴迷的信徒一般带着他前去“朝拜”。兰育德见过父亲发怒：那次，不知是有人故意恶作剧，还是那人本身就是骗人钱财的神棍。

父亲辗转听说在某某村有个“大师”，他会配一种“神药”，曾经还治好过得小儿麻痹症的孩子。此时父亲已经在治病的道路上奔波了一年多，带着小儿试过了无数偏方，听到“大师”的传说，虽眼里闪过一道光亮，却也没有将这个消息当作是福音。但当日那个宣扬“大师”有多神的乡邻不知是得了人家好处还是怎么的，反正一直赖在兰家不走，还红口白牙地举出好多例子：某某家的小女儿，不是脚都萎缩得像是柴火棒了吗？多亏去看了“大师”，用了“神药”，现在跑起来比她家花狗还快；某某家的儿子，也是幸运遇到了“大师”，否则他那腿脚更麻烦，将来在床上当一辈子瘫子……

父亲眼里的光和热，聚拢了一点，亮了，像是太阳光对准了焦点，刺啦啦，腾起明亮火星。

第二天一早，父亲就将他背在身上，父子俩天不亮便赶路，终于在下午两点多到了“大师”家。“大师”也不含糊，问明来意，他随随便便从家里香炉抓了一把灰，用纸包了一包，交到父亲手里。父亲不敢相信地看着“大师”，此刻他忘记了疲惫，声音里回荡着一丝甜腥腥的鲜血味儿：“这就是你所谓的‘神药’？”“大师”很傲慢，他说我家供的菩萨比庙子里的金装如来还要灵，只要吃过这“神药”，包你小儿药到病除。父亲平素是个内敛的人，那天却像发疯一样，将那包香灰重重掼到地上，用脚发疯般地碾踩，边踏边嚷：“骗子！骗子！”

回家的路上，父亲抱着兰育德，他用小手去摸，摸到父亲嘴唇和下巴都湿漉漉的，小手上一抹殷红。他不知道一个人可以愤怒到咬烂自己嘴唇，因为他原本不抱什么希望的，别人却强使他对儿子的“痊愈”寄托可笑的渺茫希望，最终不过是镜花水月一场空。

当天晚上，兰育德父亲对母亲说：“我认命了，儿子这残疾，可能就只能这样……一辈子，落下了。你不要哭……我是想告诉你，不管他今后的路有多难走，我们都要好好教他，告诉他：家有万贯，不如自己每天挣一文。他要比别的孩子更自强、自立……只有这样他才能活得好，你懂不懂？”

苦是什么？甜的前调

兰育德长大了，对，他是调皮同学口中的“兰瘸子”。他就算鼓起勇气去球场，他们也是怪叫一声，冲他打个呼哨，四下散去；他若坐在那里，是个眉清目秀的少年，也有年轻女孩偷偷看他，一旦走动，这不争气的腿立刻昭示了他人生的“短板”，女孩们收回目光，惋惜地叹口气。

他从懂事起，就晓得自己是个残疾人，但这有什么了不起呢？父亲的话他一直牢牢记在心里，能不等、不靠、不要，才是他想走的人生路。18岁时，兰育德便学到了一手“打饼子”的好手艺，每天早上四五点钟，便在家里和面、生炉、烤饼，擀面杖耍得溜溜转，胳膊上鼓起结实的肱二头肌。做饼子师傅的那段年月，其实是辛苦的，他从不知道睡足整夜是啥概念，而且每天早上烟熏火燎，就为了能赶早市卖个好价钱。他的喉咙早早就被煤烟刺激得发干、发紧、发疼，在接下来的一整天都会不舒服，这慢性咽炎，如同缠树之藤，后来跟了他许多许多年。

到了夏天，早上卖饼子，下午他还推着雪糕车去工地卖冰棍，他每次进货都要拿上千只冰棍。在1998年，卖一天冰棍能赚得纯利润50元，兰育德很知足了，他晓得自己是个残疾人，特别重的活干不了，但他至少能干些力所能及的事，养活自己与家人，还和妻子一道将女儿带大，这已经是值得感恩的人生了。

直到兰育德所在的村子征地，他“农转非”，变成“县城人”，在县城找到一份环保工的工作前，他都一直这样勤勤恳恳生活着：种地、打饼子、卖冰棍。他不觉得自己吃苦，吃苦是什么呢？苦到极处，其实都会有回甘。苦，不过是甜蜜的前调，太多人看不清这一点而已。

兰育德穿上了环保工人的制服，高高大大的他看着镜中身穿橘色衣服的自己，他很少穿这么亮色的衣服，这身橘色衣服倒是把他的肤色提亮不少，他对着镜子笑起来。有人说他傻，当一个环保工，又辛苦又累，还没社会地位，有啥好高兴的？兰育德不服气，他说，啥叫没社会地位？不是环卫工人天天认真履行职责，罗江能这么干净吗？我们做的工作很重要，就是为了保证家园的漂亮洁净！

兰育德上班的时间是怎样呢？每天早上4点多开始清扫马路，他的“分段承包路”是从罗江水果市场到天河家园，属于“罗江北大门”的范畴，一直扫到7点，保证将人行道和大马路都清扫干净了，再回去吃早饭。8点半又出来上班，和他街对面的同伴搭档，主要是负责随时将发现的白色垃圾立刻捡到撮箕里。中午12点到2点是午饭和午休时间，2点到6点又照常上班。

打霜、下雪，寒气从薄薄的手套里直侵而入，仿佛穿透骨髓，冻得兰育德手脚麻木，耳朵上长的冻疮发痒，他忍着，唰唰唰扫地；酷暑下午，蝉鸣唱卷了晒得发白的柳枝条，坐在空调室的人们望着马路发呆，兰育德汗流浃背，一路走一路捡，他是“白色垃圾”的克星，不允许自己负责的路面出现“瑕疵”，影响整个罗江的体面与干净；清晨4点，整个城市还在沉睡之中，偶尔有车辆驶过，留下寂寞回音，他已经开始了一天沉默的劳作。

他说自己已经做了十几年的环卫工作，每天都是4点起来，身体早已形成了一种“习惯”，而这“习惯”，就是“自然”，到了那个点儿，身体会指挥你到底该怎么做，会娴熟地调配你的精力，这样就一点都不会感到累了。他会很认真地面对一整天的工作，想到做完了才好休息，没做完之前，坚决不能偷懒。

兰育德每天都要擦自己负责路段的果皮箱，将其中的烟蒂和瓜子壳清理干净。有些不讲卫生的人，将口痰吐得到处都是，兰育德拿抹布去一点点擦，还有人在旁边说怪话，讲那么恶心，怎么下得去手啊！兰育德并不多说话，他早就习惯了埋头做事，别人的白眼和蔑视，伤不了他半分。但他并非怯懦，看到谁在路上乱丢垃圾，他会勇敢地跑过去，微笑着朝对方说：“同志，下次请将垃圾丢到垃圾箱，请理解环卫工人的辛苦。”有时遇到愣头青，反而还要回头骂他几句，但大多数是懂道理的人，兰育德感叹：“只有每个罗江人的素质都提高了，这个城市的精神面貌才会更加怡人美好。”

在他打扫的路面，有一溜儿店铺，刚开始，铺面老板多少也看不起环卫工人，兰育德刚刚清扫过，有人又在后面倒出一大堆垃圾，像洁净地面凭空长出一块疮疤，说不出的难看。兰育德一瘸一拐地走过去，换了他“爱激动”的同事，可能早就忍不住和人家吵将起来，但他永远都是谦和的，微笑如春风，先和老板打个招呼，然后语气委婉地说：“下次咱们就把垃圾堆到旁边，喏，就是那儿，我会尽快来扫走的。要不，就这样摆在路上，既影响了交通，也让店面形象不好看。”听兰育德这么说，之前还趾高气扬的铺面老板也无话可说——人家都是从你的立场出发，没有过分责备，而是与你认真商议。

兰育德没花多长时间，就和他负责路段的铺面老板们成为好朋友，他们说这个老兰，从没见他跟哪个吵架，哪怕遇到“弯酸客”，他也不着急不上火，修养真是高。于是，大家真心和他做朋友。夏天午后，兰育德带着撮箕一路捡垃圾，店铺小老板们一路都在招呼他：“老兰，先莫慌到捡，过来喝杯水歇歇脚嘛。”“兰叔，我这儿冰箱里冻得有汽水，冰冰凉，要不要？”

兰育德很欣慰，并不是说他多了几个“老板朋友”，令他欣慰的是，人与人之间的理解和沟通，建立和谐的关系，达到一种“共赢”，这才是让他感到欣喜的地方。别看兰育德成天风里来雨里去，和垃圾打交道，与脏乱作斗争，他内里可有一颗孜孜向学心，平时就爱看社会管理学方面的书籍，在49岁的“高龄”，兰育德还通过艰苦自学，拿到了大专文凭。

这个“老大学生”，平时热爱的休闲娱乐活动还挺另类的：他喜欢在下班后骑自行车，一骑就是三十公里，骑足两个钟头，这才满足惬意地回家洗澡、休息。他看到我们的困惑，爽朗地笑了，拍了拍自己“小一号”的右腿，说骑车不碍事的，而且我就是要运动，要锻炼，要让自己身体变得更棒，骑车，是我最好的休息和放松方式。

年轻时，人家笑他是“肩不能挑的兰瘸子”，他一鼓劲，咬牙挑起了65公斤谷子；现在，他在辛苦的环卫工作之余，最爱的竟是“骑行”，外练体魄，内修气度，由此，才成就了这样一个“爱净如命”的真君子。

爱干净的女人

鄢家镇星光村是市委确定的“四好村”示范点，为引领村民们更好地“养成好习惯、形成好风气”，村上号召村民们都向本村二组的王立琼学习。学啥？当然是学她的好习惯了。

打扫院坝成“打卡”习惯

邻居们说，自从王立琼嫁到星光村二组，这几十年来，随时走进王立琼家都是干干净净、整整洁洁的，就连屋檐下码放的柴草都整整齐齐，规规矩矩，看着就顺眼，就舒服。爱干净爱整洁，是她从小在娘家就养成的习惯，几十年都不曾改变。

王立琼今年 52岁，一直在家种庄稼、种果树。她老公是个建筑工，长期在工地打工。其父母年龄大了，不能干农活，老公还有个兄弟，兄弟二人便一人供养一个老人。王丽琼家里有5亩多田地，基本上是她一个人种，有时农忙，老公回来帮一帮。但是再忙，每天起床她要做的第一件事，就是打扫院坝，这仿佛已成为王立琼的一个“打卡”习惯了，若每天清早不摸一下这扫把，感觉心里就空落落的。

王立琼是20世纪80年代嫁到龙家的，那时家里的院坝还是土院坝，容易脏。她早上打扫了，下午收工回家，要是发现院坝被弄脏了，看不顺眼，不管再累，都会又握起扫帚打扫一次。干农活回来，锄头、犁头等农具，都要在外面清理干净，将土粒儿都抖掉，才带进院门。家里的箩筐、背篓、扁担、犁头、锄头等等乱七八糟的农具，都专门放置在一间猪圈里，也摆放得整整齐齐，从不乱扔。

1986年她怀了小孩，家人心疼她，不让她干活，但是他们又都不习惯天天打扫卫生。那时别人家的鸡鸭都敞养，尽管自己家的鸡鸭关在笼子里，但是别人家的鸡鸭要跑过来，在地上到处拉屎，她看不顺眼，在家人出门干活后，仍然拿起扫把打扫。一天，老公从农田里干活回来，鞋上沾满泥巴穿进了屋，王立琼立马就来气了，一气之下拿起老公脱在屋里的鞋子就往外扔。当时由于她怀孕，老公不敢跟她生气。后来，老公长记性了，从不把带泥的鞋子穿进屋。

王立琼说，这些都是一个观念、一个习惯问题，其实都不费时间，就是一顺手的工夫。她家的楼房是1998年修的，在这之前，一座农家大院住了好多户人，都是龙氏一族。是一座大四合院，中间一个大院坝，每天早晨起来，她都要打扫半个院坝，一直扫到大家都要进出的龙门口。修新房时她家搬出了大院子，建在机耕路边，大院子的人赶场、出行都要从门前路过，塑料袋、糖纸、抽过的烟盒，扔得房前屋后到处都是，王立琼就默默地捡起来，在山坡挖一个坑埋下。

环保意识领先跑

那时村上还没有设立公共垃圾池，乡村许多人都没有环保意识，政府也还没有倡导，王立琼自己家的生活垃圾，就堆放在院前的一块空坝上，那不是自家的坝子，是一本家邻居的，但空着。有时邻居打声招呼，说要种点什么，王立琼就马上把垃圾搬到别处进行处理。

她家房后有一片竹林，是与邻居共同拥有的，一家一半。王立琼不只是打扫门前院坝，连竹林里的竹叶也扫。扫了自家的，看到邻家的竹林又不顺眼，又帮邻居家扫。一次那些竹叶没处理，堆放在邻居家竹林，邻居路过看到不高兴，自言自语埋怨了几句，被王立琼听到了，立马把堆积的竹叶搬到一空处，点燃烧掉。其实，那堆竹叶是她帮邻居家把竹林打扫后堆放在那里的。王立琼心想，你不打扫竹林，自己动手处理一下总可以吧。但邻居却不领情，以为是王丽琼把她家那边的竹叶堆放在那里。后来一天邻居看到王立琼在帮他家打扫竹林，才晓得上次错怪了王立琼。再后来，邻居也主动天天打扫卫生，两家关系处得很融洽。

2011年，县政府倡导乡村搞好环境卫生，并在全县范围内，给每个院落都修建了垃圾池，乡村里的垃圾有了堆放点，乱倒、乱扔垃圾的现象一下子少了很多，生态环境也一下子好起来。看不惯脏乱差的王立琼，走到哪里都看着顺眼了。

今年市上在星光村搞“四好村”试点建设，要大家不仅要住上好房子，过上好日子，还更要养成好习惯，形成好风气。王立琼很认同政府这个提法，也很支持。农民嘛，也应该树立起自己的好形象。何况，现在政府给每个院落都发放了垃圾桶，村上还安排有专门的保洁员，每天用电瓶车把垃圾转运到专门的垃圾处理点，进行分类处理。现在打扫卫生比以前方便多了，大部分村民也养成了打扫卫生、爱护卫生的好习惯了。像王立琼的邻居龙春燕，不只是家里打扫得干干净净，后阳沟连一片树叶都看不见。最开始都是三天、五天才打扫一次，现在是天天打扫。

王立琼说，每天看到环境干干净净，干活路都觉得有力气一点，心情也舒畅。自己家里卫生搞得好，搞得干净，有城里亲戚来耍，都能放心住下来。去年冬天，她的一个在德阳东方电器集团上班的外孙到家来耍，特意带来烧烤架、电影机，要在她家过夜，烤烧烤吃。她家外面有一个小坝子，村上美化环境时种有花草，他们几个年轻人就在那里热闹到半夜。

现在，王立琼一家三口人，房屋去年重新装修了一番，是老公亲手装修的，她帮忙打小工，装修得像城里房屋一样，整洁漂亮。她被村上树立成养成好习惯的榜样，不时有本村本镇村民到她家来参观、拜访，也有外乡村镇干部来考察、取经。

当新盛镇一个前来参观学习的干部问王立琼，是不是因为要打造四好村才天天打扫卫生？王立琼说，这都是很平常的事，她几十年来都是这样做的，并不是因为要打造四好村了，才把房前屋后打扫得干干净净，把家具、农具摆放得整整齐齐。她是习惯成自然，要是大家都养成这样的习惯了，也就不觉得奇怪了。

现在，星光村像王立琼一家这样，住上好房子、过上好日子、养成好习惯、形成好风气的村民，比比皆是，这正是“四好村”建设的目标。

大美“四好村”

实施“四好村”建设，主要以硬件和软件为主。“硬件”就是以基础设施建设、农村环境及风貌整治为重点，包括农房风格风貌整治、水利基础设施改造、文化旅游基础设施建设等；而“软件”建设就是以宣传、教育、引导、着力破旧立新、移风易俗、树文明新风为抓手，推进可复制、可持续的“1+3”（农户、产业、环境、文明）共同发展模式，构建“四自”（自我管理、自我约束、自我服务、自我发展）的新型农村社会治理架构，实现

“三讲、三爱、两进步”（讲科学、讲法律、讲文明，爱党、爱国、爱家，发展进步、文明进步）。

在“四好村”示范建设中，鄢家镇立足新农村特点、立足万亩蜜柚特色产业、立足农民诗社以及罗江成功举办的诗歌节等本土特色，充分挖掘当地民俗文化，建设农民诗歌大道、农家书院、民俗文化研习所，常年举办民俗活动以及为游客提供体验农事劳作的活动，把“中国罗江诗歌节”永久性放在示范区举办，把示范区域建设得更像农村，打造“岭上花开乡愁记忆农业主题公园”。

同时，树立典型引导，评选出“星级文明户”20户、“好媳妇户”8户、“好婆婆户”6户、“模范丈夫户”1户、“脱贫攻坚先进户”1户。设立“小小监督岗”，针对当前习惯、风气存在的问题，开展“小手拉大手”活动，让小学生担当小小监督员，放学后检查院落的环境卫生，检查每家每户“六做到”的情况，发现做得差的及时向户主提出整改要求。这让小朋友找到了价值所在，从小培养他们养成好习惯。

村民议事会组织群众完善《村规民约》，倡导尊老爱幼、赡养老人，倡导红白喜事一切从简，反对铺张浪费相互攀比，倡导热心服公务，反对赌博酗酒。区域内村民讨论制定了《养成好习惯形成好风气的监督奖惩约定》，解决了养成好习惯形成好风气缺乏长效机制的问题。

创作《好习惯，六做到》的快板，组建星光大嫂快板队为群众搞宣传；创作拍手儿歌《从小养成好习惯》，让小朋友在游戏中明白怎么形成好习惯、好风气；向全镇人民发出倡议，将倡议书内容与快板、儿歌录音，通过广播循环播放，确保好习惯、好风气深入人心。邀请市县级群团部门、镇党委政府、村两委四级联动，通过领导宣讲、专业老师主讲、本村示范户现场示范，以农民夜校、集中培训、上门指导等形式进行好习惯、好风气的培训引领，切实做到“六个好”，确保环境干净、整洁、舒适、有序。截至目前已举办各类培训10次、上门服务5次，参训群众达1000余人。

为了让示范区内老百姓养成好习惯并一直坚持下去，村民议定建立微信群，把能够发微信的村民都加入群中，开展“做得好不好，微信扫一扫”活动，广大群众人人争当播报员，随时随地用手机拍摄播报创建活动中发生的事，曝光脏乱差，表扬好习惯、好风气，在相互监督、相互促进中共同进步。

“十星”女人，星光熠熠

李缝碧，这个新盛镇金铃村5组的“留守女人”，今年54岁，上有老下有小，可她有本事将日子打理得井井有条，把生活安排得有条不紊，被评为金铃村的“十星”文明户，简直让人怀疑她生了三头六臂，或者天生就有啥过人才能。和她同村同组同是“留守女人”的李晓青呢，她家家门口同样可见“十星”荣誉牌，这个32岁的女子，长着一双明亮有神的大眼睛，她说话时嗓门挺亮堂，讲到开心处，笑得“见牙不见眼”。细谈下去，我们发现一个有趣的事实：不管是李缝碧还是李晓青，说起来她们的命运都算不上顺遂，但她们却用自己的光和热，点亮了寒冷夜空中最亮的那颗星。

她们，是当之无愧星光熠熠的“十星”女人。

“四好村”中争“十星”

其实现在不光是金铃村，罗江众多村落都在大力建设“四好村”，按照省委、省政府所倡导的“住上好房子、过上好日子、养成好习惯、形成好风气”，大家众志成城，干劲十足。但若要说李缝碧是因为创建“四好村”才表现得如此突出的，那是大大冤枉了她，问问她的左邻右舍就知道，“李缝碧爱整洁”不是什么新鲜事，这原本就是她坚持了几十年的生活习惯。

说起来，李缝碧肩上担子够重的，她的儿子、媳妇在成都打工，老公在深圳打工，家里就她一个人顶着，上有86岁的婆母、79岁的老父要伺候，下有两个小孙女，一个10岁，另一个7岁，都在镇上念小学，每天都需要接送，而且家里还种着5亩多的庄稼，开着农资经销店。

这么多事情全部都是李缝碧一人操持的，她竟能将家务玩得溜溜转，事情一件件处理得有条不紊。外人走进她家，都会点头称赞，说看啊，人家这地面，扫得干干净净，家具摆放得整整齐齐，就连洗脸毛巾、换下的鞋子都放得规规矩矩。2016年金铃村评比“十星”文明户，许多村民只得了一颗星、两颗星、五颗星……但李缝碧一下子就“收揽”了十颗星，连她自己都没想到啊。

十项评比标准分别是：爱党爱国、遵纪守法、崇文尚教、致富小康、清洁卫生、和谐睦邻、诚守实信、敬老爱幼、勤俭节约、助人为乐。这十项评比标准你占几项就得几星。

李缝碧不但十星皆得，而且在“敬老爱幼”和“清洁卫生”方面，还堪称村里的“样板户”，极具楷模效应。说起家里的“两个老，两个宝”，这话就长了。

李缝碧母亲去世得早，她是长女，父亲就帮她招了一个上门女婿，后来妹妹们纷纷嫁出去了，父亲就一直跟李缝碧、女婿一起生活。父亲年纪渐渐大了，身体也不太好，有反复发作的疝气病，李缝碧常常劝老人多歇着就好，不要干那么多田里的活，将店铺守着就行。但老父亲听了，两只牛眼一鼓，教训女儿道：“不做事，难道粮食从天上掉下来吗？”李缝碧晓得老人自尊自强的心思，也不多说什么。但老父亲有个小毛病，他虽干农活勤快，但毕竟上了岁数，累得腰酸背痛了，就要气哼哼地发一通脾气。

李缝碧呢，从年轻开始，就很注重环境的整洁，她可见不得谁乱扔农具，一直习惯将用过的东西都固定放在一个位置，摆放整齐，下次要用也方便。每当父亲摔摔打打地将农具乱扔到院坝里，她晓得老人脾气，从不做脸做色，只是不声不响地捡起来，摆放到该放的位置上，等他喝足水、吃饱饭，歇得高高兴兴了，才开玩笑地跟他说：“爸，那锄头今天又惹到你了啊？”或者说：“爸，那扁担把你肩膀压痛了嗦？”老人这时缓过来了，就会不好意思地“嘿嘿”笑几声。

左邻右舍都夸李缝碧孝顺，家里不但有脾气拧的老爸，还有年岁高身体弱的婆母，她服侍老人，永远都是笑眯眯的，从没有不耐烦的时候，每天变着花样给老人准备好吃的，是大家交口称赞的好女儿、好儿媳。但李缝碧对此却有自己一套说法，她说外人都觉得是她照顾老人劳累，却不知道“家有老，如有宝”呢，有老人在家真的太好了，有时她要去街上、走人户、进货品等，只要跟家里老人说一声，让他们帮着将店铺看好，屁股一拍就能走得放心。老人帮儿女操心，才是一辈子都没个完结的！

邻帮邻，亲又亲

李缝碧爱干净，不但家里永远收拾得整齐干净，她每天早上起床还会清扫家门前的路段，而且不光“扫除自家雪”，住在她家左右的邻居李佑树、李洪成两家人因为在外务工，过年才回来，所以李缝碧也帮着将左邻右舍门前的路段打扫干净，她说做人不能计较这么多，如果你只扫自家门口那一片，风一吹来，垃圾还不是照常跑过来啊？所以，她很朴实地笑了笑，总结道：帮助别人，其实也是在帮助自己。

在金铃村，“互相帮助”是有着悠久历史的传统美德。李缝碧一个女人，上有老下有小，她还种了五亩田的庄稼，别人觉得这是要将一个女人压垮的重担，在金铃村，还真不算一件事，因为大家早就习惯了“相帮”，播种时与几个邻居一起“组队”，今天你帮我种，明天我帮你种，到了收割时，有收割机帮忙，再请一两个人将粮食搬进屋，说说笑笑就将粮食种好、收好了。对于金铃村这片聚居点的邻里关系，李缝碧赞不绝口，说不是自吹自夸的话，这儿邻里关系是真的不错，哪家有需要帮忙的，只要开口，马上就能获得援手。

自从金铃村提出建设“四好村”，不仅村风村貌有了很大转变，之前老百姓有些陋习也随之改变了。比如，村上要求垃圾分类，大家就自觉分类处理，村民聚居点的公共广场卫生，都主动去打扫，聚居点门口是“新慧”公路，过往的行人、车辆多，难免会扔下白色垃圾，村民们哪个看到了都会捡到垃圾桶里。谁家有什么急事，不用开口，近邻胜远亲，大家会主动帮忙。这点，李晓青深有感触，她迫不及待地分享了一个自己的故事给我们听。

李晓青的家，没搬到新慧公路的新村聚居点之前，是单门独户住的，后来经过一家人的努力，终于凑够钱，来聚居点修了新房。刚搬过来时她还有些忐忑，害怕邻居不好相处，哪晓得大家相处得犹如一家人，晒了稻谷，要往家里一袋一袋地收粮食，她老公在外省打工，家里壮劳动力就指靠李晓青一个人，搬不动，邻居李平、郑德永都会主动来帮忙搬。

前年秋季，李晓青在家门口的路边晾晒了500多公斤稻谷，看着日头挺好，就放放心心去走亲戚吃酒了，哪晓得刚坐上饭桌，原本明朗的天飘过来大片乌云，她心里暗暗叫苦，焦急得不得了，胡乱扒拉了几口饭菜，丢下碗筷就赶紧往家里跑。但到底雨水还是比李晓青腿脚快，跑到半路，大雨就劈头盖脸落了下来。李晓青沮丧地想这下子完蛋了，500多公斤谷子泡汤了！可当她一身水淋淋地跑回家时，却看到晒场上没有谷子，只有密密实实的雨点落下来，在水泥地上砸出一个个小水花。她傻眼了：家里500多公斤谷子呢？家里只有奶奶在家，但奶奶年龄那么大了，不可能收回这么多粮食啊。奶奶看李晓青像是呆头鹅一般失魂落魄站在门口，头发梢儿都在滴水，赶紧叫她进去擦头发，说咱们家的粮食，都是邻居谭勤华、李秀碧、杨辉群等几个人帮的忙。奶奶说："你今后呀，要好好报答这些好人。"

李晓青很感动，这个从小就尝遍人间辛酸滋味的女子，心里涌过了一股暖流。

孤女前传

童年时的李晓青，感觉很幸福，因为家里热热闹闹的，她和弟弟健康成长，爷爷、奶奶那时身体也硬朗，一家六口快快乐乐守在一起。父亲是屠夫，半夜杀猪，天亮就去场镇卖猪肉，小时候，家里天天都有肉吃，李晓青走出去嘴唇油光光的，让小伙伴很羡慕。她觉得比起家里伙食开得好，最让她印象深刻的是"奶奶有主见、有头脑"。

有次，父亲做生猪生意，把一张1万多元的收款单子弄丢了，回家翻箱倒柜找不着，急得要自杀，母亲也急，连连抱怨谩骂，跳脚发怒。倒是奶奶格外冷静，遇到问题不慌不乱，她提出了自己的想法，让父亲去买别人喂得瘦的架子猪回来，说这些猪价格便宜，但一旦长上膘就能赚到钱。父亲听了奶奶的话，专门去买那些架子猪回家，奶奶每天帮着准备猪食，细心喂养，几个月后，猪长上膘杀掉了，父亲去街上卖掉，很快又赚回钱来，一家人的生活恢复如初。

幸好有这样坚强又冷静的奶奶，李晓青庆幸道："要不然，我真不知道那时怎么办！"

李晓青刚念初一，她家里遭了横祸，父亲去世了，失去了顶梁柱，日子一下子黯淡下来。一年后，母亲改嫁，带走了年仅4岁的小弟弟，14岁的李晓青只好辍学回家。她这个没爹没娘的娃，从此和年迈的爷爷奶奶一起生活。

那是一段非常艰苦的岁月，因为爷爷奶奶都上岁数了，干农活很吃力，赚不了多少钱，一家人只能一年一年、一天一天地熬着。熬到李晓青17岁时，家里有个亲戚上门来给她介绍对象，李晓青本能地拒绝，说我年龄还小啊。奶奶含泪劝她说，咱们当农民种田地，家里没个男劳力真不行。于是，李晓青不到法定结婚年龄时，先办了喜酒，新郎叫刘玉斌，比李晓青大10岁，是青川大山里的男人，胸怀也像大山一般朴实厚沉，自愿到罗江来当上门女婿。

婚后5年，爷爷去世了，眼见村民们将房屋都建到新盛到慧觉的水泥公路两边了，李晓青一家还待在老地方，路不通，出行困难，收到的粮食都要比人家公路边人家少卖点钱，这让她下了决心：一定要想办法多赚点钱，修新房。

于是，李晓青和老公捡起了组上十多亩撂荒地，全都种上粮食，汗珠子在田地里摔成八瓣儿地干活。刘玉斌踏实肯干，不怕苦累，到了农忙季节，还将自己亲戚、家人都喊来帮忙。累了好几年，手里存下一点钱，再借贷了一部分钱，李晓青也将房子修到了新村聚居点。

“十星”女人很实心

认识李晓青的人，都说这女子待人好，实心实意，不要一点虚头晃脑的板眼。开心时，她咧嘴大笑；回忆到痛苦往事时，她泪光闪闪。她是那么纯粹、自然，不带一丁点矫饰。

想当初，搬了新家，为了还贷款，刘玉斌就跟随村里人去了山东打工，做建筑，一年能挣3万多元。奶奶现在已经80岁了，不能干活，但身体还行，农忙时在家帮李晓青煮煮饭，让她回家就有热汤、热水喝。李晓青对奶奶感情很深，她说奶奶将自己拉扯大太不容易了，以前是奶奶供养她，现在该是她报答奶奶的时候了，所以她对奶奶很孝顺，有时自己性子急，不小心嗓门拔高了点，怕老人家多心，她都会马上向奶奶道歉，请奶奶别在意。她要尽心尽力奉养奶奶到老。女儿14岁，在罗江中学读初中，成绩好，晓得节约，平时节假日回来了还要抢着帮妈妈干活，让李晓青备感欣慰。

李晓青刚搬到聚居点时，大家都有乱扔垃圾的习惯，门口路段，随时都有白色垃圾、糖纸烟盒之类，一到夏天，苍蝇到处飞，臭味一阵阵地扑鼻。现在好了，村上不仅投放垃圾桶，让大家把垃圾分类，每天有专人转运，天天门前干干净净，看起来都舒服。她觉得村里搞“十星”评比是个非常好的举措，比如她自己吧，以前农忙时节，家里弄得一团糟，干活回来，农具随手一丢，也不拾掇拾掇。现在不会了，别的不说，要对得起“十颗星”啊，不但注重环境卫生，还养成了将用具摆放整齐的好习惯。李晓青笑眯眯地说，哎呀就是一举手的工夫嘛，不过多花一两分钟时间，但将家里面弄整洁了，自己心情都愉快得很呢。

本来李晓青想和老公一道去外地打工赚钱，好早点将修房的贷款还清，但婆婆年龄大了，没人照看可不行，便留了下来。村上领导很关心他们，范书记将农行农村便民服务点安排在李晓青家，让她为全村老年人取养老资金，多少能有一点补助。之前村上的图书馆设在村办公室，没有专人管理，村民想看书，一点都不方便，如今村上也安排到李晓青家，让她帮着代管。她给我们看了借阅图书的登记簿，周末学生们放假，有时一天会有数十人来借书，李晓青将图书室打理得井然有序，村民都说如今“要看书，找晓青”，方便快捷多了！今年，一家饮料公司要在金铃村设一个代理点，问李晓青能不能在家门口挂块牌子帮助联系？虽然是义务帮忙，但李晓青觉得这是有利乡亲的事，十分乐意地应承了下来。

李晓青不打牌，就喜欢做鞋垫、绣花。她觉得做这些，比打牌有意义。比如绣好一幅图，可以装裱好挂墙上，当装饰，好看又高雅。

说到这里，这位“十星”女人眉眼弯弯地笑了，说不止我不打牌，自从我们村提出“四好村”建设、开展“十星”活动评比星级村民以后，几乎看不到打牌、打麻将的人喽，而且许多陋习都得到改变，村民的素质高了，大家相处得像是一家人。现在咱们金铃村，可真是一天比一天好，旧貌换新颜！

“接生婆”？性别男

在中国“古老乡村”的漫长历史中，有个名词是大家耳熟能详的：接生婆。担当此重任的，往往是乡村手脚麻利的中老年妇人，她们具备粗浅医学知识，能帮助产妇分娩，在某些时刻，她们还颇具权威性，比如呵斥产妇老公：“到外面守着，你在屋里又帮不上忙！”那些平日骄傲得不可一世的男人，倒也肯乖乖听话，服从接生婆的调遣。可如果一个年轻男子，他“冒天下之大不韪”，接过了接生婆这个光荣的衣钵呢？他将给大家带来什么？是一秒就被人接受，还是和“老观念”艰苦作战，崎岖前行？

出生于1985年的妇产科专业医生杨帆，性别男，说起他的“名医之路”，他首先请求：容我先倒倒苦水吧。

你是医生还是流氓？

那时，杨帆到妇产科的时间还不长，2008年，他从泸州医学院毕业后，回到家乡罗江县人民医院工作，先在各个科室轮转实习了两年，考取了职业医师证，2010年正式进入了妇产科，成为妇产科专业医生。这一年，他和未婚妻正在甜蜜而紧张地筹备婚礼，还未正式迈入神圣的婚姻殿堂。那天，未婚男妇科医生杨帆见识了什么叫“刺头儿”。

其实，他并不是第一天在妇科正式接诊了，但从接诊到现在的这段时间里，杨帆的处境都能用两个大字囊括：尴尬。他第一天坐诊，格外兴奋，提前一个小时起床洗头、剃须，将自己打理得清爽整洁，如同一块散发着香味的大香皂，但他嘴角含笑地坐在桌前，等了大半天，愣是没等到一个进来问诊的病人。不，不是因为来罗江县人民医院看妇科病的人少，恰恰相反，那天来来往往有不少人，但她们伸头在门口一看，见里面坐着的是个年轻的男医生，转身就离开了，个别还将嘴角一撇，眼睛一瞪，仿佛杨帆是个心怀不轨的小人。杨医生从兴奋期待到如坐针毡，等到快下班，才等到一个老大爷——他当然不是来看妇科的，而是一着急找不到卫生间了，看这个年轻医生闲得发霉，进来问问路。

杨帆从第一天正式成为妇科医生开始，就学着要将病人及家属的质疑目光甚至带刺言语统统咽下肚去，但他还是没想到，经过了自己小心翼翼的“心理建设”，当一位孔武有力的小伙一把抓住他衣领时，杨医生还是会紧张得张口结舌，在肚子里彩排过一千遍的解释也说得颠三倒四。

小伙是陪伴年轻貌美的小娇妻来看病的。最开始杨帆问了女病人几个问题，小伙站在一旁警惕地听着，一言不发，可当杨帆请女病人进检查室，做进一步检查再诊断病情时，那小伙突然发飙，他牛眼圆瞪，手背的青筋暴凸，几乎扯破了杨帆领口，高声辱骂他：“你这个流氓，光天化日的想要干什么？”一急之下，杨帆解释得结结巴巴，他比对方矮半个头，论蛮力肯定拼不过愤怒的小伙，索性横下一颗心，只咬牙强调：“医生眼中没有性别，只有病人。”可那小伙偏执得要命，大吵大闹，嚷得同事们都听到，跑过来劝他放手，又做解释工作。小伙反复看了杨帆的工作牌，好不容易勉强答应妻子进检查室了，他又节外生枝，指着杨帆问道：“那你有没有结婚？”同事赶紧告诉小伙，杨医生很快就会结婚，未婚妻也是内科医师。小伙这才安静下来，哼出一声：“嘴上无毛，办事不牢，一个大男人做啥不好，要当妇科医生……”杨帆苦苦一笑，没有和他多计较，赶紧去诊疗病人。

病情确诊，原本痛苦万状的女病人仅仅治疗了五天就康复出院了。在出院当天，小伙特意找到杨帆，诚恳地道了歉，他说杨医生，现在我相信你是个合格的妇产科医生了，对不起，以后我再也不干怀疑你的蠢事了，谢谢你啊。

杨帆很高兴，病人家属态度的一百八十度大转变，给予了他工作莫大的鼓励和肯定。

临危而不乱

临产的孕妇，若被“安排”给杨帆照顾，一开始，她们的神情是拒绝的。杨帆也理解她们的戒备心理，他晓得，男女授受不亲这个根深蒂固的传统观念，在中国已有几千年历史了，更何况在给产妇检查、接生过程中还会接触到女性最隐秘的地方，难怪孕产妇会感到紧张了。所以，即使一些心胸狭窄的准爸爸对杨帆说出道德攻击的话语，他也只是无奈地一笑了之，从不计较半分，医者仁心，他只在意一件事——如何更好地照顾好病患。

那晚，杨帆正在值夜班，在灯下翻看一本医学书刊，助产护士慌慌张张跑过来，说有个产妇，分娩后阴道大出血，已使用药物止血了，但效果并不好，请杨医生前去施救。杨帆一听，扔下书就赶紧跑过去，他看到产妇阴道的血还在不断往外涌流，而床前垃圾桶里，已经堆满了一桶被血液浸染的卫生纸。情况紧急，杨帆不敢有丝毫怠慢，他先对产妇进行了子宫挤压，同时温言细语地和她讲话，为产妇做心灵安慰，让她放轻松，只要不紧张就会没事，要相信医生。看到杨帆如此从容淡定，之前乱作一团的产妇家属也渐渐安静下来，产妇虚弱地抬起眼看了看杨帆，杨医生及时送上鼓励的眼神，让产妇心安。杨帆有条不紊地为产妇量了血压，数了脉搏，他看产妇因出血过多，呼吸微弱，又安排护士为她输血、吸氧。担心产妇出事，当晚杨帆一直守在病床边，时刻关注产妇病情进展，直到早上5点，产妇情况全然稳定后，他才回去休息。当他离开时，产妇苍白的脸上已浮现了一丝红晕，安然地睡着了。产妇老公追出来，在走廊上握着杨帆的手，一再感谢他救了自己老婆的命。如同战斗般紧张了一夜，此刻能听到这句感谢的话，杨帆浑身上下又充满了力量，他为自己所从事的工作而自豪。

“每临大事有静气”这7个字，对于一个医生而言，实在是太重要了。

几年前，杨帆接到120通知，说万安镇9村1组有一名产妇在家里临产，家属不在家，她一个人在家里通道喊叫救命，邻居听到声音，赶紧帮忙打了120。杨帆等医护人员赶到时，婴儿已经生出来了，满床都是血，产妇就像一艘破败的小舟，漂浮在“血河”之中。产妇已经陷入昏迷状态，满脸虚汗，血流不住，婴儿的脐带还与母体相连。眼看大人小孩都很危险，杨帆赶紧抢救小孩，安排同去的两名护士为产妇补液、吸氧、监护。等大人、婴儿都脱离生命危险后，就赶紧将母子俩送回医院，进一步做破伤风、残留胎盘、止血等处理和抢救工作。但在抬孕妇上车时，邻居却忸怩着不肯，他先说自己不是对方老公，不好搂搂抱抱，又说抬起一身是血的产妇会带来晦气，他可不愿意。无奈之下，杨帆只得一只手抱着婴儿，一只手帮着抬产妇上车。待抱着孩子赶往医院，做好一系列后续工作后，杨帆才感到后背冷汗黏湿，已经湿透衣衫。

口碑铸品牌

由于医术和医德慢慢地得到患者和家属的认可和信任，杨帆也有了自己的口碑，渐渐地有许多病人都主动要求杨医生给她们医治。杨帆感到被人们笑话、谩骂、指指点点的心酸和苦楚，已经一去不复返。他非常庆幸自己当初没有动摇当妇产科医师这一信念，在这个人们眼中的“禁地”立住了脚。

2012年，一个大肚子病人来到了杨帆的门诊室，坐到他对面椅子上，请杨医生医治。问及这个状如临盆的孕妇，已经58岁了，这个年龄的女人，几乎是不可能怀孕的。女病人拿出一厚叠在市医院治疗过的病历，杨帆翻阅浏览，知道她是罹患卵巢癌的病人，在市医院已经做了很长一段时间化疗了，觉得效果不太理想，就来到家乡的县医院治疗，当然也没抱多大希望。

女病人说得很轻松很简单，说请医生帮我把腹水抽出来就好了。杨帆耐心跟她解释说，如果只抽出腹水就能治好，那么市医院早就那么做了，可若只抽腹水的话，只会加速死亡，对她的病起不到治疗作用。然后，科室几位医生会诊后，杨帆大胆提出了一个方案：腹腔化疗。这个方案，医院以前很少用，但这位女病人性格相当洒脱，她说死马当活马医，那就试试吧。

于是，杨帆对病人进行了腹腔化疗。两个疗程后，女病人犹如孕妇的肚子就瘪了下去，又接着化疗了一个疗程，病人精神强健了许多，犹如常人一般了。为她做了全面细致的检查，奇迹出现了，腹水已完全消失，她高高兴兴回家了。

出院之后，这位女病人每年都来找杨医生复查治疗。久病成良医，她也查过相关资料，知道一般的卵巢癌患者，最多存活五年，而她早已达到五年期限，还活得精精神神。她还和杨医生开玩笑说，我腹水消失是个奇迹，到时活出一个长寿岁数，再创奇迹！

病人的达观，更加鼓舞了杨帆，他说，这种腹腔化疗不仅可以减少患者痛苦，更能延长患者的生命，有了这个先例，有了更多关于腹腔化疗的临床经验，现在，腹腔化疗已经成为罗江县人民医院能熟练运用于临床的技术了。

身为医者，时刻精进。为了拥有更好更精的医术为患者服务，2015年12月到2016年6月，杨帆去了第三军医大学第一附属医院进修妇产专业，主学微创。以前医治妇科病，遇到肿瘤等需要手术的，主要是开刀，现在可以通过微创腹腔镜，减少病人痛苦，身体恢复也快，还没疤痕，很受患者欢迎。比如，两个拳头大的肿瘤，打两个2厘米、两个0.5厘米的口子就可以顺利安全地切除。要是在以前，得在下腹到脐眼之间开一道20厘米的刀口，给患者留下一道难看、恐怖的疤痕。杨帆所掌握的这个微创技术，在整个德阳市都是走在前面的。

一个人的坚持和付出，总是会有收获的。2015年，医院派杨帆跟随杨琳芬的“名师工作室”，协助参与了两项市级科研项目，并获得了德阳市科技进步三等奖。

从2015年起，科室安排，由杨帆负责牵头举办了罗江县域内妇产科学术交流会，杨帆聘请了德阳市医院妇产科主任前来对全县妇产科医生授课，提高了罗江县妇产科医生整体的医疗水平。杨帆认为，这是医院领导对他的信赖，让他感到自豪，也让他感到压力。因而，杨帆在工作之余，也在不断地学习，通过专业性书刊或者网络，了解最新的临床指南，最新的医学科研成果，不断地更新对不同疾病的认识和诊疗方案。

2017年，为降低孕产妇风险，由杨琳芬老师的“名师工作室”牵头，规范了县域内所有医疗机构对危急重症的处理流程，由杨帆整理成册，分发给各个乡镇妇产科，力争做到产妇零死亡。这是所有妇产科医生的心愿，也是所有产妇及家属的心愿。

作为一名曾经饱受质疑，被人怀疑专业素养，甚至被辱骂为“流氓”的医生，杨帆从选择从医第一天起，就一直在这条路上艰苦跋涉，努力行进。他微笑着，满怀信心地说道，自己还年轻，想通过努力不断地学习医术和专业知识，争取得到罗江县女性患者的全面信任和支持，做到让她们治病不再舍近求远，减少她们的奔波，减少她们医疗费的负担，使因病返贫的家庭少一些。

几多疲惫，几多孤单，心有大爱，自然无惧路途坎坷。

老李的算盘

新盛金铃村的李又鑫长得很壮实，土话形容是“碓窝大”，走路每一步都很有力。坐定，他先咻咻喘上两口气，这才慢悠悠开口说话。

别看李又鑫“身宽体胖”，他心里却装着一本明白账呢。2016年5月他开了一个茶馆，正儿八经算是“李老板”了，李老板拨起算盘珠子来，噼里啪啦那叫一个明亮畅快。话匣子，就从“老李会算账”打开。

算得一手明白账

李又鑫给我算的是一笔宴席账。说起乡村大摆宴席之风，这个传统也不知是谁兴起的，反正大家都糊里糊涂地“继承”了下来，不但“继承”，渐渐还演变成一种攀比趋势。打个比方，和你要好的乡邻要嫁女，请你过去吃酒，你就要在心里盘算啊：上次我家老辈子做生，乡邻过来，送了个500元的红包，这次人家嫁女，至少要再添100元，但添100元仿佛又有点少，那就狠狠心，添到800元吧！

这红包添到了800元，但吃酒客和主人家其实心里都不轻松，一个想到“添了300元，对方应该不会怪我不懂事了吧”，一个暗自嘀咕“下次我还得把礼钱加上去，才能回礼，唉，负担重啊”。负担是真的重，乡村里办宴席，甭管是红白喜事、娶媳妇嫁闺女、娃娃满月酒、老人寿酒，还是乔迁之喜，人家既请了，即使晓得要吃“贵价饭”，还不是要硬着头皮堆起笑容前去啊？有些关系特别亲近的还好说，总有彼此相处得不远不近不冷不热的吧，又都是邻居啥的，请客少了你这份子，仿佛在昭告天下——我和这个人不合！谁都不愿蹚这污水，于是只有唉声叹气地请，请的人也只能不情不愿地去，去了往往并不能“两相欢喜”，还在桌上吃着、喝着，鸡鸭鱼肉却都失了滋味，觉得坐在这儿既傻又浪费还无趣！

罗江这边风气淳朴，还稍稍好点，李又鑫听外面打工回来的人讲，在某地，那里的人才爱显摆，就算家里母猪生个崽都要大办宴席，强行将村里的人都请来吃酒，大家没办法，也要给“喜添儿”的母猪妈妈送上一个红包。

大家当玩笑，听了就罢了，李又鑫却听到了心里去。那晚他回家，翻来覆去睡不着，起身翻箱倒柜地找，老婆被吵醒，问他半夜三更找啥子，他说找纸笔，要算一笔账。老婆咕咕哝哝地披衣开灯，从抽屉里找到大孙女暑假留在家里的旧练习本和铅笔，说，你有啥了不起的账，非要现在算？

李又鑫浑身热血沸腾，他没理老婆唠叨，开始在纸上认真写下第一个数字：30桌。

老婆凑过来一看说，这是啥意思？你又要办酒席？李又鑫摇摇头，他说，你还记得不，我做50岁生日时，就是办了30桌，请了坝坝筵。老婆说，咋个记不得嘛，前前后后准备了那么久，累得人半死，结果收到的礼合拢了一看，也就4.1万元！李又鑫点点头，不错，30桌寿酒收了4.1万元，这个也不算“亏本”了，但他再往下一算，当日付给厨师的工钱、菜、肉、海鲜原料钱、桌上烟酒钱等等，这就去掉了2.6万元。这个数字老婆也记得很清楚，因为老婆给得肉痛，背后还批评了厨师几句，说那人说话不算话，像是“水发海参”之类的菜，原料都暗中加了价，也奈何他不得。

李又鑫在纸上写下了“1.7万元”几个字。老婆打了个呵欠，恍然大悟地说，你大晚上不睡瞌睡，就是在这儿算咱们摆寿酒赚了多少钱啊？李又鑫摇了摇他那颗胖胖的脑袋说，非也非也，我在算咱们亏了多少钱。

老婆半个哈欠没打出来，瞪圆眼睛听李又鑫解释：“你看嘛，接下来的十年时间，我总不能再办寿酒了吧，这就要一家一家地去‘还礼’，把人家送的礼金再还回去，走十年人户，少说一年也要花七八千元吧？这样算下来，咱们要亏上好几万！”

老婆听了，也吓得瞌睡不翼而飞，她以前从未这样算过“吃酒账”，现在深以为然，连忙问李又鑫怎么办。李又鑫摊摊手，很无奈地深叹一口气说，我也很想知道怎么办，因为之前人家都送了礼，我现在是“逼上梁山”，不走这个人户都不行，看来只能认亏了！

没想到，让李又鑫算盘珠珠又能“活”起来的是如同晓得村民负担大，专门给大家提供了“台阶”下的好政策。

为深入贯彻中央“推动移风易俗，树立文明乡风”会议精神，罗江结合农村现状，印发《关于推进移风易俗，树立文明乡风工作的通知》，倡导以村民自治方式整治红白喜事大操大办、奢侈浪费、盲目攀比之风，整治巧立名目收礼敛财等增加群众负担的行为，破除封建迷信，摒弃陈规陋习，整治赌博、涉毒等违法行为，把人情负担减下来，把新风正气树起来。金铃村积极响应，通过建立红白理事会、禁赌禁毒协会，制定移风易俗文明公约、婚丧嫁娶操办标准，提出了“四提倡”“四反对”村民新风8条倡议，走出人情消费，走向乡风文明。现在村里的新风民约都说得明明白白：不要再盲目消费，订了一条“200元”红线。当然，这只是“提倡”，政府说到底还是无法强制规定“公民的送礼权”。

但这提倡就很好啊！原先李又鑫以为只有自己一个人会打算盘，算出大办宴席要不得，最终是“损兵折将白费精神”，但事实上大家都聪明，谁肚里都有一本细账。现在想要睡觉，天上掉下枕头来，何乐而不为呢？于是积极响应，村里一下子少了攀比之风，多了祥和之气，少了钱财上的“你添我加”，大家反而觉得“吃酒”不再是一种负担了。

助人，很乐

金铃村成立邻里乡亲互助会，李又鑫一下子就捐了200元，200元对他而言，其实也不算少了，因为之前几年，他刚“送走”因脑出血在病床上瘫痪了几年的父亲，前前后后医药费、治疗费都花了18万元，给家里经济掏了一个透明的“大窟窿”。而且父亲卧床瘫痪后，变得格外地“老还小”，口味迅速转变成“孩童口味”，躺在床上零食不断，李又鑫苦笑：“那时他除了一日三餐，两顿饭中间吃的零食，那些饼干、糖果、蛋糕，都可以用拖拉机拉上好几车了！后来还迷恋上了小孩子喜欢的‘旺仔牛奶’，至少买了上百件吧。”

当时捐款的村民，捐二三十元、50元的占大多数，他们就说老李，晓得你送你老汉“上山”，花了不少钱，用不着捐两大百吧？这个善于“打算盘”的老李却很认真地说：“这有啥子？谁能没个难处，我现在给邻里乡亲互助会多捐点钱，说不定就能多帮上一分忙。咱们国家有13亿人，要是一人肯投一元，那就有13亿元了，了不得。”

2017年6月13日，金铃村一组有位村民李明辉受了重伤，就由村支部牵头，村民共同发力，为李明辉爱心募捐。52岁的李明辉，在6月3日不慎跌落受伤，在短短的5天内进行开颅手术及抢救3次，手术费用高达7万余元，给本来就不宽裕的家庭雪上加霜。在募捐会上，村民们积极响应，有的村民并没有住在村内，当天特意冒雨前往捐赠现场进行捐款，特别是建档立卡贫困户在自身家庭本来就不富裕的情况下，也积极参与了捐款活动。截至上午10点半，已共有126名爱心人士参加捐款，共募得爱心善款1.84万元整。其中，建档立卡贫困户就有6人捐款。

李又鑫常常说“助人为乐”，其实被救助的村民，他们更有一腔热血，一颗红心，想要回馈社会，感恩曾对自己施以援手的好乡邻们，所以贫困户在自家都未脱贫的情况下，还从牙缝里挤出钱来捐款，实实在在体现了金铃村的好风气。只有团结，才能抵御外界的冲击；只有热情，才能融化冷漠的寒冰；只有奉献，才能扫除自私的藩篱；只有互助，才能共创和睦的盛世。

李又鑫热心助人，甚至对于被众人唾弃，遭到大家嫌恶的村民，他也无私地伸出了友爱之手。

金铃村4组有个“大名鼎鼎”的周邦林（化名），出名只因他是“惯犯”，因为偷盗，共坐了两次牢。在他第一次入狱时，左邻右舍还想着“浪子回头金不换”，以为他在监狱里受了教育，出来后再也不会行差踏错了，哪晓得他没过多长时间，又华丽丽地“二进宫”了。这就伤透了村里人的心，他们对于这个在牢里一共待了九年的家伙没有好脸色，而且家家户户都避着他，防着他，走在路上遇见了，周邦林刚想要打个招呼，邻居木着脸飞快从他身边擦肩而过，让周邦林一脸尴尬地站在原地，嘴巴还来不及合拢来。

周邦林现在算是个“孤人”了，爹妈早就没了，旧房子多年未修葺，也朽烂得可以，他住在里面，不过是多个屋檐遮遮风。可怜他的一个婶子都80多岁了，偶尔还给不争气的侄儿做做饭。周邦林没有成家，自己又做不来灶台上的活路，常常就这么饱一顿饥一顿，出狱后没事干，在村里走来走去。大家看他的目光警惕，像在防贼。他心里不好受，肚皮里暗暗骂娘，气冲冲地回来往破床上一躺，扯着烂棉被盖住眼睛，一肚子的辛酸委屈，不知向谁诉。

李又鑫亲自过来了，他人胖，走快一点就累得气喘吁吁，将气喘匀净了，这才一把掀开的被子，问他：“你要这个样子躲到啥时候？”周邦林按照辈分，瓮声瓮气喊了一声“哥”，他心里有气，言语难免偏激：“啥子风把哥吹来了？个个都当我身上有瘟疫，躲着我呢！”

李又鑫气得一跺脚：“就是因为你以前不学好，村里人才怕你，防着你，你莫怪人家怎么看你。今天我来，就是想问你一句话，你这次是真的改邪归正了，还是口头说说，以后还要走犯法老路？”

李又鑫这话可把死气沉沉的周邦林“激活”了，他一个跟斗，赤脚从床上跳到地上，沙哑喉咙、血红眼睛嚷道：“哥！要是我今后还干偷鸡摸狗的事，就让我不得好死，死了喂狗，狗都不吃！”

“好！”李又鑫又喘一口粗气，“我就是想来告诉你，不晓得你愿意去做木工？我认识的一个包工头在招人，我晓得你会这门技术，所以向他推荐了你……”

周邦林不敢相信地又喊了一声哥，他眼眶红了，鼻子酸了。李又鑫假装没看到他的失态，脑袋转向一边，打量这座摇摇欲坠的泥坯房说：“等你攒了钱，以后也修个新房子，咱村不错，风水好村子美，年岁大了也留在家乡好好养老。”

周邦林说到做到，他开始跟着包工头做工程，去年还去了新疆打工，那里工资更高一些。春节回来，周邦林特别兴奋地告诉“哥”，在新疆做一天就能拿到130元呢，真金白银！李又鑫说，不错不错，现在过年，村里需要人手打扫卫生，你愿意的话，一天算80元，和新疆工钱肯定比不上，但至少多点钱，过年“手也能打得更直些”。周邦林想都没想，一口应承下来，他说，哥讲的话都是为我好，我咋个都答应！

李又鑫为人大气、和善，他打的算盘，都不是斤斤计较的“小算盘”，而是让自己、让旁人、让村庄变得更和谐美好的“大算盘”。若多几个这样的“算盘先生”，热心肠、明事理，友邻互助，相信罗江明天的幸福家园会呈现更加迷人的风貌。

野　火

年过半百的李文火长相很“喜感”，他瘦筋筋的，脸腮像被刀斧砍过，棱角分明，偏偏配着两条“蜡笔小新”的粗眉毛，还未说话眉毛先动了几下，很会“抢戏”，这就让他的表情显露出了一种与年龄不符的天真。不过，随着谈话的深入，我们发现李文火是个“心中燃烧着一把野火”的男人，这样的男人，即使到了80岁、100岁，眼神照样可以清澈而纯真——与极富漫画效果的眉毛无关。

他大概是我们在白马关镇采访时遇到穿得最正式的男人了，3月底的罗江，温度无论如何算不得“暖融融”，包括镇上的领导干部大都是“夹克+套头衫”，或者“羊毛开衫+衬衣”模式，个别还穿着冬装呢大衣，但李文火向我们生动演示了啥叫“肝精火旺”——他走过来时，穿的是一件白衬衫，里面只有一件贴身保暖内衣，重要的是，衬衫外面还扎着一条鲜红的西装领带。

他是3月份我们在白马关镇走来走去，唯一见到的一个“领带男”。

穷，则思变

李文火不是本地人，老家在遂宁射洪，是家里老大，那儿比罗江还穷——说到老家过去的情况，李文火不好意思地挤了挤他的浓眉。因为小时候常常吃不饱，他很年轻就学会了“弹棉花”的手艺，走街串户、过州跨县地去揽活儿。

20世纪80年代，弹花匠那可是一道乡村不可或缺的风景，走到哪个村子，停顿下来，有时一住就是十天、半个月，等把这个村该弹的棉花该翻新的棉絮都整了一遍，这才又上路赶往下一站。1982年，李文火来到白马关镇，他那时已经是个二十啷当岁的男青年。在农村，像他这么大的男子，家里早就娶下了媳妇，就算一时半会还没成亲，至少也帮着订好了亲事。

但李文火不同啊，他家里穷，孩子又多，父母顾得了哪一个？所以他的终身大事就这么拖着。

说真的，他看到乡里比他还要年轻的男子都升级当了爹，心里也不是不急的，但小伙子毕竟有自尊心，再急也不能挂在嘴上，于是他老老实实干活，不说自己的苦恼事，倒喜欢和三两围坐的村民讲点他在外面跑，亲历过、看到过或者听说过的趣事。村民对李文火印象不错，觉得这小伙子干活麻利，嘴巴又甜，招了他当上门女婿才正好呢。村里的婆姨一起哄，这话果真让一个“家有大龄闺女”的中年妇女听进了耳朵里。她不动声色，抱了家里几床棉絮来找李文火弹，暗中细细观察，发现李文火虽然能说会道，但嘴巴并不轻浮油滑，为人又实在，不像有些黑心弹花匠，竟然将雇主的好棉花偷偷藏起，以自己收集的烂棉花混合着弹进褥子里。

李文火给“未来丈母娘”留下了很好的印象。她找村里媒婆稍稍一说和，李文火暗喜，他欢喜自己当上门女婿，不用苦哈哈备昂贵彩礼就能娶到媳妇，他还欢喜白马关这块“风水宝地”。罗江当地人说白马关有啥好的？还要爬坡上坎的，在罗江说来都属于“山上高地”了，李文火想法却与他们不同，他说爬上坡来不就是脚踩平地吗？而且三国文化那么出名，白马关今后一开发了，肯定名扬天下！

大家哄笑着说，你这个上门女婿今晚早点洗洗睡吧，明早一睁眼就能名扬天下了。李文火没理他们，结婚后他开始做生意了，一门心思想要为家里多找点钱，别再受穷挨苦。

那时白马关的男人，有“赶集会”摆小摊的传统，几十个人吧，有的是摆“套圈圈摊”，有的是摆“下象棋摊”，有的是摆“抓苦瓜米米摊”，一遇集市，逢场必赶。这就是李文火婚后所谓的“做生意”，他也是受了此地的“集体教化”，开始在外面赶集摆小摊，他喜欢摆“气枪摊”，就是挂密密麻麻一张床单布的小气球，客人举起气枪来打，如果十发全中要奖励一盒烟。时隔多年，他已经活到了坦诚的年纪，但“揭秘”时还是先给自己做了个“包装”：“那只是生意诀窍嘛，我拿给人家的十颗塑料子弹，肯定要事先暗中捏瘪一两个，这样准星对得上，也压根打不中，所以能赢走香烟的神枪手，实在是少之又少。”至于那些摆“下象棋摊”或者“猜扑克摊”“抓苦瓜米米摊”的，李文火摆摆手，他说那些真的都是赌博、骗人，没办法，人穷啊，总是想方设法要致富，有时明知是走“险路”，为了得点利益也要走的，那时我们名声多坏啊，还有老百姓骂“白马关上住的都是骗子”！

李文火哪里想当骗子呢，他只想勤勤恳恳致富，所以他比任何人都盼望白马关被开发，据他走南闯北的经验，只有他所居住的白马关开发了，当地农民才会有发展经济的可能，到时不是“外出摆摊辛苦找钱”，而是“坐在家门口做生意”。

2002年，李文火被选为生产队长。那一年白马关要修水库，好多老百姓不允许，这个说占了他的地，那个说毁了他的苗，李文火就站出来当“灭火司令”，四下给老百姓做安抚解释工作，他信心满满地说：“我们白马关一定会开发的，修水库是为了今后更好地发展，大家千万不要阻拦，你们看香港嘛，以前就只有几万人，到处还破破烂烂的，就是开发得好，现在都是几百万人的国际化大都市了！”

李文火的“白马关腾飞之梦”，终于在5·12大地震后实现了。震后，罗江县成立了白马关景区管委会，请美国顶级旅游策划公司——约翰逊·费恩设计事务所设计规划旅游区，把白马关扩展为体育运动、蜀汉文化、佛教文化养生三大板块的14平方公里旅游区，按照“嵌入式安置”理念，将6000名余原住农民迁入景区集中居住后，重新安排创业、就业。

凤雏村村民李文火很幸运，他就属于“嵌入式安置”的一员。

野火蜕新生

2010年5月28日，白马关景区正式挂牌成立了“新公民培训基地”。

李文火并不想去上课，他满脑子都是怎么装修自家家庭客栈的事。与别的村民不同，李文火在修房子前就打定了主意：我要开客栈，我要做生意！所以他并未“紧着钱包来做事”，而是“大手大脚”地在外面贷款19万元，当时规定能修一至三层，他就选了最高值来修房！

不去接受“新公民培训”又不行，李文火被同伴拖着去，他脑袋晕沉沉地听老师站在上面讲“为啥要爱护环境”。课后，他甩着沉重的脑壳对同伴说：寡盐少味！

其实不止李文火一个人觉得“上课如受刑”，很多农民一出培训教室就呵欠连天，抱怨说“再也不来了”。培训机构及时反思，觉得一定要改变思路，不能再沿用传统的课堂讲授方式。

于是，李文火见识到了更加新颖的“课堂+实践”的培训方式。为了帮助大家从之前面朝黄土背朝天的农民转变为融入城市的新公民，角色转变的跨度很大，学校在培训初期就给每个学员建档，记录他们的个性特征。培训结束后，学校老师会定期回访，回访过程中，对学员的各方面情况，比如家庭清洁卫生、桌椅摆放等进行评比，获胜学生将会获得奖品，以此形成激励机制。

李文火之前可是出了名的邋遢人，他一件白上衣能活活穿成黑衣服还不换洗，袜子脏得脱下就能立起来，一年四季难得刷几次牙，头发油光光的不知积攒了多少日的汗酸味……他一开始不情不愿地去上培训课，很多村民都嫌弃他"不好闻"，不肯和他当同桌。培训老师课后向他温和建议，说每天记得早晚要漱口刷牙，出门前照照镜子将头发梳好，要养成勤洗澡、常换衣的好习惯。并且老师常去突访，教他怎么叠被子，怎么将衣柜里揉成一团的衣服叠得整整齐齐。如果李文火做得不错，就奖励他一袋洗衣粉或者两块肥皂。得过几次奖品后，李文火来劲了。老师更加鼓励他，说你现在正在装修房子，要做家庭客栈，就一定要干干净净的，这样客人才会愿意来住，否则，你房子修得再漂亮，如果床单、被褥脏兮兮的，谁愿意在里面住一晚上啊?

李文火很虚心地接受了老师的意见，当他的"十里香"家庭客栈开张时，还专门请老师去"验收"客房，老师参观了"十里香"干净整洁的客房，夸他卫生做得好，无可挑剔。李文火更高兴了，咧出白牙笑："我现在每天都刷三次牙呢！等以后赚到钱，空闲一点，我还准备到县城牙科医院去把牙齿洗得雪白雪白的，现在这么多游人来咱们倒湾古镇，我也要注意一下形象嘛。"

经营"十里香"那几年，李文火干得很有劲头，他说自己一直是诚心对待客人的，晓得现在做生意，不能像以前"打气枪"那么"耍花招"，只有"以心换心"，不弄虚作假，人家才愿意当"回头客"。所以他一直都很注重环境卫生，要留住客人，就不能在这上面跌份。

因为当时贷款数额不小，李文火身上压力太大，几年之后，他将"十里香"租了出去。他算了一笔账，出租十年，相当于对方一下子帮他还清了贷款，他还能腾出手去做别的事，十年之后，他再"杀"回来在自家房子里做生意，这笔账也不算亏呵。

现在李文火就在离白马关"八卦谷"景区不远的地方经营一家露天茶园。他是个善于"螺蛳壳里做道场"的有心人，别人开露天茶园，顶多就是放几张桌子，能喝喝茶，顶多打打牌就不错了，而他的茶园，配置有正宗机麻，自己搭了一个简易厨房，里面牵了电线，放了冰箱、电磁炉等，客人还可以点炒菜、盒饭甚至他最拿手的“烧鸡公”。在茶园进口处，李文火也没有浪费地理资源，他摆放了一个玻璃柜子，上面写着大大的红字：凉粉、凉面、天蚕土豆。他说有些带娃娃来玩的，不一定要坐下来喝茶，但娃娃看到小吃就迈不开腿，嚷着要吃，反正便宜，三五元一碗的凉粉、土豆条，出来游玩的家长哪会舍不得这点毛毛钱？遇到节假日，光是卖凉粉，可能一天都要卖脱一百多碗！

在茶园遇到“李老板”时，李文火依旧穿着白衬衫，打着那条他标志性的大红领带。他搓着手说，现在日子多好过啊，简直是“经营不出门，救活好多人”，我守着这个茶园，每天和游客拉呱拉呱，遇到爱听我聊天的，就给他们讲说讲说咱白马关的“古”，他们听得眉开眼笑的，夸我有见识，我也快乐得不得了！

李文火心有一把野火，烧尽贫穷过往，蜕变出活泼泼的新生。他真是一个有计划的男人，说等到自家客栈租期满约，他准备重新装修，要将这三层小楼开办成“爱心养老院”，他甚至连具体金额都想好了：“到时养老的老人来住，收费是900元到1500元一个月，不要觉得收费贵哈，我要保证五个老人配备一个服务员！”看到李文火煞有介事地规划几年后的事，神情认真，两道“蜡笔小新眉”高高拧起，他很严肃地站起来，望着远处感慨道：“咱们白马关风景多好啊，交通又便利，空气也好，以后老年人来居住，再合适不过了！”

李文火个头并不高，但他站在山坡，字字凝重地分享他的理想蓝图时，我忽然觉得这个胸膛一鼓一鼓、眉毛一挑一挑的男人，很是魁梧，非常高大。

第四章　乐民之土

人生基本的问题是如何在物质生活和精神生活之间保持平衡。政府善治、经济增长、文化发展和环境保护四级组成了“国民幸福总值”指标。如果说GDP、GNP是衡量国富、民富的标准，那么，国民幸福指数就可以成为一个衡量百姓幸福感的标准。

罗江要建设“中国幸福家园”，可谓意义深远：从历史传承来看，1996年恢复县制以来，罗江从只抓农业到重抓工业再到一二三产业互动、城乡经济共荣，从“十点五线”到“南接北扩”，从“三区”建设到“三圈演义”，打造“中国幸福家园”理念的提出，对幸福家园的认识不断提升。

2010年，中共罗江县委、罗江县人民政府关于印发《罗江县全域建设“中国幸福家园”行动纲要》的通知，提出全域建设“中国幸福家园”的总体目标是把罗江建设成“出入大同”的“中国幸福第一县”和“中国幸福度最高的县”。即用十年左右的时间，坚定凤凰涅槃的信念，凝聚近悦远来的人气，形成众志成城的合力，取得出入大同的效果，实现“三年见成效，五年大变样，十年成典范”的分期目标。

从现实基础来看，罗江拥有丰富的文化基础和旅游资源，利用生态优势和人文资源，实施“三圈演义”发展战略，加快城乡统筹，创建“中国幸福家园”成为可能。

从未来发展来看，利用罗江良好的生态资源和丰富的文化资源，走出生态良好、生产发展、生活富裕的“三生有幸”发展之路，通过城乡统筹、“三圈”共融、生态保育、产业转型和重点工程项目打造，在十年甚至更短的时间内实现“出如画、入有余、大和谐、同快乐”的目标成为必然。

一个真正能让民众感受到幸福的家园，是有着多方面“保障”的，经济只是其中一项指标，民众生活的需求是多方面的、立体的、与时俱进的，大家只有获得内心的平衡，才会感受到真正的幸福。

2017年，罗江坚持以农民群众“住上好房子、过上好日子、养成好习惯、形成好风气”为目标，以幸福美丽新村建设为统领，把全县主要交通沿线村落建设成“民居风貌特色化、产业发展现代化、基础设施标准化、公共服务均等化、基层管理规范化、人居环境优美化”的“四好”幸福美丽新村示范带。

同时，通过家庭医生差异化签约服务和健康扶贫“私人定制”模式的实施，为群众致富增收、家庭和谐创造了基本的健康条件；提升了农村居民基本公共卫生服务均等化水平，提高了群众的健康指数。

罗江老百姓是幸福的，罗江经济持续稳定增长，罗江有一套体制保障着百姓的民主权利，百姓的精神文化生活不断得以满足，环境改善又为他们提供了更优质的发展条件。罗江正在不断地提升和打造着“全域”幸福家园，文化乐民、体育强民、教育培民、医疗保民，多项举措齐头并进，使得家园成为全方位多层次、覆盖着人民群众方方面面需求的“乐民之土”，让百姓在这块充满了爱和生机的土地上，生活得更加舒适、惬意，让他们在这块热土上种下梦想，收获希望。

一个农民的诗意人生

在乡亲们眼里，杨俊富是位地道的农民，也是技艺精湛的砌砖工。在文学圈子里，他又是一名诗人、作家。他曾有数百首诗歌作品在国内外上百家知名报刊发表，也有电视短剧6部被搬上荧屏。2011年12月7日，《人民日报》大地副刊曾一次性刊发杨俊富的乡土组诗《生活在乡村》6首。作为国家一级党报，为一名普通农民不惜版面发组诗，这是自《人民日报》副刊创刊以来罕见的。

2010年，中国作家协会诗刊社和四川省作家协会星星诗刊社联合举办"首届中国十大农民诗人"评选活动，杨俊富与来自山东、宁夏、河北、江苏、重庆等地的其他9位农民摘取了"首届中国十大农民诗人"桂冠。到目前为止，杨俊富已出版诗集《江浦草》（合著）、宋代传奇电视文学剧本《太阳井》（合著）、长篇历史小说《蜀盐说》（合著）等多部文学作品。

"不务正业"的农民工

杨俊富上完高中，1984年秋回到农村种地，农闲时跟随村里砌砖师傅上建筑工地学技艺。当时他的想法很简单，挣到钱，去买文学书刊读。在打工的间隙，杨俊富开始用文字来打发无聊的寂寞时光，开始他的业余写作。作为一名农民，一名砌砖工，爱上看书和写作，在乡亲们眼里是不务正业，在工友们眼里是"癞蛤蟆想吃天鹅肉"。杨俊富不在乎别人的目光，白天劳作，夜里读书，凌晨五六点趴在床铺上练习写作。这个习惯，他一直坚持到现在。

1985年，德阳广播电台第一次录播了杨俊富的两首诗歌：《走进责任田》《老师，您是桥》，这是杨俊富的诗歌第一次发表。之后，杨俊富的诗歌、小说陆陆续续地变成铅字。在投稿的岁月里，杨俊富收到了上百封退稿信，但他仍然没停过笔，他以画家凡·高激励自己。为此，他写了一篇短文《心有所求，其乐无穷》，发表在中国妇联主办的《农家女》杂志1995年11期上，大概意思是一个人一旦有了某种爱好或追求，就不会觉得人生枯燥、无聊，无论在怎样的环境中他都会内心充实，热爱生活。杨俊富坚持着这个理念。

由于对文学的痴迷，杨俊富在婚后常遭妻子的抱怨。比如在一次煮饭时突然想起几句诗，就拿起纸笔写起来，而灶膛内的柴火却在他的诗句中熄灭，直到妻子洗完衣服回来吃饭，才发现米还没有变成饭。对于妻子，杨俊富一直心存愧疚和感激。

我要去西藏

在打工岁月里，杨俊富的足迹踏遍了祖国的大江南北，而西藏，更是他心中的向往。对于一个农民工来说，到西藏旅游是不现实的。“总有一天我要去西藏”，这个梦想一直揣在杨俊富的心中。2003年，杨俊富终于有了去拉萨打工的机会，这让他兴奋不已。在他的意念里，世上最后一片净土——那个被誉为人间天堂的地方，即将成为他人生的一个驿站。他同7个工友乘上了西去格尔木的火车，又转乘长途公共汽车。不幸的是在翻越唐古拉山时，车子坏在半山腰。一天一夜没吃没喝加上缺氧头疼，杨俊富与乘客们经历了一场死亡的挑战。后来，杨俊富把这次经历写成了一篇散文《去天堂的路上》，收入2010年10月西藏诗人陈跃军主编的由内蒙古人民出版社出版的《相约西藏去放牧》。

到了拉萨，杨俊富在二环路外圣城花园的建筑工地打工。在工地上，一个叫达志的藏族小工特别喜欢给杨俊富打下手，杨俊富也特别喜欢这个纯朴、聪明的藏族小工。他通过达志，了解了不少藏族同胞的风土人情。2014年1月29日，《西藏日报》曾刊登了裴聪写的《工地上的友情——杨俊富和达志的故事》。杨俊富没见过这位作者，也许，他是通过杨俊富的文章了解到这段故事的吧。

在杨俊富去西藏的这年5月，父亲被查出胃癌，而且是晚期，这无异于晴天霹雳。杨俊富想回家照顾父亲，却没有路费，加上当年正是非典时期，沿途盘查、隔离严格，这让杨俊富寝食难安，万分悲痛。7月，杨俊富凑够路费时，父亲却撒手西去。悲痛中杨俊富为父亲写下这样一首诗歌：《父亲，您是我心中永远的王》：那天我正在布达拉宫广场闲逛/手机铃声突然响起/妻子悲切的声音从电话里传来/像我第一次来到高原时的缺氧/“爸……爸……去……世……了”几个字/哽咽得她好长时间才缓过气来/而噩耗爬上高原并不缺氧/声若惊雷，震得我一阵晕眩/比过五道梁还严重/我用晕眩的目光/把布达拉宫移上白云的肩膀/我用悲切的力量/把它寄往我沉痛的家乡……

杨俊富先后在西藏的拉萨、那曲、安多等地打工、生活了3年。这3年的西藏经历，为杨俊富后来写与西藏有关的文学作品积淀了大量素材。他回川后创作的《藏族达志》《藏女扎桑》被全国畅销原创文学杂志《佛山文艺》连续两期刊载。2013年5月2日的《拉萨晚报》在“先锋颂”栏目又刊发了《藏族达志》。这是拉萨市委组织部的一个征文活动。其中还有一段小插曲。文章被刊发杨俊富一直不知道，两个月后，收到拉萨市委组织部的邮件回复，要他去拉萨市委组织部101室领取稿费300元。杨俊富当时蒙了，来去连一趟路费都不够呀。原来，拉萨市委组织部征文办以为他还生活在拉萨。

杨俊富回川后，不断有写西藏的作品见诸报刊。2011年10月，《南方都市报》记者许黎娜到西藏采访藏漂时，想采访杨俊富，却联系不上，因为杨俊富已回四川了。后来通过原拉萨市作协洋滔副主席才在博客上联系到杨俊富，并在当晚顺利地与从工地回家的杨俊富进行了40分钟的电话采访。2011年11月29日，《南方都市报》一篇大型综合报道《高原淘金梦在天路上分岔》与读者见面了，其中写杨俊富的章节是《四川德阳杨俊富——写诗成为异乡的唯一寄托》。

我的老婆很黑

读了杨俊富诗歌的人，很难想象到他只是一名农民工。他与众多的农民工一样，农忙时回家耕种，农闲时辗转大江南北打工谋生。

原拉萨市作协副主席洋滔点评道：“杨俊富的诗有生活，有激情，有意象，有思想，反映底层生活、农民生活，有许多思想火花和独到的亮点。”

2011年，杨俊富的一首仅12行的诗歌《我的老婆很黑》，被《中学语文教学参考》杂志加了一篇3000多字的诗评刊发在文学作品赏析专栏。诗评开头这样写道：“杨俊富是四川罗江的一位农民诗人。之所以叫农民诗人，而不是乡土诗人，因为他是个砖瓦匠，常年在城乡间穿梭，把一块块沾着汗水的砖头砌成一道道高墙，就像他的诗歌一样，这些高墙就随处扎下了根。而他高中毕业后的20多年来则四处流浪，像蒲公英的种子，随意地洒下一地的脚印，安详而恬淡，随遇而安，只要有诗歌只要有劳作，他就很满足。他的诗歌写意的是他的生存与生活，所以有他在城市与乡村间奔跑忙碌的身影，有忙碌的缝隙间的思念、思索与思想，有一以贯之的对土地对生命的情绪流动与情感郁积……品读杨俊富的《我的老婆很黑》，就如同鉴赏一幅油画，画面简单，色彩绚丽：画面的主体是黝黑的质朴的勤劳的健康的自然的‘老婆’，背景则是绵延的土地和那一群同样黑的‘村妇’，用来着色的除了大把大把的阳光，还有作者内心深沉的情感和圆合自然的笔法。诗歌一开始就用类比的笔法把黑黑的老婆放在一群劳作的村妇里，使画卷显得舒展而开阔。接着在交代老婆‘黑’的原因时则巧妙地运用比喻的修辞给开阔的画卷涂抹上浓郁的色彩：温暖、明丽的太阳是映照人性的镜子，四射的金色的阳光是美丽而溢着香气的胭脂，这样的比喻使画面顿时绚丽而芳香起来。这里作者把写实和想象完美地结合了起来，从而勾画了一个具有独特美学意义的场景，使人过目不忘心为之而动。”

砌砖与码字

杨俊富的家乡罗江是个和诗歌结缘的地方，从古至今就有悠久的诗歌传统。民国时期，这里就有闻名遐迩的“云峰诗社”。杨俊富那颗纯净的诗心，也许是从小就受到先辈们诗歌氛围的熏陶，才会写出一首首灵动的诗。四川省作协副主席、《星星》诗刊主编梁平这样评价杨俊富等十大农民诗人：“现在有许多实实在在的农民，在土地上辛勤劳作的同时不仅在写诗，而且写得不错。他们是真实地扎根土地，为脚下的这片土地写作。他们的作品，是生活在城市里的诗人永远写不出来的。农民诗人的生活不再是整天的面朝黄土背朝天，他们心中会有一种美和善的追求，他们的精神境界会比其他人更加丰富和健康，农民诗人对整个农民队伍有精神意义上的引领作用。”

打中学时代起，走文学创作之路就是杨俊富的梦想。杨俊富偏爱语文课，最喜欢读文学作品。高二分文理科的时候他因为英语太差没能读上当时仅有的一个文科班。1984年杨俊富高考落榜了，他没有选择补习重考，因为作为家中的长子，他要帮助父母分担起养家的责任，供养年幼的弟妹。走出校门的第二个月他就背着铺盖卷到了建筑工地跟着师傅学砌砖，开始了他的砖瓦工生涯。年纪轻轻的杨俊富过早地体味到了人世艰辛，在世俗的眼光里他的人生似乎就会这样毫无悬念地过下去，然而这位外表粗犷的农民汉子，却有着细腻的内心。即使是砌砖工的生活，杨俊富也是在用心体验，勤奋写作，一点一点融进自己的诗歌创作里，多年的积累让他在诗歌创作上取得了令人刮目相看的成绩。

因为文学创作上的小有名气，《人民日报》《南方都市报》《文艺报》《半月谈》《四川日报》《成都商报》《四川工人日报》《德阳日报》《德阳晚报》及中央电视台、东方卫视、四川电视台、德阳电视台、罗江电视台等多家媒体先后对杨俊富进行了采访报道。

但是，生活中的杨俊富却简单得令人难以置信。他仿佛一生只为两件事而活，一件是砌砖，一件就是写作。砌砖，那是生活必需，他要养家，而自己只会这门手艺，别的啥也不会，他没有办法选择。而写诗，虽喂不饱肚子，却是他的最爱，也是他的精神需求，少了这个，他觉得活着就没了意义。

净净的罗江

采访罗江著名星级农家乐“蔡家院子”的创始人蔡成荣的过程很有趣，那天下午，他花了大量时间和我们讲他在退休前做的事——也就是开办“蔡家院子”前的故事。在他看来，一个人、一家人的创业成功，农家乐做出了口碑，赢得八方客人的盛大赞誉，挖到了做生意的“一桶金”，这算不得啥“大成功”，真正的成功，是整个家乡都变得富足美丽，犹如大花园，其中的蜕变过程，才值得一书。

所以，在蔡成荣的娓娓言语之下，我们随着他走进了“净净罗江诞生记”。

谁污染，谁治理

20世纪90年代中期，蔡成荣在罗江建环所任职，先担任副所长，后来是所长。罗江是1996年经国务院批准，恢复县建制的，但并不是说罗江一恢复“县城身份”，如同变魔术，罗纹江会马上变得清凌凌，街道会洁净不染尘，所有罗江人民也在一夜之间学会文明礼貌、爱护环境卫生。什么都有个过程，蔡成荣在参与罗江街道整治、环境污染治理时，深刻感受到一个道理：唯有民主，才能带来公平，也才能让大家自觉自愿去“打造洁净环境”。

当时罗江医院背后有条沟，因为附近有杀猪点，所以什么猪下水、血水都往沟里哗哗倾倒，弄得水沟常常堵塞，污水四溢，还污染附近农田。经过蔡成荣和建环所的同志们的研究，如果将这条沟改建，导出排污沟，引入专门的池子，经过沉淀处理，这原本是垃圾、废物堆积，引得大头苍蝇上下乱飞的脏水沟，也会变成肥料的绝佳源头，到时不仅不会再污染农田，还会二次利用，变废为宝，肥沃田野。但改建这沟，预算需要1.8万元，这钱，谁出呢?

建环所的人一脸苦相说，蔡所长，政府哪有那么多钱去修这个搞那个，要不……蔡成荣打断了下属的话，不能“要不”，要不后面还能跟什么好话呢？尽是些丧气言语：要不我们缓缓再说吧；要不等政府争取到资金再修沟吧；要不先去做别的事，将这棘手活留到后面吧。

蔡成荣开口了：“我倒有个主意，不过不晓得能否行得通，如果成功的话，政府不出一分钱，也能把这条沟给修了。”下属们瞪大眼珠子，以为听到了天方夜谭。

蔡成荣没多言语，他忙着打印了一份表格，很简单，只有两项，表格左边是长长的一排商户名，后面是空白。大家拿着表格看来看去，丈二和尚摸不着头脑，蔡成荣挥挥手说，明天你们把这条沟旁边的商户，一共12户，叫到这里来开个会。

次日，商户们来了，说起这条污水沟，大家又是一番义愤填膺，少不了将人家屠夫狠狠批评一顿，说都是那些杀猪水污了沟，影响了整个城市的环境卫生！蔡成荣双手在空气中往下按了按，他开了个玩笑缓和气氛，说别看你们现在在这里一个个肝精火旺的，等会儿闹得肚子饿了，出门去还不是要吃大份回锅肉垫饥，所以啊，大家的小康生活，哪里少得了杀猪的！

一席话将商户们逗得哈哈大笑。看气氛缓和了，蔡成荣接着说：“猪肉不能不吃，脏水沟也不能不治理，我们建环所做了预算，要改建水沟的话，需要一万八，今天请大家来，就是齐心合力，将这笔钱凑够。”

商户们这才恍然大悟：蔡所长是找12个商户“化缘”啊！但说真的，他们天天和臭水、脏水相伴，日子难过得很。苍蝇、蚊虫到处飞，也极大地影响了他们的生意。就算自己掏腰包，这沟也该治理了，“化缘”也正常。

可今天蔡所长与众不同，他化的可不是“平均缘”，而是发扬民主，让商户们在商家名字后面，填写具体金额——你认为某某该出多少钱，你就填多少钱，不用一刀切，但最终加起来的金额，必须是1.8万元。因为商户们不但受污水侵扰，反过来，自己本身也在排污啊，比如说餐馆，你们的洗碗水不就是往沟里倒么？所以，这是按照“你心目中商户排污量对应该出多少集资款”来分配金额。

这下，谜底揭开了，那天建环所办公室人员，包括村组代表都参加了会议，大家心服口服，赞叹蔡成荣走了一步好棋。他请来各位“人证”，就是要做个见证，因为最终收上来的12份表格，是需要将所有人填写的金额来个中和，平均数就是该掏的腰包，该出的钱款。

“公平，这样做硬是公平！”理发店老板第一个站起来表示赞成，同时，他也主动承担责任，“我们理发店平时排污量也不算小，我自己填2000元。”大伙儿在填表之前，热情地讨论了一番：“我看医院排污量大，至少该分担3500元吧？”“该！人家理发店都愿意承担2000元了，你们开餐馆的至少也要保证2000元才说得过去吧？”

就这样，“谁污染，谁治理”，政府没出一分钱，引导商户整治了污水沟，保证了民主、透明，大家都直呼“公平”。

巧计对付“两本账”

蔡成荣被调入市政公用设施管理所，八成是领导派他“救场”的，因为那时罗江财政上拨不出钱给这个机构，巧妇难为无米之炊，领导成天着急上火，嘴巴长燎泡，额头冒痘痘，回去看着账面上的赤字，火气更加几分。谁都不愿接这个烂摊子，难题甩给了老蔡。

蔡成荣没有慌张，他先去所里将几年收入理了一下，觉得数字的确是“不好看”，接下来他就对照账本查找问题，发现这收费就很成问题。比如说户外广告、灯箱广告、灯杆广告等吧，都是商户单独和所里签约，这样零打碎敲地算下来，一年“赚”不了几个稀饭钱，所里负责相关业务的同志还整天小心翼翼的，生怕惹商户不高兴，明年不来“照顾生意”。

“这样搞可不行。”蔡成荣在建环所管理整治街道时，就遇到过一件棘手事。当时为了整治街道，不让小摊小贩乱摆，堵塞交通，政府专门购买了水泥预制板，做成摊位，当时预算了一下，常年在那儿自己摆摊设点卖猪肉的大概有十户。可他们一听说在摊位卖肉还要交什么管理费、清洁费，马上不乐意了，拒绝去正规摊位，谁也不愿第一个承包！蔡成荣无意间就使出了“饥饿营销”的招数，他规定市场只有两个摊位能卖肉，而且将地理位置最有优势的摊位定了个389元的“天价”，要知道，之前喊价一个摊位一年100多元都没人理睬啊。大家都说老蔡疯了，但事实出乎人们的预料——十个猪肉佬一听说只有两个摊位能“合法卖肉”，马上疯抢，抢在第一个交了钱的，还特别得意，到处嘚瑟，感觉自己占了天大便宜。

蔡成荣是通过自己无意间的一个处理方法开始去学习和琢磨啥叫市场经济，啥叫竞争力。这次，他也打算利用“市场经济”打出一张漂亮的牌。

之前不是市政公用设施管理所求爹爹告奶奶，到处请商户来投广告么？

今年改革了，蔡成荣将所有管理所负责的广告，什么户外、灯箱、灯杆广告等，统统“打包”，拿出来公开拍卖，价高者得。大家原先还悲观，心想“鬼大爷才会来竞争啊”，哪晓得那些广告公司活跃得很，为了中标，他们在拍卖时将价格吵吵嚷嚷地抬了上去，那一年竟然标出了几十万的高价！

大伙儿服气了，晓得蔡成荣不走寻常路，最爱用“怪招”。

罗江御营镇为了将环境治理得更整洁，家园打扫得更干净，那年一下子招了七八十个环卫工人。工人招聘到位了，接下来就是工资发放问题，这笔费用谁出呢？最后商议结果，是社区来负责收齐住户的清洁费，镇政府和社区签署协议，这笔费用，社区最后能得8%，用于社区的日常清洁维护，而镇政府占25%，主要是发放环卫工人工资福利等，其他归财政。

比例设定了，社区人员当面点头说可以可以，背后社区主任们自己一碰头，一合计，就不高兴了，说我们社区工作人员忙得要死，还要分出精力来帮着镇政府收清洁费。是啊，每年是将收到的钱再按比例返给社区，但那才返好多呢？8%！他们管理方动动嘴皮子，凭啥就要得25%，这还有没有公平了？

这群气冲冲的社区主任，竟然在商议之后，想出了一个“上有政策，下有对策”的“奇招”。

到了年终开总结会了，社区主任们掏出各自的社区发票本，给蔡成荣验收：看嘛，队伍不好带，社区不好管，就只有这些居民交清洁费，我们有啥法子嘛？我们又不能把自家的钱贴上！

蔡成荣啥都没说，一本一本默默看过去，最后微笑着点点头，说好的，我知道了，这一年大家都辛苦了。

社区主任们出了大门，舒了一口长气，忍不住眉飞色舞，开始调侃蔡成荣“样子看着精明，实际脑子糊涂”，区区一本发票就骗到他了，哈哈哈！

他们并未笑多久，刚过完年，蔡成荣忽然叫人去社区挨个贴“红白榜”。啥叫“红白榜”呢，就是将乖乖交了清洁费的社区居民请上红榜，而那些不交清洁费，不为咱罗江干净卫生家园做贡献的落后分子，他不登白榜谁登啊？

这一张榜，老百姓就炸开了锅。好多耿直的老百姓，当场就跳起脚来，说哪个龟儿子把老子名字放白榜的？老子交清洁费连屁都没放一个，爽爽快快的，咋个就弄成“二等公民”了？还有老百姓指着红榜上的邻居名字，说某某可以给我做证，那天我俩一起交的，为啥他上了红榜，我要丢人现眼？这是哪个瓜娃子弄的榜单，站出来给个解释！

眼看社区主任的耳朵都要被愤怒的群众吵聋，他们认输了，蔫了，颠颠跑着来找蔡成荣，苦着脸说老蔡，这不就拖了几天吗？我们社区先进得很，居民都是文明卫生积极户，马上就将清洁费补齐哈。

蔡成荣还是不动声色，微笑着，点点头。

其实，“证物”一直揣在他包包里头，他只是没拿出这个“定时炸弹”来，好歹给社区主任们留了三分薄面。他们都以为老蔡是跷脚当官，八百年不体察民情，结果人家早就偷偷走访了社区居民，从居民们拿出来的发票存根发现了问题：这些狡猾的社区主任，用的是两本发票，老百姓哪里晓得这么多呢？所以那些老老实实积极交清洁费的居民，他们并未握到“真实发票”，手里的票根是“山寨版”的，还被冤枉为“落后分子”。蔡成荣使出了“红白榜”，倒逼社区自己整改，这一“补交”，竟一下子多出十几万元，看得政府同志一愣一愣的。

蔡成荣说现在罗江多漂亮啊，秀美山水，街道洁净，来往游人谁不被这“潺亭韵，纹江情”倾倒？优美生态环境已成为罗江响亮的“环境名片”。老蔡感叹说，如果不是罗江的环境明显改善，又怎会带动咱们乡村农家乐的发展？我的“蔡家院子”有人愿意来，并不是这个农家乐好得无可挑剔了，而是因为它身处罗江，这儿正在成为天蓝地绿、水清人美，老百姓安居乐业的幸福家园，托了大环境的福，“蔡家院子”才客似云来。

蔡成荣充满感情地说完，深深吸了一口气，家乡的空气，真干净，真香！

家庭医生进农户

2013年9月，罗江以略坪镇为试点，创新推出“驻村家庭式医生服务”活动；2014年，全县铺开“1+1+1”全科医生签约服务活动；2015年，家庭式医生服务被纳入基本公共卫生服务管理。截至2015年9月30日，略坪镇家庭签约率已达91.2%。

家庭医生好洋盘

2013年活动刚开始，老百姓都不知道什么是“驻村家庭式医生服务”，卫生院就给每个科室划片区，先由各科室医务人员在各自的片区范围内挨家挨户进行宣传，让老百姓理解什么是“驻村家庭式医生服务”，理解签约家庭医生服务的好处。

但是，无论做什么事，都是开头难。老百姓有病上卫生院的治病理念和习惯，已经根深蒂固，他们认为这么多年没有什么家庭医生，照样活着。他们有一种拒绝心理，觉得毫无意义，觉得这是卫生院在走过场，做样子。有的村民还很封建迷信，认为穿白大褂的人走进他家不吉利，像戴孝奔丧，看到来宣传签约的医生，老远就把门关了，不让进。

略坪镇卫生院是采取一个科室承包一个村的模式，每个科室都派出一名驻村医生。他们结合精准扶贫任务，先对特殊病人、老、残、慢性病患者进行签约，每个月至少4次登门检查、义诊、送药，来打开局面，慢慢取得村民信任。

略坪镇有14个村和1个街道办，目前全镇近3万人和家庭医生签约，家庭医生除了为居民提供健康管理和寻医问药等基本医疗卫生服务项目，还提供个人健康状况评估、健康方式干预、慢性病交流指导、亲情上门服务、转诊绿色通道5类个性化服务。

驻村医生每个月至少要下村4次，联手村卫生站医生在村卫生站集中给村民义诊、义检，对特殊病人实行上门服务。如果包村医生是口腔科的，遇到患骨科病的便会给患者开一张预约单，患者凭此单可去县医院找相关科室的医生看病。尤其是对精准扶贫户，做到了100%的签约，100%的体检。

文明村有个古大爷，80岁了，患高血压。儿媳40岁，也患高血压。大爷的老婆也80岁了，没有高血压，却在多年前截了肢，坐轮椅。他们一家是略坪镇最早享受家庭医生服务的贫困户。他们年岁大，上医院不方便，现在有家庭医生了，签约医生每个月上门三四次，指导他们保养、用药、饮食营养搭配、定时检查等，有了突发病，就给签约医生打电话。古大爷兴奋地说，有了家庭医生，他可能会多活几年。

不让白大褂进家门

略坪镇卫生院对所有慢性病患者，都是由驻村医生上门医治、检查，医生与患者之间形成了一种十分融洽的关系。不过，也有极个别性格古怪的，让家庭医生为难、尴尬。2015年，几个家庭医生一路去建国村进行常规的义诊服务，来到村民罗新慧家时，就吃了闭门羹。罗新慧60多岁，老公姓杨，家里开了一个酿酒作坊，不是贫困户。但是，罗新慧有高血压、丙肝等慢性病，经常住院，签约医生也就把她纳入重点照护对象。那天，罗新慧看到几个医务人员都穿白大褂，辛辛苦苦走路过来，不但没问一声好，不倒一杯水，还不让进门，板凳也不安放一个，更是不让医生给她检查，她还冷冰冰地说，我又不是傻子，有病了晓得到村卫生站去看。

听了这话，几个医务人员心里很难受。他们不明白，这么好的服务，罗新慧怎么要拒绝？后来在下村上门服务中心，也遇到类似的情况，很让大家纳闷。最后，还是一个村民提醒了大家：乡下人，都忌讳穿白衣服的人进屋，认为那是戴孝，不吉利。听了这句话，医生们才恍然大悟，在今后的走访服务中，他们都穿便装了。一个月后，医务人员再次来到罗新慧家中，没穿白大褂，她的态度一下子热情起来，积极配合，很支持。

村医急需"年轻态"

面对家庭医生服务这个活动，在签订服务协议时，有人说好，也有一部分人说不好，说没意义，不愿签。所以，医生也会受很多委屈、很多累。比如，上午就诊，下午就该休息，但是，还得下乡走访、做工作、签约病人。

锦屏村片区的负责人是略坪镇卫生院党支部书记、副院长黄静，她不会开车也不会骑车，走访签约做宣传那段时间最辛苦，每次都要麻烦锦屏村的村医骑电瓶车到镇上来接，回去时还要送，让村医跟着受累，她心里很过意不去，但是，没办法。下乡走访慢性病人时，大都不让进门，也不安板凳坐，很冷漠。她就只有把病人请出来，给他们检查血糖、血压，了解其近期身体健康状况，再根据检查结果指导他们用药。在走访中，黄静遇到几个病人的家门锁着，她就到处去找人，最后在村麻将铺里才找到人。他们都在带病“坚持工作”——打麻将。找到时，他们还生气，认为黄静打扰了他们娱乐。有时，黄静就站在他们身边，等他们把一把麻将打结束，再对他们进行检查、病情问询。

通过对锦屏村的走访，黄静了解到这个村原来的村医年岁已高，上门服务不方便，后来镇卫生院重新调配了一个年轻医生。

由此放大到全镇，了解到许多村的村医都年岁过高，当家庭医生很不适应上门服务，还在出诊时频频发生事故，于是就给全镇14个村、1个社区（除文明村、长玉村外）都搭配了中青年医生，让“驻村家庭式医生服务”得到更有力度的执行实施。

前龙村村医王老师70岁了，在一次去做家庭医生服务时，骑摩托车把锁骨摔成骨折。2013年广安村72岁村医王元久去给一名孕妇做检查，也是骑电瓶车摔跤，造成蛛网膜下出血。去年一个85岁的老村医在做血防达标、灭防钉螺工作时摔伤……

全镇老龄村医在家庭医生服务这块频频出事，引起了略坪镇卫生院领导的重视和思考。他们对全镇村医进行了一个年龄统计：全镇31个乡村医生，65岁以上者就有17个。因国家一直对村医退休待遇没有下达政策，许多到了退休年龄的村医，仍然坚持在岗等待国家政策。略坪镇卫生院面对这个问题，经过内部研究，决定劝退这些65岁以上的老年村医，每年给予4000元钱的生活补贴，等到国家政策下来，就按国家政策给予他们应有的待遇。这笔资金主要来源于国家村站医疗卫生补贴，虽然这样会造成年轻医生收入减少，但是，卫生院领导对他们做了工作，让他们从人文关怀的角度，给予体谅。到今年，略坪镇卫生院已经劝退了8名年老村医。

现在，罗江“家庭医生服务”已经在全县铺开，罗江卫生计生局公共卫生服务股做了个统计，截至2016年1月底，罗江共签订“家庭医生服务协议书”65377份，签约率达86%。600多名医务人员成为农村百姓的健康守门员。结合国家基本公共卫生服务项目实施，罗江共建立家庭医生服务团队34支，建立了相对固定的“亲情式服务关系”。

这些签约家庭责任医生的电话24小时开着，有时在节假日也会接到患者的求助。

罗江通过推进“1+1+1”全科医生签约服务模式，让广大群众不出家门就能享受到优质的医疗卫生服务，在方便群众就医、改善医患关系、推进公共卫生服务工作等方面创出了一个统筹城乡卫生发展的新模式，对促进全域全民健康行动起到了积极的作用。

医患情长

黄昌禄个子不高，但块头结实，宽宽的肩膀，厚厚的手掌，笑起来眼角牵出细细皱纹。他今年45岁，是蟠龙镇卫生院医师，2014年开始担任蟠龙镇文昌村签约医师。作为与农户零距离接触的“家庭医生”，黄昌禄开玩笑说：“现在好多了，头几年，家庭医生送医上门，还有固执的老百姓硬是不准医生跨进门槛，说好好的没病没灾，坐在家中也有医生来，晦气！”虽然黄医生语调轻松，但他从一个不被人十分接受的家庭医生，到如今“医患情长”，这条路上不仅仅有风和日丽，亦有暴风冷雨。

水果与四季豆

黄昌禄当医生，是“家传渊源”，是“子承父业”。他父亲是文昌村第一代赤脚医生，1994年，黄昌禄从市中区卫生学校毕业后，也回到文昌村，和父亲一起在村卫生站坐诊，父子共同行医，为村民们的健康保驾护航。2014年，黄昌禄应聘到了镇卫生院，成为一名主治医师。

早在黄昌禄去镇卫生院的前一年，在县人民医院的倡导下，蟠龙镇已经开始推行家庭医生签约模式了，黄昌禄去了镇卫生院不久，考虑到他是文昌村人，又在这个村当了二十多年村医，对村民情况比较熟悉，2014年6月，他正式当了文昌村的签约家庭医生。

还记得为了让老百姓签约，院长带队，医护人员在文昌村整整住了一周。当时正值盛夏，每天在乡间的稻田埂上走，太阳火辣辣的，热气蒸得像桑拿，又热又累，偏偏还遇到一些不理解的老百姓，他们咋都不愿意签约，拍着胸脯说自己身体好得很，莫好端端的签个约，倒提前把自己给“咒病了”，划不来。面对这些执拗的老百姓，黄医生他们只能一遍又一遍、苦口婆心地做宣传解释工作，最后，绝大多数的农户都签约了。

签约后，卫生院将对签约农户家的高血压、糖尿病、65岁以上老人、精准贫困户、0至6周岁儿童，每年提供一次免费检查。这几大类人在全镇有4000多名，几乎占蟠龙镇一半的人口。这项工作每年都要持续半年，对于卫生院是一项很繁重的工程。

文昌村3组的王德琼，已经84岁高龄了，她长期患有慢性阻塞性肺气肿，经常感觉呼吸困难，黄昌禄便将汪德琼列为签约家庭医生的重点监护对象，每周都要去看望她一次。说起来，这家四口人，身体都不太好，王德琼儿子40多岁，患有肝炎；媳妇患有关节炎、胃炎；孙子20多岁，原本是精壮强健的年龄，却患有躯体化障碍，长期在绵阳市第三人民医院拿药。黄昌禄十分了解这家的情况，所以每次去走访，都不忘带上血糖、血压检测仪，还带上备用药，如果看王德琼病情控制得当，不那么严重，就给她开点药，如果严重，就带她回镇医院住下，输一周液。以前王德琼有病也是拖着，实在拖不下去，才会去看医生，所以每次到了看医生的时刻，她都仿佛是经历一场鬼门关，让她潜意识里对医生也有几分畏惧感。但现在黄昌禄像是一个家里熟客、子侄般每周过来走动走动，看看她的身体情况，随时监控她的病情，让她慢慢平复了对“白大褂”的害怕，内心也真正接受了黄医生这个“常客”。每次去她家，只要有摘下来的水果，比如柚子、橘子、枣子之类，都会拿出来，一个劲往黄医生手里塞，连声请他赶快吃。

文昌村1组的龙义秀，是个药罐子，一年四季都离不开药，她身子骨弱，偏偏还摊上了一个责任感不那么强的儿子。儿子结婚之后便在外面打工，很少回家，家里母亲住的老房子都要倒塌了，儿子也不管，最后还是政府出钱给龙义秀修建了三间彩瓦房。龙义秀患有慢性支气管炎，脑动脉供血不足，常常晕倒，儿子不给她寄生活费，87岁的老人就只能指靠一点低保过活，往往仅够糊口，连药费都摸不出来。黄昌禄便常常自掏腰包，给龙义秀付药费，还拉着她的手说些宽心的话，温暖得龙义秀眼泪涟涟。

龙义秀是个知道感恩的老人，她总想着怎么感谢黄医生，有时积几个鸡蛋，有时准备一点瓜菜，如果黄昌禄不肯要，她就会难过得大哭一场。黄医生晓得，这是老人的一片心意，如果拒绝就是伤了老人的心，所以他当面收下，背地又让爱人悄悄将钱塞给龙义秀。有次龙义秀走一走，歇一歇，专程提了一袋新鲜四季豆给黄医生，黄昌禄赶紧给了她20元钱，送老人回去。回家讲给爱人听，爱人夸奖他，说虽然这袋四季豆比买的还贵，但老人家那么大岁数了，难得有这份心意，我们就当是小辈孝敬她，多给点钱是应该的。2015年3月，龙义秀来卫生院体检，查出血压偏低，黄昌禄就自己掏钱给她买了两袋红枣，让她带回家煮稀饭补补血，龙义秀抓着红枣袋子，感激得眼眶含泪。

淳朴的老百姓，点点滴滴的恩情都是记在心里头的。2015年8月，黄昌禄路上不小心，骑摩托出了车祸，左手骨折，在罗江县医院住院。龙义秀听说了这件事，她一路问着人，辛辛苦苦来到县医院住院部找到黄昌禄，手里提着装着苹果、橘子的塑料袋，小心翼翼将水果放在病床的床头柜上。黄昌禄请她坐下，她却不坐，枯枝般的手指颤颤巍巍地在内衣里摸索，掏出了几张皱巴巴的面值10元的钞票递给黄医生，让他去买点好吃的。

望着这揉得很皱，还带着体温的钱币，黄昌禄百感交集，他怎么能收呢？老人平时节俭惯了，连吃个鸡蛋都要选在节日吃，这几张不多的钞票，已经是她能拿出来的所有了。黄昌禄感动得眼睛湿漉漉的，赶紧道谢说，你人来我就很感动了，这钱是万万不能收的。

87岁的老人跑这么远来看自己的家庭医生，只因在她心底，她已经将黄昌禄当作了“晚辈”，当作了亲人。送走了老人，黄昌禄由衷地感叹道：前几年不是经常报道医生与患者之间的敌对情绪和发生纠纷的案例吗？可只要你是真心为患者着想，就会与患者建立起相互关爱的深厚情谊！

救人性命，胜造浮屠

中国古话说得好：救人一命，胜造七级浮屠。也就是说，能挽救一个人的性命，功德大过修佛塔、筑寺庙。文昌村4组的陈来琼，就将这句话赠给了黄昌禄。

陈来琼已经90岁了，这位高龄老人是黄昌禄的签约户，更是重点监护病人。有天黄昌禄刚下班，骑上摩托车往家赶，路上接到陈来琼的电话，她呻吟着说不晓得咋搞的，肚子突然痛得厉害。黄昌禄让陈来琼在家等着，他马上赶到！黄昌禄不顾危险，将摩托车骑得犹如风驰电掣，几分钟就赶到陈来琼的家，眼见老人蜷缩在床，双手紧紧捂住肚子，脸色发白，嘴里不住发出“哎哟”声。黄昌禄给老人做了初步检查，判断是急性肠胃炎，于是马上给她儿子打电话，让儿子速速归家。陈来琼儿子原本在地里干农活，飞快赶回来后叫了一辆面包车，黄昌禄跟着一道将老人送到医院，输上液。等到老人睡着，病情平稳了，天色已经黑透，黄昌禄说要回家去，陈来琼儿子执意要请他在外面馆子吃顿便饭。黄昌禄医生却没去，他说，我是你家的签约家庭医生，这是我应尽的责任，我要是去吃了你的“请”，那就坏规矩了。于是，黄昌禄又开亮大灯，饿得肚子一路咕咕叫地回到家，晚饭已经冰凉了，家人又赶紧从床上爬起来，给他热了一遍。

黄昌禄介绍，罗江的家庭医生在签约时，给每个农户都发有“全程健康服务联系卡”。有了联系方式，卫生院9个临床医生都常常接到各自的签约对象打来的电话，讲述自己的症状，问询需要买啥子药，家庭医生就给予指导，严重的建议来医院检查就诊。也有的是患者病情好得差不多了，特意打个电话表示感谢。

一天早上刚上班，邵医生就接到小鞍村黄天津的电话，说自己心跳得厉害。黄天津是小鞍村5组人，76岁，有心脏病，邵世民医师是他的签约医生，他是邵医生的老病人了。邵医生了解他有心脏病，心脏病患者出现这种状况，都是很危险的。邵医生马上同住院部的一名医生一起，开上自己的私家车，往病人家中奔去。从镇上去小鞍村有3公里路，全都是绕来弯去的小机耕道，不好走，邵医生还是咬牙将车速开到了极限。赶到黄天津的家中，邵医生顾不上喘口气，立马对他进行初步检查，诊断是冠心病突发，很是危险。黄天津家里也没有其他人，他们两个医生就赶紧把黄大爷抬上车，急急忙忙运回卫生院。路上，住院部医生就用电话遥控指挥，安排护士做准备。而黄天津越来越不行了，额头上冒出一粒粒豆大的汗珠，邵医生不断加大马力，将车子开得快飞起来。一到医院，马上就给黄天津输上液。几分钟后，黄天津的症状渐渐缓解，终于脱离了生命危险。这时，邵医生才感到嘴唇刺痛，原来刚刚开车时太过紧张，他竟将自己嘴唇都咬破了。

从这个事例可以看出家庭医生起到的作用和重要性。要是没有签约家庭医生，黄天津很可能就保不住性命了。

蟠龙镇有8个村和一个居民委员会，卫生院9个临床医生，正好一个人负责一个片区。卫生院只有5名护士，也都签约，有需要护理的老人就负责护理。

由于受打工潮的影响，全镇各村几乎都是留守老人。文昌村9组的张述秀，70多岁，已经瘫痪了二十多年，除了躺床上就是坐凉椅，背上已经长满了褥疮。文昌村是聂小英医生签约负责护理，她每月都要去一次，还要带上烤灯，为她消毒、清创，一次做下来，就要两个小时。张大妈做完治疗，常常拉着聂医生的手呜呜哭，说对不起她，让她受累又受罪。聂医生总是像闺女般温言软语地安慰张大妈，让她千万不要有思想负担，为她治病，是医生职责所在。

蟠龙镇卫生院自从2013年推行家庭医生签约服务以来，每个月每个医生、护士都要下村，到自己签约负责的片区走访、给病人检查。全镇有高血压病人800多人，糖尿病人400多人，残疾病人560多人，扶贫户480人，老年人1800人，儿童500人，孕妇300人。面对这么大的群体，确实辛苦，再辛苦也得干下去，为了村民的健康，大家都毫无怨言。

现在，全镇老百姓都感受到了家庭医生的好处，都很配合家庭医生的工作，医患关系有了很明显的改善。黄昌禄十分欣慰地总结道："作为医生，尽管我们多了一分辛苦，但是老百姓的健康却得到了保障，我们也工作得很开心，浑身都是劲！"

乡村医生的家传医学

慧觉镇三井村的乡村医生杨定明，在方圆几十里之内都小有名气，不仅医术好，而且医德也好，在当地人中有口皆碑，可以说是乡村名医了。他的医术、医德都来自祖上家传。他家世代行医，悬壶济世，在当地一直盛名不衰。

穷富平等，踏实行医

杨定明出生于1955年，今年62岁。不只他在行医，他的两个女儿也都在干这一行。家里四口人，大女儿杨艳毕业于湖南大学医学专业，是医学博士，现在重庆市中医院工作。二女儿杨佳，绵阳卫校毕业，在慧觉镇卫生院上班。

杨定明初中毕业后，就跟随父亲杨世兴学中医。杨世兴在1949前是乡村郎中，1949后在慧觉镇卫生院上班，1964年老婆去世，给他留下4个未成年的儿女，成为他天大的负担和压力。当时杨定明只有9岁，哥哥大他两岁，后面还有两个妹妹。杨世兴为了照顾他们四兄妹，辞去了卫生院让人羡慕的工作，回到乡下三井村，在村医疗站当了一名赤脚医生。由于杨世兴医术好，为人品行端正，当时很多人给他提亲，他都婉言谢绝，他怕后娘对孩子们不好，儿女遭虐待，受欺负，直到1995年，杨世兴85岁时去世，都是孤单一人走过后半生。

现在杨定明想起父亲为了他们几兄妹，孤独、寂寞熬过一生，心里既感动又难受。看看现在这个世道，有他父亲那样本事的人，有谁能经受住那一份人生的孤寂煎熬。

杨定明的父亲杨世兴有一整套家传教学方法，是祖上传给他父亲，由父亲传给他的。杨定明小时候每天要背十味药性，晚上父亲考查，背不出来他就会挨罚。他父亲的惩罚也很特别，就是屈起指头，给杨定明头上吃“李拐子”，然后，一脸严肃地说：再背一个小时去睡，明天一早起来我就检查。说完，把杨定明一个人留在油灯下。夏天蚊虫叮，冬天寒霜冻，那份罪，再苦都得忍着。

学医很辛苦也很枯燥，每天背医书，比在学校读书还恼火。三年后他把父亲要他背记的背得滚瓜烂熟，父亲估计他学得差不多了，选择了一个吉日，给他来一个总考，要求一个不错，比在学校读书还严，要考100分，不然，不合格。杨世兴说，给人开处方，错一味药，就可能出人命，因而必须严格。杨定明居然顺利考过了，那天，他看到父亲露出少有的满意微笑，中午，还破例喝酒了。

父亲开始带杨定明出诊。父亲把脉问诊，让杨定明仔细听，然后问杨定明所需要的处方，杨定明先说出，看到父亲微微颔首，就知道父亲满意，于是在纸上开处方。如果他父亲瞪起眼"嗯"地反问一声，就知道药方不正确，要重新下处方。

三个月后，杨世兴觉得杨定明可以独自出诊了，出师的日子到了。依照传统出师规矩，选定农历四月二十八日药王菩萨生日那天，举行了出师礼。早饭后，杨世兴端坐太师椅上，杨定明跪拜行礼，像电视里古代拜师学艺一样。杨世兴把他出师时父亲问他的话重新对杨定明问询：

"吹风下雨出不出诊？"

"要。"

"喜欢去穷人家还是富人家？"

"都得去。"

"要是穷人没钱，咋办？"

"不收。"

"咋个做人？"

"踏踏实实。"

……

问询完毕，父亲杨世兴赠送杨定明一本药典。

此后，杨定明开始接替他父亲行医，无论是深更半夜，还是电闪雷鸣，只要有病人相求，都要出诊。出师那天父亲问询的那段话，他一直铭记在心，作为行医生涯中的行为准则和一个医生世家的祖传家训。

剑走偏锋，挑战怪病

2007年的一个上午，金山千鱼欢村的一个名叫甘少勇的男子来医疗站找杨定明。甘少勇大约48岁，是通过以前杨定明医治过的病人问过来的，找杨定明给他治病。杨定明问他，哪里不舒服？甘少勇把左手衣袖捋起，杨定明一看，心里一紧，那只手臂细瘦，萎缩得只剩皮包骨。

问他咋不早医治？

甘少勇说，去成都华西医院检查，医生说要截肢，老婆不让，说截肢了今后咋干农活？就通过熟人介绍，说你医术高明，就到你这里来医治。

杨定明拉住甘少勇的手细细查看一番，按照他的中医原理诊断，认定是血脉不养筋。便对甘少勇说，我给你用中药调理，时间可能要长一些，你要有耐性。

甘少勇连忙道谢：只要不截肢，就谢天谢地，我啥子都可以忍受。

杨定明了解到甘少勇家为了医治他这只手臂，四处奔波，已经把家里面的积蓄花光了。为了给他节约药费，杨定明开好处方，以村卫生站的名义，带甘少勇到药材公司拿到批发价药材。之后，甘少勇找得到地点了，就自己去买药。连服九个月中药后，那只萎缩了的左手居然恢复到和右手一样大小了。甘少勇一家人提着大包小包礼物来感谢杨定明，杨定明知道他家为治病早返贫了，不仅不收礼物，还连处方费都没收。他说，只要看到病人能够康复，就是他最大的幸福。

一个秋天，下着连绵雨，慧觉7村2组的廖中秀撑着雨伞来到三井村卫生站，眼圈红红的，哽咽着请杨定明去她娘家大井给她父亲看病。她说，她父亲去绵阳的医院检查，花了1200元检查费，医生却没开药，让他们回去，说没法子了。当时卫生站还有两个病人，天又在下雨，杨定明就说，大医院都说没法子了，你就尽管给他煮好吃的尽尽孝心吧。廖中秀几乎就要跪下来了，再三邀请杨定明去给他父亲看看，说就算死马当成活马医也要请他去看看。

他们坐了一辆三轮车从三井村来到大井廖中秀父亲的家中，老人卧在床上。杨定明揭开被子查看老人的腿，乌亮乌亮，已经肿得不能行走。他问老人感觉膝盖怎样，热还是冷？老人说发烧。杨定明断定，老人是得的骨结核，再看他以前在医院里开的药单，原来医院是当成风湿病在医治，这病都弄错了，哪还医得好？杨定明胸有成竹地对廖中秀说，你去医院买抗结核的药，只要28元一瓶，不过这是进口药，不好买。好在廖中秀家有亲戚在成都一家药物公司上班，这才买回一瓶，还没服完就好了。这次杨定明遵从出师那天父亲的问询，不但在雨天出诊，还没收出诊费。

2013年，本村3组一个20岁的年轻小伙子叫谢超，跟随父母在成都打工。父母喜欢一个女子，要让他与那女子结婚，他却不喜欢那个女子，那女子和女子的父母也同意这门婚事，双方的父母都逼他。一气之下，谢超喝下一瓶百草枯，被送到成都华西医院抢救，换了两次血，用了10多万元，暂时把命保住。住院9天后，医院让他出院回家，说听天由命。回到家后，谢超的父亲打电话给杨定明，让他去给谢超输液。杨定明老婆不让他去，怕万一打针打死了找他扯皮。杨定明说，作为医生，人家来喊，就得去看看，这是职业道德。杨定明去到谢超床前，一查看，他的舌头都被农药烧了一个二指宽的缝，再看检查时拍的片子，肺部也烧烂了几个洞洞。杨定明给他输了两天从华西医院带回的液体不见有好转，就对谢超父亲说，我用中药来给你儿子清热、解毒，你看要不要得？谢超父亲想到反正华西医院都说听天由命，那就试一试。服药三个月后，奇迹发生了，谢超居然能下地行走了。他父母喜出望外，都辞了成都的工作，回到家全心全意照顾谢超。八个月后，谢超居然像正常人一样，还到村聚居点麻将铺搓起麻将来。第二年正月，一家人又去成都打工去了。现在每年过年回来，他们都要提着礼品来看望杨定明这个救命恩人。对谢超的医治，杨定明也没收诊断费。

杨定明说，这三个病例，是他行医这么多年，最值得研究也最值得自豪的病例。他不仅传承着父亲的家传医德，也在运用传统中医技术，并在治疗中取得了值得骄傲的成绩。

老祖宗规矩丢不得

学医不仅要读医学书籍，也要读方方面面的经典文学，提升自己的修养，开阔自己的视野。他父亲就是这样，收藏了很多经典名著，在治病救人的闲暇，就看看这些书修身养性。在“文化大革命”中，红卫兵来到他家里抄家，他父亲杨世兴说，家里的铜盆、锡水壶都可以拿去，把书给他留下。至今，杨定明家里还有50多本父亲保存下来的书。医书有《伤寒论》《医宗金鉴》等，他送了几本给大女儿，余下的现在家里还收藏着。

杨定明家的家传医学博大深厚，家法、家规也相当严明，都是按老祖宗的规矩做人行事，以至于他家代代都有人才出。不仅他行医在乡村小有名气，他大女儿是医学博士，在重庆中医院工作。他大哥也是华西医科大学毕业，在梓潼县人民医院当院长。

他父亲常常挂在口头上的一句话：宁愿自己吃亏，也不愿别人吃亏。杨定明把这句话当成传家宝。在20世纪80年代，杨定明刚刚结婚不久，想去绵阳开一间诊所，多挣一点钱。他把想法跟父亲一说，他父亲立马就生气了，颤抖着花白的胡子训斥道："你走了，周围百姓病了咋办？你要记住，我们杨家世代都在三井村为乡邻们的健康保驾护航。"听了父亲的话，杨定明深感羞愧，此后再也没有动过离开三井村的念头，一心一意在三井村卫生站坐诊至今。

杨定明行医以来，一直坚持悬壶济世的医德，受到周边百姓的赞誉。他今年已经62岁了，他说中医是中华民族的瑰宝，博大精深，他痛惜自己没有传人，希望中国能培养更多的中医人才为广大人民群众的身体健康保驾护航。

赋闲不闲的乡贤

龙敦仁，罗江鄢家镇星光村6组人。多年笔耕不辍，曾涉猎诗词歌赋、曲艺剧本，已出版个人文学作品选《潮》、诗歌选《江浦草》；省、市五个一工程奖获得者，县级拔尖人才，四川省音协会员，市音协、作协、曲协常务理事，县文联副主席。

（这段个人简介摘录自龙敦仁的新浪博客“二台土”。）

曾是“赶班初中生”

别看龙敦仁这么成绩斐然，其实他只是一个赶班初中生。所谓“赶班初中生”，他解释说，小学刚读到三年级，就遇“文化大革命”，几年后恢复初中时，他已经是一个十五六岁的小伙了。两年初中读满，岁数超限，不能上高中，他只得从哪里来到哪里去，回到生他养他的星光村6队，种地、当记工员、农技员……

因为爱在农闲时写写画画，快板、方言、唱词，只要能打发乡下无聊的孤寂，他都写。由于爱写，1979年，他被调去公社当广播员。广播员不只播音放广播，还得采写新闻稿。他在全乡的高音喇叭上播，也投稿给省、市、县的电台播。

在写新闻稿的同时，龙敦仁也写文学稿。第一首诗歌《牧鹅姑娘》发表在1981年的《西南民兵》上，看着自己的文字第一次变成铅字，他比第一次领到工资还激动。这更激起他写作的兴趣，他报名参加了当年《青年作家》的函授班，后来又发表了组诗《气象》等。

与乡文化站周贵绵的认识，又让龙敦仁爱上了写歌词。当年的一次恋爱，他写了歌词《中秋咏月》，歌词情意绵绵，很适合年轻人的胃口。会谱曲的周贵绵给他谱了曲，被喜爱唱歌的本乡青年谢启德带进校园，很长一段时间，在小圈子里传唱。听到同龄人唱自己写的歌，龙敦仁很有成就感，就一直写。1998年，他写的一首《走四川》，在德阳市音协于罗江云盖山庄组织的一次改稿会上，没得到专家认可。龙敦仁很相信自己的作品，也很能安慰自己，心想，所谓专家，就是来挑毛病的。他按照自己的思路，继续修改，继续投稿。两年后，《走四川》在中国音协办的《歌曲》杂志上刊出，引起轰动，先后有30多名曲作家前来联系，要给这首歌词谱曲。谱得很成功的是南充市歌舞团的岳亚。2001年，这首歌曲获得四川省五个一工程奖。这是他第一次获得这么高的荣誉。但是，龙敦仁并没满足，他还没在心目中最高级别的歌词刊物《词刊》上发表作品呢。

他开始订阅《词刊》学习，一直坚持订了10多年。到2006年，他的一首《九顶山的姑娘》终于攻破了这个堡垒。后来，他几乎每年都有歌词在《词刊》亮相。这表明，龙敦仁的歌词已经达到国家级水准了。

“嫂子歌舞团”和“云峰诗社”

龙敦仁不仅自己搞个人创作，也积极参加地方文化建设和活动。1998年，鄢家镇机构改革，广电、文化部门合并，镇上成立文广中心，他担任主任。镇上有个“嫂子歌舞团”（其实，这个名字是他给取的，因为跳舞的都是镇上开店铺做个体生意的已婚女人），她们最初只是跳健身舞，龙敦仁建议她们成立歌舞团，不只跳舞，还要唱歌、演小品等，形式多样，并鼓励她们走进群众中去演出，自己甘愿给她们当义务编剧。他先后给她们写了《贾大发》《三缺一》《不痛，不给钱》《纳贤》《书记到农家》《望子成“农”》《夸女媳》《你家，我家》《人人争当安全员》等来自生活的故事。节目演出时深受老百姓喜爱，其中，多部曲艺小品在省、市获奖。

那年，家里通了网络，买回一台电脑，妻子刚学会上网，与一姐妹聊QQ，不仅字打得慢，还没话说，问他聊些什么，龙敦仁就半开玩笑地告诉妻子：先问对方吃饭了吗？接着问吃饱了吗？他说着，突然生发灵感，想到要是空巢老人会聊天多好，可以排解寂寞。于是，一篇小品《网上邻居》就诞生了。后来《网上邻居》不仅获得全国小品大赛三等奖，还获得四川省文化厅第八届戏剧小品作品比赛一等奖。

现在，“嫂子歌舞团”不仅在当地小有名气，还上了中央电视台。她们的成功，离不开龙敦仁在幕后的推波助澜。

1984年，龙敦仁参加鄢家乡志的编撰，发现这里在1948年时，还曾经有一个民间诗社，名叫“云峰诗社”。龙敦仁感到很惊讶，接着他又发现诗社发起人之一的周谦还健在，是镇上原卫生院的老中医，已经退休回到甘湾村五组老家颐养天年。出于对本土文化的尊重和挖掘，龙敦仁同文化站的周贵绵去找到周谦，看到他们当年的手抄诗集《云峰诗草》，收录了40余首进乡志。

2007年，县上举办农民诗歌征集比赛，鄢家镇的龙敦仁和杨俊富都获得了一等奖。因一半以上的诗歌都出自鄢家农民之手，县上领导感到很意外，当得知鄢家曾经有一个云峰诗社时，才想通，原来这里是有文化底蕴的。于是，县上把诗歌比赛颁奖的地址选在鄢家长堰村，并挂牌恢复了云峰诗社，让龙敦仁任复社后的第一任社长。现在，他主编复刊的《云峰诗草》已出版到10期，成为省内外小有名气的一家民办诗刊。

穷不离猪，富不离书

别看龙敦仁文凭只是“赶班初中生”，其实，他们一家子在星光村里是出了名的“秀才”。他父亲1949年前念过三年私塾，后给人放鸭子为生。在放鸭子的闲暇时间里，熟读了四书五经，成为小村里小有名气的土秀才。龙敦仁从小就常听父亲的一句口头禅：“穷不离猪，富不离书。”在他4岁时，父亲就当起了他的启蒙老师，在煤油灯下教他识字断文。到了上小学一年级时，他已读完了《弟子规》《三字经》《四言杂字》《百家姓》《千字文》《增广贤文》等传统启蒙书，有的还能背诵全文。邻里乡亲为之惊叹，他父亲为他的勤奋好学备感骄傲。在他幼小的心灵中，读书成为他的唯一追求。正当小学三年级时，浩浩荡荡的“文化大革命”开始了，学校“停课闹革命”。好在1970年，公社小学附设初中班，赶上了当时的两年制普及初中，他便成为一名“赶班初中生”。

在当广播员的三十五年里，龙敦仁采写了不少新闻稿件，曾获四川省新闻学会“年度好新闻奖”，蝉联四川省乡镇广播节目“梦酒杯”“沱牌杯”大赛一等奖。

不断求索进取的龙敦仁，先后读完了电工常识、电子技术基础、电子管扩音机、晶体管扩音机、家用电器维修以及有线电视网络工程的安装等技术书籍，系统地学习了新闻学概论、新闻采访与写作、新闻编辑、新闻摄影，参加了省、市、县举办的上百期新闻写作、文学创作技术培训班，先后在人民日报社新闻函授部、青年作家文学讲习所、四川省戏剧创作提高班、全国家电维修中心刊授、函授、培训结业，被省广电厅评定为一级机线员。

一个人集这么多专业知识于一身，不是一般的大学生所能做到的。因而，龙敦仁在业余时间，笔耕不辍，创作的各类文学作品在国家、省、市、县级报刊电台发表千余件就不足为怪了。

他还参与县内二十多台大型文艺节目的策划和主持人台本的撰稿，写作涉猎诗词歌赋、曲艺剧本、新闻、散文、报告文学等各类文体。

也不知是时代选择了他，还是他选择了时代，正当他拿起笔的时候，恰好赶上了农村改革的大潮，按他本人的话说："一个好的记者，不光是要把握新闻导向，同时还要学会导向新闻。"多年来，家乡在他的新闻导向下，沿着他一篇篇"致富启事录"，一步步走向小康；身边众多的小人物，从他的报道中，一步步走上了省市劳模、全国先进工作者以及人民大会堂的领奖台。

2003年，他的广播文学集《潮》，由原省广电厅老厅长卢子贵作序、新疆人民出版社正式出版发行；2010 年，他与周贞籍、杨俊富合出的诗歌选集《江浦草》，被中国诗歌博物馆收藏；他还与人合著了古代传奇三十集电视剧文学剧本《太阳井》；他与叶鹏合作抗震系列电视短剧《没有过不去的河》首次被搬上荧幕，为本土电视剧创作开了先河，并获得全国抗震救灾最佳影视、文艺、纪录片奖。一个个作品的问世，一个个奖项的到来，使得龙敦仁的名气越来越大。他先后接受过《人民日报》《四川日报》及四川电视台、德阳电视台等多家媒体的采访和专题报道。2010年中国罗江第三届诗歌节中，他创作的诗歌《我们是农民，我们更是诗人》，道尽了农民诗人的创作艰辛和激情，搬上了中央电视七套《乡约》栏目。他的百首歌词选《走四川》，戏剧曲艺作品选《梨园寻梦》，民间文学辑著《乡风》，报告文学、通讯、特写集《土记者的洋报告》正准备付梓。

文学的修养需要自身的努力和生活积淀，也需要先天的熏陶。

五十多年与书结缘，三十多载刻苦创作，让龙敦仁的精神生活比别人过得充实。书架上那珍藏的上百个获奖证书，成为他的精神支柱。他常说，要是停留在两年初中的知识上，恐怕早已退化成了文盲或半文盲。因为一如既往地追寻"作家梦"，才使龙敦仁这名"赶班初中生"成长为今天的"土记者""洋作家"。

这样的读书传统和家风，也潜移默化地影响着两个儿女，女儿龙梅，成为组上第一名大学生，现在在成都一家外国语学校任教。儿子龙涛，也不示弱，2006年冬，他高中在校就参了军，被选入北京武警总队天安门国旗护卫队，五年的军旅生涯，他不仅练就一身坚强意志，也成为一名合格的军地两用人才。每天除了紧张的训练、升国旗、站岗，他仍然坚持读书学习，利用休息时间自学电脑技术，经过五年的刻苦自修，完成了法律本科学业，使他家又多了一名大学生。2014年，龙敦仁的家庭被授予首届全国“书香之家”称号。在全国农村，能够拥有这个荣誉称号的只有11个家庭，他家就是其中之一。

儒雅耕夫，瓜果满园

2014年，当了三十五年广播员的龙敦仁退休回到乡下，赋闲在家，他曾经自号“儒雅耕夫”。但他赋闲不闲，不仅把自家的一亩多自留地融入村子的生态产业大环境，侍弄得瓜果飘香，还极力传播和扶持本土文化。有人这样评价：“龙敦仁走到哪里，就把文化带到哪里。”

在老家星光村6组，住房相对比较集中，从包产到户村民们吃得饱、穿得暖后，就有一些“不安分”的人学城里人，在晒坝里跳晒坝舞，久而久之，觉得太单调，龙敦仁就给他们写一些小品、快板，指导他们排练，舞跳累了，就听听快板、演演小品。尤其到过年，各种表演演绎成一台综艺节目。渐渐地，表演的时间也固定下来，定在每年的腊月二十八，这时外出打工的人也都赶回来了。开始只有10多户，后来滚雪球一样，越来越多。每年这天，你家一盘肉、他家一盘鸡，大家都把最好吃的团圆菜端到一起，喝酒、吃肉，唱歌、跳舞、演小品，热闹到深夜。现在，全组在一起“团大年”，吃坝坝宴、跳晒坝舞、办农民春晚已成为这个组村民的生活习惯。有大学教授前来调研，视这为新农村的一种文化现象。2014年，央视摄制组正好在这边录制节目，听说了这事，特意赶过来，录制了一台“农民春晚”，搬上了央视7套。

星光村的生态产业好，文化底蕴厚，民风朴实，今年被市上定为“四好村”建设示范村。由于龙敦仁是“本地通”，规划组和相关领导都请他提建议。

龙敦仁认为，村风、村貌的打造，要记得住乡愁，不能破坏了自身的地域特色，相反还要还原磨坊、碾坊、织布坊、水车等民俗文化、农耕文化。古老的作坊，让城里人来乡村旅游时有看点又能慰藉乡愁。

让龙敦仁最兴奋的一件事，是这次在他家门前的一块空地上，规划了个“阳光书吧”，还要修通一条6米宽的油路。这是上级部门对乡村文化的重视，他更是积极地配合，献计献策。

3月，他看上了邻居家屋后阳沟边的一个一米直径的大树蔸，花了三十天时间，把三平方米之内的根系全部刨了出来，他准备在阳光书吧建成后，把它安放到书屋前，作为一道景观，还把书吧命名为“草根艺苑”。当然，龙敦仁想到的是更深远的象征意义——把根留住。当今的大趋势下，许多农民有了钱都去城里买房，逃离乡村。龙敦仁家2011年也在县城买了房，现在他有些后悔。他退休后本可以住进县城享受热闹繁华，但是，他更喜欢乡村清新优美的生态和安宁，而且生活条件一点也不比城里差。在他的潜意识里，一直在默默地呼唤着“把根留住”。为此，他还写了一首诗歌：

把根留住

从破土发芽那一天起
就一直向上
几十年站在村口
成为一道风景
你生在夹缝中
依然枝繁叶茂
你长在屋檐下
但从来不低头
主人担心你有一天引来雷电
房东怕你摇摆时伤了瓦片
好一个宁让树死也保瓦全
其实你并没有老朽
就因为树大招风而死于非命
你用三十年盘根错节
只想撑起一片蓝天
我用三天刨根问底
就想知道
当斧头落在你身上

你为何不叫屈喊冤
你的刚性让人感动
我不忍心让你腐烂
唯独能为你做的
就是把根留住
把根留住
让那归根的落叶
记住你曾经拥有的春天

鄢家场镇的戏嫂们

罗江以东，有一座历史悠久的小场镇——鄢家镇。小场镇建在一道岭上，古时过往商人都叫它鄢家岭。

鄢家岭上还有一座小山，在岭上拔地而起，高出场镇建筑约50米，山不高也不大，山上却长满野桃树、核桃树、樱桃树、李子树、构树、枹树、柏树……郁郁葱葱，四季花果飘香。岭上人就把这山叫作花果山。此花果山当然不是孙猴子和他的孩儿们玩耍的那座花果山。

原鄢家镇人民政府办公大院就建在这里，鄢家镇闻名遐迩的"嫂子歌舞团"也发源于此。

不打麻将来跳舞

"嫂子歌舞团"是1998年冬天在罗江县文化馆周贵绵和星光村乡贤龙敦仁的倡导和鼓励下，由鄢家镇幼儿教师范华秀和个体户陈光颐、谢洪梅等人牵头组建的一支业余演出团队，有队员20余人。除她们的义务音乐编剧周贵绵和文学编剧龙敦仁以及一名客串演员周运多（已故）以外，其余均属清一色20岁出头、30岁开外的已婚女子，故取名"嫂子歌舞团"，还像模像样地谱有团歌，设有团徽。团员们公推陈光颐为团长，范华秀、谢洪梅分别为业务副团长，演员全是场镇上有一技之长的文艺爱好者。她们个个心灵手巧，多才多艺，上百套戏装、道具和舞美饰品，都是她们自己出资并亲手设计制作的，逐年积累，至今拥有一套演出车和数万元演出道具的固定资产。她们因爱好而自由组合，虽未进过专业学校培训，但她们刻苦自学，坚持数年，已有丰富的排演和舞台经验。演出的节目清新脱俗，演出服装靓丽。她们主要表演声乐、舞蹈、曲艺和戏剧小品，尤以紧扣时代和人们生活的自创节目为群众喜闻乐见，常有三五台保留节目。

今年53岁的范华秀，是引燃嫂子们跳舞激情的火种。

那是包产到户以后，政府放宽政策，允许个体经商，鄢家场镇有铺面的女人们，便邀约去成都荷花池市场批发服装、鞋子、化妆品，运回来在自家店铺经销，很快成为鄢家场镇腰包最先鼓起来的一批人。

她们都是大集体年代穷怕了的人，有了钱，就想“放纵”一下。当时“麻将风”刮起，她们赶场天守店铺卖商品，冷场日没人上街，无所事事，就搬张小桌，放到街沿下，围坐搓麻将。白天搓，晚上也搓。久而久之，家庭就闹起矛盾，女人们不知所措。

当时范华秀办了个幼儿班，场地就租在花果山下镇政府大院内。范华秀的天性就是爱唱歌跳舞，爱表演。1985年，镇文化站成立计划生育文艺宣传队，她是队里的骨干，独唱、小品、跳舞，样样都来。由于有这些特长，她才自办了幼儿园。

镇上的女人们，看到范华秀整天同小孩子们唱歌、跳舞、弹琴，逍遥充实，很羡慕。一天聚在一起聊天，女人们说出自己的心思。范华秀爽直一笑：“哎呀，这还不简单，你们也可以放下麻将来跳舞啊，既健身，又快乐。”

于是，晚饭后，乡政府的院坝里，有了一群时尚的女人，踏着收录机磁带播放的激越节拍，“嘣嚓嚓”起来。范华秀成为大家的教练，教她们自己会跳的舞。

当时参加跳舞的有陈光颐、谢红梅、周金碧、周玉平、秦革、唐功丽、范华秀、魏华群共8个人，这8个人是后来鄢家嫂子歌舞团最早的发起人和骨干成员。

嫂子歌舞团诞生记

范华秀老公那时在镇合作基金会上班，住宿在镇政府大院。她们每天晚上跳舞到12点，震天响的音乐，吵得他睡不好觉，上班时昏昏沉沉，弄错了几笔账目，于是责备范华秀。范华秀也意识到了晚间跳舞确实影响镇政府大院人们的休息，于是与姐妹们一起商量转换阵地。陈光颐说，干脆到我家去。陈光颐家新修了预制板楼房，楼上有一间客厅空着，她老公也喜爱文艺，也表示欢迎大家晚上去他家跳舞。

就这样，陈光颐家成为这帮爱跳舞的女人们的第二个根据地。

也许她们跳得太起劲了，或者跳得太疯狂了，陈光颐家的预制楼板居然被她们8个人16只脚蹬踏出来一道明显的裂缝，陈光颐的老公发现了这道裂缝。晚上她们又兴致勃勃聚到一起时，陈光颐的老公大声地“表扬”她们：“姐妹们，你们简直太厉害了，你们的‘武功’真是练到家了！”说着，还跷起两个点赞的大拇指，“我家楼板都快被你们震断了。”

开始，她们还以为真的在表扬她们，当听到楼板差点被震断时，都惊讶得目瞪口呆了。大家忙低头查看，哇呀呀，不得了，还果真有一道清晰的裂缝，再跳下去，说不定真会跳塌了楼板。那时，范华秀的幼儿园已经搬迁到场口的三角碑处，大家一商议，只得去范华秀的地盘跳了。

范华秀这次学聪明了，怕影响老公休息，又弄错账，把音箱音量尽量控制得小一些。这时，她们不只是在跳娱乐的健身舞了，还在排练一些可以上舞台表演的节目。因为她们每晚坚持跳舞，已经在鄢家场镇掀起了一股旋风，受到了鄢家镇文化站的周贵绵、广播站的龙敦仁的关注。1998年的冬天，在周贵绵、龙敦仁的建议和鼓动下，她们正式成立一个歌舞团。取歌舞团的名字时又为难了，大家都想往高大上取，龙敦仁沉思片刻后，说：“既然大家都是已婚的人，就取名‘嫂子歌舞团’，如何？”

大家一听，都乐了——这个名字土气却贴切，而且好记。于是，嫂子歌舞团就这样在鄢家岭诞生了。

她们一人掏出200元私房钱，8个人集资1600元，去成都荷花池批发市场买幕布、买演出服。

第一场演出，是腊月在鄢家场镇口子的长堰村1组预制场的坝子里。当时啥道具都没得，就自己凑。秦革是卖化妆品的，就提供化妆品负责化妆，陈光颐家有功放音响，就提供音响设备，还有几家是卖衣服的就提供需要的演出服装，幕布、道具都是自己加班缝制的。

当天长堰村挂在大桉树上的高音喇叭把看演出的消息一吼，不到半个小时，预制场的坝子里就围了好多人，将她们围堵得水泄不通。百姓们好多年没看坝坝戏了，都很兴奋。那天她们表演了《三个婆婆拉家常》《臭媳妇》《洗衣舞》《健身操》等节目，赢得一阵又一阵掌声，一片又一片吆喝。

接地气的节目，身边的故事，生动鲜活的表演，得到了观众的喜爱和认可，这无疑对她们是一大激励。可以说，第一场义演很成功。歌舞团名气暴涨，接着天台村、七里村等都邀请她们去做宣传演出。最让她们感动的是，成立的第二年正月，中江县梨园乡的党委书记听说她们的节目好，寓教于乐，很受老百姓喜爱，特意开车来到鄢家，接嫂子们去他们梨园乡政府做计划生育宣传演出。嫂子们一下车，哇，不得了，看演出的百姓前呼后拥来迎接，她们第一次感受到了明星的待遇。

好强嫂子，多才女子

都说台上一分钟，台下十年功。陈光颐深有体会。她跳舞，总是跟不上节奏，跳得手忙脚乱，耳环都跳丢了好几个。陈光颐因为跳舞，还跳出了一个习惯动作：每次跳错了，觉得愧对大家，就吐一下舌头，以表歉意。为此，她常拖累姐妹们陪她加班加点练。在一次排练时，练了一次又一次，陈光颐还是记不住，把她们的舞蹈编导周贵绵老师急得大声说："哎呀，你这样跳，会把观众都吓跑。"被周贵绵老师这样一激，陈光颐的倔强性子被激发出来了，她不仅和大家一起练，背地里一个人又练。半个月后，她的舞蹈动作精准得让周老师瞠目结舌。现在，只要一听音乐，她就知道该做什么动作了。

随着嫂子歌舞团的名气一天天大起来，队员也在不断增加，由原来的8个人，慢慢地壮大到20余人。团里都是鄢家岭场镇人，有理发师，有服装店老板、鞋店老板、裁缝店的老板……各行各业都有。

杨洪英是入团较晚的一个，现在却是嫂子歌舞团的舞蹈编导。

杨洪英在鄢家镇小学幼儿园当园长，自幼喜欢跳舞，读幼师时，接受过专业舞蹈培训。即使这样的资历，她申请进入嫂子歌舞团时，团长陈光颐还是让她跳了一段舞进行"考核"。那是2008年，罗江组织灾后重建、鼓舞民心的义演，杨洪英觉得很有意义，自己又是学舞蹈的，就萌发了参加演出的欲望。

嫂子歌舞团以前有一位舞蹈编导，家住绵阳，因为被嫂子们的精神感动，一直义务为她们编舞排练。嫂子们觉得很过意不去。杨洪英加入后，她的舞蹈知识、舞蹈天赋在几次演出和平常排练中脱颖而出，让她足以担纲嫂子歌舞团的舞蹈编导。

后来杨洪英编排的舞蹈代表罗江参加省舞蹈比赛，于2014年获得亚军，2016年获得青年组冠军，很了不起哟。

2010年5月，央视7套《乡约》栏目组在罗江李调元纪念馆专访了歌舞团，把她们的故事搬上了央视银屏，让嫂子歌舞团的名声更为远播。一位上海女孩打来电话，说自己是舞蹈专业的，问嫂子歌舞团还招演员不，想加入嫂子歌舞团，问给多少钱一个月。当陈光颐告诉她："我们团队，全是奉献，没有工资。”电话里传来一句不可理解的惊呼：“呀，还有这样的歌舞团？”随即，电话断了。

嫂子歌舞团建团以来，凡县内和周边乡镇的重大节日和庆典都有她们登台亮相，三次选送节目参加县新年团拜会与国家、省、市名家同台演出，多次代表县、镇参加省、市的各种调演和比赛，声乐、舞蹈、曲艺、戏剧、小品均获市级创作表演奖。2004年，全团人员被吸收为罗江县音乐舞蹈协会会员。更难能可贵的是，她们多属义演，有时收取少量生活补助和来回路费。她们常年活跃在农村舞台，每年都要演出二三十场不等。

酸甜苦辣，嫂子不哭

嫂子们风光的背后，也有许多酸甜苦辣的小故事。

一次歌舞团排练的一个小品《拾金不昧》，要去遂宁市参加小品比赛，由谢红梅和一名外请的本县男演员搭档。因为是第一次演夫妻，在思想不是很开放的乡下小镇，谢红梅怕老公多疑吃醋，去参演时，就没告诉老公去表演节目的实情，而是说陪姐妹们出去游玩。早上要出发时，县文化馆的周贵绵老师打电话到谢红梅家的座机，她在镜前梳妆打扮，老公接了电话，听周贵绵说是去演出，就生气了，责问谢红梅：“去演出，为啥要瞒着我？我看是要去做见不得人的事了吧？”

误会闹大了，周贵绵、龙敦仁、团长陈光颐都前去解释，才算消除。

一次，歌舞团被中江一个乡镇邀请演出，在演出前10多分钟，秦革接到家人电话，告知她姥姥去世了，要秦革马上回去吊唁。想起小时候姥姥对自己百般宠爱，现在突然走了，秦革的眼泪一下就滚出来了，恨不得马上就飞回去。但当她往台下一看，黑压压的一大片观众等着看演出，她的心一下软了，不忍心让观众们失望。为此，哥嫂曾误会她，骂她不孝。当秦革把当时的情况向哥嫂说明后，哥嫂才了解她当时的心情，原谅了她。

陈光颐后来在九寨沟做生意，一次接到通知演出的电话，二话不说，生意不做了，还花200元的车费赶回来。要知道，演出可是不给钱的义演。

张娟是新入团的团员，原来在镇上一家茶楼上班。县上两年一度的诗歌节要到了，邀请嫂子歌舞团出节目参加开幕式。那段时间天天练，耽误了上班，茶楼收入受损，被老板开除了。她说，丢了工作，她并不伤心，要是不能参加演出，她才真正伤心。演出过后，她又在场口“谢花椒”的杂货批发店找到了工作。

嫂子歌舞团的嫂子们，对于演出的执着和敬业精神，不能不说是很感动人的。正如她们的团歌所唱：“舞台是我们的天堂，歌声是我们的阳光，我们洒下汗水，我们孕育芬芳……”这曲自编自演的《嫂子之歌》唱出了嫂子们的心声。

鄢家岭的嫂子们和着时代节拍，一路歌，一路舞，以鄢家岭为根据地，向四面八方传递着快乐和美好。同时，她们也收获着美好，实现着梦想。

三十年文化苦旅的坚守者

乡村文化阵地需要坚守，如果没有人坚守，就难免被低俗文化占领。金山镇现在拥有36支文艺团队，丰富着该镇人民群众的文化生活。这与金山镇政府一个叫叶鹏的人的辅导与坚守分不开。

叶鹏，1967年出生。金山镇党政办主任，镇文艺活动义务主持者和文艺团队辅导员，镇农村公益电影放映员。

文化专干躺破床

叶鹏1984年在罗江中学高中毕业，回村后同当时所有农村青年一样，四处打工，边打工边写一些文字消磨无聊时光。1988年，镇农校招老师，叶鹏被招进农校，才脱离打工生涯。他教了两个月课就到五四青年节了，镇团支部要搞文艺活动，听说叶鹏爱写东西，会说普通话又喜欢表演，团支书就到农校找到叶鹏，请叶鹏主持五四青年节的活动。这正是叶鹏所喜好和擅长的，叶鹏答应了，花了一个晚上写好主持串词。

5月4日那天到场的有镇党委副书记，他看完后节目找到叶鹏，给予高度赞赏。6月初，镇上要招文化专干，副书记鼓励叶鹏去报考。叶鹏没当回事，依然在农校上课。没多久，就接到参考的通知，叶鹏有点惊讶，他又没去报名。一问，才晓得是镇上有人替他报了名。那时罗江还没恢复设县，叶鹏是到德阳市中区去参考的。罗江就招两名，叶鹏很幸运地被录取了。

就这样，叶鹏走上了文化专干之路。当时的工作条件很差，没有文化阵地。镇上原来有一个文化茶园承包了出去。叶鹏的落脚点最后落实在镇电影院旁边的一间旧屋，与电影放映员合住。找来的一张床，快要散架的样子，动一下，就吱吱呀呀给你“唱歌”。

镇上每年五四、七一、八一、国庆等，都要搞很多台文艺演出活动，这些活动的节目排练、道具等所需要的费用，镇上不给钱，都要自己去各个单位“化缘”，5元、10元……排练也没有排练场，就在电影院挂银幕的舞台上练。那时的工资虽然只有56元一个月，但是能够按月拿，让很多农村青年羡慕，叶鹏也觉得很开心，所以做啥事，都干劲十足。

1991年叶鹏结婚后他老婆就怀上孩子，叶鹏不能照顾她，还得天天坚守在那个简陋的“文化阵地”上，他不敢耽误。

幸好1992年省上要求建立一级文化站，而且要验收达标，这时镇上才把电影院、文化茶园划归文化站。有地盘了，但是没有一本书，也没有一个书柜，文化站还是一个空架子，叶鹏就把自己家里的500余本书用自行车驮到文化站，又把镇政府订阅的杂志报纸收集到一起，再买回1000余本，书的数量差不多了，叶鹏去供销社要来一个旧货架，把镇政府一个烂柜子也拿过来修整一番，把书分门别类摆整齐，自己一看，还像那么一回事，满满的成就感。

文化茶园一楼继续经营，叶鹏把二楼作为文化阵地。二楼有7间房，大约150平方米，腾出一间做寝室，一间做办公室。这时，叶鹏才觉得心里踏实，因为终于有了自己的文化阵地。这一年，文化站顺利通过了省上一级文化站的达标验收。这一年，也是叶鹏最开心的一年，因为他苦熬了四年终于有了自己的窝，有机会把老婆、儿子从乡下接到镇上来一起过城镇居民的生活。

最让叶鹏感到愉快的是，1993年镇上建起电视差转站，调叶鹏去当播音员带主持节目，他的特长得到充分发挥。叶鹏开办了“金山风情”“点歌”等栏目，很受老百姓欢迎。可惜他只工作了两年又回到文化站。

“叶鹏指导”，必属精品

说实话，虽然叶鹏喜欢文化工作，但当时并不喜欢在文化站工作，因为文化站是个穷地方，经常入不敷出捉襟见肘。好在1996年罗江复县，县文化局一位副局长很重视文化，各乡镇文化站的文化活动才有了很大起色，纷纷组建文艺演出团队。

金山镇最先组建演出队的是骑龙村，他们村的妇女主任很爱好文艺表演，拉了40多名妇女就成立起来了，主要表演小品、歌舞，但她们都不会排练，也没有脚本，就请叶鹏去给她们编排，写一些小品给她们表演。后来，镇上有活动，都请她们参与，是颇受人们喜欢的一支演出队伍。

一个村开了头，其他村也不甘示弱，后来一个村接一个村相继发展起来，都请叶鹏去指导、编排，叶鹏也有求必应。现在全镇有36支文艺队伍，马驰村就有3支。当然，这些文艺队伍大多是各个村里的老年人，平常自娱自乐，哪个村里有活动，就相互邀请，活跃氛围。

每个村每个月至少要开展一次演出活动。每个村都有活动阵地，演出时还要杀猪，做坝坝宴，与邻村请来的团队相互交流、竞争演技，文艺团队成员的午饭都免费，观众要交一点饭钱。

在这样相互交流、相互竞争的过程中，金山镇的文艺活动越搞越红火。他们的每一场演出，几乎都要请叶鹏去指点。很多时候，叶鹏工作忙，不能去。一旦去了，他们就开心得不得了，因为叶鹏可以指出他们节目中的不足，告诉他们怎样会做得更好。

有了这些文艺团队，人与人的相处也更为和谐了。在乡村里，扯皮骂架的大都是婆婆大娘，现在她们有了自己的爱好，没时间去说东家长西家短了。2015年，金山镇成立老年协会，不到50岁的叶鹏当选为会长。他心里暗自好笑：是不是自己真的老了？其实，是全镇的老年人对他的信任，只要听说谁在吵架，叶鹏一开口，他们就会马上闭嘴。并不是叶鹏有多厉害，这么多年了，她们没有不认得叶鹏的，也没有哪个不尊重叶鹏的，这就是叶鹏这么多年干文化工作积攒起来的信誉，是一个值得他骄傲的资本。

在叶鹏组织的文艺演出活动中，最让他扬眉吐气的一次，是2008年要过大年了，镇党委书记找到叶鹏，说，抗震救灾把大家都累蔫了，你来弄台文艺演出慰问大家吧。那台文艺演出资金足，演出规格也高，大家看后都啧啧称赞。

文化公益人

叶鹏经常参加镇上各类文艺活动，哪里热闹哪里就有他。不知道的人以为叶鹏好耍。其实，叶鹏一直很忙，一个人有12项工作，且每年都是先进个人。可想而知，这要付出多少努力。

2012年春，镇上一次座谈会上，领导谈到旅游，叶鹏说，大井村梨花那么好，每年自发来看梨花的人那么多，可以搞个节会，把游客吸引过来，带动消费。叶鹏的话引起领导重视，领导立马让大家讨论，很快拍板，并落实到叶鹏头上，让叶鹏做总策划。就这样，金山镇第一届梨花会在叶鹏的主持下成功开幕，德阳电视台的《乡约德阳》栏目组前来录制了节目，特约叶鹏与他们的主持人一道，在梨花会开幕式上主持这个节目，造成很大影响。现在已经开展了四届，一届比一届规模大、影响大，当地老百姓的农家乐迅速发展起来，农副产品在节会期间都卖到了好价钱。

现在，金山镇还有8月底的“品果节”、9月初的“枣莲说”分会场、千鱼欢的“抓鱼节”……都由叶鹏主持、策划。去年，香山鹭岛的旅游升级规划也是找叶鹏参与。尽管全都是义务服务，但都是为了金山镇的发展，叶鹏觉得自己义不容辞。由于叶鹏负责送电影下乡的公益活动，好多时候，都是连续熬夜放电影，又要去参加节目主持，很辛苦，不过，他很乐意。

尽管现在镇文化站早已不存在，但文化阵地从无到有，已经像种子一样在全镇各个村和社区落地开花，现在镇上两个社区有7个电子阅览室、20台电脑、图书4000余本、排练厅150平方米，有道德讲堂培训学校、健身路径、健身室等，还有各类文化活动展板。百宝村建有一个室内电影放映室，每周一、三、五下午两点半免费放映电影，周边村子的百姓都可以前去观看。百宝村还有一个文化中心，棋牌、篮球、乒乓、卡拉OK等，一应俱全，都是叶鹏从上级那里给他们争取到的。为了把金山镇群众文化活动搞得丰富多彩，叶鹏一直在努力争取一些文化项目到各村来落实，并提供一些建议和帮助。2014年，骑龙村建起1300平方米大广场，还配套9米高、13米宽的大舞台用于群众广场舞和活动演出；2015年谭家坝村建起800平方米的文化广场，每天晚上都有村民跳广场舞，很是热闹；2007年，马驰村建起2000平方米的大广场……这些都是叶鹏写材料、打报告争取过来的县上项目。

目前，金山镇大型正规文化广场有5个，家和社区最为亮眼，不只有10支文艺团队在活动，罗江县的许多启动仪式都来家和社区举行。

叶鹏从事文化工作整整三十年了，尽管他后来调到镇党政办工作，但对于基层文化工作，叶鹏一直没放弃，一直在坚守。尽管许多事都是义务做，但是叶鹏乐意做，且做得开心。

叶鹏在20世纪80年代末就写出相声《学雷锋》并与兄弟合演，获得“德阳市中区表演三等奖”。2000年罗江第一次文艺调演，叶鹏写的小品《理解》获得戏曲和创作展演一等奖。此后每年都有他自编自演的节目在各个文艺演出中得到观众好评。2008年5.12大地震后，他与龙敦仁担任了电视剧《没有过不去的河》的编剧，叶鹏还担任主演，这部片子后来还获了国家级的一个新闻纪录片奖。罗江拍的12集罗江故事，几乎每集叶鹏都参加了演出。去年鄢家镇拍的《岭上花开》，又邀请叶鹏去参加了演出。

由于爱写作，金山镇政府机关的同事过生日，叶鹏都送他们一首诗，不仅弱化了送礼之风，还把文化之美分享给大家，很受同事欢迎。

金山镇的36支演出队伍，在周边影响很大，其他乡镇有活动，都要来请他们去表演助兴，比如绵阳的永兴、安昌等。他们去表演的时候，都忘不了邀请叶鹏一道去给他们“壮胆”，只要有时间，叶鹏都会去支持他们。去年绵阳市广场舞邀请赛，家和社区青年舞蹈队去参加了表演，获得二等奖。他们还代表罗江县参加过德阳市广场舞比赛。

从2008年起，叶鹏一直坚持放农村公益电影和社区广场电影，全镇22个村，一年要放264场，按要求，每晚放1.3场，其中0.3场是科教片，全年要放204天。这十年来，他每年都是满勤，确实很辛苦，总是感觉瞌睡没睡够，但看到老百姓很欢迎，他也就豁出去了。现在乡村大都是留守老人，他们年轻时看过很多坝坝电影，有一种怀旧的电影情结，他们来到放映场，不是为看电影而看电影，更多的是平日孤独，能与熟人聚一聚，交谈一下，填补心灵的孤寂。不管他们来与不来，叶鹏都会精心挑选最好的故事片和与本土有关的种养业、果树管理及安全自救等科教片送下乡，老百姓都喜欢看。

三十年的文化苦旅与坚守，相信叶鹏还会坚定不移地走下去。

黄大娘的幸福生活

恩恩爱爱老两口

这几年，黄大娘一改乡村天黑才煮晚饭的习俗，学起城里人，每天下午5点过就煮晚饭。

晚饭吃那么早，干啥？

去跳广场舞呗。

其实，黄大娘每次去得还是最晚的一个。

吃完晚饭，她还要洗碗、喂猪什么的，把家务活干完才去。做这些家务活时，广场上音乐已经响起，听到音乐她心里就发慌，就想立马飞过去。几乎每次她到跳舞的广场，其他的人都开跳了。

看看，村里不只她家晚饭吃得与城里人一样早，其他家也都追上城里人的节拍了。

问她老伴咋不帮做家务活呢？

她说，因为老伴比她大10岁。以前她嫁给他，她年轻不太懂事，他很会疼人，呵护她，照顾她。现在，老伴老了，有点气管炎，身体不是很好，她身体好，就该她来回报他了。

多么恩爱的老两口哟。

黄大娘名叫黄翠兰，今年62岁。她老公名叫谢永忠，今年72岁了。谢永忠年轻时在青海当兵，汽车兵，当了十年。

18岁那年，媒人把她介绍给谢永忠，她不答应。因为谢永忠大她10岁呀。父亲说，岁数大才成熟、才懂得疼人。她听从了父亲，选了个黄道吉日结了婚。嫁过去，她还真的享福了。谢永忠转业回到鄢家镇农机站，开一辆汽车跑运输，日子就比一般人家过得殷实。

谢永忠看起来很严肃，不苟言笑，但态度极好，从不对她发脾气、摆大男子主义。因此，黄翠兰觉得自己一直生活在幸福的海洋里。

黄翠兰一家，算是与军人有缘。不仅她老公是个军人，她的两个女儿长大了，也都嫁了军人老公。大女婿是个营长，炮兵学院毕业，编写过新兵教材。大女儿念过中专，在德阳开出租车，她有两个小孩，一个念高中，一个念初中。二女婿是回龙乡人，退伍后，两口子在新疆打工。两个女儿都生活得滋润，不用他们老两口操心，他们就操心把自己的日子过好，别让女儿、女婿担心就OK 了。

长堰村是1987年开始动员村民栽柚子树的。当时组织了大家去外地参观，大家都觉得行，就栽了。其实当时人们刚解决温饱，把种粮食的地拿来栽果树都还有点舍不得，都还是摸着石头过河。黄翠兰家也就只在山坡地种植了一亩二分柚子树，三年后柚子树初挂果。黄翠兰背柚子到镇上卖、背到罗江县城卖，卖了3000多元。她心里很高兴，原来种柚子树比种庄稼划算多了。第四年柚子树大挂果，柚子卖了5000多元。

现在，黄翠兰家有两亩多柚子树，不用自家背到街上去卖了，都是商家自己上门来收购，一年仅柚子就能收入2万多元。她还把组上那些外出务工人家撂荒的地，捡过来种上庄稼，有5亩多，一年两季，又能卖1万多元。这么多钱，两口子又没负担，怎么花也花不完。

绝活带来质优

黄翠兰家柚子的产量和甜度，一直比其他人家高，都是因为她老公的技术好。

包产到户后不久，镇农机站解体搞承包，家乡正发展果树种植，谢永忠回到乡下，一心钻研果树技术，买了很多关于果树栽培和病虫害防治的书籍学习。黄翠兰家的农活还分了工。黄翠兰长得敦实，身体好，负责出劳力，上肥、除草、套袋、疏果等，谢永忠一直没干过农活，就负责防治病虫、修枝、坐果等技术上面的事。

也许谢永忠天生就是钻研技术的料。以前他开汽车技术好，开了20多年，从没出过一次事故。后来镇上劳务输出，他去俄罗斯种菜，由于干活认真，像在自己家里干一样，不偷懒，不要滑，结工资时，老板特意奖励他500元奖金。

现在种果树，他从书本上学知识，在自家果树地里搞实践，琢磨出一手过硬的果树种植技术。他不只侍弄自家的果园，也常被其他农户请去嫁接果树，传授技术。当然，他也会挣到相应的劳务费。

2016年，罗江县农业局举办果技评比大赛，通知到长堰村，村上让谢永忠去。谢永忠想到自己岁数这么大了，还去评比啥子？但他还有股老当益壮的劲头，想看看全县的果技高手有多厉害，也为了证实一下自己三十年种植管理果树的技术，他去了。

比赛地点选在万安镇的一片果园里。全县来了12名参赛的果技员，他们都是各乡镇推荐出来的。每人分给一棵挂果的果树，每棵树前整齐地放着化肥、农药、修枝剪刀、嫁接刀、嫁接枝条等。12名参赛的果技师傅，在县农业局高级农技师的监考下，对自己面前的果树进行着一道道工序的操作。

谢永忠虽然年岁最大，却是动作最娴熟也最敏捷的一个，他最先完成所有操作工序，然后，满意地点燃一支烟，悠闲地看着其他人还在树前、树后忙活。等谢永忠把一支烟燃尽，所有人都完成了比赛项目。

经过评委短时间合计后，主管领导宣布获奖人员共有5名。发奖时，谢永忠心里忐忑不安，他想到自己做得那么快，会不会遗漏了啥子，没做完呢？当前面4个奖都发完了，谢永忠心凉了：一定没有我了。正当沮丧时，他听到了自己的名字，没想到最后一个获奖者居然会是自己，而且是特等奖，奖品是一台机动喷雾器和一把修剪果树枝条的剪刀。

有一台机动喷雾器，是谢永忠多年的梦想，他没想到会这么容易就得到了。当谢永忠把机动喷雾器背回家时，一高兴，就弹起了他的电子琴，黄翠兰给他炒了几样下酒菜庆祝，喊他喝酒，他都舍不得放下琴。于是，一个弹琴，一个跳舞。老两口以这样的形式来庆祝获奖。

建立舞蹈队

谢永忠平时的爱好，除了钻研果技，就是弹电子琴。村上还没兴起跳广场舞时，两口子就自己找乐，谢永忠弹琴，黄翠兰跟着电视里跳舞。这一扭一跳，劳累一天的身子，反倒腰不痛腿不酸了。

到2012年，村上一些在城里打过工返乡的年轻人，觉得乡下比城里少了点什么。一琢磨，发现少了激越的广场舞。于是，一邀约，一帮年轻人就聚到了一起，开始在王队长门前的晒坝里跳广场舞，黄翠兰就去跟着跳。

村上黄书记见跳广场舞是有益的群众活动，既锻炼身体，又丰富了乡村文化生活，就以村委的名义，支持了他们一套音响设备。开始时大家贪图尽兴，没有节制，跳到半夜12点还不肯罢休。因晒场坝离院落近，跳舞就影响到周边村民的休息，有人提意见了。大家开始寻找离院落远一点的地点。选来选去，看中了5组大集体年代的老晒场坝，向村委会请示，村上表示协调支持，还出资在晒场坝边上安了两盏路灯，电费全免。

不过，村上给他们规定了跳舞时间，只能在晚上6点半到9点。

广场舞一跳开，有不少人加入，年轻的、年老的都有。村上就势成立了一个舞蹈队，参加村、镇上一些节庆活动，比如每年4月底的柚花节、10月的柚子节、九月九的重阳节等一系列公益活动。今年舞蹈队还选了队长，由刚当选上任的村妇女主任吴秀琼担任。

舞蹈队跳的舞蹈不断更新，新舞蹈是队里一名叫李英的“80后”女孩教的，她在镇上一家电子厂上班，业余时间先在网上学，学会了就教大家跳。

老少同欢乐

但是，村上的舞蹈队，出现了两股舞蹈力量，一股年轻人，一股老年人。这就出矛盾了，年轻人嫌老年人跳的舞蹈节奏慢，老年人又跟不上年轻人快节奏的舞步。同一个广场，同一套音响，怎样来满足两种需求？

吴秀琼这个队长颇费了些心思。年轻人几乎要上班干活，来得晚一些，老年人大多比较闲，来得早一些，等年轻人来时，放的都是老年人的慢节奏舞曲，年轻人就去取下U盘，放他们喜欢的快节奏。这就让双方发生了矛盾，引起了争吵。为了满足不同年龄的需求，吴秀兰征求了大家意见，把年轻人喜欢的音乐和老年人喜欢的音乐合成一个U盘，放到年轻人喜欢的年轻人跳，放到老年人喜欢的老年人跳。

黄翠兰当然属于老年人的一边，跳着跳着成了老年人的领队，负责下歌、编排、买适合老年人的碟子，还组织老年人排练一些“坨坨戏”，比如《五女拜寿》《老两口子学毛线》《爷爷和奶奶》等适合老年人身心健康的节目。

所谓“坨坨戏”，就是方言短剧。

黄翠兰说：“我们都不专业。其实，专不专业，都不重要，现在生活无忧无虑，只要大家老有所乐，玩得开心就好。”

黄翠兰所在的长堰村还有一支女子龙灯队，十多年前就成立了，是罗江县逢年过节龙灯队伍中的一道亮丽风景，几乎每个节庆活动都有她们的龙灯队参加表演。2015年，县上在县城举行一年一度大型闹元宵活动，女子龙灯队一如既往地在应邀之列。但有一名龙灯队员在外打工没归，村上的罗会计找到正在麦田里除草的黄翠兰，让她去补上。那天已经正月十四了，时间只有一天，黄翠兰当时有点犹豫，因为自己体胖，年岁也大了，怕不行，但自己天生喜欢文体活动，曾经羡慕过村上那些耍龙灯的女人，觉得她们很威风，自己也想威风一下，就答应了。在村广场舞坝子里练习了一下午，第二天就匆匆上阵。结果，她没拖大家后腿，她老公在电视里看了县电视台直播，她一回到家，老公就夸她。

黄翠兰负责老年5大队这一块，她觉得自己也有一份责任和压力，就是防止跳舞的老年人突然发病。队里有个叫苏刚琼的大娘，身体不好，时常跳着跳着就嘴唇发白，她发现了就立马让她去休息，劝她不要跳了。但苏刚琼不听，还说跳舞不只是图热闹，还锻炼身体！为了跳舞，她也每天下午5点半就煮饭，早早就来到长堰村五组的广场。其实她不是长堰村人，家在和平村6组，算邻居。她儿子在外打工，媳妇在家，平时没农活，媳妇爱到镇上搓麻将，一般都要7点过才回家。等媳妇回到家，苏刚琼已经在跳广场舞了，煮熟的饭，媳妇吃时都凉了。久而久之，媳妇积怨生气了，就说苏刚琼不体贴人。婆媳一争吵，把苏刚琼气出了病，送到绵阳的医院医治，花去6000多元。为此，黄翠兰怕他们家庭再闹矛盾，不让苏刚琼来跳舞。苏刚琼在家闷闷不乐，媳妇怕她旧病复发，主动来找到黄翠兰说情："婆婆以前苦，现在该好好安度晚年，我以后再也不说婆婆了。"

苏刚琼又归队了，但是她的家距晒坝最远，要走20多分钟，她身体又不好，黄翠兰担心她的安全，几乎每晚跳完舞后，都要送她一程。

遇到下雨，不能跳广场舞，黄翠兰就觉得心里空落落的。这样的晚上，她就让老公谢永忠弹电子琴，她伴舞，两个人在自家堂屋里自娱自乐。老公的电子琴很陈旧了，去年，德阳开出租车的大女儿给他买了一架新的。

一边经营着果园、种植着庄稼，一边娱乐着自己。这样的老年生活，让黄翠兰笑口常开。

妙手仁心

41岁的张江霞上穿一件套头短袖衫，下面是基本款牛仔裤，长长的头发在脑后束个马尾，眼镜片遮不住眼里一闪一闪的光彩，因为肤色深，衬得牙齿格外白。她性格爽朗，一来就笑着自报家门："我晓得你们看我这么黑，在猜我晒了多少太阳，其实还好啦，我黑，要归功于我是新疆人，从小黑到现在。"

她老家竟在遥远的新疆吉木萨尔，当初，因为她在学校里谈了一个四川罗江的男朋友，家里吵翻天，母亲先是威胁，后来哭泣恳求，再后来扬言要和她断绝母女关系，九头牛却都未拉回张江霞这个"犟拐拐"，最终，她还是当了"罗江上门媳妇"。

我把他们当娘家人

其实一开始张江霞对母亲还是有过"小幅度妥协"的，至少2003年她和罗江小伙结婚后是回家乡新疆就业的。她和老公都是河北医科大学成教学院的毕业生，在新疆找工作更方便一些，到了新疆，丈母娘再不情愿也要见见女婿，谈谈小两口的生活规划。丈母娘说如果你们两个都搞医呢，可能家里经济会紧巴。女婿想了想，很爽快地说江霞在医学方面更有天赋，让她继续做医生吧，我愿意转行。于是，张江霞父母托了关系，让女婿去新疆火电厂上班，在那儿，他边学边干，考了电工证。

张江霞是真的热爱医学，她的夙愿就是当一个真正济世救人的好医生，所以一直勤奋刻苦，哪怕有了孩子也坚持学习，2006年她考取了中医执业医师证。原以为她和老公就会这样留在新疆生活，自家母亲经过与女婿的几年磨合，加之又添了外孙女，已经不再像当初那么不看好他们的婚姻了，一家人处得也越来越融洽。可就在2009年，婆母给老公打来电话，婆母哭得抽抽嗒嗒，说自己岁数大了，身体糟糕得很，腿脚还经常发痛，做活路越来越吃力，不晓得还能活多久，还能见儿子几次面。

老公是个孝子，母亲一番话，听得他泪如雨下。他和张江霞商量，父母年龄大了，他如果不回到他们身边照看，他们的老年生活很成问题，而张江霞这边，家里一共有三姐妹，她两个妹妹都是高学历的知识分子，都留在新疆发展，距离父母近，方便照顾……张江霞很洒脱地撂下一句话："你先去，我随后就来。"

她就是这样有担当的女人，不用老公艰难地做思想工作，她能在第一时间站在别人角度想问题，支持老公在2009年重返罗江。紧接着，张江霞也带着女儿回到罗江。她先在罗江骨科医院找了份工作，没过多久，鄢家镇天台村的乡村医生去世，张江霞便正式到了村卫生站任职，顶上了乡村医生的空缺。

对于普通村民来说，乡村医生是什么？他们就是生活中的"守护神"，村民们个个都骄傲地说自己"不娇气"，也懒得"一点点小病就跑医院"，但人吃五谷杂粮，咋能没点病痛呢？乡村医生，便成为他们最亲密的盟友，他们放心地将自己的健康问题交到"身边张医生"手上。

张江霞担任天台村的乡村医生，早上从未睡过一个懒觉。若说起"生物钟"来，农人们大概比城里人的"天明起床时间"更早一些，他们要忙农活，忙着喂家禽……所以早上6点多就来敲张江霞的门，那是他们认为的"正常上班时间"。

有次一个老年人6点来敲门，张江霞稍稍晚开了一会门，老人家就很委屈地站在门口对另一个生病老人说："我看今天张医生是生病了，要不她不会这么晚还不开门。"张江霞哭笑不得，她跟老人们解释，说昨晚半夜忽然送来一个发高烧的孩子，折腾到天明，孩子退烧后家人刚抱走，她这才打了个盹儿，并不是偷懒晚开门。

如果说城里医生能严格执行8小时工作制，放在张江霞这里就完全行不通了。今年初夏的一天，她在6点多下班后去地里帮公婆栽秧，忙到晚上9点过还没吃上晚饭，结果刚端上碗，病人打电话来问，张医生你人没在卫生站啊？张江霞说我在爸妈这边干活。对方哦了一声，催她赶紧回来，要拿药。她问清症状，虽不是急诊，但拿药的村民很固执，一定要现在拿，等不得，她只好匆匆扒拉两口饭，赶紧回诊所去配药。

大家都说张江霞人好，将周围老人都当自己亲人一样，从未嫌过他们，吼过谁。张江霞说我娘家离得那么远，我想妈妈时，就想着把村里这些老人当成自己的父母，所以就不由自主要对他们好了。

仁医有仁心

天台村有个李大娘，因为患有肺心病，先后在镇上的卫生院和罗江县医院治疗、输液，结果输液输久了，脚肿得下不了地，她本身又患有腰椎骨质增生，这一躺在床上，就痛得要死要活，呻吟声大得掀翻屋顶，子女都在外面忙工作，只有一个七八十岁的老伴在家。老大爷见李大娘这么难受，抄着手在家里慌里慌张地走来走去，边走边焦急地说：“咋办啊？老太婆，不是我舍不得钱给你治啊，你看医生都不敢给你输液、用药了，喊我们回来，我能咋个办啊？”李大娘快要痛迷糊了，她咬着牙齿吩咐老伴：“你去，去把张医生喊过来。”

张江霞去检查了一下李大娘的情况，为难地说，你年岁大了，如果用药有个啥闪失，哪个负得起责？还是送医院吧。两个老人家听了都快急得掉眼泪，都表示让张江霞大胆去治，他们也晓得这个病刁钻，不好医，输了这么久的液，是“按着葫芦起了瓢”，不管最后结果咋样，他们都不会说张医生半个不字。张江霞看两位老人实在是恼火，如果她狠心拂袖走人，他们只能抱头大哭。于是，张江霞回卫生站配了一次的药，送过来让李大娘服下，然后留在她床边，给她按摩按摩腿脚，摆摆闲话，等了四五个钟头，她问李大娘：“感觉松活点没？”李大娘说松活了，张江霞这才又拿一次药。

也许很少有医生能做到她这么小心谨慎地一次一次配药吧。但张江霞说病人的健康开不得一点玩笑，特别是老年人，你得仔细观察着药效，千万不能图方便图“撇脱”，一次给他们开一两天的药，医生自然省事，病人却受不了这样的“批量试验”。

在张江霞的精心治疗下，李大娘渐渐好起来，她还特意送了面锦旗来，逢人就说张江霞比闺女还好，既温柔又贴心。

夸张江霞的不止李大娘一个人。有个老大娘，常年有胃病，她养了几个能干儿子，个个都有本事在外面“找钱”，但奇怪的是，他们在照料母亲这件事上，很有默契地选择了大事才管，小事漠然的态度。但一个农村老太，哪能遇到什么大事？她胃痛得快死了，在儿子们看来，其实也是“小事”，不值当丢下手中工作，专门回村来送母亲看医生。于是，这个老大娘只能自己强忍着，走一走，缓一缓，挪一挪，好不容易走到了张江霞的卫生站。

张江霞一看这大娘面如土色，又听她气若游丝地说“我两天没吃饭了”，她赶紧让大娘坐下休息，自己去生火，将就冰箱里的材料，给老大娘煮了一小碗汤圆、一小碗饺子。让大娘先吃点东西，歇好了再诊病。张江霞说大娘刚进门时精神那么差，咋能一上来就看病，拿了药就打发她走？她可狠不下这心肠！

看完病，拿了药，张江霞自掏腰包叫来一辆三轮车，将大娘拉回家，嘱咐她多休息，如果吃完药还是不舒服，再来看一次病。大娘得了张江霞的救治，激动得不得了，难免和邻居摆谈，说张医生真有一颗菩萨心肠，比我几个儿子都贴心，孝顺！

张江霞原本是做好事，哪晓得过了几天，她却接到一个怨气冲冲的电话，大娘的儿子很不客气地讲：“张医生，请你以后不要对我妈那么好了，她到处讲你的好话，丑我们的人，我们几个儿子在外面还是要脸面的。”张江霞愣了一下，她心里也有无名火腾起，但她晓得不能和病人儿子置气，于是只放淡了语气，说道：“好的，那我把你电话号码存起来，以后你妈妈要是再过来找我，我就打电话给你，咨询你的主意，这样总可以吧？”

村里的老人都将张江霞当闺女，喜欢围着她转，有啥心事也给她摆谈，张江霞却从另一个角度表达了自己的担忧：“农村的很多老人都太寂寞了，儿女不在身边，要么带着留守儿童过，要么自个在家当留守老人。有时候他们只想找个人说说话，所以陈述自己的病情，要翻来覆去颠三倒四说上二三十分钟，我也有耐心听，慢慢帮他们捋病情，他们这才觉得我医术高，拿的药管用。其实只要对了症，哪个医生开的药不管用呢？”

张江霞能深切体会到农村老人的孤独感，不仅从药理方面，更从情感方面去照料他们，温暖他们。怪不得在大家眼中，张医生和好多医生都不同。他们中的有些人，还不愿到更“高级”的医院去看医生，说那些医生冷冰冰的，诊断开方就像机器人一样，毫无感情，脸上一点多余的表情都没有，哪像张医生，成天和老人有说有笑的。她诊断桌抽屉里装的糖块，本来是给住校归来的女儿解馋的，结果差不多全成了老人们的零食，老人一嫌药苦，摇头不肯吃，张医生就拿糖块哄他们，还将那些大药片切成四瓣儿，担心卡了老人喉咙。

天台村三队的周明早，说起张江霞来就竖大拇指。她是糖尿病患者，导致严重便秘，好几天都无法正常排便，自己腹胀难受，让老伴在家里用手抠了一次，老伴不够专业，没能成功。周明早呜呜哭，说自己已经胀得肚子快要爆炸了，老伴赶紧带她来找张江霞。张江霞二话不说，戴上塑胶手套，就帮周明早抠大便。困扰周明早数日的宿便，终于在医生的帮助下成功泄出。由于已经积了好几天，所以一下子拉出一大堆，把厕所都弄脏了，还要张江霞来打扫。周明早又愧疚得呜呜哭，说，对不起啊张医生，都怪我把你厕所整这么脏。张江霞故意板着脸说："你能顺利排大便是大好事，还说这些干啥子！"说完，她严肃的神情迅速转变为鬼脸儿，冲着周明早温柔一笑。

张江霞是真心喜欢待在乡村，留在基层，连镇卫生院要她都不过去。人家替她可惜，说你一个堂堂大学毕业生，又有正式的医师证，你留在这个小地方，是埋没人才，大材小用呢。张江霞开玩笑说好吧，那我明天就打报告调走。她话还未落牙，一帮平素没事也喜欢在卫生站坐坐，闲了看张医生诊病的老年人跳将起来，他们当了真，扯胳膊拉腿的，生怕张医生撇下他们。所以啊，张江霞爽朗一笑，露出白牙说我怎么走得成？乡村是需要医生的，老百姓生病了，身边有个医生能给出正确诊断，让他们懂得医学的重要性，这对于村民的健康来说，是无比重要的。

但是，张江霞又叹了一口气，说："我不是为自己，而是想为所有的乡村医生说句话：乡村医生待遇是真的低，好多老医生七十多岁了还坚持守在医生岗位上，却没有获得应有的报酬，有的被狗咬了，还要自己掏钱打针；没有养老保险，以后生活都成问题；下雨天出诊路上摔断腿，也没有任何安全方面的保障。"说到这里，张江霞美丽的侧脸上浮现出一片迷茫的阴影。她比任何人都希望农村未来的医疗条件能上一个新台阶，乡村医生能得到一点点保障权益，因为，是一代代心有大爱的乡村医生，守护着村人的健康和平安，他们也理应得到尊重。只有这样，这条古老而现代的血脉，才会坚强有力地延续下去。

三尺讲台不寂寞

尹大华老师今年已经52岁了，兴许是常年与孩子们打交道，他眼睛很年轻，蓄着一池清水，笑起来还有孩童般腼腆的神情。他很谦虚，一再说自己没做出啥突出贡献，是罗江广富学校的孩子们争气。这几年，因为广富学校荣获了五届德阳市科技创新市长奖，百余件作品中已有13件申请了专利权，从此，世人开始将目光投向这近乎陌生的广富学校。尹老师说自己不过是广富学校最普通的一个，他的故事不提也罢。

可就是因为有尹大华这样为人低调、一心奉献的“广富老师”，这个偏远小学才会培养出这么多具有创新精神的小学生，从而赢得世人的瞩目聚焦。

先老师，再学生

广富学校位于罗江的西北角，学校所处乡村地理位置偏远，经济发展较为落后，这座偏远小学，曾经连招生都困难。1985年9月，高考落榜的尹大华在他之前的恩师李老师劝说下，到了广富学校任教。李老师教数学，尹大华搭档教语文，李老师语重心长地拉着得意弟子的手，说农村太穷太苦太缺教育资源了，像你这样的年轻人，如果肯为农村教育事业出一份力，这对于孩子们的未来是功德无量的好事。那时尹大华不想要什么“功德”，他心还在上下飘浮着，满脑子想的是复读一年再参加高考的事。他不甘心，觉得自己有能力去挤一挤这千军万马的独木桥，争取一下最终胜利。

上了几个月班后，尹大华想回罗江复读，他把复读的住处学校什么的都找好了，广富学校的孩子们却给他打电话，七嘴八舌问尹老师您在哪儿啊？我们要开运动会，到处都找不到您。尹大华怔了怔，孩子们热情的呼唤像是一条看不见的细绳子，他想要闭眼不去想，但那绳子一直绑在脚踝上，走一步都会微微疼一下。他实在没办法欺骗自己的心，李老师说得对，广富学校太缺老师了，他不能这么自私，丢下孩子们去拼自己一个人的前途。

尹大华这一扭头一回归，就是漫长的三十多年，三尺讲台，成为他此生的阵地和家园。

尹老师回广富学校任教，并不是“认命”，而是“搏命”，他成为上班后还一直坚持学习的老师，在接下来的十二年时间里，尹大华积极参加培训，又进入师范脱产学习两年，上函授大专班，参加四川省教育学院的本科班学习……年轻的尹大华，简直是一个学习达人。

还记得有次要参加培训考试，考试时间是8点钟，地点在德阳，尹大华凌晨4点就起床了，推着自行车，过了绵远河，骑着车去德阳。那时天还未亮，鸡未打鸣，村庄笼罩在薄薄睡意中，他穿过了晨雾，穿过了微风，一路上的小石子颠簸得屁股生疼，到达德阳，匆匆忙忙塞下一个家里带来的冷馒头，时间刚刚好，赶紧进考场。

来时还算顺当，在回去的路上却因天黑，迷失了方向，尹大华推着车，在河滩转了好几圈，越急越找不到回家的路。鞋里进了沙，弄得他很不舒服，脚的大拇指处的袜子破了一个洞，在脚趾头和沙粒反复摩擦，破了皮，火辣辣地疼，尹大华也无暇顾及了，他四下远眺，竭力辨找方向，并一直安慰自己：不要慌，一慌心更乱。

幸运的是，那天瞎走一气，竟然找到了一个学生家，他曾到学生家里来做过家访，看到这所印象中的房子，脑海里的地图一下子清晰了，尹大华迅速找准了回去的路。

一边给学生上课，一边自己去当学子，两边都要兼顾，苦吗？真的很苦，乡村小学的老师工资低，他舍不得“大手大脚”地乘汽车，或者提前一晚过去住旅馆，所以像这样“夜路骑行”，不知发生了多少次。但谈及旧事，他脸上满满都是快乐，说我们当老师的，如果都不想方设法充实自己，又怎么将更好更新的知识教给学生呢？

尊重孩子，鼓励创新

前几年，广富学校来了一个叫胡宇的小学生，小胡宇父亲在略坪镇上开照相馆，家境比一般学生要好，他和家人一道住在略坪街上，完全可以在那儿就近入学，但是胡宇爸爸看中了广富学校对小学生科技创新意识和创新能力的培养，执意要送儿子来入学。尹大华有点犹豫，刚开始胡爸爸还没买车，每天骑电瓶车送胡宇过来，单边要骑20多分钟，而且路不算好走，孩子有时抱怨"坐在我爸后头，屁股都抖木了"。胡爸爸握住尹老师的手，说尹老师，我文化水平不高，说不出什么漂亮话，我只知道娃娃能遇到好老师、能发挥他特长的好学校，比他去上啥名校更强！我儿子，就在这儿读书了！就这样，胡宇一直在广富学校念书，小升初时，他成绩非常优异，外面好几所初中都争相要"抢"他。

广富学校到底有啥魅力呢？也许先摆出一张"不完全成绩单"，可以稍稍说明问题：在广富学校科技创新工作中，尹大华是第三代接班人。从2004年至今，每年他都辅导学生进行科技创新作品的制作，获得市级以上等级奖的作品共计20余件，其中4件作品《餐桌托盘架》《新式米尺》《高速路口"不讲人情"检查站》《多功能尺》分别荣获四川省青少年科技创新一、二等奖。作品《餐桌托盘架》被邀请参加了2008年在新疆举行的第23届全国青少年科技创新大赛，该作品同时荣获德阳市第二、三届青少年科技创新市长奖（因为地震的原因把二、三届合并在一起发奖），另一件作品《多功能尺》荣获德阳市第六届青少年科技创新市长奖。

说起这个餐桌托盘架，灵感火花来自广富学校一个小姑娘跟着爸妈去吃酒席，酒桌上菜肴丰盛，有些菜还没吃完，为了上新菜就将盘子撤走了，急得小姑娘哎呀哎呀地叫，人小声弱，服务员也没有注意到她的诉求。回去后，小姑娘就找班主任尹老师交流，说要是能设计一个托盘架，将菜肴一层一层地摆放，那就不会随便撤走还没吃完的菜啦。尹老师听了之后，鼓励孩子去大胆尝试，于是，小姑娘正儿八经地投入到设计工作中。家长与老师找来工匠，在修改图纸后，用不锈钢烧制了一个成品，后来送出去参赛，竟大受好评，这让原本有些羞赧的孩子也变得信心大增。

尹大华赞赏每个孩子纯真通透的童心，在他眼中，每个学生都有着潜在的科技创新意识和动手实践能力，只是现在有些家长太过注重"高分"或者"多才多艺"，反而扼杀了孩子们的"敢想精神"。小孩子从生活中发现困难、感觉到不便利，这种敏感性往往高于成年人，只要老师合理启迪与辅助，孩子们就会交出令人满意的成绩单。

设计《多功能尺》的孩子，有次数学老师请他到黑板前去帮忙，压住三角板，老师好画平行线，他个头矮，总是掌握不好平衡，咋都压不平，还惹得同学们一阵哄笑。这孩子爱动脑筋，下课后他就拼命想啊，如果能让尺子乖乖听话，不用人按也能"主动贴着黑板"就好了。想啊想啊，孩子跑去找尹老师交流想法，尹老师听了很高兴。那时，学校很缺数学老师，将教了多年语文的尹大华调到数学组了，他刚当数学老师，摸数学教具，别说，这滑来滑去的三角板有时真让他头疼。但大人仿佛很能“适应麻烦”，觉得费力气按一按就算了，小孩子却不，在他们童真的眼里，其实是容不下一粒沙子的，他们觉得“不方便”，就会绞尽脑汁地开动小脑筋，找出更方便更有效的法子来。

这孩子后来进行了很多尝试，一开始他将绒布包在三角板上，增加摩擦系数，可这项“发明”也没起到多大作用，同学们笑得更大声了。偏偏他不服气，他想啊想，一直积极主动地思索，终于找到了解决问题的“金钥匙”——孩子试着将磁铁嵌入尺子，现在教学的黑板一般都是磁性黑板，这就完美解决了“尺子不乖，到处乱动”的难题，尺子和黑板完美贴合，也为数学老师尹大华带来了真正的便利。

尹大华每年到了省、市青少年科技创新大赛时节，不管多忙，都会挤出时间和学生一起打磨作品，力求设计方案的新颖性和作品的精致，鼓励孩子们参赛，鼓励学生享受思维碰撞的过程和打造作品的过程。

对，是享受，既不是强迫也不是命令。孩子们如同小小幼苗，心灵纯洁无瑕，灵感犹如天赐，只有让他们在科技创新过程中感受到真正的快乐，才是真的尊重了孩子，给予了他们平等的权利。这一点，尹大华做得很好。

留守学生，留守老师

尹大华曾挨过学生家长的骂。事情是这样的，班上有几个“拖后腿”的学生，他们几乎每天都不完成数学家庭作业，第二天交上来的作业本一片空白，问他们为啥不做题，他们说“不会，上课没学懂”。尹大华从事教育几十年，早就积累了自己的一套经验，他晓得孩子们也没说谎，的确是不会，但因为不会就不做题，这事便像是滚雪球一般，恶性循环，养成了坏习惯，将来再想改变再想回头就难了。尹大华便对那几个孩子说：“这样吧，这周下午放学后，你们都莫急着回家，先在教室等一等，老师辅导你们做作业。”

那几个孩子彼此看看，吸溜了一下鼻涕，沉默地低下头。中午放学回家，别的孩子都跟家长说了：今天下午晚点回来，尹老师要辅导我们。唯独有一个孩子，他家情况比较特殊，他是留守儿童，而且父母还离了婚。父母在离婚时大概吵得太厉害，伤了和气，将小孩子甩给爷爷奶奶，便一点都不管他了。他年龄虽小，却早就尝到被父母“抛弃”的滋味，所以和爷爷奶奶住在一起，也顽劣得很，平时并不和老人多交流。再说这爷爷奶奶，他们心里更是气大，气恼自己的儿子、媳妇“只晓得生不晓得养”，就这么将娃娃丢给老人，不负半点责任！所以平时对孙子的行径是睁只眼闭只眼，自己只管给孙子吃饱穿暖，至于他在学校有没有好好听课，回家有没有按时完成作业，两个老人懒得过问，他们还要抽出时间打点小麻将呢。

这天，左等孙子不回家，右等不见人，牌搭子已经来叫了几次，这家爷爷一怒之下冲到学校，却见尹大华正坐在课桌前教孩子一道应用题，老人气哼哼地冲尹老师发飙：“哪里来的黑心老师嘛，都放学了还不准学生回家吃饭，饿到他了你负责？”尹大华连忙给老人解释，说这学生不会做数学作业，所以才留他的堂，单独辅导。老人当时在气头上，啥都听不进去，拉着孙子的手就往外走——他心急火燎的，还要去打麻将呢。

尹老师原本是好心，没收一分钱为学生辅导，反而吃个哑巴亏，问他后悔不后悔，他说有啥后悔的？我们学校老师都这样，广富学校差不多有一半老师都住在学校里，算得上“留守老师”，在对待“留守儿童”时，他们有爱心、恒心、耐心，更有包容心——即使被学生家长误会，骂得狗血淋头，下次学生在功课上遇到问题，老师们还是会牺牲自己的休息时间，无私为孩子们服务。

尹大华平和从容地聊起这些“家常事”，他说其实心里并非没有一丝委屈，比如教师职称的评定吧，必须要将名额分配到学校，才有评定资格，但对乡村小学来说，往往要等十几年才能等来名额，而前面排队的人太多，尹大华会默默让同事们“先评”。这也许是制约乡村小学发展的短板，也是尹大华心底隐隐的一点痛，但他很快就振作精神，微笑着告诉我：“我在广富学校任教三十多年，从没后悔过，我是真的喜欢学校环境，安心在这里工作到老。”顿了顿，他低头沉思，又补充一句，“也许换了别的环境，我还发挥不出自己的能力呢。”

第五章　家园磁吸

罗江，以“幸福社会”为基石，着力以乡促城，以工促农，以农促游，以游促收，探索一条“农村包围城市”、有丘区特色的城乡统筹发展之路。这是罗江人对“中国幸福家园”的注解。

走在前面的罗江人，大胆而睿智，敢于创新，建设“中国幸福家园”是要走出一条前所未有的乡村发展之路，实现人类幸福社会的最终理想。这是一条超越现实的理想之路，虽然是星星之火，但已看到燎原之势的壮观，也就不难想象和体会在建设美好幸福家园过程中和达到这个目标后的幸福满足感。

罗江要建设“中国幸福家园”，并不是简单地将农民变成市民，而是在寻觅一种独特的发展模式，既不是简单的城市化过程，也不是纯粹的田园牧歌式的生存空间，而是一种顺应发展、顺应自然的幸福社会的发展模式；是承上启下的，是城市和农村你中有我、我中有你，自然融合之后产生的一种新型社会结构模式；是城市文明与乡村传统文化自然融合后去粗取精、传优汰劣的自然产物，是具有中国特色的发展模式。

“中国幸福家园”不是一个政治口号，而是人类的理想要在这个小小的罗江得到实现。

罗江一位领导曾讲过一个段子：某次一个以挑刺著称的文化名人、大学教授走访罗江，他悄悄坐大巴车来，换乘了出租车，上来就和司机拉呱，说你们罗江不好吧？你生活不开心吧？那司机从后视镜看了来人一眼，斩钉截铁地回答：“我们罗江好得很！罗江人生活很幸福，没啥不开心的。”

2015年，罗江持续保持和谐稳定，来信、来访总量779件，比上年下降20.67%，没有发生大的群体性事件，一批遗留问题得到有效解决，为经济社会发展创造了良好的环境，群众的安全感满意度连续6年位居全市第一、全省前列。

罗江，就是这样的圆梦之地，能让每一个有志之士在这儿尽情追逐梦想，让每一个罗江人享受到自主、尊严。将种地当职业的“现代农民”，回乡创业的大学生，千里迢迢来罗江种菌子的外地老板……他们都被这强大的家园磁场吸引着，热血沸腾地去奋斗、创新、前进，在罗江这片热土上，绣绘出属于自己亦属于大美罗江的壮丽蓝图！

“江西土匪”和“四川袍哥”

我们去采访四川翠露农业有限公司倾力打造的“略坪循环农业示范园”，正是明媚的人间四月天。这个时间去，地里的向日葵苗苗只有几拃高，浓眉大眼的“四川袍哥”庞小波略有点惋惜地告诉我们，你们再过一个多月来，葵花就真长个子了，蹿得老高，开脸盆大的花朵，到处金灿灿的，那才叫好看又喜人呢！

是，不但葵花好看，葵瓜子还好吃。这时，被他们老大戏称为“江西土匪”的刘林，跑快几步，扶起地里一株仿佛被风吹“偏”的小苗，他眼神温柔，手势轻缓，动作怜爱。我们开始陷入哲学的思考：明明这两个大男生就很细腻好不好？为啥翠露农业的老大花甲岁数的张勇老师硬要称他们为“土匪”和“袍哥”呢？这太不合理了好不好？

“土匪”与“程序猿”

刘林是江西人，高考考进了成都电子科大，读了非常热门的计算机专业。刚进校时，他就听专业的“前辈师兄”回来嘚瑟，说学弟学妹们有眼光，进了热门专业，今后进IT公司，先不说工资，福利那是大大地好。刘林好奇，问有啥好福利？那位刚入职不久的师兄傲娇地推了推眼镜腿，以一种“过来人”的深沉问询他：“你每天上午到了11点，下午到了4点半，肚子饿不饿？”刘林认真想了想，好像是有点饿啊，因为这两个时间点，对于学生来说，不都接近饭点了吗？会感觉饿也是人正常的生理反应。师兄却说在他现在上班的公司，压根不会感到饿，因为公司贴心地帮员工们想到了这个问题，解决了这个问题！

怎么解决呢？就是每个工作日，到了这两个时间点，公司负责后勤的阿姨都会推着小推车，无声无息地从走廊过来，挨着给每个格子间的人发放“救济粮”，有时是小面包，有时是酸奶。最绝的是阿姨渐渐学会偷懒了，在发香蕉时手法精准地丢掷，东南西北，小李飞刀般嗖嗖嗖，“蕉无虚发”。这些盯着电脑屏幕盯得眼珠子发直的“程序猿”们，慌不迭地从椅子上弹跳起来，手忙脚乱地抢接香蕉。那情形，就像是进了乱哄哄的猴子山，一群猴儿争着抢香蕉。

师兄的话逗得大一学生们哈哈大笑，刘林却没笑，他反而有点心事重重：一天多吃两次间餐、每月工资卡上比同龄人多出一大截就能高兴成那样的师兄——他是真天真吗？或者说，自己是太另类、太古怪了？

事实证明，呃，好像真是刘林太另类了。

大学毕业，他毫无悬念地也成为成都IT大军中的一名“程序猿”，待遇不错，薪资丰厚，当然，公司也配备有各种人性化的福利，但刘林就是开心不起来。何止不开心啊，有段时间他怀疑自己得了抑郁症，看天总是灰蒙蒙的，日子也过得阴沉沉的。最糟糕的是身体，20多岁的小伙子，竟然走路都自带一股“膏药风”。

那时，刘林几乎成了“膏药达人”，他觉得自己浑身上下就没有哪个地方是舒坦的，颈椎痛，肩膀硬，膝盖疼，手臂重得抬不起来，腰背快要断掉……他买膏药，像是赌气一般贴贴贴，初贴上去，肌肤变得火辣辣，他便直直地躺在床上，两掌交叠压住怦怦的心跳，给自己打气：快睡吧，快睡吧，明天还要写程序呢。

得，这样一自我安慰，更加睡不着，那些被膏药暂时压制的疼痛，又会从骨头缝里嗖一下钻出来，疼得他龇牙咧嘴到天明。

再后来，他和恋人结婚了。爱人在什邡市法院上班，常常笑话他一个大男生，看上去弱不禁风的，如果和做公务员的她比赛掰手腕，还说不好谁输谁赢呢。

刘林很沮丧，沮丧是因为他内心赞同妻子。他常年苍白着一张脸，只有50多公斤的体重，在电脑前一坐就是数小时，敲敲，打打，满脑子都是编程符号，感觉自己双脚踩不到地。所以，当岳父多年的老友张勇找到这个不怎么爱笑的年轻小伙，问他愿不愿意转行搞农业时，他眼前闪过一道亮光。

如果换了别的“程序猿”，也许要扶扶眼镜腿上下端详张勇老爷子，看他是不是吃醉了：什么什么，我大好的IT青年去当农民？让我在泥巴地上编程啊？

但张勇看人极准，他既看中了刘林，便猜到他早有“换一种活法”的小心思。张勇猜对了。

于是，刘林将自己几年来的积蓄一并取出来，入股“翠露农业”。对，他现在是“刘副总”了，但让他高兴的并不是身份的转变，而是他自己身体正在一天一天、一秒一秒地飞速转变。

公司初建，创业伊始，“刘副总”也好，他的搭档“庞副总”也好，甚至年纪比父亲还大的“张总”，他们统统都只有一个身份：创业者。这就代表了无穷无尽的“自己动手丰衣足食”，在“丰衣足食”后面，他们面对的是一个荒园，甚至连住的地方都没有，一个遮雨棚棚都无。

得，刘林50公斤出头也得顶个壮劳力用了，一袋袋地搬肥料、一件件地干农活，最绝的是，他在很短的时间里学会了用拖拉机翻地！他的进步真是令张总刮目相看啊，张总对他说了实话：“实不相瞒，当时力邀你一起参与做农业，就是看中你的专业经验，将来我们农业也要做‘互联网+’的现代模式，这样才能走出一条创新之路。但想不到你这么能干，这么肯吃苦，还学会了使唤拖拉机这个大铁家伙，真让人意外……”

张勇很感动，感动之余，给他取了一个绰号“江西土匪”。土匪精神，敢闯敢拼，刘林笑纳了，于是沿用至今。

叫刘林土匪的，并不只有张总和庞副总。因为要守着农业园，人手少劳力缺，刘林一个月只能回去一次和爱人团聚。爱人惊讶道：你这张脸，怎么每次见，都比上一次更深一个色号？刘林不信，自己去照镜子，啊呀，爱人还真没诳他，之前是“小白脸”“小鲜肉”，现在完全就是“风干腊肉”了。不过，他长出了鼓凸凸的肌肉，体力活让他腰背肩颈不再疼痛，体重也长到了与身高匹配的65公斤。最重要的是，他现在一扫沉郁之气，变得活泼、开朗、爱笑了，说起自己一点点参与侍弄的农业园，眼角、眉梢都是情。

想了想刘林开着拖拉机，突突突翻几百亩地的样子，还真有点帅气呢。

中石油公司跑来的“袍哥人家”

庞小波曾经的供职单位令人艳羡，说出来谁都会在肚里默一句“那地儿福利好啊”，“那地儿”是中石油公司。和刘林相比，33岁的庞小波肤色更黑，身体更壮。他原本是遂宁山区人，小时候生活环境艰苦，常常吃不饱，于是他勒紧裤腰带拼命读书，努力的结果，是最终拿到文凭，到了中石油公司上班，还当了广汉的上门女婿。丈母娘挺喜欢这个黑女婿，因为庞小波“经逗”，是个大气男子，和他耍几句贫嘴，彼此都快乐。丈母娘煮晚饭，问庞小波晚饭“想吃干还是想吃稀”，庞小波笑着回答：“要是没干饭吃，就不来你们广汉当女婿了。”

他是那种心思清澈的男子，认识他的人，都说他明朗、快乐，但他们不晓得，庞小波也有烦恼。如果说刘林的烦恼出在他是一个“膏药男”之上，庞小波的烦恼便出在他的鼻子上。

庞小波在中石油公司一干就是八年，用他的话来说，“做的工作都很机械”，而且常年和“油”打交道，他患上了严重鼻炎，最难受的时候，进厕所不知其臭，丈母娘炖猪蹄也不闻其香。他感到很压抑，日子仿佛“静好”，却不是他想要的，最要命的，他竟生出一丝委屈来，觉得自己的青春都快耗尽了，还一事无成！

对，庞小波觉得自己周而复始地做着一份虽然稳定但毫无挑战性的工作，就是“一事无成”。当时广汉有个农业公司在招人，庞小波认识了公司一个老师傅。那位老师傅醉心于搞科研，神神秘秘地说如果园子里除了金黄色的向日葵，还能种出别种颜色的彩色葵花，该多好看！将观光农业发展起来，将有多大的市场前景啊！庞小波心动了，他是个行动派，当天回家就去找老婆商量，说他要从中石油公司辞职，去农业公司上班。老婆先是摸了摸他额头，不说话，翻箱倒柜找体温计。庞小波着急了，说我没病！老婆说我看你就是发烧了，竟然想这么不着调又划不来的事！

不过呢，庞小波这人天生一副倔脾气，看他打定了主意，丈母娘反而帮着他劝自家女儿：“算了，让小波出去闯闯，年轻人有冲劲也是好事。”就这样，庞小波自己摔碎了别人眼中的“金饭碗”，加入到广汉那家农业公司。

可惜他还没跟着老师傅一起将彩色葵花研发成功，那家公司就因经营不善，倒闭了。幸好，在倒闭前，庞小波遇到了和广汉农业公司曾有过合作的张勇，张勇慧眼识珠，正招兵买马，极力说服庞小波和自己一起干。其实哪用张总费多少口舌，庞小波经过这两年在广汉农业公司的历练，早就认准了自己未来的发展方向，是“无农不欢”，于是连假装的“考虑考虑”都没有，他就开开心心地和张勇一起来到罗江略坪镇了。他、刘林和张勇成立了“热血三人组”，哦不，是正儿八经的“四川翠露农业有限公司”。

创业初始的头三个月，热血男青年刘副总和庞副总住的是破庙，睁眼能看到星星，只好在地上扎个帐篷，至少能帮哥俩避避蚊子。屋顶是漏的，外面大雨哗啦啦，里面帐篷也下小雨，早上醒来，睡袋里都是一股潮霉气。刚住进破庙，老鼠表示很不高兴。之前这里晚上闻不见人气，现在凭空多了大男人，霸占鼠辈领地，不行，老鼠要抗议！于是愤怒的老鼠排队在梁上跑来跑去，不时有腿脚笨的鼠兵摔下来。作为娱乐活动，庞小波为它们计数：一只摔下来了，两只摔下来了，三只摔下来了……

那时是真辛苦，住得差，吃得差，能吃上一口开水煮的方便面，简直就像打牙祭了，还拼命整理地里的活，又慢慢修“略坪循环农业示范园”的接待室、办公室兼员工宿舍。在房子修好之前，庞副总和刘副总只能每天握紧拳头给彼此打气：“创业艰难！老辈子‘袍哥’曾有一句名言：‘袍哥人家，绝不拉稀摆带！’”

创业再艰难，在这位“四川袍哥”看来，坚持就会胜利。这不，在他坚韧精神的支撑下，不但成功研发了彩葵，还在园中成功种植了一些我们压根叫不出名字的瓜——是真叫不出名字，它们长相实在太奇葩了，罕见的南瓜，长得活像从童话书里直接扒过来的“魔力南瓜”，既喜感又奇特。

2016年，罗江略坪镇首届葵花节华丽开幕了。向日葵朵朵盛放，格桑花摇曳风中，有机瓜果、蔬菜琳琅满目，吸引了大批游人。葵花节为期1个月，活动期间举行了开幕式暨庆六一文艺专场，开展了书法会友、诗歌竞赛、太极表演、农资展销、美食品尝、家庭农场认领、实地劳动体验等丰富多彩的活动。开幕以来，微信点击量最高的一天超过10万人次，商业餐饮销售超过260万元，新增加就业人数达到了300人以上。吸引了陕西、重庆、贵州等省和成都、德阳、绵阳、广元、乐山等城市的大量游客前来观光，不少商家前来联系洽谈，引进了新的优质农业项目。与新加坡商人签订了园区销售合同，受到了韩国川芎经销商的青睐。首届葵花节的成功举办，提高了略坪农业、生态农业、观光农业的知名度，拉动了人气，活跃了市场，带动了经济。远来的客人满意而归，都称“值得”，当地的百姓兴高采烈地连声说“好得很”！

2017年6月，罗江略坪镇第二届金色葵花节又在略坪镇循环农业示范园蔬菜广场隆重开幕，来自四面八方的万余游客光临盛会，看表演、逛葵园、品美食、感受盛夏激情四射的田野风光。不消说，“江西土匪”和“四川袍哥”作为东道主，举办这样的盛会又会累得“骨头都散架”，但即使骨头散了架，心里也是喜悦无比啊：在他们的努力之下，园区真的走出了一条创新之路，做农业，也可以很潮很美很现代！那些买走新鲜葵花籽连花瓣的游人，已喜气洋洋地提前预约好了：明年，我们略坪见哦！

爱拼才会赢

和四川方林羊肚菌农业科技有限公司负责人温品发约好见面那天，是个“天阴阴欲烟雨”的下午。天气虽不十分明朗，身在简陋办公楼的温品发却给我们留下了极为深刻的明亮印象——近不惑之年的温总经理留着小平头，眼睛不大，但精神奕奕。他是福建人，生平大爱一首闽南语歌曲，那天怕我们听不懂，他用“国语”轻轻哼唱了几句：“人生可比是海上的波浪/有时起有时落/好运、歹命/总嘛要照起工来行/三分天注定/七分靠打拼/爱拼才会赢。”

哼歌的温品发，眼里溢着笑意，他讲起自己与羊肚菌的故事，反复说“这是天意，这是命运，注定我要到这里来种羊肚菌”。“命定”的色彩削弱了他一路走来的苦大仇深，也许，在他心中，追梦途中压根就不是“大苦大仇”，一切都是自我的选择，选定了，稳稳去走，跌倒摔跤都是一种难得的幸福。

结缘羊肚菌

福建人在平常人的眼中，多多少少都有些“生意天才”，民间有种夸张说法是“福建人会开口说话时就会做生意了”。这话虽夸大其词，但福建人基因中的确存在“爱拼爱闯”的创业天赋。就像温品发，中学毕业后他就开始了自己的“生意经”，之前是在老家做茶叶生意，一次，在北京高档酒店的聚餐，改变了他以后的人生轨迹。

那是温品发第一次吃到羊肚菌，很小一盅，每人面前只摆放那么小小一盅，汤里面仅仅一朵羊肚菌和一点鸡肉。还没开吃，旁边有嘴快的问服务员：“你们这个像办家家的小盅盅多少钱一份？”服务员毕恭毕敬地回答：“368元。”吓了温品发一大跳，他以为耳朵听错了，低头舀起一勺汤，放进嘴里，顿时，他舌尖上的味蕾被一种从未有过的鲜香征服了，那是来自食材本身的香气，与人工合成的香料迥异。再轻轻咬一口羊肚菌，小小菌子，口感竟有点脆脆的，还挺有韧劲，嚼上去还真有一点肉质感觉，而且表面的褶皱、纹理吃到嘴里的确像羊肚，几可乱真!

温品发对初次邂逅的羊肚菌上了心，他有点兴奋，仿佛模模糊糊看到前面有一扇门，而他要做的，就是勇敢推开它。回到家，温品发第一件事就是上网搜索。他看到了关于羊肚菌的介绍：羊肚菌是一种野生珍贵菌，为食、药两用真菌，因其菇盖表面凹凸不平，形态酷似羊肚而得名，早已被李时珍的《本草纲目》收录。羊肚菌是一种很珍贵的天然补品，含丰富的蛋白质、多种维生素及20多种氨基酸，味道鲜美，营养丰富，其中谷氨酸含量高达1.76%，有“素中之荤”的美称，民间有“年年吃羊肚，八十照样满山走”的说法。国际上常称它为“健康食品”，市场前景极为广阔，在欧美市场每公斤干货能够卖到5000元左右。羊肚菌可做出的美食种类繁多，可烧、可炒、可炖，羊肚菌可做主料，也可做配菜，人们可根据自己爱好和羊肚菌特点采用不同的烹饪技术。多生长在河沟、泉水溪流旁边，鲜少人工栽培。鲜羊肚菌市场售价每公斤150元，干货售价达每公斤2000元。

福建小伙敏感地看到其中“商机无限”，但“鲜少人工栽培”几个字令他颇不服气，他又开始在网络世界遍查“羊肚菌人工种植技术”。功夫不负有心人，竟然真被他找到了，原来在四川绵阳，有一位食用菌研究所的教授，他经过艰苦试验和不断实践，终于研究出了中国的羊肚菌人工栽培种植技术。

温品发一秒都没有耽搁，买机票，火速从北京飞到绵阳，去拜访教授，考察项目。2014年，温品发在绵阳安县方林流转土地，投资300多万元，开始雄心壮志地试种羊肚菌。

一时失志不免怨叹

让我们先看“现在”，再观“历史”，现在是2017年4月，我们是和温品发一起坐在罗江略坪镇的这幢旧楼里，他的办公室和居住地都在这幢旧楼里，这里原先是老镇“广富镇”的镇政府，2006年撤乡并镇，老镇政府空在那里，一等数年，等到了温品发的羊肚菌公司来罗江。温品发入驻时，这幢老楼已残旧不堪，墙面脱皮，水管生锈，屋瓦开裂。他的办公室布置得很简单，摆着长沙发的，是一个小小的会客室，沙发前矮几上放着一套茶具。温品发之前做茶叶生意，他招呼客人喝起功夫茶来，很有一套讲究。踱进里间一看，一桌、一椅、一文件柜，竟是温总办公室的全部摆设。他椅子背后贴着一张偌大的中国地图，而椅子对面悬挂着一幅书法作品，上书四个大字：天道酬勤。他说这是一位在书法艺术上造诣颇高的福建老乡送他的墨宝，也是他人生的座右铭。“天道酬勤”，默念着这几个字，温品发娓娓道来，又带我们回到了“历史”，回到了2014年。

从2014年他在安县信心满满种下羊肚菌，考验就一直没有离开过他，温品发几乎经历了一个“羊肚菌菜鸟学生”的所有创业磨难。因为缺乏管理经验，他先是遇到了虫害，祸不单行，2015年种在简易大棚的羊肚菌又几乎被寒流全部冻死。温品发从一个“技术小白”成长为“羊肚菌专家”，正是从这些挫败打击中不断汲取宝贵经验的。

尽管已经攻克羊肚菌人工栽培难题，但实现产业化，栽培难度超过了种植者的想象。出菇不稳定、产量低和重现性差是每一个羊肚菌种植者最头疼的问题。羊肚菌对种植环境是很“挑剔”的：从温度、湿度来说，羊肚菌属低温高湿型真菌，3—5月雨后多发生，8—9月也偶有发生。生长期长，除需较低气温外，还要较大温差，以刺激菌丝体分化。菌丝生长温度为21℃—24℃；子实体形成与发育温度为4.4℃—16℃，空气相对湿度为65%—85%。为此，栽培时间应在11—12月；从日照上看，微弱的散射光有利于羊肚菌实体的生长发育，栽培时忌强烈的直射光；从土壤方面讲，土壤pH值宜为6.5—7.5，中性或微碱性有利于羊肚菌生长。羊肚菌常生长在石灰岩或白垩土壤中，在腐殖土、黑或黄色壤土、沙质混合土中均能生长；羊肚菌还“挑剔空气”，在暗处及过厚的落叶层中，羊肚菌很难生长。足够的氧气是羊肚菌的生长发育必不可少的。

温品发就是在一次又一次的“羊肚菌告急”中，一点一点恶补此菌类与气候、土壤、湿度等的关系。他吃着苦头，走着弯路，最要命的是，还一口气亏损了300万元真金白银。

300万元不是小数目，亲戚朋友都劝温品发“悬崖勒马，及时止损”算了，说之前我们看不到足够数据，来说明搞“羊肚菌产业”有着光明辉煌的前途，相反，这是一条相当不确定的新路，崎岖坎坷得很，暂时看不到谁种植羊肚菌发了大财，你干吗一定要在这上面较劲，和羊肚菌死磕到底？

甚至温品发的妻子也动摇了，她是温柔贤淑的好女人，男人创业，她是他事业最不可或缺的帮手，担任公司财会工作。她犹犹豫豫地劝说品发，照这样亏下去，我们公司就完全没救了……温品发知道妻子的担心，但他请太太再相信他一次，正因为他这段时间屡屡受挫，交足“学费”，他反而更有信心去攻克难关。

《爱拼才会赢》教会他：一时失志不免怨叹/一时落魄不免胆寒。但“怨叹”过后呢？“胆寒”过后呢？还是离不开“爱拼才会赢”，若连拼一拼的胆气都丧失了，他活着只如一具行尸走肉，又有什么意思？太太泪光盈盈地望着他，不再多说一个字。知夫者莫若妻，妻子晓得，温品发骨子里有股劲儿，他决定好的事，前面即使有雷暴、地震、海啸等着，他也无所畏惧，哼着歌儿披荆斩棘。

永远的财富，属于罗江

温品发静下心来，重新考察周边。他慧眼识珠，看中了罗江。羊肚菌与温品发有缘，罗江略坪镇也和温品发有缘，他欣喜地看到这里生态环境好、工业污染少、水源清澈，并且劳动力成本不高，各方面因素合起来，就是绝佳的“天时地利人和”，温品发振奋了。在安县的失败，并未让他颓唐畏缩，2015年，四川省方林羊肚菌农业科技有限公司在略坪镇投资1500万元，建设了一个标准的羊肚菌的菌种工厂和一千亩的高标准示范基地……

温品发想要的，不是我要变成大富翁，而是带动当地人一起富。他亲眼见过一些老板，手里掌握了核心技术，就绝对不会交出去，生怕别人分薄了自己的利益。但温品发对此却有一个很新颖的观点，他说其实羊肚菌市场是很大的，那些“握宝不教徒”的老板，生怕别人分走了自己的“蛋糕”，但为何不大家一起努力，将蛋糕“做大”呢？只有蛋糕变大了，每个投身其中的人才不用去吃“小蛋糕”，而是拥有了分享更大蛋糕的权益。

温品发来到略坪镇，就真心实意将这里当成自己的家了，租借废弃旧楼安顿下来。温品发接来了自己的父母、兄弟、孩子、亲戚等十几个人，这也是福建人做生意的模式：抱成团儿地团结一心。他对家里人说，我们现在要做的，是想着能给当地真正带来什么，而不只是自己的一点点利益和好处。

于是，在温品发的带动下，有胆大的农民，也敢找他拿菌种，认真学习种植经验了，而且方林公司还管后期回收，这让大家“种得无忧，卖得无虑”。略坪镇松花村的周隆平，大胆流转土地，种植了32亩羊肚菌。他很专心地学习温品发提供的管理经验，现在每亩羊肚菌可产鲜货200—250公斤，鲜货售价为每公斤240—300元，若是卖干货，售价为每公斤2000—2400元。

长玉村村主任丁洪生也种植了20多亩，算下来每亩地大概是2.7—2.8万元的收益。人工种植的羊肚菌弥补了市场需求，消费者的认可也带动了略坪当地的种植，给种植户带来了良好效益。

温品发的羊肚菌给略坪镇带来了焕然一新的勃勃生机。有位曾老太，70多岁了，是个重度脊柱弯曲者，平日做不了重活，常常流着眼泪骂自己“阎王怎么还不收走我啊，我活着造孽、现世，连活路都做不了，只能拖累人”。她将土地流转给温品发，看到左右村民都能去方林上班，挣工钱，她羡慕极了，跑去找温总，恳求温品发也可怜可怜她，给她一点活路干。温品发不忍看到老太太伤心落泪，便安排她做捡菌孢、选菌子等轻松不累人的活，按天付工资，实行8小时工作制。老太太一个月下来，领到了1000多元工钱，喜得合不拢嘴巴，到处对人说“温总心肠好，就像个活菩萨”。

温品发历经艰辛，他想要的，就是真正将产业发展起来，就像当初竹荪也只有野生竹荪，市场价格昂贵，但因为人工种植成功，能成规模化效应了，最终平常百姓也能品尝到美味竹荪。从温品发身上，也许很难感受到一个企业负责人“舍我其谁”的王者霸气，但他有坚韧和执着，他“爱拼”，更讲究“分享”。他手腕一动，茶壶在空中划过一道银线，再斟了一杯“铁观音”给我，在袅袅茶香中，他眯着细眼，微笑着说道：“罗江的资源条件这么好，怎能不将羊肚菌产业发展起来？将来，我这个外地人总会走的，但永远的财富是带不走的，生生世世属于罗江。这才是最令我欣慰的事。”

梦系刺龙芽

40岁的阳修俊个头敦实，肤色黝黑，初见面时，他伸手相握，掌心老茧硬硬的，秃秃的指甲边缘缝隙里有嵌塞的细细泥土。这是一双有力的手，能从失败的废墟之上，继续托举梦想，执着前行。

男人的创业梦

2008年的5·12大地震，让阳修俊知道了什么叫“失去”。他老家在平武县，眼睁睁看着身边亲友被一场天灾夺去宝贵的生命，人类在大自然的力量面前束手无策，弱小得不堪一击，这让阳修俊对留在大山继续生活一事，心生恐惧。好在随即政府鼓励外迁，还出台了“投亲靠友”的鼓励政策。2009年5月，阳修俊经亲戚介绍，享受“投亲靠友”政策，从平武县的大山深处，来到了罗江县御营镇万寿村，买下六间小青瓦房，全家六口人“异地搬迁”，从此成为罗江子民。

他买下的六间小青瓦房的主人因为老早就搬到罗江县城居住了，房屋没人管理维护，椽料、檩料经历风吹雨打，都已显出朽烂迹象，算是危房。阳修俊安顿家人住下后，赶紧到外面去打工挣钱，好快点攒够钱重修危房，让一家人能住得更加安全，他在外务工也能少一分牵挂，更为放心。

阳修俊在外做钢构工程，2013年、2014年他去了内蒙古、宁夏承包工程。这两年运气不错，赚到一笔钱，他便不想外出了。父母年岁已高，两个读书的孩子也需要父母陪伴指导，他便回到罗江，一家人和和美美地生活在一起。

也许，世间许多男子心里，都藏着一个创业梦，阳修俊也不例外。前几年他虽搬迁到了罗江，但一直忙着在省外打工挣钱，现在才安安心心好好打量这个人生中的“第二故乡”。越是打量罗江，阳修俊心里就越是满意：罗江真是个好地方啊，既没有高山峭壁，又没有塌方、泥石流的威胁，道平路宽，水泥路都通到了老百姓的院落，田地肥沃，民风又淳朴，经济发展势头良好，极其适合创业。

心中创业梦快醒来时，之前也包工程的两个朋友找到阳修俊，问他愿不愿意学那“桃园三结义”，三兄弟一起创业？阳修俊眼睛倏地发亮了，问创业做什么？朋友说三兄弟一起包土地，搞农业产业，地方都找好了，土地在慧觉镇明月村，有72亩，还有绵阳涪城区金峰镇白果林村，有50亩。

这两片土地，都是御营镇的邻居，离家并不远，很合阳修俊的心意。他摩拳擦掌，内心激动，期盼在罗江这块肥沃土地上种下创业梦的种子，长出参天大树，于是与朋友们一拍即合。三人速战速决，一起与当地村委签订了承包合同，每亩土地的承包款是800元。

土地流转过来了，按照三人商量的规划，在慧觉镇的那72亩土地里种时令蔬菜，在金峰镇的白果林村种羊肚菌。

创业的三兄弟此前多年从事的都是钢构工程，虽是农民出身，但实际上对田地上的管理已经陌生得很，算是门外汉了。种菜，他们请当地农民务工，找了一个懂行的人来管理；但羊肚菌种植的技术含量颇高，他们咬咬牙，从外面高薪聘请来了技术员。

几年后，再回望当时事，阳修俊已经能从最初的打击挫败中平复情绪，理智而客观地总结失败教训，他没有将初次创业的失败因素，轻飘飘地怪怨到“运气不好”四个字身上。诚然，那年霉运缠绕实在气人，蔬菜种得好好的，正要上市的时节，遇到一场冰雹，将娇嫩菜叶打烂在地里，令人欲哭无泪。而羊肚菌呢，当初购买时毫无经验，竟上了当，买到不合格的菌种，产量低、品质差，辛辛苦苦培育出的羊肚菌竟是“次品”！

其他两位股东心灰意懒，他们后悔得直跺脚，说算了算了，包工程虽然也苦也累，但比搞农业赚钱。咱们这一年来，不断往土地投钱，还以为能种下一个“金娃娃”，哪晓得连“泥娃娃”都没结一个！一年光阴，坐下来一核算，当初踌躇满志的“桃园三兄弟”，现在成了一根藤上结的三个蔫瓜儿，垂头丧气按了几下计算器，悲伤得连头都抬不起。唉，也难怪他们垂头丧气了，三人这一年时间就亏损了70余万元啊！平摊了亏损资金，一人“认领”了20多万元，那两兄弟含着热泪，怀着悲愤与沮丧摇头离开了，阳修俊却意外地选择了坚持。

父母、妻子都心痛得落泪了，他们说阳修俊在外面吃苦受累、风餐露宿地挣钱，要好几年才攒得下20多万元，但第一次承包土地，自己在土地上

“钉”了整整一年不算，还将几年来的血汗钱全都搭上，太亏了！亏本生意不能做，以后，咱也不承包土地了。

阳修俊不是没听到家人流着泪絮叨，但他默默地，内心有股隐隐的热流仍在身体的四肢百骸间涌动。

认了亏，不认输

两位合伙人撤股之后，阳修俊没有听从家人的劝告，他独自一人继续承包土地。是，此前一年土地给予了他深刻的教训，但他觉得更为可贵的，是他从中学到了经验，他铁了心要在土地上做一番文章，要从失败中摸索出宝贵的经验，调整自己的策略与步伐，重塑对自我和土地的信心。除此之外，阳修俊还有一个梦想，他没有来得及实施，又怎会让梦“胎死腹中”呢？这个梦，是关于刺龙芽的。为了能实现“刺龙芽之梦”，2016年初，阳修俊顶住了各方压力，依旧流转了慧觉镇明月村的70亩土地，种植蔬菜。

阳修俊前一年在羊肚菌上跌了大跟斗，吃了大亏，他知道羊肚菌虽然售价高，但自己并不具备完整的种植技术，若贸然去种，依旧是管理方面的“门外汉”。他不再盲目冒险了，于是，退掉了金峰镇白果林村的土地后，一心一意打理明月村70亩土地上的时令蔬菜，特别繁忙时要请10多个人；平时都是自家人种植管理，好在阳修俊父母身体都健康，可以帮上忙，这样就降低了人工成本。

由于阳修俊对土地充满了信心和希望，2016年7月，他成立了御丰专业合作社。9月，万寿村村干部找到阳修俊，说他们村里有几十亩土地，要不要承包呢？阳修俊一听，挺好啊！就在家门口种地，方便又简捷。反正，多也是种，少也是种。此刻的阳修俊，已经与土地培养起了默契和感情，他已经拿定主意，从此将自己“钉”在土地上了，对于村干部的提议当然乐意纳之。于是，阳修俊又流转了万寿村50亩土地，也用来种植时令蔬菜，这是阳修俊暂时想到的最为稳妥保守的种植方式。

2016年，阳修俊勤勤恳恳忙碌了一年，年底坐下来扒拉算盘，除去所有成本，他还赚取了3万多元净利润，这相当于在外面打工一年的工资了。他心里充满了喜悦和自豪：谢天谢地，这一年自己没有亏损，已经心满意足了。他尤为满足的，是可以在家里陪伴家人，承欢父母膝前好好照顾他们，这对于一个20多岁就开始在外面“找钱”拼搏的男人来说，实在是莫大的幸福。人到中年，阳修俊一年比一年更强烈地感受到，父母越来越老了，能多陪伴他们，多尽尽孝道是多么重要，这也是他如今由衷的心愿。

刺龙芽之梦

2016年秋，阳修俊的“刺龙芽之梦”，开始了从梦想走向现实的第一步。

说起刺龙芽，很多人都一脸茫然，阳修俊介绍说，那是在他老家平武大山原始树林中生长的一种山野菜，他小时候常常上山去采摘刺龙芽回家吃，现在每年春天出芽季节，山民们也都会去采摘，因为他们多多少少都了解到刺龙芽是好东西，对人体大有益处！

说起这种外貌肖似椿芽的山中野菜，阳修俊便两眼放光，他说比起椿芽来，刺龙芽的药用价值要更高，也更加值钱！它含有20多种人体所必需的微量元素，对慢性鼻炎、十二指肠炎都有防治作用，尤其是抗癌、治疗胃癌功效显著，它的根茎叶都是药。

在阳修俊平武老家的乡场上，采摘季节会有少量的刺龙芽销售，都是山民们从山里采摘来的。但若买主想要再多采买一些，山民便两手一摊，为难地说：“都是野生菜，天生天长的，我到哪里去给你找那么多？”阳修俊从“野生”两个字中嗅到了商机，他专门去做过市场调研，发现还没有一家人工培育刺龙芽的种植基地。在当年朋友们找他承包土地时，他脑海中已经电光火石闪过这个念头了：有朝一日，他要将自己承包的土地，培育发展成刺龙芽基地，然后扩大种植和经营，将周边老百姓都带动起来，打出刺龙芽的品牌，一起来赚钱。

等啊等，等到这年秋天，刺龙芽种子成熟了，阳修俊开始付诸行动。

他回到老家，头天晚上在老屋住下，做好了第二天上山的准备。次日清晨，天刚麻麻亮，阳修俊就带上了干粮和水，换上轻便鞋子，往老山林子里爬行。小路铺满了落叶，越往里走，灌木丛生，越不见路的踪迹，阳修俊只好用手中砍刀硬砍出一条路来，披荆斩棘地前行。一口气走了4个多小时，才走到长着刺龙芽树的那片山林，人已经疲惫不堪，双腿如灌了铅，赶紧找块石头坐下来，吃点干粮、喝口水。看看表，已经12点了，不敢再耽误，赶紧起身继续前行。

山林里人迹罕至，长满灌木荆棘，尽管是秋天，还是不时有蛇沙沙地出没。刺龙芽树都是野生的，不是长在一起的，零散无规则分布，树身还长满刺，采摘种子很麻烦，人不敢攀爬，会刺伤手，阳修俊只有用一根木棒将种子打落地上，再收拣进布袋子。地上长满野草，收拣时还得蹲趴在草丛里细细找寻。

山林里间断地传来野兽的怪叫，听得人毛骨悚然。阳修俊按捺住内心的孤单和惶恐，专心于采种工作。采集时间只有3个多小时，下午3点左右，太阳偏西，山林里开始显出昏暗，阳修俊揣好采集到的一捧种子，又急急忙忙往回赶。山路危险，可不敢摸黑走，若一脚落空，小命就呜呼了。

阳修俊一连花了三天时间，衣服、裤子都刮破了，腿脚走得又酸涩又胀痛，手脚也弄得伤痕累累，总算采回0.5公斤多种子。多么珍贵的种子呀，阳修俊心中喜悦，用了两层布袋把它装好，比他在外打工赚到钱还装得稳妥，然后赶车将“宝贝”带回到万寿村。

阳修俊在万寿村流转的土地里兴致勃勃地平了一厢地，将一小撮种子撒下试种，然后每天都去看，半个月都没见种子破土出芽，他心里紧了一下，想，是不是不适合这个时节播种呢？等过了年，到了春天，阳修俊怀着期盼和憧憬，又试种了两次，第一次没出土，他心凉了半截，心想是否野生刺龙芽，无法由人工“驯服”？但他左想右想硬是不死心，“刺龙芽之梦”在他心底最深处翻滚跳跃，越是失败，他反而越是信念坚定。在村民们育小秧时节，阳修俊咬着牙鼓着腮再次试种，结果老天待他不薄，这次七天就发芽了，着实令阳修俊欣喜若狂。看着那嫩嫩的黄黄的芽瓣破土，阳修俊不轻易动容的脸上呈现了暖暖柔情，竟有看到女儿出生时第一次当上爸爸那么激动的感觉。

这是一次多么伟大的试种！在老家，从没人试种过它，也没有人想到过移栽它，数千年来，刺龙芽都是在那一片老林子里自生自灭，而阳修俊，就要创造吉尼斯纪录了。前几次的试种，阳修俊生怕它不能出芽，那么梦想就破灭了，他的120亩流转地，就只能栽种一辈子常规蔬菜，如果是这样，阳修俊对自己的前途也会慢慢失去希望。

阳修俊回想自己与两个合伙人种羊肚菌的失败原因，主要就是买到不合格的菌种，羊肚菌菌种成本高，投入大，才造成那么大的损失。所以，吃一堑，长一智，现在他要亲自去采摘收集刺龙芽种子，自己来培育刺龙芽苗木，亲自体验创业路上一步一步行走的艰辛，这其实也是一种难得的享受过程。阳修俊想法很简单：培育刺龙芽苗木，人工是自己的，种子是自己采集回来的，土地是自己流转过来的，即使不成功，损失也不大。他就是要自己繁殖培育刺龙芽苗木，自己栽种，打出品牌闯出销路见到效益后，再向外推销苗木，带动周边百姓发展刺龙芽，让罗江这里成为全国唯一的刺龙芽基地，他来统一收购刺龙芽，统一品牌销售，发往全国各地，把产业做大做强。

阳修俊现在比任何时候都坚信：等他的刺龙芽之梦成功实现后，他的专业合作社也会有一个飞跃发展。

当然，这些美好的想法都还没有变成现实，还是梦想。但是有什么关系呢？阳修俊已经迈出了勇敢的第一步，他觉得自己已经看到了黎明的熹微亮光。现在，阳修俊每天早晨起来，都要先去苗圃，定定地看那些嫩绿可爱的刺龙芽苗，在晨风中轻轻摇摆，就像他可爱的女儿一样，他盼望着它们在朝阳下跃跃地生长。

刺龙芽，就是阳修俊最真实的希望和梦想。

罗江有座“探花府”

罗江有座探花府？刚听到这个消息，我们感到震惊，这么多年来我们咋就一直不知道呢？据传说，探花府在原来罗江天府花生厂内。罗江天府花生厂已经倒闭多年，但是曾经辉煌一时。早在20世纪70年代，它就是四川省唯一一家出口花生的企业，是德阳市第一家接待外宾的企业。

在原来天府花生厂的后院，有座500多平方米的古色古香的老宅院，据说是罗江最早的书院——双江书院的旧址，也是“探花府”的旧址。据传，清乾隆三十二年，罗江县县令杨周冕花纹银百两，从明代探花高节的后人手中买下这座宅院，兴办了罗江第一座书院，李化楠是书院第一任教师。紧邻书院的魁星阁，也是李化楠捐钱、杨周冕牵头修建的，至今成为罗江县的一处重要文物。几百年来，书院培养的生员通过科举考试，造就了显赫的“一门四进士，兄弟三翰林”的李氏家族。抗战时期，国立六中不远万里，从山东迁徙到这里，贺敬之、李广田等都曾在这里驻足，这儿还有民国时期四川省建设厅厅长何北衡家的老宅院。但双江书院一直被埋没在罗江老南街的市井深处，隐藏于天府花生厂后院一隅，几乎淡出罗江人的记忆和视线。

这栋老宅院是不是明代探花高节的“探花府”，有待考证，因为高节在罗江留下来的东西太少，但它确实是一座值得保护的老宅院是毫无疑问的。20世纪90年代，天府花生厂倒闭之后，这座老宅院和天府花生厂都被闲置，20 多年没人维护无人问津，以至于三分之二的建筑已经垮塌。

年轻人的“老情结”

老宅院算是罗江的一处文物古迹，它的衰败，牵动着罗江两个土生土长的年轻人的心，一个叫张华，一个叫刘家怡。他们都出生在老东门口的崔家巷，一个出生于1976年，一个出生于1977年，都是儿时的玩伴，长大后又都进入了同一家古建筑公司上班。由于是搞古建筑的，他们每年回家探亲都要围绕罗江转一圈，看看还有哪些古遗迹没被现代文明湮没，天府花生厂的这处老宅院自然是必去不可的处所。当他们看到它一年比一年破败，心里就不是滋味，于是暗下决心有朝一日将它修复，让浓缩罗江历史人文的这些仅存不多的处所传承下去，让后人感受罗江的历史根脉。尤其是张华，他父亲是天府花生厂的老职工，看到红极一时的厂区衰落、残破，常常眼角满含泪水，张华更是看在眼里痛在心里。

刘家怡是四川大学1999年的毕业生，学的是软件开发，毕业后在成都搞了三年动画设计，后接触到园林、古建筑领域，觉得很有意义，就转行了，与朋友开了一家相关的工作室，但是业务不多，不久就关闭了，在哥哥的一个朋友介绍下，去到重庆一家古建筑公司搞设计。

张华文化水平不高，只读了初中，就走上了社会。他有个爱好，从小就喜欢收藏古玩，民间的老物件、古钱币、古家具等都喜欢，走出校园，就做着这一行生意。慢慢地，自己也学会了对古物件的修复技艺，特别是对古建筑木工的雕刻很在行。2008年5·12大地震前，朋友介绍他去重庆古建筑公司，凭自己的技艺做技术工。他万万没有想到，在这里会遇到搞设计的儿时玩伴刘家怡，两个人都喜出望外。此后，一个搞设计，一个在施工现场实地操作，相互配合。2015年，本来他们公司在陕西韩城进行的全城古风貌打造还没竣工，他俩听说老家要修复南街的魁星阁和紧邻的天府花生厂后面的老宅院，一下来了兴趣。他们在外面帮助别处做了很多复古建筑，也打造了很多风貌城镇，却没在老家罗江留下一点东西，总感到是一大遗憾。机会终于来了，他们将手中在陕西韩城的项目移交给公司其他同事，立马赶回罗江。

看到那座垮塌了三分之二的老宅院，他们满怀信心又有几分担忧。他们担心的倒不是修复的难度，而是担心修复中那些墙的砖和其他建材的筹备，因为不能用现代的建材。他们还有一个理念，搜集罗江境内有文化根脉的古物件作为书院今后的装饰品，将老宅院打造成今后罗江人休闲、聚餐、体验感受罗江历史人文的场所。

2015年5月，张华、刘家怡与县相关部门取得联系，说明自己的意图，得到分管领导的支持，根据要求，到县文管部门进行了资质备案，两人完善了相关手续。

时光打造老宅院

万事开头难。老宅院的修复，由于场地的限制，所需材料的特殊性，张华、刘家怡决定一步一步进行。他们先按照自己的理念和经验，先从后院开始，修复一堵浓缩罗江地域文化的展示墙。前面交代过，古院落已经坍塌三分之二，他们两人就亲自带领几个杂工，在废墟里面清理翻找，窑砖、瓷片、石磨、器具等等，凡是蕴含过去岁月时光的残件，都收集到一起。罗江县城原来有城墙，随着城市的发展需要，那些城墙被一步一步地拆除，砌筑城墙的砖头都散落在一些民居的院落。他们要把这些砖块收集回来，待修复时用。这个活路又不好请人，只有他们自己骑一辆人力三轮车，围绕罗江城转，有些砖头在居民院落里铺在地上或者砌成了院墙，就买下；有些砖头在拆建时被倒进荒坡上的垃圾堆，就到垃圾堆里去翻找。

从2015年5月开始，他俩花了将近一年时间，收到1万多块窑砖、上百件古物件。

2016年6月，一堵20米长的罗江文化展示墙砌好了，得到罗江文管部门的肯定，并对后期的修复打造做出了指导，就是要以旧修旧，杜绝现代建筑元素进入古镇建筑的修复施工中去。

书院临街的大门，是一道石门框，门框上刻有一副对联："竹报平安门迎百客，云呈异彩户纳千祥"，横批是"秀挹群峰"。这副对联出自清道光五年，广汉举人、四川著名书法家张怀泗之手。他游历新盛镇宝镜寺时，附近一户乡绅慕名设宴款待，酒兴之至，张怀泗对宝镜寺之美景无比赞赏，就为乡绅挥毫写下此联，乡绅便勒石成额，嵌在院门上炫耀。这个带联石门框是张华下乡收集古物件时，在新盛镇金铃村的一个意外发现，它被码在一杨姓农户房后的雨水沟坎上，张华看到石头上有字，就慢慢清理出来，才发现是四川清代广汉著名书法家张怀泗的字。张华心里很激动，找到在花生地里除草的主人，说想把那码沟坎的石头买了。主人姓杨，杨姓主人先是惊愕，接着就说不卖。

人就是这样，放在那里没人问，它就是烂石头；一旦有人要买，它就是金宝卵。

张华回到家里后，一直记挂着那对刻有张怀泗手书对联的石门框，他决定再去找主人家商量，还有顺便摸清那对石门框配套的院门还在不在。

他想，要是把那对石门安到书院的进户门口，多有文化底蕴。张华又去找到杨姓主人，从他口中得知那对木门也还在，还有门墩、门檐，由于以前分地主的房，现在都分别在四户人家里。这样完好的古文化遗存，更引发了张华的收购欲望。收购成功，也算是对罗江文物保护的一大贡献。但是，他们就是不卖。张华隔一段时间又去，给四家人做工作，说自己不是买了去赚钱，而是为县上保存、修复文物，安到书院的进门口；并告诉了他们地址，要是他们今后要看，可到老南街来看，他们今后到老宅院喝茶，将对他们终身免费。最后他请这四家子人到罗江吃了顿饭，他们才松口答应卖给他。

就这样，几经艰辛，张华花了2000多元钱，买回这对有张怀泗手书真迹的石门框和那两扇木门。令张华颇感欣慰的是，那对木门，从清代到现在，几百年了，还没生蛀虫没腐烂，原来是全楠木做成。他觉得那钱花得值，自己辛苦了那么久，也值。

老宅院的修复打造，都是按照原来的布局，尽可能修缮，并植入罗江历史人文元素，增加园艺观赏附属工程。他们希望通过自己的努力，为罗江的文物保护和传承贡献一份绵薄之力。

星火传承，文脉不老

整个修缮工程到目前为止，已投入160余万元，几乎是他们二人这些年在外打拼的全部积蓄。老宅院的前期修缮打造已经基本结束，对于书院修缮后的市场走向，张华、刘家怡都是做工程的，没有这方面经验，他们就交给同样关注罗江文化传承的张奇志来经营。他们还有许多事等着去做：鄢家镇星光村“四好村”建设中，他们投资了一个“乡村咖啡屋”的项目建设，利用村民原有民居，进行风貌改造，集餐饮、旅游、住宿为一体。魁星阁的修复项目也已启动，还将在原有的基础上打造一个藏书阁，设想今后把每年罗江的文理科状元请来，搞一些文化传承活动，比如发红包、撞钟等。魁星阁上的钟，只有每年的高考状元才能撞，他们要赋予它崇高性。

张奇志在电业局有一份工作，出于对罗江本土文化的热爱，参加了修复后的老宅院的经营。

罗江的老宅院是罗江文脉所在，有着深厚的历史渊源，是罗江人永远的精神家园。张奇志说，我们不仅要搜集、挖掘、传承罗江地域文化，也将开发传承调元食谱里的全部菜系，供人们消费、品尝，把罗江老宅院打造成一个有品位的休闲处所，让它成为罗江人享受现代慢生活的雅娴之地。现在的社会，时代脚步太快，而灵魂跟不上。这个灵魂，就是我们的精神文化。

张奇志很庆幸能结识张华、刘家怡这两位年轻的古镇建筑师，他们的思路与他不谋而合，目的一样，都是为了罗江的文化传承。怎样让修复后的老宅院生存下来，这是他一直在思考的问题，现在已经有了明确方向。

张奇志有一份固定的工作，他以租用的方式（每年20万元）把老宅院从两个年轻人手中接过来后，就扛起了风险，这全靠一种情怀支撑。现在这里已经开放了喝茶、看书、品赏、聚餐等服务，今后还准备推出川剧演出等系列文化活动。这些举措和构想得到县文广局、旅游局的支持和关怀，也得到了关注罗江文化的社会各界人士的支持和关注。

有朋友说他傻，做文化产业的有几个能赚到钱？张奇志偏偏就要做这样的傻事。

理发师当上村民小组长

罗华林没想到，在2016年换届选举中，自己会被村民们选为村民小组组长，接任2017年万佛村5组组长职务。今年32 岁的罗华林，在采访一开始，还对自己当小组长的事表示过些许羞赧，他坦言不知自己有啥能耐，被乡亲们看得起，被乡亲们如此信任。

曾经远走他乡

罗华林文化不高，2003年，中专没毕业就辍学了，都因为他所在的万佛村地薄人穷。离开学校后，罗华林在家待了一段时间，同父亲爬坡上坎，肩挑背磨，干农活辛苦不算，还只能饱肚子。罗华林感觉到在乡村实在是没有出路，他便像大多数农村娃一样，去了广州厂里打工，一年下来，也没挣多少钱，还被老板呼来唤去。过年回到家，他觉得还是学门手艺好，便去了德阳学美发。手艺学成后，他在一师兄的介绍下，去了山东泰山，在一家理发店里当起了理发师，这一做就是八年。八年的时光如白驹过隙，家乡对于他来说，只是一个乡愁的记忆，因为穷，并不是那么想回去。

在理发店里打工期间，罗华林交了一个女朋友，2011年为了结婚，他才带女友回家。婚后，罗华林不想再出去帮人打工了。因为这时，他家的6亩多贵妃枣已经到了盛产期，每年能卖10万元，这是他在外两年都挣不到的数目。还有他家地理位置好，房前屋后都是枣园，白马关景区旅游环线的油路从院门口穿过。每年8月底的枣子节，持续一个月，每天都有大量外地人开车前来购买枣子，还有更多的城里人，在周末带上孩子来，感受自己采摘的乐趣。到中午了，他们要吃饭、喝水，只有找农家。他家又紧挨川西佛教圣地千年古刹万佛寺，每到庙会或者过年，寺庙游人香客成千上万，他们也要吃喝。看到这一商机，罗华林和他父亲，依托每年枣子节和万佛寺的佛教旅游，在自家新建的楼房里，开办了能接待60人左右的农家乐。管理枣园、经营农家乐，一家人把产业园区融入旅游景区，守在自家门口挣钱，比在外打工温暖、充实。

罗华林家的6亩枣树，是他父亲2009年种下的。那一年，村里已经全面调整产业结构，发展贵妃枣产业，而且有了枣子专业合作社。他父亲以前也在江苏打工，在2009年前，他父亲曾试探性地栽了60株枣树，挂果第一年，每斤居然能卖到15元，尝到了甜头，才放心大胆地把自家6亩包产地全部栽上枣树。栽上枣子树后，罗华林父亲便不再外出打工，除了管理枣子，还经营农家乐。

罗华林结婚后，看到家里的条件好了，罗江县城人气也旺盛，想在县城开一家理发店，可以帮助家里经管枣园和农家乐，但一直下不了决心。让他下决心留下来，是在2012年的枣子节期间，开车到枣园来采购枣子的人成群结队，许多以前的老顾客，都直接奔他家而来。他父亲背回的一背篓带露的红枣，刚走到院门口，就被两个客人争抢着买，他们都抓住父亲背篓，相互不让，几乎就要动手打架了。其中一方去年来买过他家的枣，是熟人。父亲给老熟人做工作，答应马上再去给他摘一背篓，双方才平息了争吵。

这一幕，令罗华林很意外，也很兴奋。他没想到，家乡的枣子竟会这么走俏，更坚定了他留下来的决心。

如今坚守故土

罗华林在县城的理发店开张后，由于手艺精，生意很好，两口子忙不过来，还请了3个理发师傅帮忙，自己就边干活边当起老板来。理发店的收入也不错，每月都在1.5万元左右。

罗华林在枣子上肥、下果期间，就把理发店交给妻子打理，自己抽空就回家去看一下。他把更多的时间用在了家里的枣树管理和农家乐经营上，因为，父亲年岁越来越大，背也愈发驼了。他在自家枣园的林下，种植各种时令蔬菜，还养殖一些鸡、鸭、鹅任凭游客们点杀，都是原生态，游客们吃得放心。他还发现，发展林下养殖，鸡、鸭、鹅还可以吃掉枣林的虫子和杂草，它们的粪便又是极好的农家肥，枣子的品质也提高了，成为客户的抢手货。他父亲那一背篓红枣引发的争执就是一个实例。

尽管这些年来村上的枣子产业红红火火，每年的枣子节迎来各州、各县的客人，村里人也大都依托枣子产业富裕起来，但是，年轻人还是喜欢在外打拼，认为种枣子还是在与泥土打交道，土气又累人。村民们之所以选罗华林当组长，他当初迷茫，后来一想，明白了，是乡亲们认为他走南闯北，见多识广，帮助家里管理枣子、农家乐，每天踏踏实实又肯干，是个好的领头人。

罗华林在第一次全组村民会上说，他感谢乡亲们的信任，从2017年起，他像给自己家里干活一样，把全组的事当自家的事，同大家一起，创造幸福生活。

罗华林话不多，语言很淳朴，却赢得村民们的掌声和信任。大家都把期待的目光落到他的身上。

青青花椒绿荒坡

这几年，贾兴泉特别喜欢爬上顺河村的那座像卧佛一样的最高山头，放眼四望，陶醉在满山、满坡微风中轻轻摇晃的翠绿里。那是一棵棵青花椒树，每一棵都是摇钱树哦，他看着心情舒畅，他看着也为自己感到骄傲。看着看着，他还会禁不住眼角就沁出泪来，那是幸福的泪，也是感伤的泪。

贾兴泉今年55岁，任调元镇顺河村村支书。

让顺河人回归热土

顺河村，顾名思义，就是顺着河道的一个村子。紧紧依偎在泞水河畔的顺河村，曾经是很贫穷的一个小山村，除了沿河边有一片不大的河床田可以种植水稻外，其余的都是山坡旱地，树多石头多，付出的汗水也多，收成却不多。种地没出路，村里人就纷纷外出另谋出路，这里渐渐地成了空村。地荒了，山梁长满灌木、杂草，成为野兔、野鸡的窝。为了治荒，给村民们找致富门路，他带领大家栽桃子树，栽枇杷树，栽柑橘树……都因土质不适或管理不善，均以失败告终。老百姓对发展林木产业，早已经心灰意冷，又回到传统农业的模式上。他们认为，虽然不挣钱，但能饱肚子。说什么发家致富，还是让那些年轻人去外面挣钱，然后带回来发家致富吧。

村里还真有不少年轻人在外面闯荡发家致富的。

杨洪军和左海泉就是他们之中的两个代表。这两个年轻人不到20岁就在外面打工，受尽了漂泊的艰辛和离别乡愁，2011年冬，他们决定把打工十六年的全部积蓄拿出来投入农业产业，自己也当老板创业。他们考察了许多农业产业的项目，最终认定青花椒产业。但是，他们选择的地点是中江县，那里的土质是经过了检测的。

贾兴泉听到这个消息，立即与杨洪军联系，问明实情后，对杨洪军说，你是我们顺河村的人，为啥不回顺河村发展呢？都说肥水不流外人田，回来投资吧，我们村两委给你们铺路。

杨洪军起初还是想过回村发展青花椒产业，只是不晓得土质适合不适合种植青花椒。当杨洪军说出自己的顾虑后，贾兴泉说，我们村上负责把土质拿去化验，要是行，你们就回村投资创业。

贾书记说话耿直，杨洪军也耿直，他说，贾书记，只要土质适合种植青花椒，我就回村投资发展。

很快土质化验结果出来，顺河村的土质很适合种植青花椒。于是，贾兴泉开始在村上广播、到各个组开会，为杨洪军、左海泉流转土地做宣传，也动员村民自己栽植青花椒。结果，却有80%的村民不答应，他们都被“栽了挖，挖了栽”折腾得对经济林木一点兴趣都没有了，甚至产生反感。还有人吊二话说，栽那么多青花椒，今后顿顿煮青花椒干饭、青花椒稀饭吃呀？这话顶得贾书记都不好回答。

夜半依旧“动员会”

事情一开头就不顺畅，贾兴泉最了解老百姓的心情，他决定慢慢地做工作，只要大多数人同意，这个项目就能敲定，在顺河村落地生根。

贾兴泉和村委的领导班子，每晚到各个组去开动员会，一户一户地做工作，每个组至少开了10多次动员会。那是冬天，他几乎都是半夜12点左右才冒着严寒回家。

只开会还不行，大多数人就是不表态，就认准种粮食稳妥这个理，他们还说，再赚钱，我也不想。贾兴泉决定挨家挨户做工作，这样容易各个击破。果然，这样效果好，碍于面子，加上村两委干部动之以情，晓之以理，许多农户都在合同书上签了字。

到腊月二十八，大多数农户都吃团年饭了，贾兴泉想到还有部分村民没在合同书上签字，晚饭后仍然继续去做工作，遇到那家农户还在吃团年饭的，就在门外等。乡村有个风俗，不能“踩”了别人家的团年饭，会被视为来年不吉利。团年饭一般都吃得久，他脚杆“站弯”了蹲一会又站，冷得受不了就来回走动。等到农户吃完后，他才去敲门。农户见贾书记大过年的还这么奔劳，一感动就签字了。

他也遇到这样一家农户，明明听到屋子里面在放电视，有说有笑，他一敲门，立马鸦雀无声了，电视关了，灯也灭了，装作屋里没人。还有一家人很固执，直接说要种苞谷，养猪，过年好吃猪肉。

尽管如此，到2012年春，村里规划的青花椒产业园区，也就只有几户人的土地还隔在里面，没有签订种植合同，不过，不影响产业的发展。村上开始做材料，上报镇上审批。这是个漫长的过程，到2012年7月，青花椒产业园区得到批准。

那是村里的几个长满荆棘、荒草、灌木的山头，山头上曾经有一些耕地，都被撂荒多年，长满艾蒿、芭茅草、马尾松、黄金树、藤藤刺蓬，密密实实，人都走不过。要在这样的荒山上栽青花椒，首先得把这些杂树、杂草清理干净。没有勇气的人，看着这么密密实实的植被都会退缩，好在杨洪军、左海泉都年轻，有干劲和闯劲。8月，他们开始招兵买马，把村里空余劳动力全部请来帮工。由于面积大，要抢时节，人手还不够，又在邻村招，组织了200多人进行清杂，他们两个人也身先士卒，加入劳动的大队伍之中，衣服、皮肤都被刺蓬划出一道道口子。奋战了一个多月后，到9月，分出一部分人进行花椒苗栽植，一部分人继续清理山头。

这是个浩大且累人的工程，用不了机械，全凭人工。一个多月下来，人工费就10多万元，而且还没完，还得继续。贾书记不由得替他们担起心来，很怕他们看到前期投入这么大，半途放弃。但当他与两个年轻人交谈时，发现他们依旧信心满怀，贾兴泉放心了，觉得自己去年冬季那么辛苦地做群众工作，值得，庆幸自己没引进错人。

可是11月的一天，《德阳晚报》记者的突然到来，让贾兴泉和杨洪军都感到意外和惊讶。晚报记者说，接到群众举报，说他们顺河村在毁坏原始森林。贾兴泉也不辩解，带着晚报记者到山上转悠了一圈，记者看后说，这哪是在毁林，明明是在治荒嘛，在植树造林嘛，这个举报的人太无聊了。

老顽固的新转变

2013年村里青花椒专业合作社和青花椒产业公司的成立，解决了村里大量务工人员的工作问题。70岁的村民谢学成本想让自己儿子进专业合作社务工挣钱，想到自己曾是极力反对栽花椒树的一个，又不好意思开口。他的儿子谢金明38岁，有眼疾，外出务工没人要，老婆又跑了，留下一个小孩，家里生活十分清苦，是村里的贫困户。当初，贾兴泉去他家做动员不下10次，他都不愿意，还说，全栽上青花椒，二天难道就煮花椒干饭、花椒稀饭吃？

由于他的固执，两年了，都不愿意流转自己的土地，也不愿意栽青花椒。2013年4月，贾兴泉又去谢学成家，谢学成要关门，贾兴泉说，我这次不喊你栽青花椒，是喊你儿子谢金明到专业合作社做活路的，挣点钱花，每个月1800元，明天就上山。贾书记的话让谢学成有点惊讶。

第二天一早，谢金明就上山了，公司安排他帮已经栽下的花椒树苗灌水、除草。谢学成看到儿子每个月都能拿到1800元现钱，对照他地里收到的苞谷，全卖了也就儿子一个月挣的那么多，就主动找到专业合作社，把自家在园区内的5亩多地全都流转给了公司。

2014年，公司要扩大青花椒种植面积，杨洪军又找到贾兴泉。贾兴泉想，以前栽的青花椒都在山上，有1500多亩，要扩大面积，就只有向低一层的二台土发展。这一年，种植青花椒已经初步见到效益，每亩收入是种庄稼的好几番，村民们都看在眼里，先栽下的村民也尝到了甜头，因而，贾兴泉一动员，村民们积极性很高，青花椒产业在顺河村全村5个组铺开，面积一下子暴涨到6000亩，这是贾兴泉没想到的，令他格外地兴奋。

但还是有个别的老顽固。比如他的堂兄贾兴明，2011年到2012年，贾兴泉没少去他家做工作，他就是一个煮不进油盐的牛脑壳，不栽也不流转。2014年3月，贾兴泉又去找他，他还是那句话，我要种苞谷好喂猪。他这位堂哥的犟脾气在村子里是出了名的，宁愿自己喝米汤，也不愿放下脸去吃自己不喜欢的干饭。贾兴泉看到一大片青花椒产业园区，就他一家的几亩地在那里面种着玉米苗，影响生态观光，心里很不是滋味。贾兴明两口子60岁的人，由于固执，思想落后，不接受新鲜事物，日子过得紧巴巴。贾兴泉还是跟公司老总杨洪军说，让他们到公司来务工挣钱。贾兴泉还有一个想法，堂兄贾兴明虽然固执，但是个知恩必报的人。7月，公司以招工的名义，把贾兴明和他妻子都招收进来，在公司务工。

2015年冬天，贾兴明扭扭捏捏来到贾兴泉的办公室，让他帮他跟公司说一声，把他的地里也栽上花椒树，自己不种苞谷了，不划算。

贾兴泉挖苦了他几句，现在晓得不划算了，以前我来找你，看到屋子里亮着灯，一敲门，马上就灭了，装作不在家，亏我巴心巴肝左一声右一声喊哥哥，就是不答应。

见贾兴明不好意思地低下了头，贾兴泉说，我跟杨总说说，不晓得人家记不记恨呢。

村上还有一个人，叫谢金鹤，贾兴泉头天晚上去跟他说好的，同意栽青花椒，第二天公司安排员工运去花椒苗，他却反悔了，天不亮就去把地犁了，种上了苞谷。偏偏2014年天大旱，颗粒无收。2015年开了年，他问贾兴泉，公司还要不要人务工。贾兴泉说，你那么做，没得点信誉，怕公司不要。谢金鹤说，我同意了，你们的员工随时都可以去栽青花椒。

2015年冬天，谢金鹤家的6亩多地，是公司6000亩青花椒产业园最后栽植的一片地。

顺河村土地能够比较顺利地完成流转，3组村民左祖福起了很大的带头作用。左祖福今年76岁，是村上的社员代表，年岁虽大，思想却很开明，听说村上要发展青花椒产业，他第一个站出来支持。2011年冬，贾兴泉到3组开动员会时，大多数人不愿意，左祖福也劝大家签协议。有社员说，左大爷，你先签，你签了我们就签。那天组长到北京治眼病去了，不在家，左祖福让组长妻子把组上的公章拿出来，第一个签订了协议书。左祖福以前是个割漆的老板，手下最多时有140余名割漆工人，一年能挣70万元，在社员中很有威望。他带了头，大家都纷纷签了协议。左祖福只有1亩多地，全栽上了青花椒，前年收入4000多元，2016年已经能收入8000多元。组上那些栽了青花椒的农户赚到钱，现在都很感谢他。

顺河村有了青花椒专业合作社，村上的47户贫困户有30多户都被安排在公司务工，有11户在韭黄基地和养鱼场务工。现在，有一大半贫困户已经脱贫，剩下的，今年也将全部脱贫。

青花椒公司的引进，让顺河村的村容村貌大大改观。不仅修通了水泥路面，村道上还安上了路灯。以前那些打牌、打架、吵架的民事纠纷也几乎没有了，村干部可以安心为村子的产业发展做事了，不用再整天都为解决那些鸡毛蒜皮的事费精力。贾兴泉为自己引进青花椒产业这一步棋走得正确而自豪。

拼出一个“稻香村”

梁绍洪，48岁，万安镇凯江村人，当过木匠、副食店老板，开过公司，办过厂，赚了很多钱，也亏了很多钱。现在是108国道凯江村段“稻香村度假山庄”的老板。

凯江村人都说梁绍洪胆大，能干，敢拼、敢闯、敢干。事实确是这样，要不，他几起几落，说不定早就垮下去了，哪还能拼出现在这样一个很有规模很有品位的稻香村度假山庄。

17岁少年有野心

凯江村老地名叫鸡公树，梁绍洪老家就在这里。父亲是木匠，他初中毕业就跟父亲学木匠手艺。大概是1986年，父子俩给四川省玻璃纤维厂（以下称“川纤厂”）一位工程师家里做家具。工程师文化程度高，爱画图，他家要做的家具都画成图纸，交给他父亲，让他们照着图纸上的尺寸、样式做。父亲没文化，看不懂图纸尺寸，就让他看。梁绍洪看得懂一些，不懂的就问工程师。做家具的那段时间，工程师觉得梁绍洪干活踏实，脑筋灵活，“孺子可教”，就收他为徒，教他学机械制图。梁绍洪和父亲在川纤厂工作了将近一年，他在空余时间跟工程师学习了一年，这段经历对他后来办家具厂开装饰公司有很大帮助。

到1987年，梁绍洪的木工技艺已经样样精通，就有野心了，觉得老是帮人干活不好，挣不了几个钱，萌生了开家具厂的念头。他看到那时许多农户生活条件改善了都修火砖新房，新房里要添置新家具，这是个好商机。梁绍洪是一个认准一件事就要干的人，他放下手中的活路，到慧觉街上去租下房子，买了一台木工机床，买回一车杉木，家具厂就开张了。生意还真如他所料，不断有人来定做家具和结婚嫁妆，做不完的活。这年他只有17岁。到第二年，梁绍洪的家具厂已经赚了一笔钱，村上在发展栽金花梨，他心一热，又承包了一片10多亩的地，栽上金花梨。

家具厂开到1992年，梁绍洪已经赚了五六十万，那时有五六十万，算是大款了，很洋盘的。有钱了，他风风光光结了婚。这一年，他才22岁。正所谓年轻气盛，梁绍洪心也大起来，想有更大发展。听朋友介绍，说新疆如何如何好挣钱，他那头还有很硬的关系，梁绍洪听了心动，闯劲来了，就带领一伙人去新疆开了一个家具厂和一个装饰公司。

梁绍洪走时金花梨正当开花，白粉粉的一片梨园，有点不舍，又怕把父母累着，父亲有腰痛和血吸虫病，就退给组上，转包给另外一家。

正如朋友所说，在新疆确实比内地好挣钱，梁绍洪的家具厂和装饰公司效益都不错。因为他们有一家固定的合作对象，是当地的一家玻璃厂，他们给厂里做包装箱。梁绍洪想，只要玻璃厂不倒，他的公司就前途光明，钱财就会源源不断滚进来。

不名一文，重新开始

偏偏世事多变，事与愿违。到1997年，玻璃厂倒闭，他几年赚到的钱全都赔进去了，平时风风光光的梁绍洪，一下成了身无分文的人。

在新疆是混不下去了，老板没法当，梁绍洪只得回到老家鸡公树，像一个流浪汉归来，被村里人嘲笑，老婆也跟他吵，一点也不理解他的心情，还闹离婚。其实，男人在失败的时候，自己本身就很难受，特别需要女人安慰。可是老婆那样不解人心地取闹，也没有啥可留恋的，梁绍洪一咬牙，离就离吧，不过儿子归梁绍洪抚养。

家具厂关闭了，开公司开垮了，但生活还得继续。梁绍洪找到原来的工友，去德阳一家装饰公司打工。他放下老板的架子，依然是一个手艺精湛的匠人，不仅活干得好，还干得很踏实、认真。他的技艺、人品被一家公司老总看上了，请他去承包装饰装修工程。工程不大，价钱低，比帮人打工稍微强一点。依他原来的脾性，是看不起那点小钱的，但是他清楚，自己已经一无所有，他必须一点一点地挣，有了原始资金积累，才好干大事。

是的，他心里还一直想着干大事。一年下来，梁绍洪只挣了两万多元。有了点积蓄，他又在想凭那两万元去多赚钱。当时，九寨沟的旅游开发红红火火，很有名气，他想去那里发展。梁绍洪便在九寨沟开了一家副食批发门市，还联系到娃哈哈公司，做了这家公司系列品牌的代理，又买了一台小货车运货送货。

九寨沟的生意，又让梁绍洪看到了希望，他的副食批发店很快就给他赚到几十万元。梁绍洪很有“滚雪球”的商业思路，他看到自己的小货车跟不上店铺生意的发展，就花了30万元买回一辆大货车。但是一辆大货车只给自家店铺运货和靠门市经营是养不起的，空闲时间就让货车去跑物流，新疆、上海、广东……几乎都跑外省。一年下来，他没想到，跑物流还有一笔不小的收入。

梁绍洪脑壳又开了窍，他悟到，物流公司一定很赚钱。

梁绍洪天生就不是一个安于现状的人。2004年，他关闭了九寨沟的副食批发门市，回到德阳成立了四川富通运业公司，一心一意做起了物流。公司一挂牌，就不断地有货车车主来联系挂靠。正如他所料，物流公司远比他在九寨沟的副食批发门市赚钱，三四年时间，他又有了上百万的资产。但是，不管你做什么事，赚钱多，风险也就大。2008年，一辆挂靠货车在陕西着火了。要是空车就无所谓了，偏偏运了满满一车货物还全部被烧毁，价值120万。

公司惹上了官司，官司打过之后，物流公司关闭，梁绍洪还是在寻思干点啥。德阳以中国第二重型机械集团有限公司为龙头，带出了一大批机械厂家，机械行业很红火。于是，梁绍洪投资办了一家机械设备有限公司。到2008年下半年，设备刚安装完，还没正式投产，就发生了亚洲金融危机，经济下滑，资金紧张。恰好这时罗江正在进行灾后重建，出台了优惠政策，鼓励外出企业家回乡创业，梁绍洪便与家乡凯江村委联系，用自家的包产地换了108国道边的一片荒山，请来推土机平整后，建起了两个机械加工车间，有2000平方米的面积，把德阳安装好了的机械设备又运回罗江老家再次安装。在本地招了一些员工，生产经营了两年，后来经济滑坡，厂里经营实在维持不下去，200万的机械设备作价60万元卖掉，本钱又亏进去了。

花开花谢，情寄农家乐

这时，梁绍洪开始反思，自己一路走来，几起几落，是什么原因造成的？他决定重新找思路，谋出路。梁绍洪想，现在的人都注重饮食健康，不仅要吃饱，还要吃得好，吃得生态。自己在外面走南闯北，打拼了这么多年，现在40多岁的人了，就想在家乡108国道边开办一家农家乐。这个想法他在1988年就有过，当时没有高速路，所有车辆都在108线上跑，如果那时开了餐饮店，生意一定也会很好的。后来路边开了几家，都证明了他当时的想法没错。只是当时的梦想太多，自己没有那么多的精力投入。

现在他想开农家乐，与那时的想法又不一样了，要与时俱进，走生态之路。于是，机械加工厂倒闭后，梁绍洪的稻香村度假山庄农家乐诞生了，圆了他多年的梦想。从2009年至今，一步一步地完善，现在有3个宴会厅，能容纳1600人同时就餐，有23个星级标间客房，有容纳100余人的多功能会议室。另外还完善了娱乐场地，比如乒乓球俱乐部、篮球场、鱼池垂钓、棋牌室、自助式烧烤区域、火锅区域，等等。

几年下来，他的稻香村度假山庄农家乐由于坚持生态食材，从食用油到蔬菜到各类肉食，他都亲自把关，凭良心挣钱，赢得远近消费者的信赖。从2011年到现在，无一例投诉，农家乐的名气也越来越大，周边居民举行婚庆寿宴，社团聚餐，都纷纷到他的农家乐订座，他的农家乐还解决了本地20多名村民的就业。

梁绍洪还不满足，想让自己的农家乐再上一个档次。他把从南充科技学院毕业的儿子送到德阳去学后厨管理专业，结业后他决定再把儿子送到太平洋大酒店锻炼学习，让他将来有能力撑起这家农家乐。

梁绍洪不仅创业经历坎坎坷坷，他的婚姻也是。1992年结婚后，与妻子就一直磕磕碰碰，没有共同语言，一有点挫败，妻子就吵闹，1997年他在新疆创业失败，离了婚。到2000年，自己的事业又有点起色，妻子要求复婚，想着她毕竟是儿子的亲娘，复婚了。都说江山易改，本性难移。几年之后，妻子还是那样的性格，总想把梁绍洪压倒，啥事都想她说了算。一个干事业的人，怎会甘愿就范被束缚？2003年他们又分手了。

之后，他在德阳开物流公司时，认识了一个女人，也是离了婚的，两个人就交往起来。但是，梁绍洪感到她的思想总是跟不上他的思路，怕后来又会闹出许多矛盾，觉得不适合他，到2013年，他主动提出了分手。2014年，梁绍洪结识了罗江县城一个卖摩托车的女店主，交往到现在，觉得情投意合，他有信心与她继续走下去。

今年，梁绍洪对未来的发展，有了新的规划。他决定走生态产业之路，将自己的农家乐融入罗江生态旅游的大环境，带动旅游消费。他的农家乐现在占地面积40亩，建筑面积4000平方米，其余空出的面积都用于种植、观光、游乐。他还准备流转农家乐背后的70亩土地，至于用途，正在请专业人员进行总体设计规划。下一步，他还将开辟禅道、茶道等休闲消费服务。

梁绍洪说，自己是一名党员，对农家乐的质量把关也以一个党员的要求严格执行。他也常做一些别人不知道的事情，比如在路头路尾碰到本村的老人或者贫困户，都会塞给他们100元、200元的零花钱。现在他的农家乐还需要大力投入资金进行完善，将来发展稳定后，他将多做一些慈善事业。

一个企业家的慈善情怀

20世纪90年代末，各地乡镇都在蓬蓬勃勃地发展乡镇企业，建厂办厂。一时间，各个乡镇企业雨后春笋般冒了出来。不过，建得快，垮得也快，能够生存下来的都是凤毛麟角。而谢升明2000年创办的乔生玻璃制品有限公司，却一直红红火火地走到今天，不仅效益平稳，谢升明还成为乔生和裕丰两家玻璃制品有限公司的老总，有许多企业界人士认为这是一个奇迹。其实，就算这是个奇迹，奇迹也总是发生在有情怀的人身上。

员工的幸福薪资

谢升明是罗江御营镇响石村1组人，出生于20世纪50年代，一出生就是闹饥荒的年代，是从苦日子里走出来的人。2000年，他也乘着国家鼓励办企业的东风，建起了他的乔生玻璃制品有限公司，规模还比较大，刚建起厂房时，就招收了罗江县内160余名乡村剩余劳力和旌阳等地无业人员就业。

投产后，公司得到政府部门的支持和关心，经营一直很稳定，员工收入和待遇不断提升，谢升明本人也连续15年被选为德阳市政协委员和本届罗江县政协常委。

由于效益稳定，工人平均年收入都在4.8万元到5万元之间，这样的收入在罗江内算是较高的水准了。有许多外出务工人员，春节回来后，听说在家乡还能挣到这样一份不错的工资，都前来问询厂里还招不招员工，说这样的工资，他们在沿海每天干12小时才能挣到。厂里的员工也是幸福的，有五六十个工人驻厂，厂里为他们提供了住房，还为80%的员工买了社会养老保险。其余20%没买社保的，都是招进的拆迁安置户和失地农户，他们买有拆迁安置保险。厂里的工人，每月能拿到5000元以上工资的有40%。这样高的员工工资，在成都也少有。他对厂里的职工子女，也是很关怀的。建厂不久，他就在厂里立下一条规定，凡是厂里职工的子弟有考上大学的，厂里都给予每人1000元的资助。

想不到，在一个乡镇上，一家小型的私营企业，职工们会有这么高的工资和这么好的待遇，难免会让那些外出打工人员眼红。但厂子只有那么大，只容得下那么多职工，这让谢升明觉得有点愧对那些前来问询想就近进厂的乡亲们。

有人问谢升明，公司经济效益为啥那么好，员工工资又给得那么高？

谢升明一句话道出工厂兴旺的真谛：你对员工好，员工才爱厂如家。

老吾老以及人之老

其实，他不仅对自己厂里员工好，对周边的弱势群体、残疾人、贫困户、对家乡父老乡亲都好，互相间都有着一种浓浓的温情亲情。

谢升明赚钱了，他不像有些老板，给自己买豪车，买洋房，四处挥霍。从2006年春节起，谢升明每年都给自己村里60岁以上的老人发放慰问品、慰问金，一直坚持到今天，十一年不间断。当然了，他还会一直坚持下去。“做一件好事不难，难的是一直做下去。”他为自己家乡老人做的事，他一直在坚持做下去。从2015年起，他每年过年都在自己的村子里举办坝坝宴，100多桌，那场面，壮观、温暖、和谐、喜庆。他亲自参与，同父老乡亲们同桌共饮，杯盏相碰，把酒话桑麻，其乐融融，其情绵绵。2016年，罗江县电视台记者闻讯赶去，还给他们做了一个专题节目在县电视台上播放，从没上过电视荧屏的乡亲们，第一次在电视上看到自己的面容，都乐得合不拢嘴。

御营镇场镇有个残疾人叫刘少平，40多岁，双手没手掌，吃饭都要人给他盛在盘子里，直接用嘴含，没有一点自理能力，是特级残疾人，一直靠亲戚和一些邻居的周济过日子，很可怜。2010年，谢升明安排厂里财会给他办理了每年交1.2万元的全额保险，谢升明只想帮刘少平解决老无所依的后顾之忧。

在政府扶贫攻坚的战略部署中，谢升明的企业积极响应“百企帮千户”的行动，每年都要拨出帮扶资金，给不同的贫困人家送慰问品。在精准脱贫中，按照政府安排，他的乔生玻璃制品有限公司对口帮扶鄢家镇拦河村的贫困户。拦河村有8户特困户，都是残疾人，他们没有劳动能力，他只能在经济上给予补贴。他每年要给予其6000—7000元的资金帮扶，尽管不是很多，但却能让特困户们有在雪中得到温暖阳光的感觉。

金山镇的马志英，也是特困户，是因病致穷。谢升明听说后，去到她家了解了情况，决定一对一对她家进行帮扶。马志英不能干重活，为了增强她的造血功能，根据她的能力，谢升明决定给她建一个小型养鸡场。她家屋前有片林地，谢升明安排人员给她家搭建了围栏，送去鸡苗和饲料，放养林地鸡，总共为马志英家花去了3500多元。现在马志英家靠养鸡，已能基本解决平时的家庭日用开支问题。

谢升明特别尊重老人，每到逢年过节，对工厂周边80岁以上的老人，都要发放慰问品。“老吾老以及人之老，幼吾幼以及人之幼”，尊老爱幼，谢升明把它当作最起码的做人准则。

谢升明的这些满含爱心的举措，无不温暖着周边群众的心，温暖着厂里职工的心。同时，他自己也在这些行动中，感受到心灵的舒畅和愉悦。不是说，赠人玫瑰，手留余香么？谢升明就喜欢这种感觉。

让荒地盛开希望

谢升明在空闲时间，喜欢到响石村的山山岭岭到处走走，看到那些庄稼、树木、花花草草都备感亲切，碰到地里劳作或者也和自己一样闲走的熟人，就闲聊几句，问候几句。乡亲们也是对他百般地尊重，老远就与他打招呼，遇到水果成熟时节，就会捧来让他尝尝，问今年口感如何。可是渐渐地，谢升明看到家乡的荒地越来越多，村里人越来越少。作为从小就在响石村长大的农家娃儿，他受过多年没粮食吃的苦头，看到那些被撂荒的地，他心痛起来。他也很清楚，在当下经济迅猛发展的情况下，生活消费水平也越来越高，农民单靠种地种传统庄稼，是过不上幸福日子的，他们必须放弃土地出外打工或就近进厂，多挣钱才能改善一家子的生活状况。并不是农民不爱土地，他们也是出于无奈。

谢升明对自己说，不能眼睁睁看着家乡的田地在自己眼皮底下这样荒芜下去，他要用自己的力量让它们生动起来，美丽起来。全国到处都在搞新农村建设，自己能把厂子建好，一定也能把响石村这个家乡建设好。于是他把村里那些荒山、荒地都流转过来，有700多亩，在2011年，成立了响石板村核桃专业合作社，把这700多亩的荒山荒地全部栽上了核桃，变成了现在效益良好的核桃产业园，他在村子里招收了20多名空闲劳动力成为园区的职工。响石村2组有300余亩荒坡地，村民们都不愿意耕种。2015年，谢升明又拿过来，投入30多万元，投入大量人工和农耕机械，让它们变为可种植良田，引进贵州的金刺梨和甘肃的水果型枸杞，进行试种，现在已经栽植一年多时间，长势还算良好。他和园区新招进的10多名工人都在精心呵护这些经济作物，他们都拭目以待。

现在园区面积共有1000多亩，整个园区内有3.25公里的泥路。去年谢升明投入了110余万元，全部进行了硬化。他有一个总体目标，就是把这片以前的荒山、荒坡、荒地，打造成为观光、采摘、休闲的产业园区，让家乡的生态，通过自己的投入和努力，美起来；让家乡的人民，在自己的带动和帮扶下，幸福起来。

一个人的快乐，不算快乐；一个人的富有，不算富有；一个人的幸福，不算幸福。只有大家都富有了，只有大家都快乐了，只有大家都幸福了，那么，你才会真正地感受到幸福向你涌来，你才有生活在幸福的海洋之中的曼妙感觉。

谢升明是这么认为的，他也一直在这么努力着。

平安的守护神

55岁的任高翔，在接受采访那天是身穿工作服过来的，他还想着结束了采访好赶紧回去上班。作为四川省劳动模范，这位四川金路树脂有限公司工人，高危液氯工段工段长，长相朴实，言语更无华丽辞藻。但就是他简简单单普普通通的叙述，让我们看到了一个省劳模经年的奉献和伟大的情操。

每天提前1小时上班

1995年，刚进厂上班不久的任高翔，遇到了一次万分危急的事故。

那时，他调到罗江金路树脂厂有限公司液氯工段工作还不久，算是行业中的新手，提前1小时上班，是新手为自己“笨鸟先飞、勤能补拙”制订的工作规划。要感谢他的“新手规约”，在提前的巡查中，发现了氯化钙盐水泄漏进入液氯储槽的事故。事故一经发现，任高翔第一反应是大吃一惊，心就像被铁锤猛击，重重掉落下去。那时他还缺乏经验，憋着一口气迅速跑回操作室，戴上空呼器，又急忙跑出去关掉进出口氯气阀门，立即通知公司、分厂领导。分厂领导快速回应，感到事态严重，几分钟就带来了五六个技术骨干，商讨事故应急的处理方案。在同事们的紧张讨论声中，任高翔才了解到，幸好自己刚刚处理及时，如果应急措施稍有迟疑，事故极容易引发爆炸，那么威力是相当大的，会危及整个罗江县城及周边地区。

可现在还远远不是咀嚼后怕的时候！危机尚未解除，险情依旧悬在人们头顶。按照技术骨干们商讨的处理方案，任高翔与七八个工友，需立即将储槽内的液氯充进钢瓶，对储槽进行清洗、置换。身边有个工人忍不住轻轻嘀咕：“我们这是拿命去换安全！”任高翔没有说话。其实大家都知道，这是冒着生命危险在操作，就像军人上战场一样，明知道有可能会壮烈牺牲，但却来不得迟疑和逃避，咋都要冲上去。那时，任高翔第一次领悟到，并不是说较之他人，自己有多么崇高的思想或过人的胆量，他只是忠于职守，尽职尽责，绝不辜负自己的职业，为了更多人的安全，别无选择，义无反顾。

好在这次重大事故最终化险为夷，圆满解决。后来大家都庆幸地说，幸好任高翔提前了1小时上班，否则后果将不堪设想。领导专门表扬了他的“提前一小时”。荣誉之下，任高翔没有表现出半点沾沾自喜，反而从此就养成了一个雷打不动的习惯，从那天开始，他每天都坚持提前1小时到厂上班，几十年如一日，这已成为特定的“任高翔时间”。

回想起1994年，他刚接到调动通知的心情，他眉心攒紧，重重吁出一口气：“那时，我就知道自己即将从事的工作来不得半点马虎大意……”

任高翔1981年高中毕业后，就参加了工作，他在盐亭粮食局一干就是十三年，在这期间，自修了经济师专业并考取了文凭、证书。1994年，当他得知自己要被调到罗江金路树脂厂有限公司工作时，他有几分惊愕，因为对于在粮食部门上了十三年班的人来说，突然换去化工单位工作，相当于踏入一个完全陌生的领地。初来乍到，任高翔两眼一抹黑，他是对于化工业一窍不通的外行，为了尽快熟悉工作，只得埋头努力学习专业技术知识，半年的苦学，任高翔大致掌握了整个工段的操作流程和全部技术。

上班第一天，工段领导就跟任高翔讲了液氯的危害性，液氯工段的危险性和发生事故的可怕性，叮嘱他必须时刻小心，一点纰漏就可能造成重大的人员伤亡。

当任高翔知道液氯工段是省控重大危险源时，心情很沉重，还有丝丝恐惧。此后，一根弦随时都紧绷在脑中，仿佛给他上了紧箍咒。任高翔不是爱说大话的人，对他而言，“平安”是他岗位的职责所在，绷紧心中的弦，每天提前1小时上班，不是为了争什么荣誉，而是为了“守护平安”。正因为这样，从1995年3月正式上班到现在，任高翔所在的液氯工段作为省控重大危险源，没发生一起安全环保事故，年年得到省市县及公司领导表彰，他担任工段长后，所在2段3次获先进工段荣誉称号。

地动山摇不改色

提前1小时上班，成为任高翔血里、骨里的坚持，感谢这个好习惯，在2008年5·12大地震来临时，再次令他在天灾面前从容不迫，化解危机。

2008年5月12日，任高翔吃完午饭，1点多就来到厂里。当地震来临，他听到所有的管道都在发出毕毕剥剥的可怕响声时，他没有慌乱，第一时间就组织了全班仅有的3个在岗工人，进行泄压，检查压力容器、储槽的安全处理，然后检查管道有无泄漏……他知道，当时车间分储了25吨液氯，量相当大，是高危源。当时余震不断，厂房里似乎到处都在发出响声，地面也在不时摇晃，年轻胆小的女工难抑惶恐的呜咽声，人心是慌乱的，任高翔却表现得镇定而从容。待他确定无安全隐患后，赶紧报告给公司领导，他们也是最担心这个高危工段安全问题的，当上级问询时，他们才好有充足把握向省市县领导报告。

虽车间受地震影响不大，但当时余震不断，那25吨液氯就像一枚炸弹，随时都有爆炸可能，任高翔不敢有丝毫侥幸大意心理，经过请示后，他组织了工段充装站的工人，进行了液氯充装，将这25吨“易爆物”全部转移到了安全地方，接着又将所有管道的液氯抽空，确保了安全无虞。

一直忙到12日下午5点30分，市长和安监局来到工段检查，听过任高翔他们的汇报后，给予了肯定和赞赏。任高翔等到6点多，再度将工段巡查一遍，保证了万无一失的安全问题后，才放心地离开工厂，回去探望家人。

大地震来临，家人恐慌畏惧，极其需要任高翔陪伴在身边，他内心何尝不牵挂亲人，时时为之担忧呢？但他心中同样也装着“平安”两个字，这两个字是如此神圣，如此沉重，有时甚至会成为家人责备他“爱工作高于一切”的因由。

地震后的一段时间，厂里停止了生产，任高翔却未放松心里那根弦，他一直坚守在液氯工段，每隔一小时，都要去检查一次，他是用自己的实际行动来保障震后重大危险源无危险，罗江居民无隐患。

这一年，任高翔被金路集团评为抗震救灾先进个人。在荣誉背后，任高翔感到了一份对家人的愧疚。他知道，自己这个工段，绝不能有丝毫麻痹大意，这是任高翔一进厂就给自己敲的警钟：严格要求自己，把安全当成自己的父母和儿女一样看待。可父母、妻儿有时也会忍不住“埋怨”他，说你这个劳模啊，快要将自己全部奉献给工作了，说说吧，哪年春节能坐下来，完完整整陪家人吃完一顿年夜饭？对此，任高翔深感内疚。遇到春节、国庆节等节假日，别人都可以高高兴兴休假，他却为了平安，依旧守在工段，甚至依旧履行着“提前1小时上班”的承诺。他说：“每年省市县领导都要到工段检查重大危险源上百次，这是上级领导对居民安全的重视，也是对我们工段的关怀，更是给予我认真工作的动力和压力。所以，我坚持每天提前1小时到岗，坚持每天把液氯储存、生产、销售等情况都汇报给公司，领导在安排部署上才好有一个提前防范的措施。”

几十年了，几乎每个周日，任高翔都是在厂里度过的，谈什么报酬呢？就连饭钱都是自掏腰包。可能有些人不理解，觉得他“傻帽”，或者“贪誉”，其实，在任高翔看来，没有那么复杂，他之所以如此行事，就为一种责任，一种担当。大家都在说“爱岗敬业”，到底什么才是“爱岗敬业”呢？任高翔觉得，真正的爱岗敬业，与个人利益无关，与名利无关，与领导要求无关，全出自自己一颗赤诚炽热的心。

说真的，长期在这种高危工段工作，任高翔的心理压力也是很大的，尤其每次液氯超量储存，他都会整夜失眠，难以安睡，这是职业的警觉，让他头脑中那根弦绷得紧紧的。集团公司的老总常说，老任啊，只要有你在这个工段，我就放心。其实，领导越是放心，任高翔越感受到压力极大。

为了安全宁白头

自从到树脂厂的液氯工段工作，任高翔几乎每年都被评为先进个人，他的工段被评为先进工段。2015年第一次被评为四川省劳动模范，这是任高翔最大的荣幸，也是对他的鞭策。去成都参加劳模表彰大会回来后，任高翔更加严格地要求自己，因为他认为，自己已经是整个集团的一个标杆、榜样，他的一言一行，所有工友们都看着呢。所以，每当工段出现事故，他都第一个带头冲上去。他说，作为工段长，得给员工带好头。

这么多年来，任高翔对工段的每一样设备都了如指掌，对它们的熟悉程度，都如对自己身上的器官一样熟悉，对它们的爱护，也像对自己的器官一样。对于整个工段的运行，任高翔一直坚持做到每周有每周的详尽工作计划，每月有每月的详尽工作计划。对整个工段的运行做到心中有数，遇事才不会慌乱。

液氯是高危品，当售后客户那里发生泄漏等突发事故，明知处理事故将有生命危险，但任高翔总是冲在前头。古人说“将生死置之度外”，他坦率地说自己也许并没有古人那么崇高的节操，随时看轻生死，但正因为生命是宝贵的，任高翔珍惜生命，所以他才甘当“平安的守护神”，遇事积极处理，保护好大家的生命安全。罗江境内的鄢家漂白粉厂、调元漂白粉厂，远一点的有资阳、眉山、广汉等地的漂白粉厂，都曾发生过液氯泄漏事故。一接到他们的求助电话，任高翔他们都是立马组织人员前往，不敢有丝毫懈息。

2012年夏季某天，任高翔正在认真检查管道，手机突然炸响，他接起，是调元镇云龙漂白粉厂打来的，他们是老客户了，钢瓶发生了液氯泄漏，漂白粉厂的工人十分慌张，迫切需要任高翔去帮助处理。放下电话，任高翔立即回到检验站，带上两名检验站工作人员，带上劳保用品和相关的设备设施，像军人紧急出动一样驱车上路。

时间就是生命！这是任高翔他们每次抢险必须遵循的原则。一路急奔，平时一般要半个多小时才能行完的车程，这次仅用了22分钟。为了更多地节约时间，任高翔和同事们在车上就戴好空呼器、穿好劳保服，一下车，就直奔钢瓶。此刻，钢瓶已经笼罩在一层绿色雾气之中，发出吱吱吱的恐怖声音。为了安全，任高翔让他们厂里人员全部撤离，任高翔在防护劳保的保护下，走近钢瓶，细细检查，发现是平阀关不严实造成的泄漏。找到症结，任高翔与同事立即成功地进行了堵漏。漏堵住了，大家来不及欢呼，因为此时漂白粉厂的上空已经弥漫着浓浓的液氯气味，正在不断扩散，会毒害人们的身体，于是任高翔又进行了专业的现场清理，确保不再存在安全隐患，才撤离现场。

事后，他想想还有点后怕：这次堵漏若不及时，整个调元镇的居民都会受到液氯的伤害。

在液氯工段工作多年，任高翔觉得自己已与这个特殊岗位“血肉相连”了，他不能离开自己的岗位，必须每天守护它，因为它不仅关系到全厂、全罗江的安全，而且一旦发生事故，绵阳、德阳都会受到影响。有时，任高翔家里的老人也会唠叨他几句，说你这个工作实在太累了啊，我和你妈妈生病住院，都是你媳妇跑前跑后照顾，你当儿子的都不来表示一下孝心！对于家人，任高翔知道自己亏欠太多，多年来，他几乎没有完整休过一个节假日，没有好好陪他们出去玩过一天，就连罗江的白马关、倒湾古镇、香山鹭岛，都没陪家人去过，更别提外出旅行了。有时看老人不高兴，贤惠的妻子会出来打圆场，说爸妈，你们就不要怪老任了，他也是为了工作，为了守护大家的平安啊！

妻子明白事理，知道任高翔大半辈子将心思放在了工作上，但她同时也心疼丈夫，晓得他工作高危，又一直处于紧张的精神状态之下，常常休息不好，劝他离开工段，换个工作和活法。尤其是女儿，每次回来团聚，都要对任高翔说，爸，以前你舍不得离开那个工作，我理解，你要靠工资供我读书，现在我大了，有工作了，待遇也不错，我可以供养你了，你离开那里吧，别让我们整天为你提心吊胆，好不？

2007年女儿从四川师范大学毕业后，在联想集团任总经理助理，工资不错，年薪有10多万元。

女儿劝，妻子劝，亲友们也劝，为了不拂他们的心意，任高翔也去找过领导。领导握住他的手，说，老任啊，你走了我不放心，万一出点事，可不得了哦，不仅厂会没了，这整个周边居民的生命财产都会遭殃。你这工段的高危性，你是最清楚的。

领导的信任，让任高翔不好再提离职。

他现在已50多岁了，离退休年龄不远，厂里让任高翔带了一名接班人，是一位45岁的高级工程师，有知识、有技术，做事严谨、细致认真，已经能独当一面。任高翔想，自己退休后，液氯工段的安全交到他的手里，是安全的、放心的。但在退休之前，任高翔依旧坚持着每天提前1小时上班，时刻绷紧安全这根弦。他发誓要值好最后一个班，站好最后一班岗，让周边群众生活在一个绝对安全的环境中。

守护平安，终身不悔，这是最朴实的爱岗宣言，他却用一生来践行承诺。

情有千千丝

我们常听到有人说：心有千千结，但与我面对面含笑坐着的女子却是“情有千千丝”。

42岁的张晓蓉，身穿蓝色工作服，头发在脑后绑成一条长长的马尾，她是四川省玻璃纤维厂的女职工。什么叫玻璃纤维呢？百度百科上是这样介绍的：玻璃纤维是一种性能优异的无机非金属材料，种类繁多，优点是绝缘性好、耐热性强、抗腐蚀性好、机械强度高，缺点是性脆、耐磨性较差。它是以玻璃球或废旧玻璃为原料经高温熔制、拉丝、络纱、织布等工艺制造而成的，其单丝的直径为几个微米到20几个微米，相当于一根头发丝的 1/20—1/5 ，每束纤维原丝都由数百根甚至上千根单丝组成。玻璃纤维通常用作复合材料中的增强材料、电绝缘材料和绝热保温材料、电路基板等，遍布国民经济各个领域。

张晓蓉个头不高，五官秀丽，默默坐着时看上去有几分柔弱，但内心却有着莫大的坚毅勇气。为了这细微至极的“千千丝”，她爱岗敬业，在极为普通的工作岗位上，不言悔、不怕苦地燃烧自己，数年光阴，就此弹指一挥间。

玻璃纤维丝的“下马威”

17岁的张晓蓉，第一天到玻纤厂织布车间当学徒，下班回到宿舍，脸不洗饭不吃，头一桩事就是扑到枕头上，脸深深埋进去，不一会儿眼泪就湿透了枕巾。张晓蓉实在是太委屈，太委屈了！

说起来，这已经是她的第二份工作，她年龄虽不大，却算是“老资格”。前一年，张晓蓉在西昌凉北林业局工作的父亲忽然患肺癌去世，父亲是深山老林里的伐木工人，算是端了“铁饭碗”。那时国家还有“顶替政策”，原本这个铁饭碗，该张晓蓉哥哥去端的，但那时哥哥刚结婚，老家在绵阳三台，还有那么多包产地要耕种，实在无法割舍，张晓蓉母亲便建议由女儿去接父亲的班。那时16岁的花季少女张晓蓉还在中学念书，不谙世事，一脸纯真，就这么懵懵懂懂地告别了母亲哥嫂，坐车辗转到了西昌，在凉北的深山老林里当了一年的林业工人。仅仅一年之后，国家要保护长防林生态，不允许再砍伐树木了，林业局便将十多个林业局的工人分流到了罗江的四川省玻璃纤维厂（以下简称“川纤厂”），张晓蓉和一个叫康林的小伙都在其中。张晓蓉并不知道，这个康林，日后将在她生命中占据非常重要的位置。

张晓蓉第一天上班，就被玻璃纤维丝给了一个大大“下马威”。哭得喉咙发痛，感觉浑身上下奇痒难耐，又烧又热，她知道都是比头发还细的玻璃纤维丝惹的祸，是它们扎得自己浑身难受。她在织布车间待的第一天，完全丢弃了前十七年母亲对她“女孩家站要有站相”的教诲，她痒得忍不住，双手不停地抠和抓，像猴子一般不顾仪态地上下抓挠，少女娇嫩的皮肤，一抓就是一条红杠杠，越发火辣辣地痒。而她之前从未站着工作整整一天，现在抱着自己肿胀的双脚，张晓蓉哭得更伤心了。她猛然从床上爬起来，抽噎着展开信纸，哭着给妈妈写了一封信，说她不想待在这里，她只想回家！

幸好，张晓蓉遇到一个好师傅。带她织布的师傅是个40多岁的老员工，上海阿姨，知道徒弟第一天上班眼里包了两汪泪，师傅带了药膏来宿舍找张晓蓉，亲自给她挠伤的皮肤抹了点药，安慰她，说自己刚来厂里，也是这样，痒得一夜一夜睡不着，但只要坚持一段时间就好了，皮肤会适应的，啥感觉都没有了。师傅像是亲姑姑一般照料和鼓励张晓蓉，让她暂时放下了委屈和冲动的念头，默默收捡起写给母亲的信。

张晓蓉给自己做思想工作，她想自己一个农村女娃子，有份国家正式工作可太不容易了，父亲之前在深山老林里伐木头，孤单、荒凉、枯寂自不必说了，还整天在野外风吹雨打、流血流汗，可父亲是把硬骨头，从来没叫过一声苦。张晓蓉想自己在车间里太阳晒不着，雨水浇不着，还有啥好叫苦叫累的呢？

张晓蓉本来就聪颖，遇到一个经验丰富的好师傅，再加上迈过了思想上这道坎，她学起东西来便越来越顺遂；学得越快，越得到师傅夸奖，她信心就越足，越有益于进步。半年时间，她成长为车间里的熟练工，一年后，被调到了细纱车间织布。能在进厂这么短的时间里，去细纱车间，让大家大为叹服，因为这个车间可不是谁都能进得去的。看看偌大一个川纤厂，这个车间只有几名织布女工，就知道它的技术含量有多高了，用“百里挑一”来形容也不为过。

有天赋，更有敬业心

张晓蓉到了细纱车间，犹如鱼儿得水。她技术好，织布质量高，1999年就当上了细纱车间的组长。2000年，细纱车间被厂里评为先进班组。可是，有些人也许天生就不是当官的料，当张晓蓉有了组长这个头衔后，总感觉头上顶着重重的压力，十分不自然，她还是更习惯于普通工人的工作心态，安心织布。于是，在当了6年组长后，她推掉了组长一职，相对浮名而言，她更加遵从自己的内心，觉得自己更适合当一名一线工人。

成为一线普通女工的张晓蓉，感到了“无官一身轻”，更加努力工作，2010年，她被评为厂劳模，厂里分管质量的领导赞叹张晓蓉织出来的布质量合格率为99.7%，高于全厂所有织布女工！张晓蓉听到这个数据，自己倒吃一惊，大家嚷着要她分享经验，她红着脸想了半天，老老实实回答：“我在织布时真没想着创多高合格率什么的，就是这么织出布来呀，反正，上班时尽自己最大努力，将布织好就是，别的，我什么都没想。”

大家一听，这算啥经验呢？但细细一品，发现张晓蓉说的都是真理。她性格沉稳、不急不躁、心无旁骛、专注认真，织布时就只想着织布一件事，别的念头都跑不进脑子去，所以双手和大脑就配合得更为完美了。

其实，川纤厂细纱车间的穿梭机，都是20世纪30年代的产品，属于半自动，很不好用，基本上全靠人工来操作。上梭、取梭、穿梭，需要一气呵成，这就要看各人的熟练程度和天赋。工友们一般完成这几个动作，需费时10多秒，张晓蓉却只要七八秒就能完成。要是有梭要坏死，她基本上能提前发现，提前解决，大大提高了工作效率。问她手脚怎么这样麻利，她拽了半天发尾，也不知道自己是怎么“未卜先知”的。也许，这是个人对穿梭机的细心观察和日积月累的感知，所以张晓蓉才能在细纱车间一直干到现在，别人觉得很难的事，她却觉得很轻松。

能在细纱车间上班的，都是拔尖的聪颖女工，但能真正留下来的，却是凤毛麟角。

回想20世纪90年代，张晓蓉刚进厂那些年，厂里的上班时间是8个小时，实行三班倒制度，那时感觉工作还算轻松。后来，厂里改进了工作时间，调整为12小时，从早上7点30分到晚上7点30分，上一天休息一天。细纱车间的女工们，每天在车间里守多台织布机，来回穿行走动像穿梭一样，一天下来，腰酸脚痛，十分辛苦。有工友曾计算过，说上一天班走的路程，相当于从罗江步行到德阳。当时，张晓蓉儿子正在罗江中学读高中，上完晚自习回到家，将近11点，张晓蓉还得等他到这个时候，给正在长身体的孩子煮夜宵吃，第二天，5点30分又得起床忙着去上班，算算休息时间，就知道辛苦不辛苦了。

有一天，实在是累得太厉害了，眼看车间许多年轻人都受不了这样的作息时间，离开玻纤厂另谋高就，张晓蓉心里也有了动摇。在盛夏一个休假日，张晓蓉特意去城里转了一圈，想看看哪里有招工的。但看来看去，她并没发现满意的工作，走到中午12点，明晃晃的太阳晒得她头昏脑涨。来到一处建筑工地，看到那些建筑工人们，后背衣服汗湿着，还在烈日下干重体力活，一个个晒得黢黑。张晓蓉心里滚闷雷般震颤了一下，她想起自己的工作，每天不用淋雨不用晒毒日头，工资按月发放，而这些汗流浃背的建筑工，干这么累的体力活，报上还常常说他们被拖欠工资，求告无门，对比他们，张晓蓉惭愧地低下头，觉得自己简直是“生在福中不知福”了。张晓蓉又想起自己的父亲，在大山里伐了一辈子木头，那么辛苦劳累，都咬牙坚持下来，自己的工作总比父亲轻松多了吧，还有啥理由想放弃去当逃兵呢？

张晓蓉再一次释然了，从此更加珍惜自己这份工作，从2010年被评为厂劳动模范后，到2014年每年都没落下。2015年，张晓蓉又被评为四川省劳动模范，第一次去成都参加了表彰大会，受到了省委书记、省长的接见，她第一次为自己感到自豪，感到了做一名默默无闻的一线女工，其实也可以发挥自己的光和热，拥有满满的成就感。

深情织就千千丝

张晓蓉当上省劳模后，好多熟人跑来问她，羡慕地讨教她到底有什么“过人之处”，才在工作中创造出了一个个佳绩？她自己努力思考半天，抱歉地摊摊手，因为实在找不出自己做了啥惊天动地的大事，要说她有什么特别的地方，不过是她喜欢一线的工作，有扎实技术，也许还有点心灵手巧，干起工作来得心应手，不觉得多苦累。她的想法向来朴实简单：只愿在自己平凡的岗位上，踏踏实实把自己的工作做好，压根没想过什么名呀利呀。

许多年前，有个叫康林的小伙和张晓蓉一道从凉北林业局到了罗江，他后来留在川纤厂的拉丝车间上班。张晓蓉不羡名利，他踏实稳重，张晓蓉爱岗敬业，他勤劳低调。他们的灵魂相互吸引，他们在恋爱6年后结为伉俪。

夫妻俩都是普通工人，工资并不高，孩子渐渐大了，用钱的地方多了，为了补贴家用，康林一直利用休假时间在外兼职，帮商家安装热水器和抽油烟机。这么多年来，康林就像一个忙碌的陀螺，为了家，他基本没休过一天假，厂里的工友曾笑着对张晓蓉说，很难看到你们两口子晚饭后在江边拉手散散步，恩爱一把哟。

日子过得忙碌，张晓蓉却从不抱怨老公不够浪漫。她说这么多年，他们都是踏踏实实、安安稳稳过日子，没有闲工夫去花前月下地浪漫，老公在外辛苦做兼职，张晓蓉就一肩承担了所有家务，不让老公再有后顾之忧。她说两口子一直都在忙，为工作，为家庭，甚至忙得没时间吵一次架，但他们这样奔忙，只是为了家庭更加和睦和幸福，因为都爱这个家，所以心甘情愿去付出。

对家庭，张晓蓉奉献得毫无保留，对厂，她更是如此，爱厂如家，是她17岁就开始践行的诺言。一步步行来，她越来越深刻地认识到自己的选择没有错，用爱织就千千丝，是她这辈子最想做的事。

现在，罗江的工业园区入驻了不少企业，各个企业间的招工竞争十分激烈，像张晓蓉所在的老厂，在招收员工时，面临着各个新兴企业的挑战，招工难度越来越大。回想刚刚进厂时，张晓蓉一个人守8台织布机，现在普通职工一个人需要守12台，而张晓蓉守了16台，忙得喝开水、上厕所都在小跑，午餐时间只有短短的20分钟。尽管工作强度增加了一倍，但张晓蓉织出的布，质量、产量仍是全厂领先的。

这个沉静敛眉的女子，不事浮夸，看淡荣誉。对她而言，如何将每天的工作做好，是最最重要的事。而做到了这点，她无须功名利禄，已经品尝到了幸福滋味，那朴实又绵长的动人滋味。

山水盛开女人花

接受采访前，四川山水美地农业投资有限公司（以下简称“山水美地”）的法人吴玲听岔了，以为会有摄影跟着一起过来，她特意回了一趟家，将上午的休闲装换成了正式一点的打扮，我们有点惊愕，看了看人家的平底软鞋，不相信地问：“这个……就是吴总您的正装打扮？”她笑眯眯地翘了翘鞋头说，就是啊，我还专门去换了一件衣服呢，我们成天爬坡上坎的，不穿平底鞋咋行？

采访结束后，吴总有事，匆匆告别了。她说，还想了解什么，可以让办公室主任王龙蓉姐姐带我去实地看看，于是，我再次感受到山水美地女人非同一般的英姿飒爽：王龙蓉穿黑色皮褛，踏机车靴，戴软皮手套，顶着摩托头盔。

对的，那天王姐姐带我上天马山，我们合用的交通工具是摩托车，我原本还有点小忸怩，生怕山上风大，将我那天穿的长裙吹掀，那就丢人丢大发了。不过坐上摩托后座，王姐姐一声“出发”后，所有的顾虑都抛到了九霄云外。现在回想起来，仍记得当初的惊喜感觉，那扑面吻颊的山风，那颠簸起伏的碎石路，田埂两边散发清香的农作物，抬起头，叶子仿佛掠过眉毛，一路向前。

从此我念起“山水美地”，便会不自主地念起大美山水间盛开的女人花，美得那么铿锵、自然、不做作。

大学老师学推销

2012年，山水美地迫切希望吴玲能加入其中，她却很犹豫。那时，她在罗江的四川工业科技学院当老师。从1998年开始，她就留在安安静静的校园里，教思想政治，仿佛将自己的“学生期”无限延长了，她是很显年轻的那种老师。学校找吴玲谈话，说，吴玲既有一线教育的工作经验，又有多年的管理经验，她去山水美地的确是不二人选。当然，主动权在吴玲手中，由她自己来决定去向。

吴玲老公不太同意。他们两口子是思维超前的“丁克族”，老公性格中有散淡且浪漫的一面，他最爱趁着假期，和吴玲外出游玩，什么叫“红尘作伴活得潇潇洒洒”，翻翻他们的家庭相册就懂了。现在吴玲冷不丁地要离开大学校园去管理企业，老公条件反射地想到的，是今后家庭旅游计划怎么办？

那时吴玲还很乐观，她说企业也有年假，不见得像你说的那么忙吧？听她话里口风，老公晓得她的心其实已凭直觉做出了决定，她想去体验不一样的人生，去挑战自我。于是，他除了支持，还能怎样？

吴玲是到了山水美地之后，才感觉吃力的，而这种陌生的感觉，在她十几年教学生涯中，几乎已经淡忘了。现在，对农业陌生无比的吴玲，重新领悟到了“补课”的重要性。

用吴玲的话说，之前数年时间感受到的都是师道尊严，但现在公司发展天马山翠冠梨产业，漫山种植果树，不仅仅是为了观光，最重要的是将“翠冠梨”品牌打出去，卖个好价钱。不管吴玲承认不承认，她现在的身份已经转变为经商了，将翠冠梨成功推销到市场上，是她工作的当务之急。

角色转换，谁都有个过程，但时间紧迫，容不得吴玲将心理建设做得完美无缺再去应对挑战。一开始，她还是比较被动，到了翠冠梨收获季，延续过往这里老百姓卖水果的传统，在果园坐等小商小贩前来收购。没两天时间，吴玲敏锐地发现这个办法不行，因为守株待兔在市面上是很难创立自己的独特品牌的，必须要走出去，将好产品推荐给世人，才能找到真正长期又有发展前途的合作伙伴。

主动出击，无疑是一条更为艰辛的道路，吴玲和山水美地的同仁们开始一头扎进潜在合作单位名单中，开始做详细的市场调查，摸清对方实力，估测未来发展，企业是否有前途和担当，是否有和山水美地合作的坚定意愿。这是一个漫长的过程，也许圈定了50家单位，经过层层把关，最终只选出5家，而这5家也不是都能成功，需要一家一家去接触、谈判，彼此磨合，最后若能成就一两家，吴玲觉得那已经是最幸运的事了。她曾试过，有些连锁水果店之前谈得很好，还草签了合约，但临到送货时，对方忽然变卦，拒绝收货，“杀”这边一个措手不及。吴玲简直连气馁的时间都没有，她还要马不停蹄开车去成都、重庆，去寻找更靠谱的合作经销商。

第一年合作，大家并不完全熟悉，换句话说，信任度还未充分建立起来，于是，吴玲花了很大工夫来维护客群关系。她带着下属去开拓渠道、维护顾客群、拜访客户、与水果连锁超市的经理详谈，了解年度水果销售状况，从店长那儿听取消费者建议，从而做出适当改进和调整。

吴玲不知疲惫地奔波着，她在高校可以很"高冷"，现在已习惯了将微笑挂在唇边；她长这么大还没试过恳求他人，但现在为了"翠冠梨"，她也破了例；至于老公设想的假期出游计划，对于一个忙成陀螺的女超人来说，那自然是泡了汤。

但吴玲非常感激这段"兵荒马乱"的岁月，她从象牙塔走向市场大潮，很努力地去学习和进步，她说最后能认可翠冠梨的合作单位，虽然看上去数量不多，但含金量都颇高，最大化地发挥了翠冠梨的品牌效益。举个例子，之前小商贩来果园收成熟的翠冠梨，也就卖三四元一斤，但现在罗江翠冠梨的品牌打出去了，在重庆的连锁水果超市，售价16.8元一斤，还供不应求。

铿锵玫瑰，盛开在山水间

如今的翠冠梨为啥敢卖出老百姓想都不敢想的天价呢？因为在山水美地的严格管理下，大大提高了梨树的种植技术。那日近黄昏时，办公室的王龙蓉姐姐用摩托送我到山上梨园，带我走了一段路。令我吃惊的是，这儿树上的梨花开得并不繁茂，看上去甚至有点"冷清"，这就是山水美地花大力气种植的鼎鼎大名的翠冠梨？王姐姐看出我眼底的疑惑，她笑着说，你是晚了一周来，再早来一周，会看到山上果园里热闹得很，好多技术人员都在给梨树"疏花"。看我眉心打了个问号，王姐姐耐心解释：对很多果树来说，开花数量其实都超过了坐果数量，如果不对它们进行疏花，任由它们长成幼果，这些幼果也会因为先天营养不良，在生长过程中"早夭"，自然脱落，即使有果子保留下来了，因为营养被"分薄"了，也不能保证质量。

原来如此啊。王姐姐说，天马山上的翠冠梨除了要疏花，亦要疏果。最开始让种植户"依样画葫芦"，他们闹翻天了，说这简直就是浪费，一棵树只保留二三十个梨子，挂那么可怜巴巴的梨，一年辛苦打水漂，才不干这等蠢事！吴玲和王龙蓉等人就和当地老百姓反复沟通，告诉他们科学种植的重要性，第一年，有些人听动了心，有些人却是"王八吃秤砣——铁了心"，稳如泰山，延续旧规，岿然不动。

等到第一年收成季，那些乖乖接受山水美地技术指导的种梨户，他们的翠冠梨个大、皮光、品质好、卖相佳，而且每个果子的个头、重量较为均衡，令挑剔的客户也赞不绝口，爽快装箱。而那些舍不得疏花、疏果的，梨子的品相、品质远不如人，最终只能折价卖给小商贩，价格连人家零头都抵不了。这些顽固分子吃下哑巴亏，自然也晓得墨守成规要不得，只有在种植技术上有所改良，才能真正“丰收”。

现在，天马山上2000亩标准化梨园，亩产达2200斤，与过去相比，产量翻倍，梨儿个数减少，但口感更鲜甜丰美。这里的老百姓，再也不将果子越多越好当作福气了，他们都说：“跟着山水美地学技术干活，准没错。”

山水美地科技实力雄厚，即使像吴玲、王龙蓉这样的高层女白领，公司也有规定：每周必须抽出半天时间来干农活。一开始吴玲觉得这是好规矩，因为她自幼在城市长大，对农活相当陌生，公司初衷也是为了让搞农业公司的人真正懂得农事生产，既然从事了这一行，总不能对自己效力的产业万般疏离吧？吴玲小时候练篮球，练了许多年，身体底子不错，常年从事体育运动的女孩子吃得苦，她便将半天农事体验看得很轻松，但第一个半天，农活就给了吴玲和王龙蓉一个大大的下马威。

那天下午她俩被派到一组，在地里拔草，王龙蓉还窃喜，觉得这活儿轻巧，心想说说笑笑就能把活路干完啦。真正拔了一会儿，她觉得大腿酸疼得要命，脚踝处简直像灌了铅，往前挪一步都困难。她不好意思地偷偷问吴玲：“你感觉怎么样？累不累？”吴玲哎哟了一声，说：“你帮我搭把手，我腿麻得要命，完全站不起来了。”她俩像伤兵一样彼此搀扶着站了一会，才又振作精神继续干活。“做农业太不容易了。”吴玲感叹。

还记得第一年摘翠冠梨来装箱售卖，6、7月的暑热天气，这个平素高雅漂亮的大学老师头上戴了一顶遮阳帽就出门了，她得起到表率带头作用啊。吴玲早上6点就到了梨园开始采摘，摘到最后，感觉自己两只手臂抬起放下犹如机械臂，毫无“回血”功能了。摘梨、装箱、运走，这还不算完，她每天都要将数据整理得清清爽爽。那时公司刚创立不久，人员少，一人身兼数职，这些“铁娘子”几乎要住在果园和公司了。她们晚上10点下班，还会惊喜感叹“今天下班好早啊，明儿见”。

最让吴玲难忘的，是2016年某天临时接到订单，那一天时间就出了两万斤翠冠梨。下午接到单子时，前面的车还没装完箱，她们加快进度，齐心协力将前面的运货车送走了，再按果品的大小品相来严格装箱。为临时订单选果，时间越是急吴玲越是告诫大家手指头千万不能“急”，因为若是挑进去一个品相不佳、个头偏大或偏小的次品，就会影响这一批翠冠梨的总体质量。

山水美地果品的质量管理，近乎严苛，吴玲坦言：“若没有这样严格把关的质量管理体系，我们的翠冠梨又如何在市场上说得起话？”那天真的将吴玲累瘫了，等将所需的梨打包装车，车子扬尘而去，吴玲几乎想就势倒在地上，上下眼皮一合拢她就能呼呼大睡。但是不可以，好些住在附近的农民工是骑电瓶车、摩托车来果园的，现在凌晨走山路，星月不足以照明，吴玲再三嘱咐大家一定要小心再小心。她终究还是个“婆婆妈妈”的柔情女子，要给农民工打过电话，确保他们已安全到家了，才松一口气，自己安心下班。

管理农业公司这般苦累，挑战良多，问及这两个英姿飒爽的女子是否后悔？吴玲是坐在办公室沙发上的，她曲了曲肌肉结实的长腿，笑着说：“我从没想过做这件事这么有意思，每天解决难题都有意思。”

而王龙蓉，山风吹起了她的短发，她修长的身姿仿佛山水间一株傲然的玫瑰，她迎着风笑了，说，我为什么要后悔？每天有意思的事太多了，应接不暇。

说真的，我揉着被风吻得冰冰木木的脸颊，乘坐摩托的兴奋余味久久不散，都有点羡慕她们了。羡慕她们的“有意思”，羡慕她们笑得天朗地清、惠风和畅，羡慕她们是这大美山水间怒放的女人花。

星星的霓裳

采访王星星那天，下了绵绵细雨，她穿蓝灰衬衫、黑色小脚裤、平底凉鞋，撑伞而来。不是多惊艳的装扮，但穿在她身上就那么和谐、好看。她大概是我们采访前最感“吃惊”的一个受访对象了吧，因为我一直盯着人家看，眼珠都不转一下。后来，我向她道歉，说因为她太美了，没办法，忍不住想多看两眼。

生于1993年的王星星，现在的身份是一个4月大婴孩的母亲，“布礼”服装有限责任公司负责人，她一手创办了罗江的“雅西服装定制”。这个女人美得清秀脱俗，让人想静听她娓娓道来，星星的故事。

星星折星星

王星星名字的得来，要感谢一对浪漫非凡的父母。母亲怀着她时，晚上总想念娘家，撒娇说要回去看看妈。所幸那时星星的外婆家和奶奶家相隔不过半小时脚程，晚饭后散步过去，并不吃力。但星星爸爸担心一路上有坡坎碎石，每次都执意送妻同往。夫妻俩并肩而行，抬头见夜空点点寒星，如同天鹅绒上碎钻闪闪，父亲诗意满怀，嗅着夜风中的花香，笑意盈盈地柔声软语问妻道：“以后生女儿，取名就叫星星好吗？”

于是，美丽的女儿，有了这个浪漫名字。

王星星小时候，父母都在外面工作，她是不折不扣的留守儿童，但她和别的留守儿童不同，她从小性格就文静，动手能力又强，很小就会自己拆缝衣服，修修整整变魔术般变出更漂亮的“新衣服”，家人夸她手巧，外婆最是疼爱这个乖巧懂事的孩子，手把手教她打毛线。

星星上高中时，有次在广播里听到哪里有一家孤儿院，里面的小朋友很可怜，善良的她顿时被触动心弦，在班上号召大家捐钱、捐物。她约了几位同学，一起转车去孤儿院，和孩子们玩了一下午。星星是真心爱小朋友，她自己还是小孩子时，住在乡下外婆家，每天放学回家邻居小朋友都会来找她“打卡”，星星若坐在那儿改衣服，孩子们便围坐在她周围，大气也不出，静静地陪着她。和她在一起，调皮捣蛋的留守儿童仿佛换了个人似的。

这天下午，星星在去孤儿院的路上已经感到难过了，因为她力量微薄，并没募集到太多钱和物带给孤儿们。为了让孩子们开心，也为了振作自己，星星很聪明地想出了一个“折星星”的办法，让孤儿们将自己的心愿写在纸条上，折成一颗颗幸运星，丢进玻璃罐里。那时她想即使现在不能帮孤儿们实现愿望，等她以后工作有钱了，看他们想买什么，想拥有怎样的礼物，星星姐姐都会买来送给他们的！

星星错了，回去后，她一颗颗拆开幸运星，发现上面写的是“我想要爸爸妈妈”，“我想妈妈来看我一次”……她抱着花花绿绿的纸星星，哭了。人世间的确有太多事，不是人力能解决的。星星懂得了：出生和死亡是谁都逃不过的注定的“两个点”，但中间的过程却是可以选择的，只有善良待人，认真做事，才能让生命少留一点遗憾，多一点精彩。

巧手学子有激情

星星念大学是选的服装设计专业，她说其实高考前很犹豫，她在室内设计和服装设计两个专业间举棋不定，高中老师帮她拿了主意，说星星你艺术直觉很好，一定会成为很棒的服装设计师。那时，村人听说王家把女儿送去学什么服装设计，这属于艺术类专业，每年学费还不低，都笑话星星父母说，一个女娃娃，读个幼师啥的，将来毕业早点嫁人就是了嘛，学啥洋盘服装设计？笑死人哦。不过，最让人感激的，是星星的这对浪漫父母，过了十多年他们依旧浪漫，坚定支持宝贝女儿的心愿，告诉她：你有梦，就去追。

星星成为班上最有天分又最刻苦的那个学生。这两种禀赋同时出现在她身上，而且她还不骄不躁，这就很难得了。那日，老师布置了课堂作业，要求大家自己动手做一件衬衣。其他同学听了都哀号，说天呐，我到现在还没学会怎么拼接袖子！星星没说话，她没时间去抱怨，通常她吃午饭只用5分钟，简直像个小超人，将时间都省下来琢磨怎么做衣服了。她特别喜欢学校的机房，里面一应俱全，裁剪案台、缝纫机、码边机、锁眼钉扣机……这些冷冰冰的机器在别的同学看来是望而生畏的钢铁怪物，在星星眼中却是她熟稔亲切的好朋友。到了周末，偌大机房只剩她一个人，她匆匆解决饱腹问题，一头扎了进去，在别的同学还在拿钱请外面裁缝帮着缝袖子时，她一气儿做出了9件衬衣。风格不同，细节出色。老师拿着这超额完成的作业，感动地说："我从没见过像王星星这么有激情的学生！"

对于星星而言，制作一件衣服意味着什么呢？她想了想，说我真没想过那么多呢，就是很快乐啊，全心全意将一件衣服做好了，人家很喜欢，我就会特别高兴，什么苦累都不翼而飞了，心里只有沉甸甸的满足感。

星星上大学时，最大的娱乐就是跑去市场买布料，周末可以"蹭"学校免费开放的机房，一个人孤单地制作她梦中的霓裳。

有天，她又做好了一条裙子，喜滋滋地发在自己QQ空间，结果被一个陌生女孩看到了，那女孩在浙江外贸公司做翻译，她说第一眼看到这裙子就很喜欢，请星星务必卖给她。星星那时并不知道啥叫"服装定制"，只是单纯地觉得：哇，我做的衣服有人喜欢，还肯掏钱来买，太棒了！

更棒的是那个浙江女孩后来和星星成为无话不谈的朋友。她告诉星星，自己曾经是个很内向的女孩，常常找不到自信。那天，当她收到星星从四川寄来的裙子，穿上上班后，俨然成为公司的"明星"，上至副总，下至前台，都夸她衣服好看，问她在哪儿买的。她说，那天下班回去的路上，她腰板都比平时挺得直，一步一步，走路好有自信，不再低头踢小石子，原来视野能接触更多有趣的东西，天很蓝，树叶婆娑，迎面走来的路人，都投以赞许羡慕的目光。

女孩的话，让星星很感动，她之前只是单纯地认为，有人喜欢自己制作的衣服就好了，没想到衣服会有这么大的魔力，能让一个自卑的女孩变得自信和阳光。

浙江女孩将公司的好多同事都介绍给星星，他们都信任星星，请她设计并制作服装。那几年啊，一件件从四川发往浙江的霓裳，是星星最初的"定制初试"，她坦言自己并没赚到什么钱，因为她太"疯狂"了，几乎将赚到的钱又统统拿去购买面料，投入下一轮"战斗"。她和面料市场的老板们混得忒熟，不管是卖扣子的、销售进口布料的，还是专卖蕾丝的，都记得这个个子小小的倔强小姑娘。这样，她从一个青涩的学生一步步走成了今天"布礼"的掌门人。

她和男友约会，约会项目之一就是一起去买面料。男友吃惊极了，星星看上去弱不禁风，但一手提起两个鼓鼓囊囊的大包不在话下，她甚至没想过撒撒娇让男友帮忙提拿。多年后，已成为儿子他爹的男人对她说：你真是一个很特别的女生。

你的四季，让我管理

星星的确特别，因为她的勤奋和优秀，在念大学时，就被罗江做服装订制很有些年头的罗老师给“盯上”了，大学毕业，罗老师直接让星星去店里上班，她跟着罗老师，正式步入了服装定制行业。

一年多后，因为和罗老师理念不合，星星选择离开，老公劝她自立门户，她有些不自信，说我先想想吧。老公就是那个陪星星逛布料市场的男生，星星高考前不是纠结要不要学室内设计吗？老公恰好就是学这个的，她是命中注定“热爱设计”到底了。

星星给了自己一点时间，好好想想。她脑子里乱乱的，从没做过生意的小女生，让她独当一面当老板，她害怕地闭了闭眼睛，就在上下睫毛碰一起时，耳畔传来了童年饭桌上外公的声音。外公在村里德高望重，对待星星一直慈祥偏爱，常常教育外孙女：“星星啊，没关系的，不成功便成仁。”那时星星年纪小，她的理解是“不成功便成人”——成功与否我们无法百分百掌握，但至少可以让自己“成人”，踏踏实实做事，认认真真做人。

灵光一闪，星星泪盈于睫，她觉得自己儿时的误解正好解了她今天的“惑”，怕什么失败呢？只要自己能好好“成人”，做应该做的事，今生就没有遗憾。退一万步讲，就算最后亏得一败涂地，只要她王星星还有一架缝纫机，她就算回到乡下，照样还能靠着踩缝纫机挣一口饭吃啊！

星星无所畏惧了，她的“雅西”小店正式开张。

开张不久，星星迎来了一位客人。这位先生之前在星星这儿订做了一件衣服，他感到很满意，便带老婆来，量好尺寸，让星星照样再做一件。第一件衣服的底边星星没有打锁边，在做第二件时，她想要精益求精，更完美一些，于是自作主张打上锁边。哪晓得取货那天，此先生大概多喝了几杯，脸红脖子粗，他一眼看到锁边，二话不说，就像疯了般将衣服往地上一丢，指着星星鼻子骂她乱弹琴！说自己平时都是买“GUCCI”之类的名牌，这次看得上她这个小设计师，才在她这儿定做衣服，但她做的什么玩意儿？说的一模一样，这叫一样吗？

星星从没见一个中年男人当她的面发那么大脾气，她吓傻了，眼泪像珠子一般滚落下来，她抽抽搭搭地道歉，哽咽着讲了自己的想法。客人看女孩子吓哭了，这才缓和语气，给自己找台阶下："我说你这个小妹妹，哭啥哭嘛。我跟你说，顾客愿意跟你沟通是好事，在别的店里，我根本不和他们说那么多呢！"

后来，他成了星星的VIP顾客，他和家人的衣橱，一年四季，差不多都被星星给"包办"了。随着大家了解加深，现在星星可不会像初次打交道那么怕他，吓得哭鼻子。有时财大气粗的客人遇到换季就急躁地在电话里"命令"星星："我要添置两件大衣，三件毛衣，两件打底衫……"星星打住他话头，说莫慌，我这儿记录有您去年换季时添置的衣服，今年只需稍微搭配着补充就好，不用做太多新衣。

星星就是这样让人服气，有人说她傻，送上门的钱都不赚，她却认为比赚钱更重要的，是教会自己的客户如何去提高自我审美，管理好自己的衣橱，而不是盲目花钱，花了不少冤枉钱却穿不出自己的个性，还总是哀叹"为何我的衣橱总是少一件衣服"！也许，正因为她"傻"，她的真诚打动了人心，所以星星的服装定制店才会迅速发展，成为罗江后来居上、被人们津津乐道的名店。

她曾遇到过一个挑剔狂准新娘，她定做蕾丝婚纱裙，自己带了软尺来量，这里少了0.1毫米，那里又长了0.2毫米。没问题，星星给她改，但连改三四次，她还是能从鸡蛋里挑出骨头来。星星很平和地说没关系，我把定金退给您，这条裙子再改下去您也不满意，要不就算了吧？那位准新娘大概也知道自己有偏执病，她有点羞赧地向星星道歉，浪费了星星大把时间精力。星星将样品挂在店里，没想到竟引发了罗江新娘子的一场"蕾丝时尚潮"，好多新娘看到样品，前来店里定做，对"星星出品"的美衣赞不绝口。婚宴之后，一位激动的新娘还打电话来对星星说："在我的结婚典礼上，至少有十个来客都是穿的你们店里定制的衣服，看上去特别有气质，上档次，谢谢啊星星！"

星星最高兴的就是听到这样的认可了。她说自己是个傻女孩，到现在还不懂生意战略，甚至看不懂账目，老公现在帮她管理公司，她很幸福，因为从一开始到现在，她只需要做好一件事，人生就足够有趣完整了，那就是简简单单地"将衣服做好"。

专注霓裳，精研此道，幸福如新苗生长，活得朴实而通透，夫复何求呢？

书写人民对美好生活的向往

罗江，成都平原北部边缘一块温润的瑰宝。水天一色，惠风和畅，城乡共融。入城的高速路口，高耸的巨幅标牌上写着“中国幸福家园”几个鲜红的大字。这是承诺，是宣言，是目标，也是现实。

第一次走进罗江，是十多年前，为完成《人民日报》一份内参报道。由此，我见证了罗江圆梦路上的一段疼。城乡统筹推进，曙光在前，罗江悄然蜕变，而城乡发展不平衡引发的矛盾也接踵而来。政府，在老百姓眼里，既是主心骨，又是“出气筒”。有事找政府，强烈的诉求和对新生活的向往，潮水般涌进县政府大院。那段时间，罗江城乡群体性事件频发，紧急之中，县政府用5000万元的贷款金，解决了棘手问题，化解了尖锐矛盾。

2010年，我第二次走进罗江，为之怦然心动。一个浅丘连绵的穷乡僻壤之地，就两三年的时间，发生了巨大的变化，群众的生产生活条件得到根本改善，村容、村貌焕然一新，一个“出如画、入有余、大和谐、同快乐”的“幸福家园”已然崭露头角。那赫然的12个字，蕴含幸福家园的深刻内涵，是不忘初心的生动表达，正契合百姓的向往，干脆被人浓缩为“出入大同”4个字，妇孺皆知，有口皆传。这次罗江之行，我写下了长篇通讯《穷乡僻壤怎样建起幸福家园》，刊登在《人民日报》2010年11月7日5版头条，文中这样写道：

> 国庆大假的第二天，在罗江县蟠龙镇宝峰村见到村民刘助国。他的幸福和喜悦都写在脸上。新建不久的农家四合院里，花台别致，鲜花绽放，成都游客的小车停满大红门前的小路。品尝农家菜，采摘贵妃枣，笑声洒满小院，刘助国说：“今天挣几百元钱是小事，这么多的欢乐是啥钱也买不来的。”

“过去不敢想的自来水、天然气都进家入户，昔日烧柴煮饭的历史终结。”农民陈华顺十分高兴，他的新家卫生间、卧室分离，十分整洁。他用安置费付了建房款后，还余了近2万元，买家具、电器的钱也有了。陈华顺所在的凤雏村有107户农民的生活因选择进入景区居住而大变样。

党的十八大以后，罗江的决策者们顺势而为，因势而谋，全神贯注，全力以赴，把人民群众对美好生活的向往作为奋斗目标，罗江出现了历史性的转机，这片土地着实令人激情澎湃。

近几年来，我无数次走进罗江，采访地点达60多个，采访干部群众达130多名。探访三国遗址白马关、诸葛点将台、古驿道、李调元故里、范家大院、奎星阁、文昌宫，步入全国第一座诗歌博物馆，品味全国知名、两年一届的“中国·罗江诗歌节”，我真切地感受到了罗江伴随着文化振兴前进的铿锵步履。走进乡村，那些粉刷一新的农院，干净清爽的村道，瓜果满园的山坡，不时一辆小车从农院驶出来，后面一只土黄狗跟着跑……满满的田园风光，满满的新农村新景象。县城，人口不足5万，街上却整洁、繁华，荡漾在人们脸上的是新时代的笑容。幸福美丽新村、扶贫产业园区、现代工业园区，面貌一新的学校、医院、文化大院，那是新时代亮丽的光影。

咬定青山不放松，十多年来我反反复复走罗江，深入下去，挖掘能够打动自己的第一手材料，这正如文学大家阿来主席所言：“在这样一个过程中，去实现重塑自我的体验，在自我教育中，获取灵感，升华使命感。”冥冥之中，我把书写人民对美好生活的向往作为一种义不容辞的责任，于是，有了多篇报道罗江的新闻作品见诸《人民日报》，又有了这部描写罗江发展壮阔波澜的长篇报告文学杀青，我取名为“向往”，既是书名，又为心声；既是罗江的奋斗历程，亦是中国改革开放、奔向美好幸福生活的一个缩影。

历史只会眷顾坚定者、奋进者、搏击者。党的十九大召开，中国走进新时代，新时代属于中国。在历史的新起点上，罗江撤县建区，承载新使命，培育新优势，载着人民对美好生活的向往，破浪起航，前方霞光满天。

这部作品的构思与创作，得到了四川省作家协会文学扶贫“万千百十”工程的扶持和鼓励，得到了罗江几任县委领导和罗江县委宣传部的大力支持与协助；在作品的采写中，联袂青年作家何竞，并得到一级作家、中国报告文学学会会员郑赤鹰，著名诗人、四川省作家协会会员杨俊富的鼎力相助，在此一并表示衷心感谢！

刘裕国

2018年7月1日